Rothstein
Ökologischer Landschaftsbau

Ökologischer Landschaftsbau

Grundlagen und Maßnahmen

Herausgegeben von
Herbert Rothstein, Neuss/Düsseldorf

Unter Mitarbeit von
Hans-Georg Dannert, Frankfurt/Main
Wolfgang R. Mueller, Willich/Rheinland
Siegbert Seelbach, Wuppertal
Axel Wanzeck, Meerbusch

40 Farbfotos
121 Schwarzweißfotos und Zeichnungen
12 Tabellen

VERLAG
EUGEN
ULMER

Die Verfasser und ihre Kapitel:
H.-G. Dannert: B1.1.7, 1.1.9, 1.2.2, 1.4.3; C1.4, 1.6,
1.7.1, 2.4.5; D2.3.2
sowie Beiträge in anderen Kapiteln, soweit sie die
Tierwelt betreffen.
W. R. Mueller: D5 bis D5.5
S. Seelbach: A1 bis A1.3; B1.4, B1.4.1; C1 bis C1.5
A. Wanzeck: D3 bis D3.11
H. Rothstein: alle übrigen Kapitel

Die Deutsche Bibliothek – CIP-Einheitsaufnahme

Ökologischer Landschaftsbau : Grundlagen und Maßnahmen ;
12 Tabellen / hrsg. von Herbert Rothstein. Unter Mitarb. von
Hans Georg Dannert ... – Stuttgart (Hohenheim) : Ulmer, 1995
ISBN 3-8001-5071-9
NE: Rothstein, Herbert [Hrsg.]; Dannert, Hans-Georg

© 1995 Eugen Ulmer GmbH & Co.
Wollgrasweg 41, 70599 Stuttgart (Hohenheim)
Printed in Germany
Einbandgestaltung: Alfred Krugmann, Freiburg am Neckar
Einbandfoto: W. R. Mueller, Willich
Lektorat: Werner Baumeister
Herstellung: Ursula Stammel
Satz: Utesch Satztechnik GmbH, Hamburg
Druck und Bindung: Pustet, Regensburg

Vorwort

Viele Probleme, die sich aus den Forderungen der Ökologie ergeben, sind nur dann zu lösen, wenn man die Ursachen und die Möglichkeiten zur Behebung dieses für uns immer größer werdenden Dilemmas sieht.

Die stetig fortschreitende Zerstörung unserer Umwelt hat viele Ursachen. Trotz zunehmender Einsicht der Bürger – über 5 Mio. Menschen Deutschlands gehören Umweltverbänden an – nimmt der Anteil der Natur weiterhin ab. Vor die Frage gestellt, ob wir uns für die Ökologie oder für wirtschaftliches Wachstum entscheiden wollen, bleibt allzuoft die Ökologie auf der Strecke. Wir entziehen uns und den nachfolgenden Generationen mehr und mehr unsere natürliche Lebensgrundlage.

Eine wertfreie Aufzählung der Ursachen kann nur exemplarisch erfolgen:
- Versiegelung der Landschaft,
- Schadstoffbelastungen von Boden, Wasser, Luft (Abgasimmissionen werden in Mio. t gemessen!),
- wachsende Müllberge,
- selbst der Tourismus macht nicht halt vor Umweltzerstörungen.

Durch das explosionsartige Bevölkerungswachstum wachsen auch die Umweltprobleme in erschreckendem Maße.

Der Gesetzgeber hat in den letzten Jahren dieser Entwicklung durch gesetzliche Regelungen entgegenzuwirken versucht. Ehrenamtliche Mitarbeiter und die zuständigen Berufsgruppen betrachten es als Verpflichtung, ihre Kraft sowie fachliches Wissen und Können einzubringen. Ihnen einen Leitfaden an die Hand zu geben ist Hauptanliegen dieses Buches.

Dabei wendet sich das Buch in erster Linie an den Berufsstand des Garten-, Landschafts- und Sportplatzbaues, in dessen „Verordnung über die Berufsausbildung" die Vermittlung von ökologischen Grundkenntnissen festgeschrieben ist. Diese bilden die Voraussetzungen für die geforderten Fertigkeiten im Rahmen der Landschaftsgestaltung und -pflege. Bereits im Jahre 1951, als man den Begriff „Umwelt-

schutz" noch gar nicht kannte, hat der Berufsstand des Garten- und Landschaftsbaues eine „Arbeitsgemeinschaft für Garten- und Landschaftskultur" gegründet. Deren Hauptziel bestand darin, Verantwortung für die Landschaft und die Städte zu übernehmen. Mit dieser Gründung sind Namen wie die der Professoren G. Allinger, Alwin Seifert, H. Wiepking sowie des Reichstagsabgeordneten Dr. h. c. Ernst Schröder, dem langjährigen Präsidenten des Zentralverbandes Gartenbau, verbunden. Von ihnen wurden bahnbrechende Grundlagen auf dem Gebiet der Landschaftsplanung und -pflege erarbeitet.

Vor diesem Hintergrund will der vorliegende Band gleichzeitig die Aufgabe eines Lehrbuches erfüllen, das dem Auszubildenden, aber auch dem zukünftigen Meister und Techniker des Garten-, Landschafts- und Sportplatzbaues, die für seine Tätigkeit erforderlichen Kenntnisse bei allen vegetationstechnischen Arbeiten vermittelt.

Beim Einsatz des Bandes im Rahmen der Berufsausbildung werden Grundkenntnisse des Bandes „Der Gärtner 1", Sachweh 1987, sowie fachbezogene Kenntnisse des Garten-, Landschafts- und Sportplatzbaues des Bandes „Der Gärtner 4", Kessler 1987, vorausgesetzt.

Die Kenntnis und Beachtung ökologischer Zusammenhänge dient nicht alleine der beruflichen Qualifizierung, sondern stellt eine ethische Verpflichtung dar für alle, die handelnd in den Naturhaushalt eingreifen bzw. sich um seinen Erhalt bemühen. Deshalb wendet sich das Buch auch an diejenigen, die in zunehmendem Maße an der Pflege der Landschaft beteiligt sind, sei es Landschaftswarte oder Naturschutzhelfer oder ehrenamtliche Mitarbeiter freier Naturschutzverbände.

Neben den Mitautoren sei allen Mitarbeitern und Fachkollegen gedankt, die entweder Beiträge zu Teilkapiteln erstellt oder durch ihre fachliche Beratung zur Vervollständigung des Buches beigetragen haben.

Bei der Beschreibung einiger Pflanzengesellschaften sowie bestimmter Arbeitstechniken konnte ich auf die Erfahrung oder Spezialkenntnisse der Kollegen zurückgreifen.

Wertvolle Ergänzungen und Hinweise brachte Herr R. Hassel, Oberforstrat und Leiter des Forstamtes Mettmann/Rheinland, zu den Waldgesellschaften und forstlichen Maßnahmen ein.

Der Bezug zur Praxis des Garten- und Landschaftsbaues – auch im Hinblick auf ausbildungsrelevante Inhalte – wurde durch den Kontakt zu den ehrenamtlichen und hauptberuflichen Vertretern der Fachverbände sichergestellt. Besonderer Dank gilt dabei Herrn H. Kentenich, Vorsitzender des Ausbildungsausschusses des Verbandes Garten-, Landschafts- und Sportplatzbau Rheinland e. V. sowie Herrn Dipl.-Ing. M. Schröer, Referent im Bundesverband Garten-, Landschafts- und Sportplatzbau (BGL).

Herrn K.-H. Maiwald, Landschaftsarchitekt, Neuss, gilt der Dank für seine Beiträge zur Flora verschiedener Ökosysteme und deren Berücksichtigung bei der Erstellung naturnaher Landschaftsteile. Die

Inhaber bzw. Leiter von Fachfirmen mit ihrer Erfahrung haben wertvolle Anregungen gegeben, unter anderen Herr A. Trautmann, Essen-Borbeck, sowie Herr P. Schwedtke, Fa. re-natur, Ruhwinkel-Wdf.

Zur Aktualität des Kapitels E und seiner Relevanz im Hinblick auf die Beachtung der heutigen Rechtsprechung und der davon abhängigen Genehmigungsverfahren hat Herr Gartendirektor J. Kley, Leiter des Grünflächenamtes Neuss, beigetragen.

Darüber hinaus haben auch andere Kollegen verschiedenste Hinweise und Ergänzungen eingebracht, die alle aufzuzählen mir nicht möglich ist. Für die kritische Durchsicht des Manuskriptes danke ich Frau Dipl.-Ing. Annette Schürger, Aachen. Dank schulde ich auch Herrn Roland Ulmer und seinen Mitarbeitern für die konstruktive Zusammenarbeit.

Neuss/Düsseldorf
im Sommer 1995   Herbert Rothstein

Inhaltsverzeichnis

Einleitung

Landschaftsbaumaßnahmen ohne ökologische Orientierung sind heute nicht mehr denkbar. Voraussetzung für ein verantwortungsvolles und fachgerechtes Handeln ist die Kenntnis ökologischer Zusammenhänge sowie der Wechselbeziehung zwischen menschlichem Handeln und der Reaktion von Natur und Landschaft.

Die speziellen Facharbeiten des Garten- und Landschaftsbaues finden in dem Maße Berücksichtigung, in dem ihre Orientierung an ökologischen Grundsätzen zwingend ist.

Voraussetzung für eine gezielte Pflege natürlicher Biotope sowie für die Schaffung naturnaher Biozönosen ist die Kenntnis der Zusammenhänge zwischen biotischen und abiotischen Faktoren. Dabei soll das Wissen über die natürlichen Ökosysteme den Garten- und Landschaftsbauer und Naturschutzhelfer befähigen, naturnahe Landschaftsteile zu schaffen bzw. natürliche Biotope zu erhalten. Deshalb kann auf die Behandlung der unter diesem Gesichtspunkt wichtigen Pflanzengesellschaften nicht verzichtet werden. Besonderer Wert wird auch auf die Vermittlung von Pflanzenkenntnissen gelegt. Dabei handelt es sich zwangsläufig um Pflanzen der Wildflora. Das umfangreiche Verzeichnis der Pflanzennamen soll dem Leser die Möglichkeit bieten, Aussagen über den natürlichen Standort der Pflanzen und über ihre Verwendbarkeit zu finden. Daher nimmt die Vermittlung von Kenntnissen über die Standortverhältnisse, vor allem der Baumarten, einen entsprechenden Raum ein.

Verzichtet wird hingegen auf rezeptartige Vorschläge für die Pflanzenverwendung bei der Anlage naturnaher Biotope. Dabei sollten in jedem Fall die am jeweiligen Standort vorherrschenden pflanzensoziologischen Gegebenheiten berücksichtigt werden, über die Vegetationskarten Auskunft geben.

Feldgehölzgruppen gliedern die Landschaft und sind Teile der Biotopvernetzung.

Aufgrund der Fülle der angesprochenen Pflanzenarten mußte darauf verzichtet werden, sämtliche Arten in das Pflanzenregister aufzunehmen. Dieses enthält nur Pflanzen, die im Text eingehender behandelt werden, bzw. denen zum Beispiel als Leitpflanzen der ökologischen Gruppen eine besondere Bedeutung zukommt oder die aufgrund ihrer Gefährdung unsere besondere Beachtung verdienen.

Die Vielzahl gesetzlicher Bestimmungen, die gebotene Einhaltung bestimmter Genehmigungsverfahren, sind heute Voraussetzung vieler landschaftsgestalterischer Maßnahmen. Soweit deren Kenntnis eine Voraussetzung für das Verständnis der Zusammenhänge zwischen Ziel, Planung und Ausführung der Maßnahme einerseits bzw. dem Schutz natürlicher Landschaft und bedrohter Lebewesen andererseits ist, sind entsprechende Instanzen, deren Aufgaben und die einschlägigen Verordnungen im Teil E des Buches zusammenhängend behandelt worden.

Die ethische Verpflichtung, Natur und Landschaft zu schützen und die Nutzung aller Möglichkeiten, naturnahe Landschaftsteile zu schaffen und zu erhalten, wächst nicht nur durch die Aneignung von Wissen. Ein wesentliches Anliegen des Buches besteht darin, die Einsicht in die Notwendigkeit zum Handeln zu wecken.

Maßnahmen der praktischen Landschaftsgestaltung und -pflege gelten in der Regel in direkter Weise der Pflanze und ihrem Standort und somit indirekt den tierischen Lebewesen. Um zu einem besseren Verständnis der mannigfachen Wechselbeziehungen innerhalb eines Lebensraumes zu kommen, werden die Tierarten im Zusammenhang mit den jeweiligen Biotopen behandelt.

Artenschutz ist am wirksamsten durch Habitatschutz zu erreichen. Diese Erkenntnis setzt sich immer stärker bei allen Planungsvorhaben wie auch in der Rechtsprechung durch. Um die Gefährdung bestimmter Tierarten besser verstehen zu können, kann auf einen groben Überblick über Artenzusammensetzung, Lebensweise und Anpassung der tierischen Lebewesen in den verschiedenen Landschaftsbereichen nicht verzichtet werden.

Einzelthemen des vorliegenden Buches sind in einer Fülle von Fachbüchern zu finden. In diesem Band sollen die Grundlagen der Ökologie im Zusammenhang mit den Maßnahmen der Landschaftsgestaltung und -pflege aufgezeigt werden. Damit erhebt das Buch nicht den Anspruch, vertiefende Speziallitetatur zu ersetzen. Einmal würde das den Rahmen sprengen, zum anderen entspräche es auch nicht der Zielsetzung, Grundlagenwissen zu vermitteln.

A Grundlagen der Ökologie

1 Der Naturhaushalt als Lebensgrundlage

Die **Ökologie** (Lehre vom Naturhaushalt) – definiert nach dem Biologen ERNST HAECKEL (1834 bis 1919) als „Wissenschaft von den Beziehungen des Organismus zur umgebenden Außenwelt" – untersucht als Teilgebiet der Biologie die Wechselwirkungen von Pflanzen, Tieren und Menschen mit ihrer anorganischen Umwelt. Ökologisch arbeiten heißt, alle Veränderungen der Umweltgegebenheiten zu erfassen und die Folgen in der Natur darzustellen. Das wird um so dringlicher, als der Landschaftswandel von der naturnahen Kulturlandschaft zu der naturfernen Kulturlandschaft nicht weiter fortschreiten darf.

In vorgeschichtlicher Zeit war der Einfluß des Menschen gering, da er sich als Sammler und Jäger betätigte. Durch die Seßhaftigkeit ergaben sich neue Sozialformen, die die vorhandenen Naturressourcen ausnutzten und somit zu einer höheren Bevölkerungsdichte führten. Verstärkt wurden die Eingriffe des Menschen durch die industrielle Revolution, wo-

Abb. 1. Ein Hochwald, bei dem die Nutzung im Vordergrund steht.

**Abb. 2. Änderung
der Pflanzendecke.**

1768

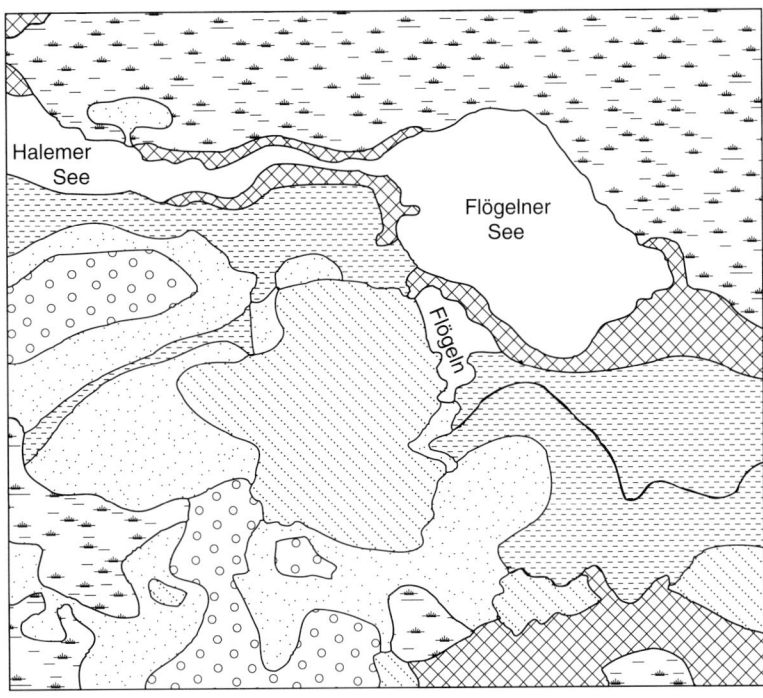

Nährstoffreiche
Feuchtstandorte

Unkultiviertes
Hochmoor

Heide

Grünland

Wald

Acker

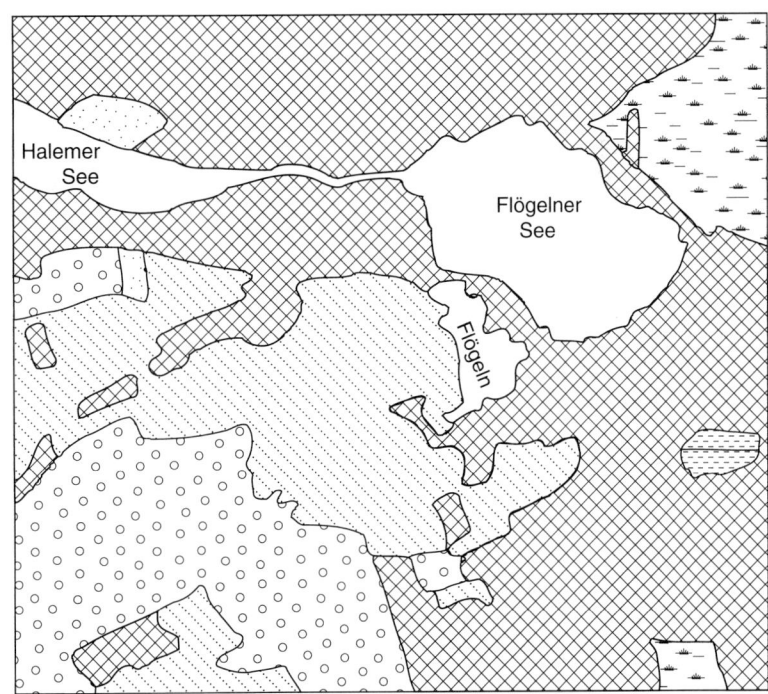

1970

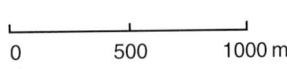

0   500   1000 m

bei die Produktionssteigerung im Vordergrund stand; wie stark sich das Vegetationsgefüge in den letzten Jahrhunderten geändert hat, zeigt die Abbildung 2. Hier wird deutlich, daß die Eingriffe des Menschen in erster Linie die Zusammensetzung der Vegetation (Pflanzendecke) bestimmen und erst an zweiter Stelle die Umweltfaktoren eine Rolle spielen. Wir müssen davon ausgehen, daß wir eine durch den Menschen geschaffene, d. h. eine **anthropogene** Vegetation vorfinden, „mit einem zeitlich begrenzten Artengefüge" (WALTER 1973). Durch verschiedene Landnutzungsmethoden sind die Pflanzengesellschaften scharf abgegrenzt, im Gegensatz zu „natürlichen" Vegetationen, die ineinander übergehen.

Entscheidend für den Naturhaushalt ist eine stabile Pflanzengemeinschaft, die miteinander und mit ihrer Umwelt ein ökologisches Gleichgewicht bildet. Dabei ist das Gleichgewicht niemals gleichbleibend festgelegt. Aufgrund der witterungsbedingten Veränderungen im Laufe der Jahre können manchmal einzelne Arten begünstigt werden.

1.1 Ökologische Grundbegriffe

Jede Maßnahme, die in der Landschaftsgestaltung ausgeführt wird, kann gezielter und besser erfolgen, wenn man die Zusammenhänge der natürlichen Gegebenheiten kennt. Aus diesem Grund werden die wichtigsten ökologischen Grundkenntnisse vermittelt und die Grundbegriffe dargestellt.

Die Ökologie als Wissenschaft beschäftigt sich mit dem Teil der Erdoberfläche, in dem pflanzliche und tierische Organismen leben. Es handelt sich um die unterste Schicht der Erdatmosphäre, in die die Pflanzen hineinragen. Zu dieser Schicht (Biosphäre) gehört auch die oberste Schicht der Erdkruste, die den durchwurzelten Boden darstellt.

In einer Pflanzengemeinschaft leben auch tierische Organismen, d. h., sie bilden eine Lebensgemeinschaft (**Biozönose**). Der Lebensraum, in dem diese Lebensgemeinschaft lebt, wird **Biotop** genannt (z. B. ein Südhang, eine Felswand, eine Düne, ein Seeufer). Der Standort ist von entsprechenden Umweltfaktoren abhängig, wie z. B. Wärme, Licht, Wasser.

Die Grundeinheit, in der bestimmte Pflanzenarten aufgrund einheitlicher Standortbestimmungen und der einheitlichen Erscheinungsformen eine Gesellschaft bilden, nennt man **Assoziation**.

In einem sogenannten **Ökosystem** kann man das Wirkungsgefüge zwischen den unbelebten (abioti-

schen) und den belebten (biotischen) Faktoren beobachten: Die Pflanzen nehmen mit ihren Wurzeln Wasser und Nährstoffe aus dem Boden auf und bilden aufgrund der Photosynthese den Ausgangsstoff für viele unterschiedliche organische Verbindungen. Die Pflanzen nennt man **Produzenten**, weil sie allein aus anorganischen Stoffen organische Verbindungen aufbauen können; sie sind also autotroph.

Tierische Organismen benötigen zur Ernährung andere Lebewesen, z. B. Pflanzen, um daraus körpereigene Substanzen zu entwickeln, d. h., sie sind heterotroph.

Es gibt **Konsumenten** verschiedener Ordnung:

Die 1. Ordnung umfaßt die Pflnzenfresser (Herbivore), z. B. pflanzenfressende Insekten.

Die 2. Ordnung wird von Konsumenten gebildet, denen die 1. Ordnung als Nahrung dient, z. B. Eidechsen (Carnivore). Diese Tiere können in der 3. Ordnung wiederum ein Glied der Nahrungskette sein, z. B. Greifvögel.

Letztendlich bauen z. B. Pilze und Bakterien als **Destruenten** (oder Reduzenten) organische Substanzen zu anorganischen Substanzen ab.

1.1.1 Die biotischen Faktoren

Die biotischen Faktoren, als „lebender" Teil der Umwelt, bestehen aus Pflanzen und Tieren, die miteinander vergesellschaftet sind und voneinander abhängen. Die Abhängigkeit einer Pflanzengesellschaft läßt sich auf nicht bewachsenen Stellen am besten verdeutlichen:

Viele Pflanzen gelangen durch Samen- und Sporenanflug an einen Standort. Die Keimlinge konkurrieren dort um Licht, Wasser und Nährstoffe. Erstaunlich ist, daß der Standort selbst von vornherein eine scharfe **Selektion** unter den Pflanzenarten trifft, da er durch seine Lebensbedingungen nur bestimmte, angepaßte Pflanzen zuläßt. Wie entwickelt sich ein Standort im Laufe der Zeit? Anfangs keimen sehr rasch die Samen, die durch Wind oder Tiere an diese Stelle gelangen.

Meist sind es die einjährigen (**annuellen**) Arten, die zuerst zum Blühen kommen, fruchten und aussamen. Im zweiten Jahr ist der Standort schon lebhafter mit Pflanzen besiedelt. Denn jetzt finden sich auch zweijährige (**bienne**) Pflanzen ein, die im 1. Jahr keimten, aber noch keine Fruchtstände ausbilden konnten. Hierzu gehören z. B. Disteln, die im ersten Jahr als Rosette überwintern. In den folgenden Jahren drängen mehrjährige (**perenne**) Arten auf den Standort und gewinnen langsam durch Bildung von Reservestoffen und Laubfall die Oberhand. Überläßt man die Fläche ohne Eingriff des Menschen sich selbst, entwickelt sich z. B. auf guten Böden ein Buchenmischwald.

Bei trockenen Standorten wird hauptsächlich die Hainbuche (*Carpinus betulus),* die Birke (*Betula pendula)* und die Eiche (*Quercus robur)* vorherrschen, auf Sandböden die Kiefer (*Pinus sylvestris)* und bei hohem Grundwasserstand die Schwarzerle (*Alnus glutinosa).* Die natürliche Veränderung in ihrer zeitlichen Abfolge nennt man **Sukzession.**

Im Verlauf einer Sukzession treten oft ähnliche Vorgänge auf: Die Vegetation verändert den Boden in ständiger Wechselwirkung, und das lokale Klima der bodennahen Schichten verändert sich dadurch ebenfalls.

Letztlich entsteht nach langjähriger Entwicklung ein Zustand, in der Pflanzen und Tiere eine stabile Lebensgemeinschaft entwickelt haben.

Bei dem vorgenannten Beispiel der Erstbesiedlung und Weiterentwicklung einer zunächst unbewachsenen Fläche bestimmt die Baumschicht die Lichtverhältnisse unter dem Kronendach: es werden im Wald nur die Arten wachsen können, die Schatten vertragen. Unter ihnen muß durch den Wettbewerb aufgrund der Baumschicht eine gewisse Auslese erfolgen.

Diese abhängigen Arten können unter bestimmten Umständen aber auch durch andere Arten, die nicht im Wettbewerb stehen, ergänzt werden, d. h., diese Arten füllen **„ökologische Nischen"** aus. Definiert wird dieser Begriff vereinfacht als „die Gesamtheit der ausschlaggebenden Umweltfaktoren, die einer Pflanzen- oder Tierart (entsprechend ihren Lebensansprüchen) das Überleben in der betreffenden Umgebung ermöglicht (Einnischung)". Diese Lücken können zeitlich und räumlich ausgenutzt werden: so ergänzen sich zeitlich die Frühlingsblüher, zu nennen sind: Blaustern *(Scilla),* Lerchensporn *(Corydalis),* Scharbockskraut *(Ranunculus ficaria),* Buschwindröschen *(Anemone),* die die günstigen Lichtverhältnisse ausnutzen, bevor sich Schattenpflanzen vegetativ ausbreiten; räumlich komplementär in dem beschriebenen Laubwald sind Moose und Flechten.

1.1.2 Die abiotischen Faktoren

Die Faktoren der unbelebten Natur, also alle physikalischen und chemischen Faktoren, die auf die Lebewesen einwirken, bestimmen im wesentlichen die Pflanzen- und Tierwelt.

Dabei gibt es Faktoren, die für die Organismen zur Erhaltung ihrer Lebensfunktionen notwendig sind (Sonnenlicht für die Assimilation, Sauerstoff für die Atmung) und Faktoren, die aber die Lebewesen auch negativ beeinflussen können (Trockenheit, Stürme u. a.).

Aus der Fülle der Faktoren, zu denen auch der Boden und der Wärmehaushalt gehören, werden exemplarisch das Klima und der Wasserhaushalt beschrieben.

Das Klima

Das Klima ist die Summe aller Erscheinungen in der Atmosphäre, über einen längeren Zeitraum hinweg betrachtet. (Zu den Klimafaktoren gehören: Niederschlag, Temperatur, Luftfeuchte, Wind.)

Dazu dienen als grobe Orientierung die einzelnen Klimazonen, vom Äquator ausgehend nach Norden und Süden hin: Tropische Zone, subtropische Zone, gemäßigte Zone (humid-kontinental), Waldzone (boreal) und polare Zone.

Dieses Makroklima kann nicht unbedingt für ökologische Versuche herangezogen werden, doch hat die Geobotanik sich seit Jahrzehnten damit beschäftigt, sogenannte **Klimalinien** aufzuzeigen. Diese grenzen bestimmte Areale ab, d. h. natürliche Standorte als „Wohnorte" der Pflanzen. Eine Klimalinie ist z. B. die nördliche Eichengrenze, eine Linie, die eine Vegetationszeit von vier Monaten mit einem Tagesmittel über 10 °C beinhaltet. Dieses Beispiel zeigt, daß sich Pflanzengesellschaften nur so lange erfolgreich entwickeln, wie es die Wettbewerbsfähigkeit gegenüber Konkurrenten zuläßt. Diese Aussage umfaßt eine ökologische Gesetzmäßigkeit:

Wenn eine Pflanzenart durch Änderung eines Klimas eingeengt wird, so tritt bei dieser Pflanzenart ein Biotopwechsel ein, d. h., die Klimaänderung wird kompensiert. Zur Verdeutlichung können zwei Beispiele angeführt werden:

1. Die Fichte, die in Nordeuropa mit der Klimalinie (−2 °C Januar und +10 °C Juli) im Flachland vorkommt, wächst in den Alpen nur in höheren Lagen, in Tieflagen nur in kälteren Schluchten.
2. Steppenpflanzen wachsen im Westen auf Kalk- bzw. Lößhängen. Sie sind dort kalkstet, was die im östlichen Verbreitungsgebiet nicht einhalten. Gerade dieser Biotopwechsel macht deutlich, daß viele Arten in verschiedenen Klimabereichen verbreitet, aber doch an bestimmte Voraussetzungen gebunden sind. So findet man z. B. die Buche in

Nordeuropa ebenso wie in Südeuropa. Im Mittelmeerraum gedeiht sie aber nur, wenn keine Sommerdürre eintritt und das Klima annähernd so ist wie in Südschweden.

Bei den Klimadaten sind die **Temperaturverhältnisse** von besonderer Aussagekraft. Dabei geht es um die Bilanz zwischen Einstrahlung und Ausstrahlung. Die Wärmeenergie ist gekennzeichnet durch die ultraviolette Strahlung und den Photoperiodismus. Alles Leben unterliegt einer konstanten Sonneneinstrahlung. Von der direkten Sonneneinstrahlung erreichen aber weniger als 50 % die Erdoberfläche. Dazu wird noch ein Teil durch Luftmoleküle, Staubteilchen und Wassertropfen diffus zerstreut oder durch Wolken zurückgeworfen.

Die Strahlung, die auf die Bodenoberfläche auftritt, wird durch Absorption in Wärme umgewandelt. Dabei ist diese Oberfläche – solange vegetationslos – tagsüber der heißeste Ort. Man spricht vom **Einstrahlungstyp**. Nachts verhält es sich umgekehrt: Die Bodenoberfläche wird zur kältesten Stelle, Boden und Luftraum werden abgekühlt. Man spricht vom **Abstrahlungstyp**.

Neben der Strahlung ist für Pflanzengemeinschaften die **Verdunstungswärme** entscheidend. Nasse Böden bleiben immer kühler als trockene. Oder lockere Böden lassen Schnee schneller abtauen als dichte Böden. Aber lockerer Boden bildet eher Reif, da er sich in der Nacht stärker abkühlt.

Bezeichnend ist, daß durch die bewegte Meeresoberfläche der Luftraum kaum erwärmt ist, die Luft bei Torfdecken bzw. bei Laubstreu besonders warm ist. Die hohe Wärmeleitfähigkeit bei lockerer Laubstreu im Frühjahr begünstigt die Entwicklung der Flora am Waldboden bei unbelaubten Bäumen besonders stark.

Als Maß für die Reflexion können Zahlen dienen; die Reflexionszahl bei einer Schneedecke beträgt z. B. 85, bei Sand 25 (je heller die Fläche, desto stärker die Rückstrahlung). Das bedeutet aber auch umgekehrt: je dunkler der Boden, desto stärker die Erwärmung. Es gilt jedoch auch folgendes: Je stärker der Boden mit Pflanzen bedeckt ist, desto geringer ist die Reflexionszahl, da die Strahlung von den Pflanzenteilen absorbiert wird. In Polsterpflanzen oder in dichten Heidekrautbeständen werden oft sehr viel höhere Temperaturen festgestellt als in der umgebenden Luft. Eine weitere Beobachtung sind die extremen Temperaturen in Lichtungen im Wald, weil die Ausstrahlung hier infolge der Luftruhe besonders hoch ist.

Das Wasser

Der Wasserhaushalt eines Standortes wird bestimmt durch das Wasserangebot (Niederschlag, Oberflächenwasser, Grundwasser), der Verdunstung (an feuchter Oberfläche = Evaporation, an Pflanzenteilen = Transpiration) und durch das Porenvolumen bzw. die Gefügestruktur des Bodens.

Das Wasser ist einer der wichtigsten Faktoren, weil alles Leben an Wasser gebunden ist.

Da die Pflanze ortsgebunden ist – im Gegensatz zu tierischen Organismen –, ist für Pflanzen ein geordneter Wasserhaushalt besonders wichtig, damit sie lebensfähig bleiben. Pflanzen bestehen zu 90 und mehr Prozent aus Wasser. Ohne Wasser sind die wichtigsten physiologischen Abläufe nicht denkbar (Assimilation, Nährstoffaufnahme, Kühlung durch Transpiration u. a.).

Außerdem hat der Wasserhaushalt des Bodens Einfluß auf die Wurzelbildung; je trockener der Boden, desto ausgeprägter ist das Wurzelwachstum. Der oberirdische Sproß bleibt in seiner Entwicklung zurück, treibt aber eher Blüten aus (Notblüte).

Pflanzen, die bei Wasserverlust schrumpfen und ihre Lebensfunktionen einschränken, wie z. B. Bakterien, Blaualgen, Pilze und Flechten, gehören zu der **Gruppe der wechselfeuchten Pflanzen**, da sie bei dem Wiederaufquellen normal weiterwachsen. Die wechselfeuchte Lebensweise kommt bei Moosen, bei einigen Gefäßkryptogamen und bei wenigen Angiospermien vor. Diese Pflanzen haben Standortvorteile da, wo kurze Anfeuchtungsperioden (z. B. Tau, Nebel) mit Trockenheit sehr häufig abwechseln. Wie wechselfeuchte Pflanzen verhalten sich auch reife Samen, da nur Quellungsvorgänge stattfinden, solange noch keine Keimung in Gang gesetzt wird.

Die zweite Gruppe ist die der **eigenfeuchten Pflanzen**, zu der die höheren Landpflanzen gehören. Ein gemeinsames Merkmal sind die große Zentralvakuole und das wandständige Protoplasma in der Zelle. Durch dieses wässrige Milieu ist das Protoplasma mit ca. 95 % Wasser von wechselhaften Außenbedingungen weniger abhängig. Es konnte sich dadurch auf der Erde eine weithin geschlossene Pflanzendecke bilden. Folgende Voraussetzungen haben dies ermöglicht:

1. Die Wasseraufnahme erfolgt über die Wurzeln aus dem Boden, aus dem das Wasser in Zellröhren, dem Xylem, zu den Pflanzenorganen transportiert wird.
2. Durch den Spaltapparat (Stomata) wird die Transpiration gesteuert.

3. Die Pflanzen können durch eine Wachsschicht (Kutikula) die Verdunstung verhindern.

Die Wasserbewegung z. B. eines Baumes beginnt morgens in der Krone und wandert stammwärts nach unten. Somit sind Baumstämme bei starker **Transpiration** mittags schlanker. Gegen Abend, aber besonders nachts, werden die Wasserverluste aufgefüllt.

Allgemein kann man sagen: Bei einer guten Wasserversorgung steigt die Transpiration nach Sonnenaufgang schnell an – die Stomata öffnen sich je nach Lichteinfall. Im Laufe des Tages wird kurz nach Mittag ein Maximum erreicht. Gegen Abend sinkt die Transpiration – die Stomata schließen sich –, wobei nachts die Wasserverluste niedrig bleiben. Ist die Wasserversorgung gering, z. B. in Trockenzeiten, schließen sich die Stomata schon gegen Mittag. Damit wird auch deutlich, daß mit geöffneten Stomata die Pflanzen sehr viel mehr Wasser verdunsten, sie können aber auch größere Mengen an CO_2 für die **Photosynthese** aufnehmen.

Wasser wird manchmal in geringer Menge in flüssiger Form als Tropfen ausgeschieden (**Guttation**); dadurch ist die Aufnahme von Nährstoffen gesichert, wenn an wasserdampfgesättigten Standorten die Verdunstung zu gering ist.

Die Selbstreinigung der Gewässer

Für die Selbstreinigung ist das Vorhandensein mikroskopisch kleiner pflanzlicher und tierischer Lebewesen entscheidend. **Bakterien** benötigen die im Wasser befindlichen organischen und mineralischen Stoffe als Rohstoffe und Nahrungsquelle. Sie nehmen organische Schmutzstoffe auf, bauen sie zu körpereigenen Stoffen um oder oxidieren sie unter Zuhilfenahme des im Wasser gelösten Sauerstoffes. Der **Sauerstoffgehalt** des Wassers ist also einer der wichtigsten Faktoren für das Selbstreinigungsvermögen des Wassers.

Neben den Bakterien, den Protozoen (Urtierchen) und den Algen, die den Abbau der organischen Abwasserstoffe durchführen, wirken auch höhere Pflanzen bei der Selbstreinigung mit. Die Wasserpflanzen dienen als Filter, indem sie im Wasser treibende Teilchen festhalten. Sie setzten außerdem durch Assimilation Sauerstoff frei. Auch Uferpflanzen können wesentlich dazu beitragen, über ihr Wurzelwerk im Wasser gelöste Stoffe aufzunehmen. Daher ist es wichtig, die Ufer zu bepflanzen.

Der Abbau der organischen Stoffe wird durch **Temperaturerhöhung** beschleunigt, es wird dann noch mehr Sauerstoff benötigt.

Bei einer Temperaturerhöhung von 10°C z. B. laufen die biochemischen Prozesse mit doppelter Geschwindigkeit ab.

Hinzu kommt, daß die gleiche Wassermenge bei höherer Temperatur weniger Sauerstoff lösen kann. Dadurch wird die Selbstreinigungsgeschwindigkeit der Fließgewässer erhöht. Das kann problematisch werden für Fische, wie z. B. die Regenbogenforelle, die bei 30°C Wassertemperatur über einen längeren Zeitraum nicht überleben kann.

Die Gewässergüte

Durch die **Gewässergütestufen** wird der Verschmutzungsgrad eines Gewässers aufgrund biochemischer Gesichtspunkte ermittelt (4 Klassen mit 3 Übergangs- bzw. Mischzonen). Dabei werden Leitorganismen bestimmt, die auf die Veränderung von Umweltfaktoren empfindlich reagieren und eine genau definierbare Reaktionsbreite zeigen (Indikatoren).

Güteklasse I: unbelastet, Kartierungsfarbe blau.

Gewässer mit reinem, sauerstoffreichem und nährstoffarmem Wasser. Nur wenige Bakterien je ml. Artenreiche Tierwelt, besonders viele Larven von Wasserinsekten.

Güteklasse I–II: gering belastet. Kartierungsfarbe blaugrün.

Güteklasse II: mäßig belastet. Kartierungsfarbe grün.

Gewässer mit noch beträchtlichem Sauerstoffgehalt und mäßiger Verunreinigung. Zahlreiche Arten von Wasserpflanzen (einschließlich Algen), Schnecken, Kleinkrebsen, Wasserinsekten und Fischen.

Güteklasse II–III: kritisch belastet. Kartierungsfarbe grüngelb.

Güteklasse III: stark verschmutzt. Kartierungsfarbe gelb.

Gewässer mit niedrigem Sauerstoffgehalt und starker organischer Verunreinigung. Meist Schlammablagerung am Boden. Große Zahl von Bakterien je ml. Nur wenige Arten von vielzelligen Tieren: Schlammröhrenwürmer, Chironomidenlarven der Plumosus-Gruppe, Wasserasseln, Egel. Häufig Fischsterben.

Güteklasse III–IV: sehr stark verschmutzt. Kartierungsfarbe gelbrot.

Güteklasse IV: übermäßig verschmutzt. Kartierungsfarbe rot.

Gewässer mit Sauerstoffmangel. Starke Faulschlammbildung am Grund. Anaerobe Fäulnisprozesse: Schwefelwasserstoff, Methan, Ammonium, Bakterien und Protozoen in Massenentwicklung. Höchstens Schlammröhrenwürmer.

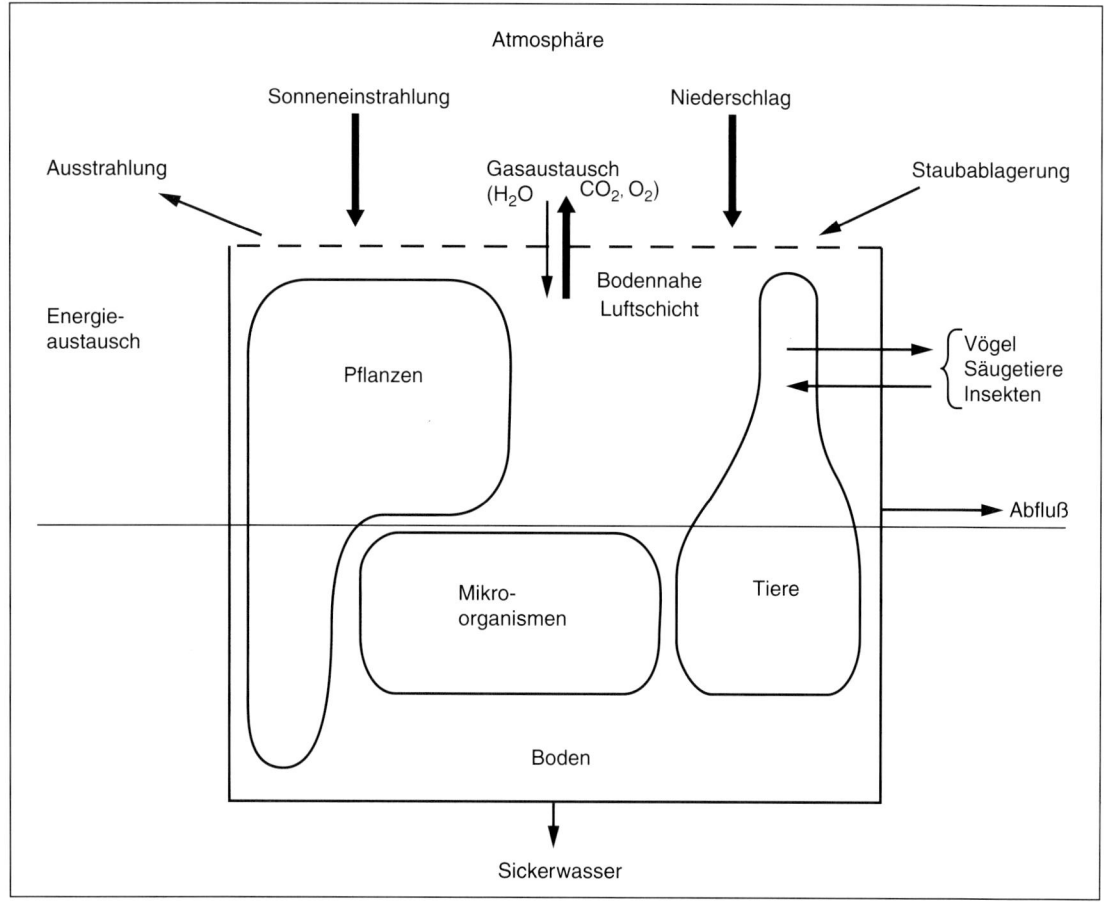

Abb. 3. Das Ökosystem im Austausch mit der Umgebung.

Eutrophierung

Die Belastung der Gewässer durch Schadstoffeinleitungen kann mehr oder weniger stark sein. Gründe dafür sind: die unmittelbare bzw. mittelbare Einleitung oder Zuleitung nicht ausreichend geklärter Abwässer aus Haushalten und Industrie, die Einschwemmung von Mineraldünger landwirtschaftlich genutzter Flächen und nicht zuletzt eine vermehrte Erholungsnutzung.

Der Nährstoffeintrag – besonders von Phosphaten – führt zu einer Veränderung des gesamten Organismenbestandes. Sichtbar wird dies oft durch großflächige Algenteppiche, sogenannte „Wasserblüten". Eutrophierung (Überdüngung) bedeutet also einen besonders hohen Eintrag von Nährstoffen.

Schreitet die Eutrophierung in einem Gewässer fort, kommt es zu höherem Sauerstoffdefizit, es bildet sich Schwefelwasserstoff (vor allem im Bodensediment), bis Fäulniserreger und Bakterien die Oberhand gewinnen: das Gewässer „kippt" oder „schlägt um".

Wie stark Gewässer belastet sind, läßt sich über die Stufen ermitteln, die durch den Gehalt an Pflanzennährstoffen gekennzeichnet sind (Trophiestufen):

oligotroph: geringer Gehalt an Pflanzennährstoffen, kaum verschmutzt;

mesotroph: mittlerer Gehalt an Pflanzennährstoffen, mäßig verschmutzt;

eutroph (polytroph): reicher Gehalt an Pflanzennährstoffen, sehr stark verschmutzt;

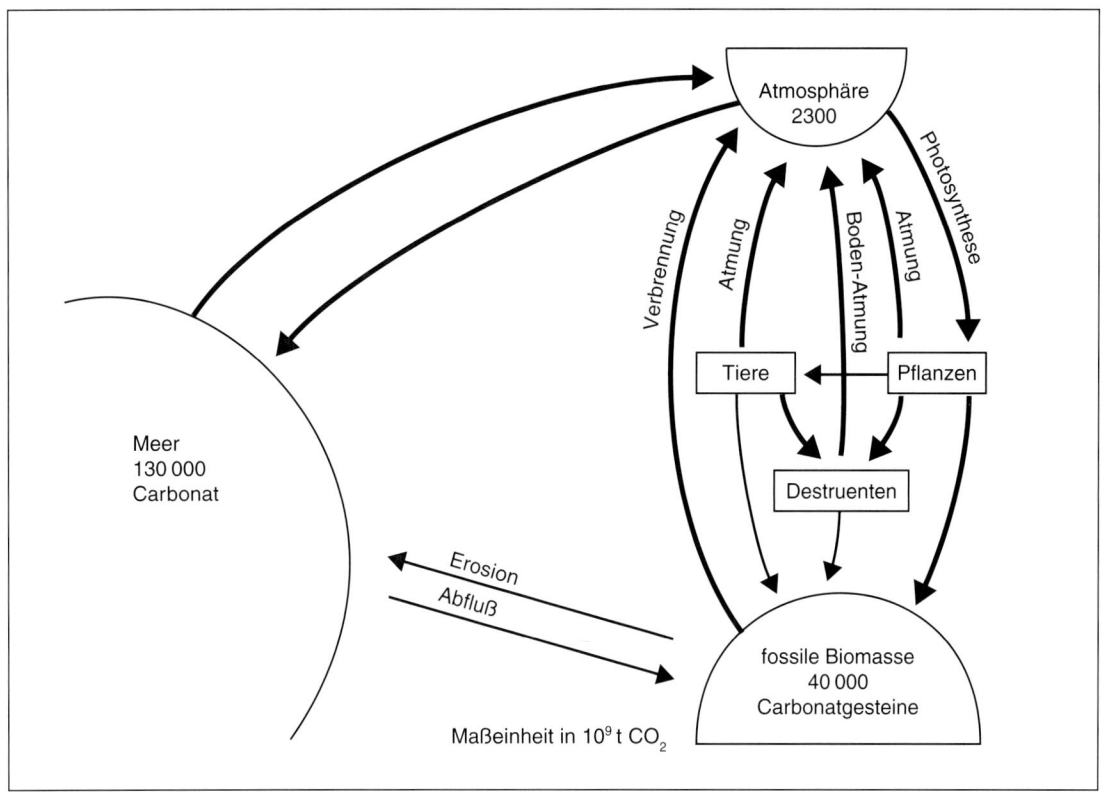

Maßeinheit in 10^9 t CO_2

Abb. 4. Der Kohlendioxid-Kreislauf.

hypertroph: sehr reicher Gehalt an Pflanzennährstoffen, übermäßig stark verschmutzt.

dystroph: kalk- und nährstoffarm, aber reich an
Humusstoffen und Torfschlamm, arm
an Wasserpflanzen und pflanzlichem
Plankton, dafür findet man um so mehr
tierisches Plankton. Hauptverbreitung:
kühle, niederschlagsreiche Gebiete mit
staunassen und teilweise versumpften
Böden.

1.2 Die natürlichen Regelkreisläufe

In einem Ökosystem finden ständig Stoffkreisläufe
statt. Aufgrund der kulturellen Entwicklung ist der
Mensch in der Lage, in diese Kreisläufe einzugreifen
und dabei Veränderungen hervorzurufen, die die
Wechselwirkungen in der Natur nachteilig beeinflussen. Ein Zugriff auf die Kreisläufe kann die Umwelt
nicht nur empfindlich stören, sondern sie sogar aus
dem Gleichgewicht bringen.

Bei den Stoffkreisläufen handelt es sich immer um
offene Systeme. Von außen werden ständig Energie
und verschiedene Stoffe zugeführt, es treten aber auch
Verluste auf.

Energiezufuhr = Sonneneinstrahlung
Stoffzufuhren = Niederschläge, Gasaustausch,
Ablagerungen, zugewanderte Tiere
Energieverluste = Strahlung, Turbulenzen
Stoffverluste = Sickerwasser, Gasaustausch,
entnommene oder abgewanderte
Pflanzen und Tiere

Die Regelkreisläufe beinhalten die Kreisläufe von
Wasser, **Sauerstoff**, **Kohlenstoff** und **Stickstoff** oder
auch von **Schwefel**.

Sie sind am ehesten zu verstehen, wenn man sie als
Austausch zwischen den drei Sphären Luft, Wasser
und Erde beschreibt.

Jeder Kreislauf ist mit anderen verknüpft und darf nicht isoliert betrachtet werden.

Der Kohlenstoffkreislauf

Er läßt sich in zwei Kreisläufe gliedern. Beim kurzen Kreislauf hinterlassen die Pflanzen Spreu oder totes Material im Boden, das von Bakterien und Pilzen mineralisiert oder in Humus umgewandelt wird. Beim langen Kreislauf wird die organische Substanz von Pflanzenfressern oder anderen Konsumenten zunächst als Nahrung verwendet, aber später am Ende der Nahrungskette durch Mikroorganismen in anorganische Formen zerlegt. Dieser Kreislauf ist durch menschliche Einflüsse erheblich gestört, denn neuere Untersuchungen der Atmosphäre ergaben einen jährlichen CO_2-Anstieg um 0,2 % durch Verbrennungen und Waldrodungen.

Der Stickstoffkreislauf

Die Ökosysteme sind aber nicht nur durch Wasser, Sauerstoff und Kohlenstoff geprägt, sondern benötigen auch Nährstoffe. Mengenmäßig ist hier der Stickstoff an erster Stelle zu nennen.

Da der meiste Stickstoff als reaktionsträges Gas in der Luft vorkommt und der Pflanze nicht zur Verfügung steht, werden nur 5 % mit der Luft oder dem Wasser ausgetauscht. 95 % werden in der Grünmasse, dem Boden und den Mikroorganismen umgesetzt. Die Freisetzung von Stickstoff läuft sehr langsam ab. Daher setzt der Mensch in der Landwirtschaft Mineraldünger ein, um die Erträge zu steigern.

Negative Folgen unsachgemäßer Stickstoffdüngung sind: verminderte Nahrungsmittelqualität, Krankheitsanfälligkeit der Pflanzen, vermehrter Aufwand an Herbiziden, Insektiziden und Fungiziden. Außerdem wird gebietsweise der Wasserhaushalt der Landökosysteme und damit das Grundwasser durch Düngemittel besonders belastet.

Der Schwefelkreislauf

Seit der Industrialisierung hat der Schwefelkreislauf größere Bedeutung erlangt. Heute stammen über 80 % des Gesamtausstoßes von Schwefel aus der Verbrennung in Haushalt und Industrie und gelangen als Schwefeldioxid in höhere Luftschichten. Das Gas kann über große Entfernung transportiert werden. Durch Oxidation und die Verbindung mit Wasser entsteht Schwefelsäure, die über Niederschläge in den Boden und die Gewässer gelangt. Die Säurezufuhr verändert die Bodenreaktion, wäscht Nährstoffe aus und setzt toxische Schwermetalle frei. Vornehmlich das Waldökosystem leidet unter diesen Vorgängen. Langfristig können unsere Wälder die erhöhten Immissionen von SO_2, NO_x und Schwermetallen nicht ertragen und werden aufgrund physiologischer Störungen stark geschädigt (Waldsterben).

1.3 Grundlagen der Vegetationskunde

Bisher sind in einzelnen Abschnitten immer wieder Begriffe aus der Pflanzensoziologie verwendet worden. Da auch in den folgenden Kapiteln solche Begriffe die Beschreibung von unterschiedlichen Pflanzengemeinschaften prägen, sollen hier die Grundlagen der Vegetationskunde (Pflanzensoziologie) kurz dargestellt werden.

Für den Gärtner sind pflanzensoziologische Grundkenntnisse von Bedeutung, wenn naturnahe Ökosysteme anzulegen oder natürliche Pflanzengemeinschaften durch Pflege zu erhalten sind.

Die Vegetationskunde als Teilgebiet der Pflanzengeographie

Da die Vegetation schon früher leicht zu beobachten und zu beschreiben war, ergaben sich schnell umfangreiche Kenntnisse der Vegetation: Alle beschreibenden und messenden Arbeiten gehören zum Wissenschaftsgebiet der **Pflanzengeographie**.

Macht man es sich aber zur Aufgabe, die Pflanzendecke zu beschreiben, zu gliedern und zu kartieren, so kommt man zur Disziplin der **Vegetationskunde** oder **Pflanzensoziologie**.

Der Schweizer BRAUN-BLANQUET (1928) begründete die Pflanzensoziologie, indem er ein Zahlensystem zur Erfassung der Vegetation aufstellte und so vergleichbare Schätzwerte bestimmter Gebiete auf einheitlichen Standortbedingungen ermöglichte. Es können drei Phasen pflanzensoziologischen Arbeitens aufgestellt werden:

1. Phase: Analytische Erfassung

Hier wird zunächst eine Bestandsaufnahme auf Flächen vorgenommen, die in einem Gebiet ähnliche Artenkombinationen aufweisen. Teilflächen, wie z.B. lichte Stellen im Wald oder Stellen mit anderem Pflanzenbewuchs, werden dabei nicht berücksichtigt. Bei der Bemessung einer Fläche ist die Mindestgröße, d.h. das **Minimum-Areal**, herauszufinden, bei der die Artenzahl nicht wesentlich größer wird, wenn man die Fläche ständig ausdehnt.

Tab. 1. Bestandsaufnahme zur Bestimmung des Minimum-Areals einer Weidelgrasweide (Lolieto-Cynosuretum-typicum) (nach Ellenberg 1982)

¼ m²	*Lollium perenne, Poa pratensis, Poa trivialis, Festuca pratensis, Trifolium repens, Chrysanthemum leucanthemum, Rumex acetosa, Plantago lanceolata, Bellis perennis, Cirsium arvense*	
		insgesamt 10 Arten
½ m²	außerdem: *Cynosurus cristatus* *Trifolium pratense* *Cerastium caespitosum* *Centaurea jacea*	insgesamt 14 Arten
1 m²	*Leontodon autumnalis* *Achillea millefolium*	insgesamt 16 Arten
2 m²	*Holcus lanatus* *Vicia cracca* *Prunella vulgaris*	insgesamt 19 Arten
4 m²	*Plantago major* *Festuca rubra* var. *genuina*	insgesamt 21 Arten
8 m²	*Anthoxanthum odoratum*	insgesamt 22 Arten
16 m²	*Trifolium dubium* *Taraxacum officinale*	insgesamt 24 Arten
32 m²	*Rumex crispus*	insgesamt 25 Arten
64 m²	*Lathyrus pratensis*	insgesamt 26 Arten

Das Minimum-Areal beträgt in diesem Falle etwa 16 m²

Jede Pflanzengemeinschaft beansprucht sicherlich eine andere Größe. So wird z. B. eine Bakterienart mit 1 mm² auskommen, der tropische Regenwald mit sehr artenreichen Beständen nicht unter 1 ha.

Als Richtwerte gelten:
Wälder 100 bis 500 m², Krautschichten 20 bis 10 m², Heide und Wiesenflächen 10 bis 20 m², Moosgesellschaften 1 m², Flechtengesellschaften unter 0,5 m².

Die einzelnen Arten des Pflanzenbestandes auf einer Fläche ermittelt man am besten so, daß man auf einem kleinen Teilstück die häufigsten Arten erfaßt. Anschließend sucht man die gesamte Fläche nach anderen, überwiegend nach selteneren Pflanzenarten ab. So erhält man den **Deckungsgrad (Dominanz)**. (Schlüssel von 1 bis 5)

Ein weiterer Zahlenwert kennzeichnet das Wuchsverhalten einzelner Pflanzenarten, d. h. die Geselligkeit oder Häufungsweise (**Soziabilität**).

Tab. 2. Deckungsgrad

Schlüssel	Bedeckung der Bodenfläche		Individuenzahl Flächeneinheit
1	¹⁄₂₀	bedeckend	sehr spärlich
2	¹⁄₂₀–¼	bedeckend	spärlich
3	¼–½	bedeckend	wenig zahlreich
4	½–¾	bedeckend	zahlreich
5	¾–⁴⁄₄	bedeckend	sehr zahlreich

Dieser Zahlenwert bedeutet von 1 bis 5:
1 = einzeln wachsend; 2 = gruppen- und horstweise wachsend; 3 = truppweise wachsend (Flecken oder Polster); 4 = in kleinen Kolonien wachsend oder größere Flecken bildend; 5 = in großen Herden wachsend.

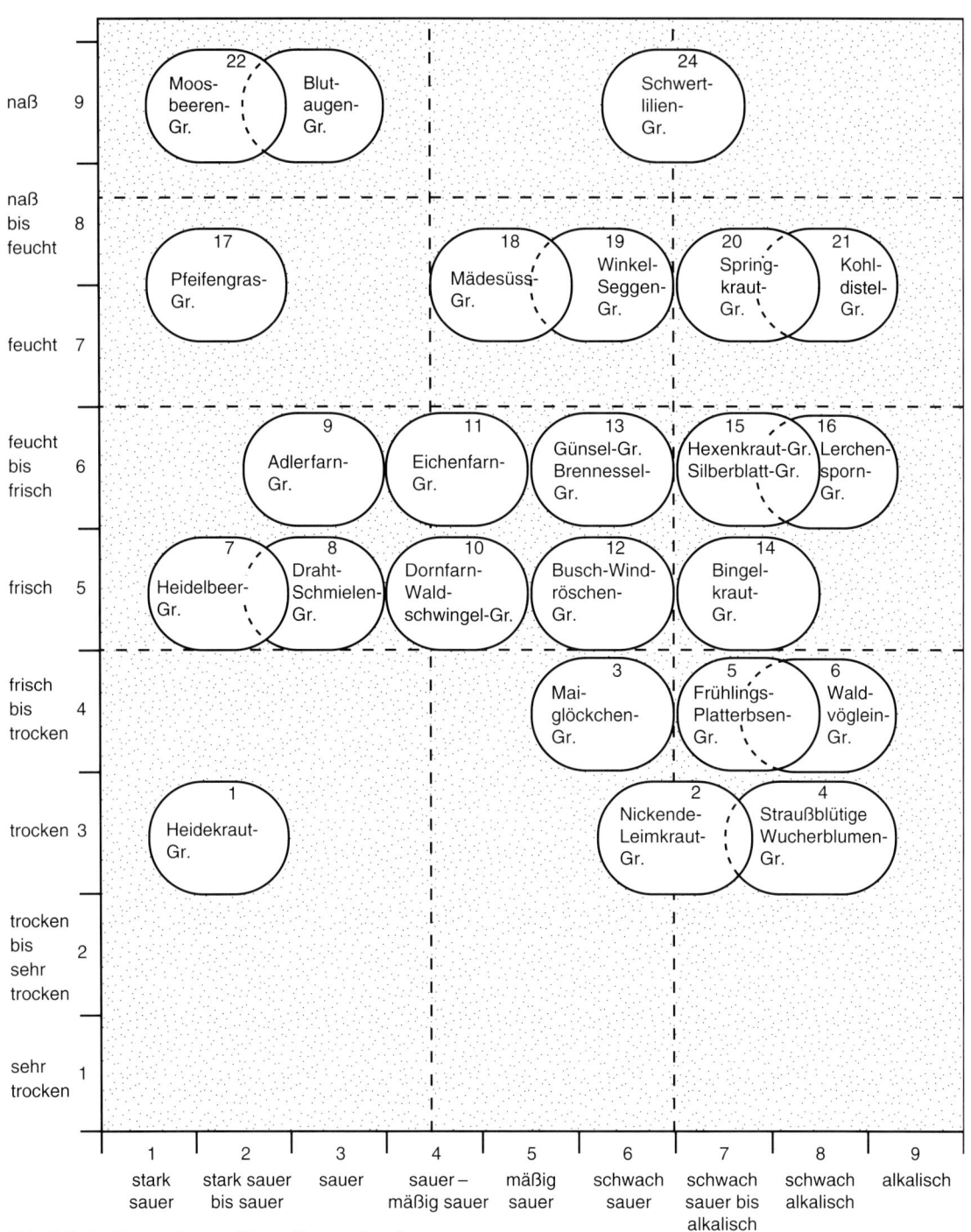

Abb. 5. Verbreitungsschwerpunkte der ökologischen Gruppen.

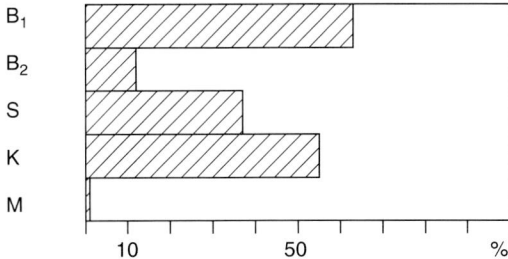
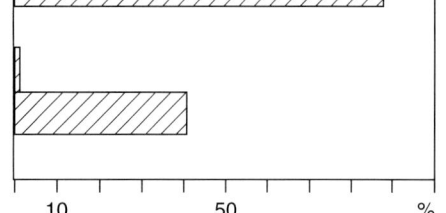

Abb. 6. Schichtendiagramme zweier verschiedener Laubwaldarten.

Die Zahl der Soziabilität erscheint hinter der Zahl der Mächtigkeit, durch einen Punkt getrennt z. B. 4.5 *Calluna vulgaris* (50–75 % der Aufnahmefläche bedeckend, in großen Herden wachsend).

Es ist sinnvoll (z. B. bei einem Wald), die ermittelten Pflanzenarten in den einzelnen Schichten getrennt anzugeben: Baumschicht (B_1 = obere, B_2 = unter Baumschicht) S = Strauchschicht, K = Krautschicht, M = Moosschicht.

Abbildung 6 veranschaulicht den Schichtenaufbau von Pflanzengesellschaften in einem Schichtendiagramm.

2. Phase: Synthetische Merkmale

Wenn man eine Anzahl von Vegetationsaufnahmen erstellt hat, kann man die Artzusammensetzungen leicht miteinander vergleichen. So kommen verschiedene Pflanzenarten in den erfaßten Pflanzengesellschaften häufiger oder weniger oft vor, d. h., bestimmte Arten sind regelmäßig anzutreffen, andere treten nur vereinzelt auf.

Dieses verschiedenartige Auftreten bezeichnet man als **Stetigkeit = Präsenz.**

Die Stetigkeit wird in 5 Klassen angegeben, wobei jeder Klasse ein bestimmter prozentualer Anteil einer auftretenden Art zugemessen wird.

I = selten vorhanden 1 bis 20 %; II = nicht oft vorhanden 21 bis 40 %; III = oft vorhanden 41 bis 60 %; IV = meist vorhanden 61 bis 80 %; V = stets vorhanden 81 bis 100 %.

In der 2. Phase wird oft eine Umordnung verschiedener Aufnahmetabellen verlangt, aber als Endresultat ergibt sich eine Tabelle, aus der hervorgeht, daß einige Arten eine sehr hohe Stetigkeit besitzen, andere Arten kommen nur in wenigen oder einer einzigen Aufnahme vor, wieder andere sind in mehreren Aufnahmen vorhanden, in anderen Aufnahmen fehlen sie ganz: diese Pflanzenarten kommen also untergeordnet vor. Sie dif-

ferenzieren die Bestandsaufnahme und werden deshalb **Trennarten** (**Differentialarten**) genannt. Bei Wiesenaufnahmen hat eine Nachprüfung im Gelände ergeben, daß die Glatthaferwiese in drei Formen auftreten kann: Bei relativ trockenen Bodenverhältnissen überwiegt die Trespe, bei nassem Boden die Kohldistel und bei feuchten Wiesen die Nelkenwurz. Alle drei Formen beziehen sich nur auf einen Faktor, hier die Bodenfeuchte. Daraus läßt sich folgern, wie genau eine Differenzierung der Vegetation durch Trennarten möglich ist, aber nur, wenn auch sehr genaue Beobachtungen im Gelände durchgeführt werden. Dann können pflanzensoziologische Untersuchungen zur Lösung praktischer Aufgaben herangezogen werden, z. B. bei Uferverbauungen, bei Befestigungen von Böschungen, bei Anpflanzungen auf Ödland u. a.

Stellen Trennarten gleiche Ansprüche nicht nur an einen Faktor, sondern an viele Faktoren, bilden diese **ökologische Gruppen**, d. h. Artengruppen mit einer bestimmten Kombination von Standortfaktoren.

Zu einer ökologischen Gruppe werden Pflanzen zusammengefaßt, die in ihrem soziologischen und ökologischen Verhalten weitgehend übereinstimmen.

Dabei haben Pflanzen einen gewissen Zeigerwert. Dabei wird das ökologische Verhalten gegenüber den Standortfaktoren Bodenfeuchte (F), Bodenreaktion (R), Stickstoffversorgung (N) und Licht (L) in einer neunteiligen Skala angegeben.

3. Phase: Pflanzensoziologische Systematik

Die Einteilung der Pflanzengesellschaften kann unter verschiedenen Aspekten erfolgen: entweder steht die Artenzusammensetzung im Vordergrund oder die Standortansprüche oder der pflanzengeographische Charakter. Grundeinheit der Klassifizierung ist die Assoziation, die aus dem Gattungsnamen der Hauptart besteht. So ist eine Buchenwaldassoziation entsprechend der Endung – etwa ein „Fagetum".

Übersicht über die Zeigerwerte von Waldbodenpflanzen

Zeichenerklärung[1]

F = Feuchtezahl

1 Zeiger für starke Trockenheit
3 Zeiger für Trockenheit, auf trockenen Böden häufiger vorkommend
   als auf frischen; auf feuchten Böden fehlend
5 Frischezeiger; auf nassen sowie auf
   stark trockenen Böden fehlend
7 Feuchtezeiger
9 Nässezeiger
~ Wechselfeuchtigkeitszeiger
= Überschwemmungszeiger

R = Reaktionszahl

1 Zeiger für starke Säure

3 Zeiger für Säure
5 Zeiger für mäßige Säure
7 Zeiger für schwache Säure oder
   schwache Base
9 Basen- und Kalkzeiger

N = Stickstoffzahl

1 Zeiger für die stickstoffärmsten Standorte
3 Zeiger für stickstoffarme Standorte
5 Mäßig stickstoffreiche Standorte anzeigend
7 An stickstoffreichen Standorten häufiger als an
   armen oder mittelmäßigen
9 Zeiger für sehr hohen Stickstoffgehalt
   (Verschmutzungszeiger)

L = Lichtzahl

1 Tiefschattenpflanze
3 Schattenpflanze
5 Halbschattenpflanze
7 Halblichtpflanze
9 Vollichtpflanze
( ) Eingeklammerte Ziffern beziehen
    sich auf Bäume im Unterwuchs

Die Werte 2, 4, 6, 8 sind Zwischenwerte	
?	= ökologisches Verhalten ungeklärt
x	= indifferentes Verhalten
BZ	= Blütezeit
Ziffern 1–12	= Monate des Blühens, z. B.: 3–5 = März–Mai
Leb	= Lebensform
P	= Phanerophyt (Baum)
N	= Nanophanerophyt (Strauch)
Z/C	= Zwergstrauch/Chamaephyt
H	= Hemikryphyt
T	= Therophyt
A	= Hydrophyt (Wasserpflanze)

[1] Zeichen und Angaben nach Ellenberg 1979

Bei der Aufstellung des pflanzensoziologischen Systems wird für jede Einheit eine besondere Endung benutzt, um die Kenn- bzw. Trennarten zu kennzeichnen.

Die nebenstehende Übersicht verdeutlicht die Grundeinheiten für Systeme von Pflanzengesellschaften anhand der Endungen.

Einheit	Endung	Beispiele	Kennzeichen
Klasse	-etea	Querco-Fagetea (Laubmischwälder)	Charakter- -arten
Ordnung	-etalia	Fagetalia sylvaticae (Buchenmischwälder)	Charakter- arten
Verband	-ion	Fagion sylvaticae (Buchenwald)	Charakter- arten
Assoziation	-etum	Melico-Fagetum (Perlgras- Buchenwald)	Charakter- und Differentialarten
Subassoziation	-etasum	Melico-Fagetum- allietosum (Bärlauch- Buchenwald)	Differential- arten

B Natürliche Pflanzengesellschaften Mitteleuropas

Ökologische Gruppen als Indikatoren für den Standort

Unter einer ökologischen Gruppe versteht man Pflanzen, die gleiche Ansprüche stellen und sich den jeweils am Standort gegebenen Umweltbedingungen entsprechend verhalten. Aus ihrem Auftreten kann man Schlüsse auf die Boden- und Klimaverhältnisse ziehen und erhält somit Hinweise für die Verwendbarkeit der Pflanzen bei Neuanpflanzungen.

Bei der Festlegung der Gruppen unterscheidet man zwischen dem Vertretungsschwerpunkt (dem ökologischen Optimum) und der **ökologischen Amplitude** (die darüber hinausgehende Vertretung.) ELLENBERG (1982) führt allein 29 verschiedene Gruppen von Bodenpflanzen in mitteleuropäischen Laubwäldern auf. Auf die einzelnen Gruppen kann hier nicht näher eingegangen werden. Statt dessen soll anhand von typischen Beispielen der Einfluß der Standortverhältnisse aufgezeigt werden. Hinsichtlich der Einordnung der übrigen Gruppen muß auf die einschlägige Fachliteratur verwiesen werden.

1 Kenntnis der Pflanzengesellschaften als Grundlage gezielter Landschaftsbaumaßnahmen

Das Hauptanliegen bei der Gestaltung eines **Biotops** muß die Schaffung eines funktionierenden **Ökosystems** sein. Immer dann, wenn ein **Biotop** künstlich angelegt werden muß, haben sich die Arbeiten an der dort vorgesehenen **Biozönose** zu orientieren. Die harmonische Abstimmung zwischen dem anzulegenden Biotop und der dort vorgesehenen Flora als Lebensgrundlage einer dazugehörenden Fauna soll dazu führen, daß sich eine bestimmte Lebensgemeinschaft einstellt. Diese kann sich durch ständige Selbststeuerung im Gleichgewicht halten und wird damit zum Ökosystem. Natürliche Ökosysteme sollten dafür als Vorbild herangezogen werden. Im Rahmen dieses Buches können nur einige Ökosysteme exemplarisch behandelt werden, da man in Mitteleuropa insgesamt 130 verschiedene Ökosysteme unterscheidet (HEYDMANN 1985).

Alle Gestaltungs- und Pflegemaßnahmen müssen den spezifischen Pflanzenansprüchen gerecht werden. Die Kenntnis der Lebenszusammenhänge (Kapitel A.1) stellt die Grundlage für die Überlegungen zur Gestaltung eines Biotops und seiner späteren Pflege dar. Die pflanzensoziologischen Formationen (Kapitel B.1.1 bis B.1.4) bilden die Grundlage für die Pflanzenauswahl und -zusammenstellung.

Einige Biotope sind Bestandteil unserer Kulturlandschaft und durch menschliches Einwirken entstanden. Sie zu erhalten, zu fördern und gegebenenfalls neu anzulegen ist eine Aufgabe für alle, die für die Erhaltung unserer Landschaft verantwortlich sind. Die folgenden Ausführungen sollen einen groben Überblick über Artenzusammensetzung, Lebensweise, Anpassung und Gefährdung der Tiere in den verschiedenen Landschaftsbereichen wiedergegeben. Dabei soll entsprechend den tatsächlichen Gegebenheiten das weite Spektrum von mittlerweile sehr selten gewordenen, unberührten, natürlichen Standorten über solche, die anthropogen, das heißt von Menschenhand beeinflußt sind, bis zu den anthropogen dominierten Standorten, zum Beispiel im innerstädtischen Bereich, exemplarisch angesprochen werden.

Um zu einem besseren Verständnis der mannigfaltigen Wechselbeziehungen innerhalb eines Lebensraumes oder Biotops zu kommen, sollen auch diese Kapitel die einzelnen Arten nicht isoliert aufgreifen, sondern aus einer Beschreibung ihres Lebensraumes heraus in Beziehung zueinander setzen. Biotopansprüche und eine damit verbundene Biotopbindung sind meist prägende Gemeinsamkeiten oft ganz unterschiedlicher Arten, die eine entsprechende verwandtschaftliche Nähe in ihrer Bedeutung bei weitem übertreffen können.

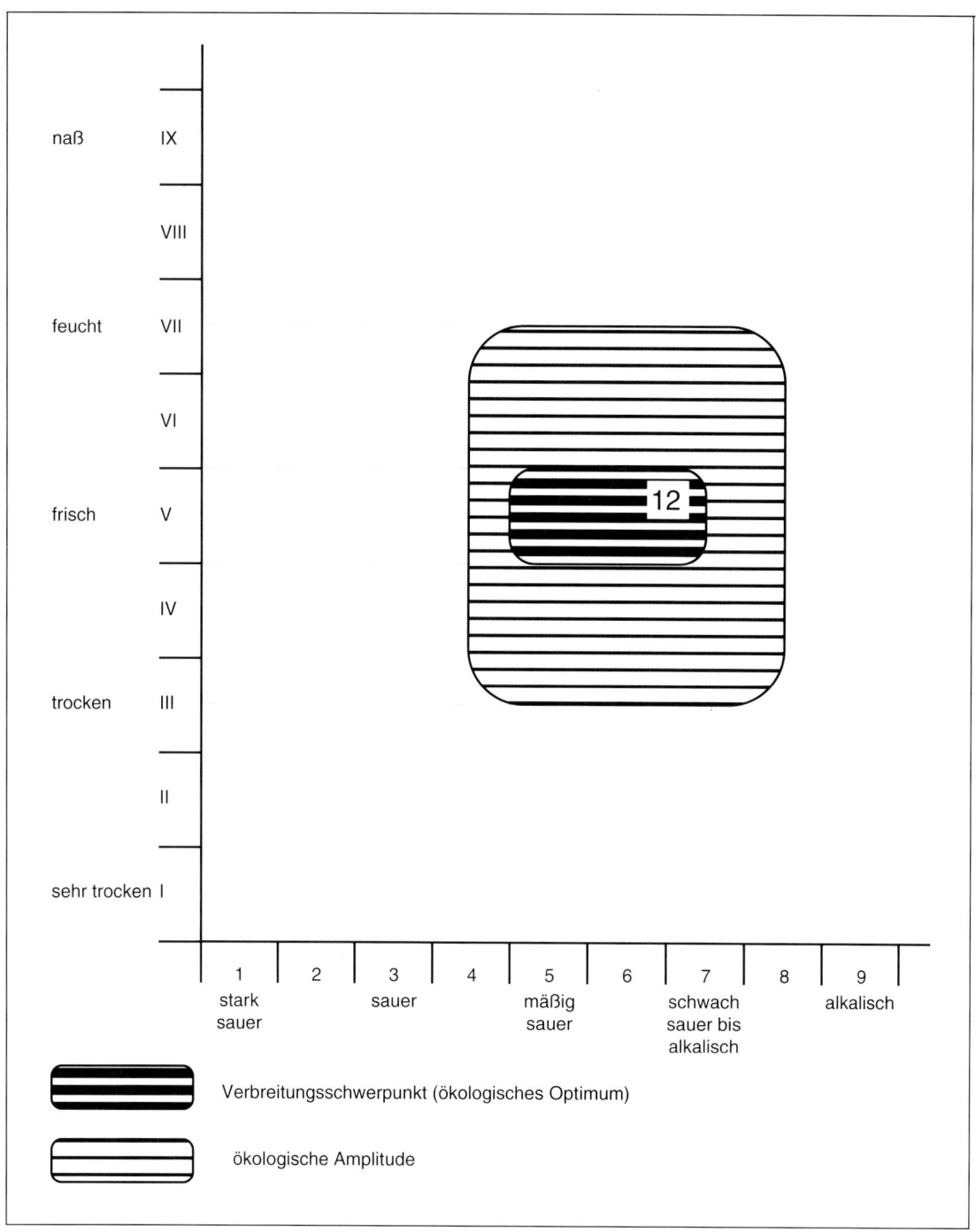

Abb. 7. Verbreitungsschwerpunkt und ökologische Amplitude der Busch-Windröschen-Gruppe.

Ähnliche Überzeugungen haben sich allgemein etabliert, selbst die schützende Rechtsprechung auf europäischer Ebene ist von der Praxis eines reinen **Artenschutzes** zu Regelungen eines international verbundenen **Habitatschutzes** übergegangen.

1.1 Waldgesellschaften

Während noch in frühgeschichtlicher Zeit der weitaus größte Teil Europas mit Wald bedeckt war, begannen nach dem Ende der Völkerwanderungen im 6. Jahrhundert in Mitteleuropa umfangreiche Rodungen. Diese dauerten mit zunehmender Stärke bis zum Ende des 13. Jahrhunderts. Seit dieser Zeit hat sich an der Wald-Feld-Verteilung nur sehr wenig geändert. Bewaldet blieben nur das schwer zugängliche Gelände oder die für die Landwirtschaft nicht geeigneten Böden.

Die Nutzungen im Wald des Mittelalters arteten vielfach zu Raubbau aus, vor allem in der Nähe der neu entstandenen Städte, an Orten der Erzverhüttung und der Glaserzeugung. Auch intensive Beweidung, vor allem mit Schafen und Ziegen, haben den Wald sehr stark beeinträchtigt und geschädigt. Heute werden in der Bundesrepublik Deutschland nur noch knapp 30% der Fläche vom Wald eingenommen.

Neben seiner großen Bedeutung als umweltfreundlicher Rohstofflieferant fallen dem Wald heute mehr und mehr die Rolle als Erholungsraum und insbesondere auch verschiedene Schutzfunktionen zu (Klimaschutz, Wasserschutz, Erosionsschutz, Immissionsschutz).

Man unterscheidet zwischen **Hoch-**, **Mittel-** und **Niederwald**. Unter Niederwald versteht man einen Wald, bei dem die Bäume (vor allem Eiche, Hainbuche, Erle, Linde) aus **Stockausschlag**, das heißt aus den abgeernteten Baumstümpfen hervorwachsen und in verhältnismäßig kurzer Zeit (20 bis 30 Jahre) wieder geerntet werden. Hochwald dagegen ist ein Wald, bei dem alle Bäume aus Samen hervorgegangen sind und in relativ langen Zeiträumen (Fichte: 80 Jahre, Eiche: 250 Jahre) genutzt werden. Mittelwald ist ein Wald, bei dem über den aus Stockausschlägen hervorgegangenen Niederwald einige alte, mit großen Kronen versehene Bäume stehen, vor allem Buchen und Eichen. Er nimmt also eine Art Mittelstellung zwischen Hoch- und Niederwald ein. Der Hochwald hat sich wegen seiner Übersichtlichkeit und der Möglichkeit der rationelleren Bewirtschaftung fast überall durchgesetzt. Unter unseren Bedingungen ist er in der

Lage, das wertvollste Holz zu erbringen. Mittel- und Niederwald sind mehr historische Waldnutzungsformen.

Begünstigt wurde die Einführung des Hochwaldes durch den Anbau fremdländischer, aber durchaus standortgerechter Nadel- und Laubbaumarten, wie zum Beispiel Douglasie *(Pseudotsuga menziesii)*, Weymouthkiefer oder Strobe *(Pinus strobus)*, Roteiche *(Quercus rubra)*. Aber auch die ursprünglich heimischen Baumarten, wie die Buche *(Fagus sylvatica)* oder die Stiel- und Traubeneiche *(Quercus robur, Quercus petraea)*, die früher die vorherrschenden Bäume des Nieder- und Mittelwaldes gewesen sind, werden heute ausschließlich als Hochwald bewirtschaftet.

Es hat sich in der Vergangenheit gezeigt, daß der sogenannte schlagweise Hochwald in besonderer Weise in der Lage ist, die Wirtschaftsfunktion der Erzeugung wertvollen Holzes wahrzunehmen. Vor allem in Reinbeständen haben die Schäden, vor allem durch Brände (Kiefern) und Stürme (Fichte und Buche) gezeigt, daß der klassische Hochwald nicht die ökologisch und damit auch wirtschaftlich optimale Waldaufbauform ist. Heute geht die Diskussion um das waldbauliche Handeln dahin, diesen schlagweisen Hochwald wieder zu verlassen und in einen ungleichaltrigen und mehrschichtigen, aus mehreren Baumarten gemischten naturnäheren Wald zu überführen.

Unter Wald darf man natürlich nicht nur einzelne Bäume verstehen, die lediglich zur Holzproduktion gepflanzt sind. Der Wald als Lebensgemeinschaft (Ökosystem) stellt eine Gemeinschaft des Bodens und damit auch der Bodenlebewesen mit den oberirdischen Pflanzengesellschaften dar. Normalerweise unterscheidet man im „oberirdischen" Wald drei Schichten: die Krautschicht, die Strauchschicht und die Baumschicht. In vielen Wäldern fehlen wegen Lichtmangels häufig Kraut- und Strauchschicht, so in vielen Fichten-, aber auch in alten Buchenwäldern. Diese schatten mit ihren dunklen Kronen den größten Teil des Lichteinfalls ab. Häufig kann sich aber auch zusätzlich noch eine Moosschicht und eine weitere Schicht aus kleineren Bäumen bilden (= Bäume 2. Ordnung, zum Beispiel Eberesche, Feldahorn), vor allem unter den lichtdurchlässigeren Eichen und Kiefern.

Zum Wald im weiteren Sinne gehören auch solche Flächen, die man nicht sofort als Wald erkennt. Hierzu zählen Waldlichtungen, Waldwiesen, Wege und

Holzlagerplätze. Auf den Waldlichtungen und den Waldwiesen können sich, bedingt durch die Änderung der kleinklimatischen Verhältnisse, besondere Pflanzengesellschaften bilden. Lichtungen entstehen häufig durch Kahlschläge, Waldbrände und – seltener – durch Orkane und starke Stürme. Lichtbedürftige Pflanzen, die sich die auf dem Boden durch Sonneneinstrahlung aktivierten Stickstoffvorräte zunutze machen können, bestimmen die Kraut- und Strauchschicht. Hier treten vor allem Schwarzer Holunder *(Sambucus nigra)*, Himbeere *(Rubus idaeus)*, Weidenröschen *(Epilobium angustifolium)*, Wald-Greiskraut *(Senecio sylvestris)*, Roter Fingerhut *(Digitalis purpurea)*, das Fuchs-Kreuzkraut *(Senecio fuchsii)* sowie die Große Brennessel *(Urtica dioica)* auf. Besonders das Weidenröschen und der Rote Fingerhut werden zur Blütezeit gerne von Schmetterlingen und Insekten aufgesucht. Sobald der mobilisierte Stickstoffvorrat verbraucht ist, verschwinden diese Pflanzen langsam wieder und machen den dann folgenden Pionierbaumarten – vor allem Sandbirke *(Betula pendula)*, Eberesche *(Sorbus aucuparia)* und zum Teil auch Eiche *(Quercus sp.)* –, die die Wiederbewaldung der Lichtungen einleiten, Platz. Diesen Vorgang nennt man auch **natürliche Sukzession**.

1.1.1 Der Erlenbruchwald
Der Erlenbruchwald verträgt von allen Waldgesellschaften den feuchtesten Boden. Er gedeiht selbst dort, wo die Böden für einige Zeit (bis zu einigen Wochen) unter Wasser stehen, zum Beispiel auf Niedermoorböden. Voraussetzung ist aber, daß der mittlere Wasserstand nicht wesentlich höher als 50 cm unter Flut steht. Wenn nur wenig Sauerstoff im Wasser vorhanden ist, verlangt der Erlenbruchwald eher basische Böden mit einem ausreichenden Nährstoffgehalt. Er meidet saures Anmoor und Hochmoorränder. Charakteristisch für Erlenbruchwälder ist die Dominanz der Schwarzerle *(Alnus glutinosa)*, die in Deutschland auch als Roterle bezeichnet wird.

Je geringer der Sauerstoffgehalt des Wassers bzw. der Nährstoffgehalt des Bodens ist, desto häufiger ist die Schwarzerle mit der Moorbirke *(Betula pubescens)* vergesellschaftet. Als Faustregel gilt: Je mehr Birken vorhanden sind, um so schlechter ist die Sauerstoff- und Nährstoffversorgung.

Zu den wichtigsten Begleitbaum- und Straucharten im Erlenbruchwald gehören die Eberesche *(Sorbus aucuparia)* (je saurer das Wasser bzw. der Boden, um so höher ihr Anteil), die Grauweide *(Salix cinerea)*

und die Ohrweide *(Salix aurita)*. Auch die Schwarze Johannisbeere *(Ribes nigrum)* zählt in ihrer Wildform zu den typischen Erlenbruchwaldbewohnern.

Aufgrund seiner herausragenden ökologischen Bedeutung und der nur noch geringen Restflächen soll der Erlenbruchwald gemäß des Bundesnaturschutzgesetzes § 20c unter Naturschutz gestellt werden.

Stauden des Erlenbruchwaldes
Ajuga reptans – Kriechender Günsel
Angelica sylvatica – Engelwurz
Aremonia agrimonioides – Bach-Nelkenwurz
Athyrium filix-femina – Frauenfarn
Brachypodium sylvaticum – Waldzwenke
Caltha palustris – Sumpfdotterblume
Campanula trachelium – Nesselblättrige
    Glockenblume
Crepis paludosa – Sumpfpippau
Eupatorium cannabium – Wasserdost
Filipendula ulmaria – Mädesüß
Geum urbanum – Echter Nelkenwurz
Hydrocolyte vulgaris – Wassernabel
Iris pseudacorus – Gelbe Schwertlilie
Lythrum salicaria – Blutweiderich
Mentha aqualis – Wasserminze
Myosotis sylvatica – Wald-Vergißmeinnicht
Potentilla palustris – Blutauge
Ranunculus repens – Kriechender Hahnenfuß
Rumex hydrolapathum – Riesenampfer
Sanicula europaea – Waldsanikel
Stachys sylvatica – Waldziest
Stellaria uliginosa – Quell-Sternmiere
Viola palustris – Sumpfveilchen

1.1.2 Die Auenwälder
Das Vorkommen der verschiedenen Auenwälder hängt hauptsächlich von der Höhe des Grundwasserstandes und der Dauer von Überschwemmungen ab. Der **Hartholz-Auenwald** kommt bei vergleichsweise weniger hohem Grundwasserspiegel vor, und zwar vorzugsweise im Spitzenhochwasserbereich der Flüsse auf meist kalk- und nährstoffreichen Auenlehmen bzw. -tonen, die gelegentlich mit Sand angereichert sein können. Diese werden nur gelegentlich und dann nur kurzfristig überflutet.

Zu den wichtigsten Baumarten des Hartholz-Auenwaldes zählen: Gewöhnliche Esche *(Fraxinus excelsior)*, Flatterulme *(Ulmus laevis)*, Feldulme *(Ulmus minor)*, Stieleiche *(Quercus robur)* sowie Traubenkirsche *(Prunus padus)* und, weniger auftretend,

Feldahorn *(Acer campestre)*, Bergahorn *(Acer pseudoplatanus)* und Winterlinde *(Tilia cordata)*.

Als Straucharten sind im Hartholz-Auenwald anzutreffen: Roter Hartriegel *(Cornus sanguinea)*, Rote Heckenkirsche *(Lonicera xylosteum)*, Rote Wald-Johannisbeere *(Ribes rubrum)*, Schwarzer Holunder *(Sambucus nigra)*, Gemeiner Schneeball *(Viburnum opulus)*, Himbeere *(Ribes idaeus)*, Pfaffenhütchen *(Euonymus europaeus)*, Gewöhnliche Waldrebe *(Clematis vitalba)* und Hopfen *(Humulus lupulus)*.

Je nach Feuchtigkeitsgrad und Nährstoffreichtum sind für die Krautschicht verschiedene ökologische Gruppen charakteristisch. Als typische Vertreter der Krautschicht gelten: Hohler Lerchensporn *(Corydalis cava)*, Gewöhnliches Hexenkraut *(Circaea lutetiana)*, Scharbockskraut *(Ranunculus ficaria)*, Gundelrebe *(Glechoma hederacea)*, Efeublättriger Ehrenpreis *(Veronica hederifolia)*, Buschwindröschen *(Anemone nemorosa)*, Waldzwenke *(Brachypodium sylvaticum)*, Goldnessel *(Lamium galeobdolon)*, Wald-Bingelkraut *(Mercurialis perennis)*, Aronstab *(Arum maculatum)*, Gelbes Windröschen *(Anemone ranunculoides)*.

Im Hochwasserbereich der Flüsse gedeihen raschwüchsige Baumarten mit relativ weichem, wenig haltbarem Holz, die Vertreter des **Weichholz-Auenwaldes**. Dabei stehen häufig nasse, kalkhaltige Schwemmlandböden, sogenannte Rohauenböden an, die häufig bis regelmäßig überflutet werden. Hier herrschen *Salix*-Arten vor, und zwar als baumartige *Salix alba, S. eleagnos, S. triandra, S. vinimalis* und als strauchartige *S. purpurea, S. daphnoides, S. nigricans* und andere. Als Baumarten können auch Schwarzpappel *(Populus nigra)* und Schwarzerle *(Alnus glutinosa)* vorkommen.

1.1.3 Eichen-Birken-Wald

Beim Eichen-Birken-Wald müssen wir zwei Varianten unterscheiden. Zum einen kennen wir den **Stieleichen-Birken-Wald** auf mehr oder weniger stark wechselfeuchten und den **Eichen-Birken-Wald** mit Stieleiche und Traubeneiche auf trockenen bis sehr trockenen Standorten. Beiden gemeinsam ist das geringe Nährstoffangebot.

So bilden auf den trockenen, nährstoffarmen Sandböden vor allem in der Heide Stieleiche *(Quercus robur)*, bevorzugt auf den feuchteren Partien Traubeneiche *(Quercus pertraea)* und die beiden Birken-Arten (Sand- und Moorbirke, *Betula pendula* und *Betula pubescens)* die Hauptarten. Meist sind

sie mit der Vogelbeere *(Sorbus aucuparia)* vergesellschaftet. Vor allem in der Lüneburger Heide sind diese Baumarten wegen ihrer schlechten Ertragslage von der Gemeinen Kiefer *(Pinus sylvestris)* und der Douglasie *(Pseudotsuga menziesii)* abgelöst oder verdrängt worden. Dies hat seine Ursache darin, daß die beiden letztgenannten Baumarten mit den vom Menschen zerstörten Heideböden (Plaggenutzung, Streunutzung) erheblich besser fertig werden und die noch vorhandenen restlichen Nährstoffe in Wachstum umsetzen können. Da diese beiden Nadelbaumarten auch eine nicht zu unterschätzende Pionierbaumwirkung haben, werden die der Heide nachfolgenden Wälder wieder mit bodenständigen Laubbaumarten begründet. Die Kiefer kommt im norddeutschen Flachland natürlicherweise und bestandsbildend nur östlich der Elbe im **Moos-Kiefern-Wald** vor (s. Kap. B1.1.6).

Der Boden der Eichen-Birken-Wälder ist sehr artenarm. Auf den feuchteren Standorten zeigen sich Faulbaum *(Rhamnus frangula)*, Pfeifengras *(Molinia arundinacea)* und Adlerfarn *(Pteridium aquilinum)*, auf den trockeneren Stellen kommen überwiegend Wacholder *(Juniperus communis)* und Wald-Geißblatt *(Lonicera periclymenum)* vor, Heidekraut *(Calluna vulgaris)* und Preiselbeere *(Vaccinium-vitis-idaea)* wachsen auf trockenen und die Glockenheide *(Erica tetralix)* auf wechselfeuchten Standorten.

Typische Vertreter der Krautschicht im Eichen-Birken-Wald

Hieracium pilosella – Kleines Habichtskraut
Juncus effusus – Flatterbinse
Molina caerulea – Pfeifengras
Potentilla erecta – Aufrechtes Fingerkraut
Rumex acetosella – Kleiner Ampfer
sowie zahlreiche Moose und weitere Gräser

1.1.4 Kiefern- und Kiefern-Mischwälder

Auf nährstoffarmen, trockenen Böden in kontinentalerem Klima findet – wie zuvor beschrieben – eine Vergesellschaftung der Eichen und Birken mit der Kiefer *(Pinus sylvestris)* statt. Im Osten der BRD, bis in das Gebiet Polens hineinreichend, finden wir auch den Moos-Kiefernwald. In beiden Waldtypen kommen als Laubbaumarten Birken *(Betula pendula* und *B. pubescens)*, die Vogelbeere *(Sorbus aucuparia)* und Eichen *(Quercus petraea* und *Q. robur)* vor. Als Straucharten sind Faulbaum *(Rhamnus frangula)*,

Abb. 8. Ein Bestand der Gemeinen Kiefer (Pinus sylvestris).

Wacholder *(Juniperus communis)* und Besenginster *(Cytisus scoparius)* anzutreffen. Als charakteristische ökologische Gruppen nennt HOFMEISTER (1983) die Heidelbeergruppe, die Drahtschmielengruppe und die Heidekrautgruppe. Besonders ausgeprägt und artenreich ist die Moosschicht.

Den jeweils vorherrschenden Bodenverhältnissen entsprechend, können folgende Kräuterarten und Kleingehölze in den Kiefern- und Kiefernmischwäldern vorkommen:

Drahtschmiele *(Avenella flexuosa)*, Weiches Honiggras *(Holcus mollis)*, Doldiges Habichtskraut *(Hieracium umbellatum)*, Kleiner Sauerampfer *(Rumex acetosella)*, Besenheide *(Calluna vulgaris)*, Heidelbeere *(Vaccinium myrtillis)*, Preiselbeere *(Vaccinium vitis-idaea)* sowie die verschiedensten Moose und Flechten.

Weitere Nadelwälder, wie reine Fichten- oder Tannenwälder, sind in erster Linie von rein forstwirtschaftlicher Bedeutung; ihre ökologische Bedeutung ist vergleichsweise gering. Aus diesem Grunde wird auf eine Beschreibung dieser Waldarten verzichtet.

1.1.5 Die Rotbuchenwälder

Die weitaus größte Fläche in Mitteleuropa würde unter natürlichen Umständen die Rotbuche *(Fagus sylvatica)* einnehmen. Das hängt mit ihrer enormen Konkurrenzkraft zusammen, die sie in die Lage versetzt, auf fast allen Standorten, mit Ausnahme der zu trockenen oder zu armen Böden, alle anderen Baumarten zu verdrängen. Zugute kommt ihr hierbei auch eine außergewöhnliche Schattenerträgnis. Bedingt durch die weite Standortamplitude unterscheidet ELLENBERG neun verschiedene Buchenwald- und Buchenmischwaldgesellschaften. Die drei wichtigsten Buchenwaldgesellschaften sind

– die **Kalkbuchenwälder** auf meist trockenen, warmen, sehr nährstoffreichen Kalkstandorten;
– die **Hainsimsen-Buchenwälder** auf trockenen bis feuchten, meist nährstoffarmen Böden (Grauwakken, Grauwacken-Tonschiefer);
– die **Perlgras-Buchenwälder**, die durch ihre Nährstoffansprüche zwischen den beiden anderen Buchenwaldgesellschaften liegen.

In diesen Buchenwäldern gibt es verschiedene Übergangsformen. Generell kann man sagen, daß die Nährstoffversorgung um so schlechter ist, je weniger nährstoffliebende Baumarten, wie z.B. die Linden, die Ahorne oder die Hainbuchen, vorhanden sind. Die zusätzlich hinzukommende Traubeneiche tritt

um so mehr in den Vordergrund, je trockener der Standort ist. Eine Ausnahme gibt es nur im **Kalkbuchenwald**, in dem natürlicherweise keine Traubeneiche vorkommt: die Buche ist hier in der Lage, das eigentlich zu geringe Wasserangebot über vermehrte Nährstoffaufnahme auszugleichen. Diese Eigenschaft fehlt der Traubeneiche.

Obwohl alle Buchenwälder sehr dichte, abdunkelnde Laubdächer haben, sind nicht alle Buchenwälder gleich straucharm: als straucharm kann man die Kalkbuchenwälder bezeichnen, in denen vor allem Rote Heckenkirsche *(Lonicera xylosteum)*, Heckenrose *(Rosa canina)*, Weißdorn *(Crataegus monogyna)* und Seidelbast *(Daphne mezereum)* vorkommen. Mit Abnahme des Nährstoffgehaltes verschwinden auch die sehr anspruchsvollen Straucharten, um im **Hainsimsen-Buchenwald** einigen wenigen Exemplaren an Holunder, im westlichen Deutschland auch der Stechpalme *(Ilex aquifolium)* Platz zu machen. Hier herrscht eine Hallenstruktur vor (viele gleichgroße Bäume mit wenig Unterwuchs). Allgemein kann man sagen, daß der Buchenwald um so stufiger aufgebaut ist, je mehr Nährstoffe den Bäumen und Sträuchern zur Verfügung stehen.

Wie bereits erwähnt, kann das Vorkommen der Kräuter in zwei oder mehreren Rotbuchenwaldgesellschaften Hinweise auf die Verwendbarkeit geben. Dabei handelt es sich um

Anemone nemorosa – Buschwindröschen
Arum maculatum – Aronstab
Athyrium filix-femina – Gemeiner Frauenfarn
Circaea lutetiana – Gewöhnliches Hexenkraut
Galium odoratum – Waldmeister
Lamiastrum galeobdolon – Goldnessel
Lathyrus vernus – Frühlings-Platterbse
Mercurialis perennis – Wald-Bingelkraut
Pulmonaria officinalis – Echtes Lungenkraut
Viola reichenbachiana – Waldveilchen

Weiterhin gibt es eine große Anzahl von Kräutern, die in einer Buchenwaldgesellschaft vorkommen und bei entsprechenden Standortverhältnissen Verwendung finden können.

Adoxa moschatellina – Moschuskraut
Ajuga reptans – Kriechender Günsel
Anemone ranunculoides – Gelbes Windröschen
Asarum europaeum – Haselwurz[1]

---

1 Pflanzen der Roten Liste der bedrohten Tiere und Pflanzen in der Bundesrepublik Deutschland, im folgenden nur noch Rote Liste genannt.

Carex sylvatica – Waldsegge
Cephalanthera damasonium – Weißes Waldvögelein
Cephalanthera rubra – Rotes Waldvögelein[1]
Convallaria majalis – Maiglöckchen
Corydalis cava – Hohler Lerchensporn
Glechoma hederacea – Gundermann
Hepatica nobilis – Leberblümchen
Hieracium sylvaticum – Wald-Habichtskraut
Impatiens noli-tangere – Großblütiges Springkraut
Leucojum vernum – Märzenbecher
Maianthemum bifolium – Schattenblume
Mycelis muralis – Mauerlattich
Oxalis acetosella – Wald-Sauerklee
Polygonatum multiflorm – Vielblütiger Weißwurz
Prenanthes purpurea – Hasenlattich
Primula elatior – Hohe Schlüsselblume
Primula veris – Echte Schlüsselblume
Ranunculus auricomus – Gold-Hahnenfuß
Ranunculus ficaria – Scharbockskraut
Rumex sanguineus – Blutroter Ampfer
Veronica officinalis – Wald-Ehrenpreis
Vicia sepium – Zaunwicke

1.1.6 Eichen-Hainbuchen-Wälder

Neben der Rotbuche sind die Eichen in Mitteleuropa die wichtigsten waldbildenden Baumarten. Dies gilt sowohl für die Kultur- als auch für die Naturlandschaft. Auf den meisten Standorten sind die beiden Eichenarten Stieleiche *(Quercus robur)* und Traubeneiche *(Quercus petraea)* der Rotbuche *(Fagus sylvatica)* an Konkurrenzkraft deutlich unterlegen, jedoch gibt es vier Standorte, auf denen die Eiche der Buche überlegen ist:
– auf warmtrockenen Standorten (Traubeneiche),
– auf sehr nährstoffarmen und stark versauerten Böden (Stiel- und Traubeneiche),
– auf nährstoffreichen, aber zeitweilig feuchten bis nassen, manchmal auch überschwemmten Böden (Stieleiche),
– auf Standorten, deren Klima die Rotbuche ausschließt oder stark behindert.

Auf allen diesen genannten Standorten sind die Eichen mehr oder minder stark mit der Hainbuche vergesellschaftet und werden daher meist als **Eichen-Hainbuchen-Wälder** bezeichnet. Dabei gelten folgende Grundsätze:
– je trockener der Standort ist, um so stärker tritt die Traubeneiche auf,

– je feuchter bzw. wechselfeuchter der Standort ist, um so mehr tritt die Stieleiche hervor,
– je nährstoffreicher der Standort ist, um so stärker tritt die Hainbuche als Mischbaumart in Erscheinung.

An den oben angeführten Standortansprüchen erkennt man leicht, daß es alle möglichen Übergangsformen im Bereich der Eichen-Hainbuchen-Wälder gibt. Im Normalfall kommen im Eichen-Hainbuchen-Wald folgende Baumarten in wechselnder Häufigkeit je nach den Standortfaktoren vor:
– Stieleiche *(Quercus robur)* auf den feuchteren bzw. vernässenden Standorten,
– Hainbuche *(Carpinus betulus)* auf den nährstoffreicheren, hochwertigeren Böden,
– Bergahorn *(Acer pseudoplatanus)* auf den reicheren Standorten im Mittelgebirge,
– Feldahorn *(Acer campestre)* auf den reicheren Niederungsstandorten,
– Esche *(Fraxinus excelsior)* auf den reicheren Mittelgebirgsstandorten und im Auenbereich,
– Winterlinde *(Tilia cordata)* auf den reicheren Mittelgebirgsstandorten,
– Rotbuche *(Fagus sylvatica)* auf den feuchteren und nährstoffreichen Mittelgebirgsstandorten sowie im Übergangsbereich zu den Buchenwaldgesellschaften,
– Vogelkirsche *(Prunus avium)* auf den reicheren und trockeneren Mittelgebirgsstandorten,
– Vogelbeere *(Sorbus aucuparia)* auf den trockenen und nährstoffarmen Standorten,
– Traubeneiche *(Quercus petraea)* auf den trockenen und ärmeren Standorten.

Mit gewissen Einschränkungen gilt, daß die Eichen-Hainbuchen-Wälder, je nach Ausprägung, den größten Baum- und Strauchartenreichtum der heimischen Waldgesellschaften besitzen. Dies hängt damit zusammen, daß die Eichen zwar in der Jugend sehr viel Licht benötigen, mit zunehmendem Alter ihrem Unterwuchs und ihren Mitbaumarten aber sehr viel Licht gönnen und daher als verhältnismäßig duldsam angesprochen werden können. Aufgrund der Tatsache, daß die Eichen-Hainbuchen-Wälder relativ lichtdurchlässig und sehr duldsam gegen „Mitbewohner"

Oben links: Das Ackerrandstreifenprogramm fördert die Zunahme der Wildkräuter.
Oben rechts: Ein stufig aufgebauter Waldrand.
Unten: Landschaft mit Feldgehölzgruppen.

im Wald sind, bildet sich in Abhängigkeit von der Standortgüte meist eine reiche Strauch- und Krautschicht aus.

Zur Strauchschicht gehören insbesondere

Berberis vulgaris – Berberitze (lichtbedürftig)
Cornus sanguinea – Roter Hartriegel (lichtbedürftig)
Corylus avellana – Haselnuß
Crataegus laevigata – Zweigriffliger Weißdorn
Crataegus monogyna – Eingriffliger Weißdorn
Daphne mezereum – Seidelbast
Euonymus europaeus – Pfaffenhütchen
Ilex aquifolium – Stechpalme
Ligustrum vulgare – Liguster (lichtbedürftig, nicht im Norden)
Lonicera xylosteum – Rote Heckenkirsche
Prunus spinosa – Schwarzdorn
Ribes rubrum – Rote Johannisbeere
Rosa canina – Heckenrose (lichtbedürftig)
Sambucus nigra – Schwarzer Holunder (lichtbedürftig)
Viburnum lantana – Wolliger Schneeball (lichtbedürftig, nicht im Norden)
Viburnum opulus – Gemeiner Schneeball

Stauden der Eichen-Hainbuchen-Wälder

Ajuga reptans – Kriechender Günsel
Anemone nemorosa – Busch-Windröschen
Arum maculatum – Aronstab
Aruncus dioicus – Geißbart
Asarum europaeum – Haselwurz
Carex sylvatica – Waldsegge
Circaea lutetiana – Gewöhnliches Hexenkraut
Convallaria majalis – Maiglöckchen
Glechoma hederacea – Gundermann
Hepatica nobilis – Leberblümchen
Impatiens noli-tangere – Großblütiges Springkraut
Lamiastrum galeobdolon – Goldnessel
Mercurialis perennis – Waldbingelkraut

Milium effusum – Flattergras
Poa nemoralis – Hain-Rispengras
Polygonatum multiflorum – Vielblütiger Weißwurz
Potentilla sterilis – Erdbeer-Fingerkraut
Primula elatior – Hohe Schlüsselblume
Primula veris – Echte Schlüsselblume
Pulmonaria officinalis – Echtes Lungenkraut
Ranunculus auricomus – Gold-Hahnenfuß
Ranunculus ficaria – Scharbockskraut
Stachys sylvatica – Waldziest
Stellaria holostea – Große Sternmiere
Viola reichenbachiana – Waldveilchen

1.1.7 Der Wald als Lebensraum

Will man den Wald als Lebensraum für Tiere näher untersuchen, so ist zwischen dem wirtschaftlich genutzten Forst und dem sogenannten „reifen Waldökosystem" zu unterscheiden.

Als reife Waldökosysteme werden solche Wälder bezeichnet, die nicht konsequent nach waldwirtschaftlichen Gesichtspunkten bewirtschaftet wurden und dadurch in ihrer Struktur auch alte und abgestorbene Bäume aufweisen. Solche Wälder zählen schlechthin zu den artenreichsten Ökosystemen überhaupt. So können z. B. in einem Buchenwald bis zu 7000 Arten leben, die sich in 350 verschiedene Einzeller, 560 Spinnen und Bärtierchen, 380 Würmer, 70 Landschnecken, 26 Asseln, 60 Tausendfüßler, 5200 Insekten und 109 Landwirbeltiere aufteilen (BLAB 1986).

Die meisten Tiere des Waldes halten sich, weitgehend unbeachtet, im und am Boden auf. Je nach Struktur und Zusammensetzung des Bodens können sich auch ganz unterschiedliche Lebensraumverhältnisse ausbilden. Man unterscheidet bei der im Abbau befindlichen Laub- bzw. Nadelschicht Mull, Moder und Rohhumus, die sich unter einer isolierenden lokkeren Auflage aus Laub bzw. Nadeln bilden. Mull ist biotisch am aktivsten. Hier findet man neben einer Vielzahl am Abbauprozeß mitwirkender Bakterien auch Nematoden (Fadenwürmer), Asseln, Diplopoden (Doppelfüßer), Schnecken und Regenwürmer u. v. m.. Moder ist durch einen geringeren Nährstoffanteil gekennzeichnet und wird eher durch Insekten und deren Larven zersetzt. Der Rohhumus saurer Buchen- und Buchen-Nadel-Mischwälder wird zwar von Pilzen zersetzt, aber die grobe Zerkleinerung erfolgt z. B. durch Larven von Trauermücken (Sciaridae), Pilzmücken (Mycetophilidae) und Haarmükken, auch „Märzfliegen" (Bibionidae) genannt. Dazu

Oben links: Trockenmauern bilden ebenso wie Lesesteinhaufen Refugien für die Flora und Fauna der Trockenbiotope.
Oben rechts: Der Erlenbruchwald läßt eine üppige Krautschicht zu.
Mitte: Die Mauereidechse (Podarcis muralis) gehört zu den bedrohten Arten der Trockenbiotope.
Unten: Solche Trockenbiotope verdienen es, unter Naturschutz gestellt zu werden.

gesellen sich Springschwänze, Hornmilben und Tausendfüßer sowie räuberische Formen, wie einige Spinnen, Weberknechte, Laufkäfer und Hundertfüßer (TISCHLER 1984).

Insgesamt handelt es sich beim Waldboden um ein sehr produktives System von Pflanzen (z. B. die **Mykorrhiza**, ein Geflecht von Pilzhyphen und Wurzeln) und Tieren, die gemeinsam und in „Arbeitsteilung" die abgestorbenen Pflanzenbestandteile zersetzen und somit als Nährstoff z. B. für Bäume wieder verfügbar machen. „**Saurer Regen**" verändert den pH-Wert des Bodens, greift die Mykorrhiza an und zerstört somit auch als ein Aspekt des Waldsterbens die Lebensgrundlage der auf sie angewiesenen Tiere und Pflanzen.

Zu den entscheidenden Faktoren, die Waldgesellschaften und -strukturen prägen, zählen neben der Altersverteilung der Bäume der Anteil an Faulholz und Pilzen, das Vorhandensein auflockernder Landschaftselemente wie Tümpel, Quellen, Sandflächen, Trockenrasen oder auch Lichtungen sowie der Bodenchemismus und die Ausbildung eines von der Größe des Waldes abhängigen eigenen Binnenklimas. Artenvielzahl und Stabilität des Ökosystems Wald hängen in großem Maße von einer möglichst bunten Mischung dieser Faktoren ab.

Neben den besonders gern besiedelten Übergängen von geschlossenen Waldbeständen zu anderen Landschaftselementen aufgrund der hier auf kleinem Raum rasch wechselnden Lebensverhältnisse (Licht, Feuchtigkeit, Temperatur etc.) sei auch nochmals auf die herausragende Bedeutung von sog. Altholzbeständen mit einem hohen Anteil an **Tot**- und **Faulholz** hingewiesen. Sie sind ein beliebtes Bruthabitat u. a. für baumbrütende Großvogelarten wie Seeadler, Schwarzstorch, Graureiher, Rot- und Schwarzmilan und Wespenbussard. Viele andere Vögel bewohnen hingegen Baumhöhlen, die entweder durch Ausfaulen (z. B. nach Krankheit oder Astbruch) oder durch Spechte angelegt und nur für die Aufzucht einer Nachkommenschaft genutzt worden sind. Da bis auf den Schwarzspecht alle anderen Spechte absterbendes und totes Holz bevorzugen, wird auch hier eine enge Bindung an dasselbe deutlich. Von solchen verlassenen Baumhöhlen profitieren beim Nestbau u. a. Meisen, Kleiber, Käuze (Rauhfuß-, Sperlings- und Waldkäuze), Hohltauben, Stare, aber auch eine ganze Reihe von Insekten wie Bienen, Wespen und die bei uns mittlerweile stark bedrohten Hornissen. Daneben seien unter den Säugetieren die Fledermäuse (z. B.

Rauhhaut-, Bechsteinfledermaus und Abendsegler) genannt, für die solche größeren Baumhöhlen bis hin zu hohlen Baumstümpfen unentbehrliche Sommerquartiere zur Jungenaufzucht, aber auch Sammelunterkünfte zur Überwinterung darstellen.

Da Alt- und Totholz neben seiner Funktion als Brut- und Überwinterungsunterkunft auch als Nahrungsquelle dienen kann, finden sich hier besonders viele, u. a. auch sehr selten gewordene Wirbellose ein. Insekten und Insektenlarven, die hier leben, sind z. B. auf eine bestimmte Feuchtigkeit und einen bestimmten Vermoderungsgrad spezialisiert. Neben Bockkäfern sind Schnellkäfer, Hirschkäfer, Rindenkäfer, Prachtkäfer, aber auch Asseln, Holzwespen, Milben, Hundertfüßer, Tausendfüßer und Ameisen (u. a. Schwarze Holzameise, Vierpunktameise, Kolbenkopfameise) auf Totholz angewiesen. Kleinere Hohlräume werden auch von Blattschneiderbienen, Baumhummeln und parasitären Formen wie den Holz- und Riesenholzschlupfwespen aufgesucht, die hier andere Insektenlarven zur Eiablage finden. Im Vergleich zu Laubbäumen werden Nadelbäume wegen ihres höheren Harzanteils im Holz seltener frequentiert (THIESSEN 1989).

Es gibt nebenbei auch eine ganze Reihe von Arten, die an bestimmte Baumarten fest gebunden sind und daher auch fast nur in entsprechenden Waldbeständen vorkommen. So sind z. B. die Fichtengallwespe, der Fichtenkreuzschnabel, die Haubenmeise, das Sommer- und das Wintergoldhähnchen typische Vertreter der Fichtenwälder.

Eichenwickler und Goldafter sowie die holzbewohnenden Larven vom Großen Eichenbock, von einigen Schnellkäfer- und Prachtkäferarten und vom Großen Goldkäfer sind auf Eichen-Hainbuchen-Wälder angewiesen.

Für Rotbuchenwälder sind wiederum Glanzkäferarten, Hirschkäfer (z. B. der Baumschröter), Bockkäfer (z. B. der Alpenbock) sowie der Nagelfleck unter den Schmetterlingen oder der Waldlaubsänger als Vogelvertreter typisch.

Wie differenziert die Habitatansprüche einzelner bedrohter waldbewohnender Bodenbrüter (z. B. Haselhuhn, Ziegenmelker, Waldschnepfe) sind, soll am Beispiel des in der Roten Liste in der Gefährdungsstufe 1 geführten Auerhahns verdeutlicht werden.

Von den Großsäugern sind in Deutschlands Wäldern viele Arten bereits ausgestorben oder von Menschenhand ausgerottet worden. Dazu zählen u. a. auch so bekannte Vertreter wie der Braunbär oder der

Abb. 9. Schematische Darstellung des Waldrandes.

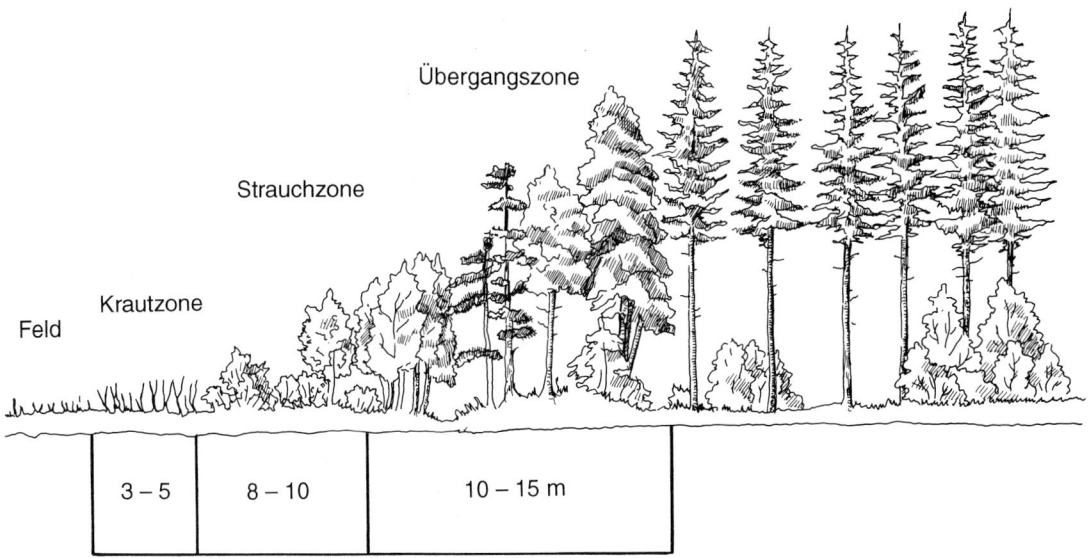

Waldbestand

Übergangszone

Strauchzone

Krautzone

Feld

3 – 5   8 – 10   10 – 15 m

Wolf, die hier einmal heimisch waren. Heutzutage wird der Wald von Wildschweinen (Schwarzwild), Rehen und Hirschen (Rot- und Damwild) beherrscht. Besonders bei zu großen **Populationen** können sie enorme Schäden an Bäumen (z. B. durch das Fegen an der Rinde) und vor allem an den jungen Trieben (durch Verbiß) verursachen und somit die natürliche Waldverjüngung unterbinden. Hier muß der Förster das Fehlen natürlicher Feinde durch entsprechende Hegemaßnahmen ausgleichen.

Hauptgefährdungsfaktoren für die Existenz von Tieren im Wald sind die Störung durch verschiedene Formen der Erholungsnutzung, die Immissionsbelastung durch Luftschadstoffe, Flächenverluste und -zerschneidungen durch Verkehrswege und Siedlungen sowie die Folge von negativen Waldwirtschaftspraktiken.

1.1.8 Der Waldrand

Zwischen Waldgebieten und den an sie angrenzenden Flächen entsteht normalerweise ein natürlicher Waldrand. Wichtige, vom Menschen initiierte oder geschaffene Waldränder ergeben sich aber auch durch alle angrenzenden Freiflächen, zum Beispiel durch Gewässer oder Straßen. Allen Waldrändern kommt eine besondere Funktion zu. Aufgrund ihres stufigen Aufbaus sollen sie zum einen die auf den Wald auf-

prallende Windgeschwindigkeit herabsetzen und damit den Wald vor Windbruch und Aushagerung (= Verwehen der Laub- und Nadelstreu sowie der darin enthaltenen Nährstoffe) schützen. Zum anderen weisen sie als Nahtstelle zwischen verschiedenen Ökosystemen in der Regel einen großen Artenreichtum auf. Der forstlich wirtschaftende Mensch hat erkannt, daß er auf diese wichtigen Funktionen nicht nur in ökologischer, sondern auch in wirtschaftlicher Hinsicht nicht verzichten kann. So werden gezielt neue Waldränder in ihrer natürlichen Artenzusammensetzung von Baum- und Straucharten neu geschaffen.

Die besondere ökologische Bedeutung des Waldrandes liegt darin, daß er ein Refugium für Wildpflanzen (krautige Gewächse, Stauden, Sträucher) und der von ihnen als Nahrungs- und Brutbiotop abhängigen Tierarten ist. Ein funktionierender Waldrand bietet aber nicht nur Lebensraum, Nahrung sowie Brut- und Nistmöglichkeiten für die reinen Pflanzenfresser, sondern er ist auch für viele Beutegreifer unverzichtbar.

Eine wichtige Voraussetzung hierfür ist zunächst die Standortgerechtheit der am Waldrand wachsenden Sträucher und krautigen Pflanzen. Wenn sich diese nicht von selbst ansiedeln, was immer vorzuziehen ist, muß der Mensch mit der nötigen Sachkenntnis und der erforderlichen Sensibilität nachhelfen. Dies ist deshalb so wichtig, weil wir es in allen Waldbereichen mit den unterschiedlichsten Standorten auf kleiner Fläche zu tun haben: Licht- und Schattenzonen, die damit verbundenen unterschiedlichen Temperatur- und Feuchtigkeitsverhältnisse und das Nährstoffangebot ändern sich häufig innerhalb weniger Quadratmeter. Die Auswahl der Pflanzen für einen gezielt angelegten Waldrand muß daher auf diese besonderen Wachstumsbedingungen abgestimmt werden.

Die Auswahl geeigneter Pflanzen für den Waldrand sollte sich an folgenden Gesichtspunkten orientieren:
– In welcher **Exposition** (Himmelsrichtung: Süd = warm, Nord = kalt, Ost und West = Übergänge) soll der Waldrand angelegt werden?
– Welche Breite steht zur Verfügung (wichtig für die Anzahl und Wuchshöhe der einzubringenden Pflanzen)?
– Welche Standortverhältnisse (Licht, Wasser, Nährstoffe) liegen vor?
– Wie kann auf Dauer eine fachgerechte Pflege des Waldrandes gesichert werden?

Der optimale Waldrand ist mehrstufig aus Bäumen zweiter Ordnung, Sträuchern und Stauden aufgebaut. Vorgelagert ist meist ein schmaler Rand mit krautigen Pflanzen. Durch den stufigen Aufbau wird nicht nur die Artenvielfalt gefördert, sondern auch die Funktion als „Windbremse" für den angrenzenden Wald ist wirkungsvoller. Die Bäume und Sträucher des natürlich gewachsenen Waldrandes gehören zu der Waldgesellschaft, die den Hauptbestand im Wald bildet. Auf diese Tatsache muß bei der künstlichen Begründung eines Waldrandes geachtet werden. Auf standortfremde Arten sowie auf Züchtungsprodukte sollte im Sinne einer ökologisch orientierten Waldrandgestaltung verzichtet werden. Für einen naturnah aufgebauten Waldsaum sollte eine Breite von 30 bis 40 Metern zur Verfügung stehen (Abb. 9).

Zur Erhaltung der Waldränder ist eine gewisse Pflege erforderlich, andernfalls würde die vielgestaltige Vegetation durch dominierende Baumarten verdrängt werden. Vor allem muß der unerwünschte Aufwuchs von Birken, Eschen oder Pappeln zurückgedrängt werden. Auf das gelegentliche Mähen der vorgelagerten Krautsäume in Abständen von einigen Jahren kann nicht verzichtet werden. Die Mahd erfolgt im Spätsommer.

Eine große Anzahl von Tieren gehört zu den Biozönosen des Waldrandes. So sind z. B. auf die Brennnessel *(Urtica)* verschiedene Schmetterlingsarten angewiesen, nämlich: Admiral, C-Falter, Distelfalter, Goldeulen, Kleiner Fuchs, Landkärtchen und Tagpfauenauge. Ebenso zahlreich ist die Abhängigkeit der Schmetterlingsraupen von den verschiedenen Weidenarten *(Salix* sp.): Abendpfauenauge, Großer Fuchs[1], Schillerfalter, Rotes und Schwarzes Ordensband[1], Trauermantel[1] und Zickzackspinner[1].

In diesem Zusammenhang sollte beachtet werden, daß bei der Verpflanzung von Biozönosen, also von ganzen Lebensgemeinschaften, recht gute Erfolge erzielt werden können, insbesondere bei der Ausdehnung der Bebauung oder beim Neubau von Straßen, bei denen vorhandene Bodendecken samt ihrer Lebewesen entfernt werden müssen. Mit Hilfe von Baggern und Frontladern lassen sich so komplette Kleinstrukturen verpflanzen. Voraussetzung für ein gutes Gelingen ist allerdings, daß die Standorte einigermaßen vergleichbar sind. Dabei sollte es selbstverständlich sein, daß der neue Standort entsprechend vorbereitet wird. Sinnvolle Grenzen für solche Maßnahmen werden durch die Transportentfernung einerseits (nicht weiter als 500 Meter) und die zum Teil enorm hohen Kosten andererseits gesetzt. Das Gelingen einer solchen Verpflanzung hängt ganz entscheidend von folgenden Faktoren ab:
– Ist die Exposition (= Himmelsrichtung) weitgehend gleich (wichtig für die Lichtansprüche der Pflanzen)?
– Sind alter und neuer Standort einigermaßen vergleichbar?
– Rechtfertigt der zu erwartende Erfolg den möglicherweise hohen finanziellen Aufwand, oder ist es – auch ökologisch – sinnvoller, an geeigneter Stelle eine Neuanpflanzung vorzunehmen (bei zu großer Transportentfernung wird die Bodenmasse leicht von den Wurzeln gerüttelt)?

Arten, die sich zur Ergänzung der Baumarten des anstehenden Waldes eignen

Acer campestre – Feldahorn
Acer pseudoplatanus – Bergahorn
Alnus glutinosa – Schwarzerle
Betula pendula – Sandbirke
Betula pubescens – Moorbirke
Carpinus betulus – Hainbuche
Larix decidua – Europäische Lerche

---

1   Diese vier Arten stehen auf der Roten Liste.

Malus sylvestris – Wildapfel
Pirus communis – Wildbirne
Prunus avium – Vogelkirsche
Prunus padus – Traubenkirsche
Quercus petraea – Traubeneiche
Quercus robur – Stieleiche
Sorbus aucuparia – Eberesche

Straucharten, die sich zum mehrstufigen Aufbau des Gehölzrandes anbieten
Berberis vulgaris – Berberitze
Cornus mas – Kornelkirsche
Cornus sanguinea – Hartriegel
Corylus avellana – Hasel
Crataegus laevigata – Weißdorn
Crataegus monogyna – Weißdorn
Cytisus scoparius – Besenginster
Daphne mezereum – Seidelbast
Euonymus europaeus – Pfaffenhütchen
Hippophae rhamnoides – Sanddorn
Ilex aquifolium – Hülse (Ilex)
Juniperus communis – Wacholder
Ligustrum vulgare – Liguster
Lonicera periclymenum – Waldgeißblatt
Lonicera xylosteum – Heckenkirsche
Prunus spinosa – Schlehdorn
Rhamnus cathartica – Kreuzdorn
Rhamnus frangula – Faulbaum
Ribes rubrum – Rote Johannisbeere
Rosa canina – Hundsrose
Rosa rubiginosa – Weinrose
Rosa tomentosa – Filzrose
Rubus bifrons – Zweifarbige Brombeere
Rubus caesius – Kratzbeere
Rubus fruticosus – Brombeere
Rubus idaeus – Himbeere
Rubus koehleri – Köhlers Brombeere
Rubus vestitus – Samt-Brombeere
Salix aurita – Ohrweide
Salix caprea – Salweide
Salix cinerea – Grauweide
Salix daphnoides – Reifweide
Salix fragilis – Bruchweide
Salix purpurea – Purpurweide
Salix repens – Kriechweide

Sambucus nigra – Schwarzer Holunder
Sambucus racemosa – Traubenholunder
Taxus baccata – Eibe
Viburnum lantana – Wolliger Schneeball
Viburnum opulus – Gemeiner Schneeball

Die Vielzahl der Kräuter läßt die ökologische Bedeutung von Waldsäumen erkennen
Ajuga reptans – Kriechender Günsel
Aquilegia vulgaris – Akelei[1]
Anemone narcissiflora – Berghähnlein
Anemone ranunculoides – Gelbes Windröschen
Anthriscus cerefolium – Gartenkerbel
Aster amellus – Bergaster
Astrantis major – Große Sterndolde
Allium oleraceum – Roßlauch
Brachypodium sylvaticum – Waldzwenke
Chaerophyllum temulum – Taumel-Kälberkopf[1]
Circaea lutetiana – Hexenkraut[1]
Convallaria majalis – Maiglöckchen
Corydalis solida – Fester Lerchensporn
Digitalis lutea – Gelber Fingerhut
Dryopteris filix-mas – Wurmfarn
Eranthis hyemalis – Winterling
Euphorbia semygaloides – Mandel-Wolfsmilch
Galium odoratum – Waldmeister
Geranium endressii – Rosa Storchschnabel
Geranium sylvaticum – Wald-Storchschnabel
Hesperis matronalis – Nachtviole[1]
Hypericum perforatum – Johanniskraut
Impatiens parviflora – Kleinblütiges Springkraut[1]
Lamiastrum galeobdolon – Goldnessel
Lamium maculatum – Gefleckte Taubnessel
Lathyrus sylvestris – Waldplatterbse
Lilium bulbiferum – Feuerlilie
Lithospermum officinale – Steinsame
Ornithogalum nutens – Nickender Milchstern
Oxalis acetosella – Sauernelke
Pimpinella major – Große Bibernelle
Primula veris – Schlüsselblume
Pulmonaria officinalis – Echtes Lungenkraut
Carex sylvatica – Waldsegge
Symphytum grandiflorum – Kaukasus-Beinwell
Tiarella cordifolia – Waldschaumkerze
Tulipa sylvestris – Wilde Tulpe
Veronica chamaedrys – Gamander-Ehrenpreis
Vicia dumetorum – Heckenwicke
Vicia sepium – Zaunwicke
Vinca minor – Immergrün
Vincetoxicum hirundinaria – Schwalbenwurz

---

1 Pflanzen der nährstoffliebenden Saumvegetation, die sich durch Aussaat ergänzen lassen.

1.1.9 Der Waldrand als Lebensraum

Der Waldrand – als Nahtstelle zwischen Wald und offener Flur – bietet eigene Lebensbedingungen für Tiere.

Bei den Tierarten des Waldrandes muß man unterscheiden zwischen **Ganzsiedlern** und **Teilsiedlern**. Ganzsiedler, wie etwa der Igel, die Blindschleiche, die Waldeidechse oder die Gartengrasmücke, die Zaungrasmücke und der Grünspecht sowie eine ganze Reihe von Schmetterlingen (z. B. Großer Schillerfalter, Großer Eisvogel, Trauermantel und Großer Fuchs) sind auf solche Grenzlinien als Lebensraum angewiesen.

Teilsiedler hingegen, wie z. B. Turmfalke, Mäusebussard, Saatkrähe, Neuntöter und Goldammer, ziehen ihre Jungen zwar am Waldrand auf, benötigen aber andererseits die offene Flur zum Nahrungserwerb. Eine Reihe von Arten der offenen Flur nutzen den Waldrand lediglich zum Schutz oder zur Überwinterung. Hierzu zählen u. a. viele Insekten wie Wanzen, Schild- und Marienkäfer. Wald- und Feldbewohner schätzen das üppigere Nahrungsangebot. Unter den Säugern ist das Hermelin typisch, das hier viele Kleinsäuger als Nahrung findet (BLAB 1986).

Es finden sich bei den Funktionen und Lebensraumverhältnissen am Waldrand deutliche Parallelen zu den Gegebenheiten einer Feldhecke. Diese enge Verwandtschaft drückt sich nicht selten in einer direkten Anbindung von Feldhecken an Waldränder aus. Somit werden für viele Tiere (vor allem Wirbellose und Singvögel, aber auch eine Reihe von Kleinsäugern) vernetzte Strukturen geschaffen, die ihnen als Ausbreitungslinien dienen. Viele Tierarten der Feldhecke stammen ursprünglich aus dem Wald, umgekehrt finden so auch viele Tiere der offenen Flur Einzug in die Waldrandlagen.

Als besonders interessante **Kleinstrukturen** am Waldrand sind Totholzbestände, Steinhaufen (Aufheizstelle und Versteck für Insekten und Reptilien), Pfützen und feuchte Stellen zu nennen. Unbewachsene Sand- oder Lehmflächen sind für eine Reihe der o. g. Schmetterlingsarten, aber auch für Ameisenjungfer, Sandlaufkäfer und bodenbewohnende Wildbienen lebensnotwendig (BLAB 1986). Waldränder sind u. a. enorm wichtig als Lebensraum für einige unserer gefährdeten Greifvögel, wie z. B. Habicht und Sperber, die hier als Baumbrüter ihre Horste errichten und aus dem Hinterhalt oder von einer Ansitzwarte aus auf Jagd gehen. So bietet z. B. ein einheitlicher Fichtenwald ohne ausgebildeten Waldrand weder die

strukturellen Voraussetzungen noch die notwendige Nahrungsgrundlage für Greifvögel.

Als Ersatz für natürliche Ansitzwarten werden von Mäusebussarden gerne Hochspannungsmasten gewählt, die bei mangelnder Isolierung zu Todesfällen werden können (elektr. Stromschlag). Andere Großvögel bleiben mit ihren Schwingen direkt an Überlandleitungen hängen und ziehen sich dabei oft tödliche Verletzungen zu. Auch der Erholungsdrang des Menschen (Wandern, Klettern, Drachenfliegen, etc.) stört die Altvögel oft bei der Jungenaufzucht. Die Landwirtschaft ist durch die Verwendung von **Pestiziden** einer der Hauptverursacher für den alarmierenden Rückgang der einheimischen Greifvögel, denn diese stehen als Fleischfresser (Carnivore) am Ende der Nahrungskette und nehmen somit die Umweltgifte in besonders konzentrierter Form zu sich. Neben einer Störung der Funktion wichtiger Organe der Greifvögel wird vor allem die Nachwuchsrate negativ beeinflußt, da es zu Verhaltensveränderungen u. a. im Sexualverhalten kommt. Als Folge der Belastung durch **Biozide** wird bei den Weibchen die Kalkbildung gestört, und es entstehen sehr dünnwandige, zerbrechliche Eischalen, die die Brutzeit oft nicht überstehen.

Die Hauptgefährdungsfaktoren für den Waldrand sind:

– Flächenverlust durch Begradigungen und Anlage von z. T. auch geteerten Forst- oder Feldwegen
– zu häufige Mahd der Saumvegetation
– Einsatz von Herbiziden zu dicht am Waldrand.

1.1.10 Maßnahmen zur Erhaltung der Wälder

Von besonderer Bedeutung für die Erhaltung der Lebensgemeinschaften im Wald sind die Maßnahmen zur Eindämmung des Waldsterbens. Die Literatur über Ursachen und Folgen des Waldsterbens ist so umfangreich, daß nur einige Schwerpunkte dargestellt werden können. Trotz anhaltender Diskussion um die Ursachen können folgende Punkte als gesichert angesehen werden:

– Der **Saure Regen** ist als Folge der seit langer Zeit anhaltenden Luftverunreinigungen unumstritten.
– Die Versauerung der Böden ist eine direkte Folge der sauren Niederschläge.
– Die mit dem Regen eingetragenen Säurebestandteile führen direkt zu einem Rückgang der nutzbaren Nährstoffvorräte im Boden, da die Säurebestandteile gegen die im Boden vorhandenen Nährstoffe ausgetauscht werden.

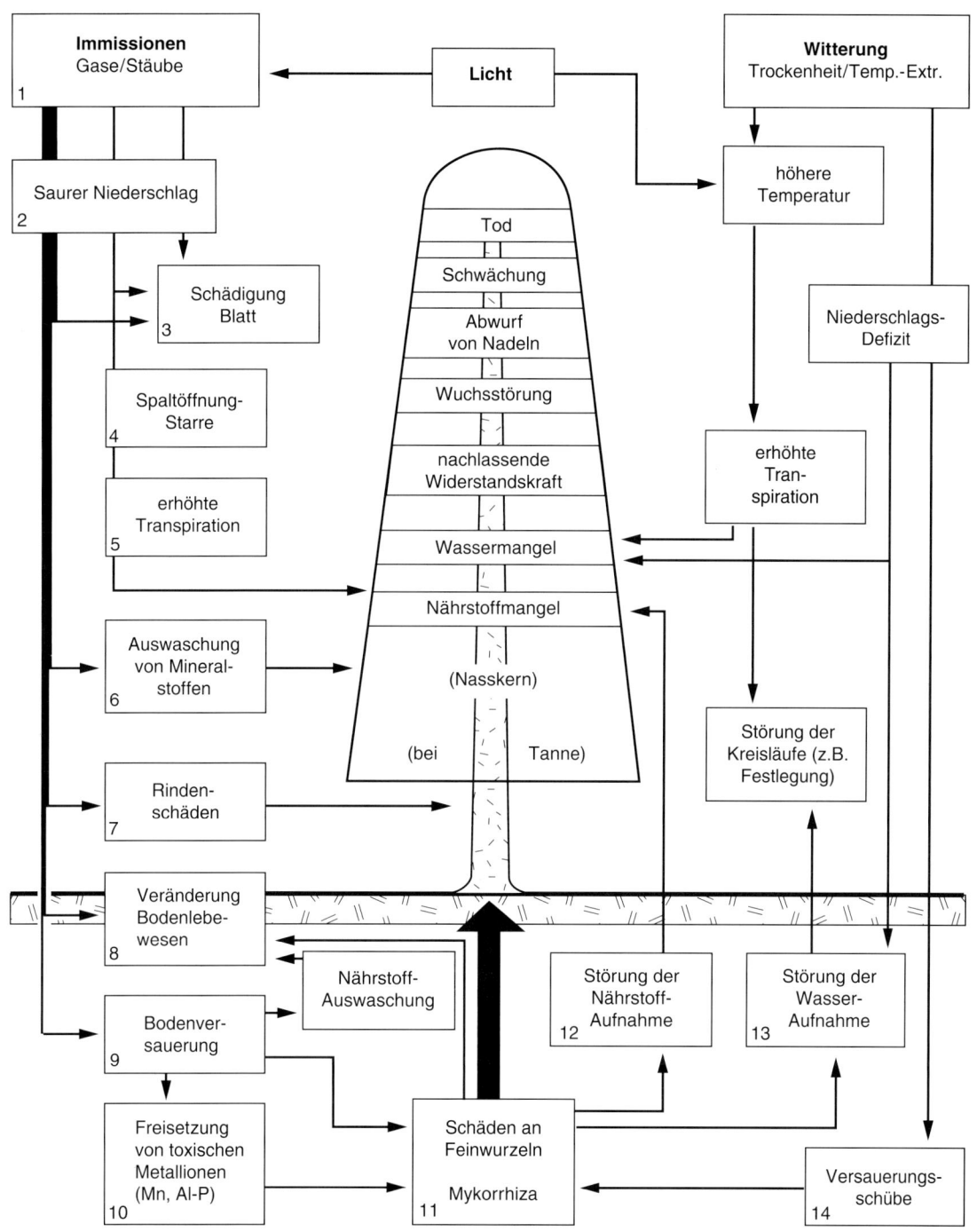

Abb. 10. Ursächlichkeit der „Neuartigen Waldschäden".

– Der Angriff des Sauren Regens an den Nadeln und Blättern der Bäume führt zu einem **„Wasserstreß"**, da durch Säure die schützende Wachsschicht der Nadeln und Blätter zerstört und die Transpirationsleistung der Bäume gestört wird.
– Zu hohe Stickstoffeinträge (Stickoxide).

Die Faktoren **„Saurer Regen"** und **„Stickoxide"** können nur auf lange Sicht verringert werden, soweit sie als Folge der Verbrennung fossiler Brennstoffe (Autoabgase, Verbrennung in Kraftwerken etc.) entstehen. Aber auch Einträge von Stickstoff aus intensiver Viehhaltung in der Landwirtschaft sind regional für das Waldsterben von Belang. Durch Untersuchungen der LÖLF (Landesanstalt für Ökologie, Landschaftsentwicklung und Forstplanung; im folgenden nur noch LÖLF genannt) konnte dies für Gebiete, in denen Intensivviehhaltung betrieben wird, vor allem am Niederrhein, nachgewiesen werden.

Einer fortschreitenden Bodenversauerung als Folge der Luftverschmutzung läßt sich durch die weitere Fortführung der **Bodenschutzkalkungen** nur bedingt begegnen. Vielfach wurden und werden die Bodenschutzkalkungen als künstlicher und daher abzulehnender Eingriff in das Waldökosystem angesehen. Bei den üblicherweise eingesetzten Mengen von 30 dt/ha kohlensaurem Magnesiumkalk kann man aber schwerlich von einem nicht zu kalkulierenden Risiko sprechen. Verschiedene Untersuchungen belegen eindeutig, daß negative Folgen für das gesamte Ökosystem Wald bei derartig geringen Mengen nicht zu befürchten sind. Im Gegenteil, gerade diese Bodenschutzkalkungen sind es in allererster Linie, die überhaupt in der Lage sind, dem Ökosystem Wald die notwendigen Überlebenshilfen zu geben, bis die Maßnahmen aus der Luftreinhaltepolitik ihre Wirkung zeigen.

Eines muß jedoch deutlich und klar herausgestellt werden: Waldkalkungen können in keinem Fall die notwendigen Maßnahmen am Ort der Entstehung (Katalysator, Rauchgasentschwefelung u. a.) ersetzen.

Sofern der Nährstoffhaushalt der Waldböden – unabhängig von der Frage der Versauerung – durch Streunutzung, Waldweide usw. vorgeschädigt ist, kann dem Ökosystem Wald durch Zufuhr fehlender Nährstoffe geholfen werden. Insbesondere die Zufuhr der Nährstoffe Kalium (K), Kalzium (Ca) und Magnesium (Mg) kann zu einer erheblichen Steigerung der ökologischen Leistungsfähigkeit des Waldes führen. Aber auch hier gilt der Grundsatz, daß vor jeder künstlichen Einbringung von Nährstoffen in den Kreislauf des Ökosystems Wald eine Analyse der vorhandenen und fehlenden Nährstoffe erfolgen muß. Von besonderer Bedeutung ist bei der aus einer solchen Analyse erfolgenden Düngeempfehlung, daß die Vielfalt und die Lebensfähigkeit im Wald nur positiv beeinflußt werden darf.

Als **Meliorationsmaßnahme** gilt das Aufbrechen der sogenannten **Ortsteinschicht** z. B. in ehemaligen Heideaufforstungen. Diese Ortsteinschicht entsteht überwiegend in sandigen Böden als Folge der **Podsolierung** (= Umlagerung von im Boden befindlichen Eisen- [Fe] und Aluminiumteilchen [Al]). Diese Eisen- und Aluminiumteilchen lagern sich bei ungünstigen Bodenverhältnissen (nährstoffarme Sande auf häufig trockenfallenden Böden) relativ dicht und kompakt nahe der Oberfläche ab, so daß hier eine für die Baumwurzeln undurchdringliche Barriere entsteht. Meist hat diese Ortsteinschicht eine rote Farbe („rostrotes Eisenoxid") und ist auch fast so fest wie Eisen. Durch das Aufbrechen der Ortsteinschicht können die Baumwurzeln tiefer in das Erdreich eindringen und von den dort vorhandenen Nährstoffen profitieren.

Eine weitere wichtige Rolle im Rahmen der Pflegemaßnahmen im Ökosystem Wald spielt der **Integrierte Pflanzenschutz**. Der Begriff „Integrierter Pflanzenschutz" umfaßt dabei alle waldbaulichen, biologischen, biotechnischen, chemischen und mechanischtechnischen Maßnahmen.

Unter den biologischen Maßnahmen nehmen die Nisthilfen für die im Wald lebenden Vögel, insbesondere für die Singvögel, einen bedeutenden Platz ein. So „schafft" ein Kohlmeisenpaar neben seinem eigenen Futterbedarf von je ca. 32 g zusätzlich in der Brutsaison pro Tag ca. 1000 Fütterungen, die vor allem aus den Larven der forstlich wichtigsten Schädlinge bestehen. Ähnliches gilt auch für die Waldameisen. Die Larven von Kiefernspanner, Kiefernspinner, Nonne, Eichenwickler und Fichtenblattwespe sind nur einige Arten, deren Massenvermehrung Singvögel und Ameisen zwar nicht verhindern, aber doch eindämmen können. Helfen kann man den Waldameisen insbesondere durch den Schutz der Ameisenhaufen vor mechanischer Beschädigung (Waldbesucher, Fällmaßnahmen) und durch das Beseitigen stark beschattender Kräuter und Sträucher.

Eine wichtige Bedeutung für die Lebensfähigkeit des Ökosystems Wald und damit auch für die Vielfalt der Pflanzen- und Tierwelt hat der Erhalt und die Neuschaffung von liegendem und stehendem **Tot-**

Abb. 11. Totholz sollte wegen seiner Bedeutung als Lebensgrundlage zahlreicher Tierarten im Wald verbleiben.

holz. In vielen Wäldern wurde früher jeder kleine Stamm und jedes kleinste Ästchen aus dem Wald entfernt, der Wald wurde „aufgeräumt". So ist die Zahl der Lebewesen, die auf die Existenz von Totholz angewiesen sind, stark zurückgegangen. Neuerdings nimmt der Anteil an Totholz wieder enorm zu. Der Grund dafür liegt darin, daß totes Holz nur teuer aufzuarbeiten ist und sich dies für den Waldbesitzer meist nicht mehr lohnt. Es gibt außerdem inzwischen bei fast allen Landesforstverwaltungen Programme zum Erhalt und zur Schaffung stehenden und liegenden Totholzes.

Waldbauliche Maßnahmen können dazu beitragen, die ökologische Leistungsfähigkeit des Waldes und damit die Artenvielfalt zu steigern. Beispiele hierzu sind: Vermeidung von Kahlschlägen, Verlängerung der Verjüngungszeiträume, Einzelstammnutzung, Überhalt, frühzeitiges Einbringen von Mischbaumarten, Schaffung von ungleichaltrigen, gemischten Beständen.

1.1.11 Die wichtigsten Baumarten der Waldgesellschaften

Hain- oder Weißbuche (*Carpinus betulus*)
Die Hainbuche hat etwa dieselbe Verbreitung wie die Rotbuche, sie erreicht in den Mittelgebirgen aber schon bei 400 bis 600 Metern ihre Höchstgrenze. Sie ist eine Halbschattenbaumart mittlerer Größe, wärmebedürftig, frosthart, anpassungsfähig an Feuchtigkeit, Nährstoffgehalt und Reaktion des Bodens. Besonders gut wächst sie aber im Bereich der Hartholzauen, wo sie beachtliche Stammstärken erreicht. Wegen ihrer Wurzelenergie, die auch stärkste Stauschichten zu durchdringen vermag, ist sie die Baumart, die zusammen mit der Stieleiche auch in schwere, tonige Böden eindringt und diese erschließt. Sie zeigt sich aber etwas empfindlich gegen tiefe Wintertemperaturen und Dürre.

Hainbuchen treiben willig als Stockausschläge aus und gelten einmal wegen ihrer dichten Verzweigung, zum anderen wegen ihrer – allerdings trockenen – Belaubung auch in den Wintermonaten als wertvolles **Vogelschutzgehölz**. Wegen ihrer geringen Windbruchanfälligkeit und der Schnittverträglichkeit eignet sich die Hainbuche hervorragend als **Windschutzgehölz** und als Hecke.

Ulme (*Ulmus*)
Die **Feldulme** (*Ulmus minor*), ein typischer Vertreter der Auenwälder und Auenbüsche, bevorzugt wechselfeuchte, nährstoff- und basenreiche, meist kalkhaltige, humose Tonböden. Sie ist licht- und wärmeliebend, gedeiht aber auch im Halbschatten, obwohl sie zu den **Lichtholzarten** zählt. Durch ihre **Wurzelbrut** kann sie gelegentlich lästig werden, verfestigt aber dadurch Steilhänge und Erosionsrinnen.

Gegen das **Ulmensterben**, das durch den Ulmensplintkäfer verursacht wird, der den Pilz *Ceratocystis ulmi* überträgt, ist bisher noch keine resistente Art oder Sorte gezüchtet worden. Es gibt **Flatterulmen** (*Ulmus laevis*), die als relativ resistent gelten und vegetativ vermehrt werden. Um die Ulme unserer Landschaft zu erhalten, sollte auf optimale Standortverhältnisse geachtet werden. Vor allen Dingen zeigt sie sich empfindlich gegen eine Absenkung des Grundwasserstandes. Auch Rauchabgase vermindern ihre Resistenz. Ihre ökologische Bedeutung beruht auf ihren Pollen, die bereits ab März als Bienennahrung zur Verfügung stehen. Bis etwa Ende Juni wird Blatthonig gebildet.

Linde (*Tilia* spec.)
Die Linden haben in unserem Kulturraum bereits seit der Frühzeit ihren festen Platz. In germanischer Zeit war die Linde der Thingbaum, unter dem Recht gesprochen wurde. Seit dem Mittelalter ist sie der Baum

im Dorfmittelpunkt: auf Gerichts- und Marktplätzen wurde sie als sogenannter „Wahrbaum" gepflanzt. Nicht fortzudenken ist die Linde als Gliederungselement in historischen Parkanlagen (Fächeralleen in Barockgärten) oder als Alleebaum.

Allgemein gehören Linden zu den Baumarten, die auf den meisten Standorten mittlerer bis guter Qualität gedeihen, wenn sie vor der Konkurrenzkraft überlegener Baumarten einigermaßen geschützt sind.

Die **Winterlinde** *(Tilia cordata)* ist in unseren Wäldern eine Baumart der Niederungen und der unteren Berglagen bis etwa 600 Meter über Meereshöhe. Während sie in unseren Breiten eine Baumart des mehr oder minder atlantisch geprägten Übergangsklimas ist, reicht sie weit nach Skandinavien und Osteuropa in den Bereich des nordischen kontinentalen Klimas hinein. Sie ist eine langlebige Halbschattenbaumart, ein wenig frostempfindlich und stellt mittlere Nährstoffansprüche. Gerade die Winterlinde zeichnet sich aber durch eine große Anpassungsfähigkeit aus, so daß sie sogar zeitweilige Überflutung erträgt, aber auch auf mäßig trockenen Sandböden noch einigermaßen ihr Auskommen findet. Sie gedeiht auf Lehm und Hangschutt ebenso wie auf basenreichen oder sauren Böden, ist allerdings wegen ihrer Salzempfindlichkeit für den innerstädtischen Bereich ungeeignet.

Die **Sommerlinde** *(Tilia platyphyllos)* ist in ganz Südeuropa und in großen Teilen West- und Mitteleuropas bis zum mitteldeutschen Gebirgswall (Eifel, Sauerland, Harz) vertreten. Im Mittelgebirge steigt sie bis etwa 900 Meter, in den Alpen sogar bis auf 1500 Meter, fehlt aber in Norddeutschland von Natur aus völlig. Ebenso wie die Winterlinde gilt sie als langlebige Halbschattenbaumart, die etwas frostempfindlich ist und mittlere Ansprüche an die Nährstoffversorgung stellt. Sie reagiert etwas empfindlicher auf Trockenheit und Hitze und neigt daher bei der Verwendung im Stadtklima zu Befall durch die Rote Spinne (Schwächeparasit), als deren Folge sich frühzeitiger Laubfall einstellt. Ebenso wie die Winterlinde ist sie aber ein wertvoller Pollenspender (Lindenhonig).

Im Gegensatz zu ihren Eltern ist das Kreuzungsprodukt aus Winter- und Sommerlinde, die *Tilia × vulgaris* 'Pallida' weitgehend unempfindlich gegen die Unbilden des innerstädtischen Klimas.

Seit Jahren wird das Massensterben von Hummeln unter Linden beobachtet. Seitdem gibt es nicht wenige Erklärungen zur Ursache dieses Phänomens. Inzwischen erklären Wissenschaftler, daß von dem Nektar bestimmter Lindenarten, von der **Silberlinde** *(Tilia tomentosa)* und der **Krimlinde** *(Tilia × euchlora)* sowie von den Hybriden der Winterlinde eine Gefahr für bestimmte Insektenarten, vor allem für Hummeln, ausgeht (vgl. U. WASNER in: LÖLF-Mitteilungen, 3. Quartal 1990). In der Forschung befaßt man sich weiterhin mit der Ursache des Hummelsterbens. Erst in der Zukunft wird zu entscheiden sein, ob tatsächlich die o. g. Lindenarten für das Hummelsterben verantwortlich sind und deshalb durch andere Lindenarten ersetzt werden sollten.

Esche *(Fraxinus excelsior)*

Sie ist über ganz Europa bis weit nach Skandinavien und Rußland vorgedrungen. Im Mittelgebirge liegt ihre Verbreitungsgrenze bei 800 bis 1000 Metern über Meereshöhe, in den Alpen kann sie aber bis auf über 1300 Meter ü. M. steigen. Die Esche ist in der Jugend relativ schattenfest, oft noch schattenfester als die Buche, wird aber schon relativ schnell ausgesprochen lichthungrig. Wenn sie ohne schützende Beschirmung alter Bäume wächst, zeigt sie sich stark frostempfindlich. Die Esche stellt sehr hohe Nährstoffansprüche und bringt vor allem auf schlickreichen, grundfeuchten Aueböden hervorragende Leistungen, meidet aber reine Stauwasserstandorte. Im Gegensatz zum sonst sehr hohen Wasserbedarf ist dieser allerdings auf reinen Kalkböden („Kalkesche") ausgesprochen gering. Die stickstoffreiche Eschenstreu zersetzt sich äußerst schnell. Der Boden wird von der Esche nicht beschirmt, aber mit weitreichenden kräftigen Seitenwurzeln gut erschlossen. Die Esche schlägt kräftig aus Stöcken und Stummeln, nicht jedoch aus den Wurzeln aus.

Aufgrund ihrer Standortansprüche eignet sie sich, vor allem auch in Gesellschaft mit der Schwarzerle *(Alnus glutinosa)*, zur Uferbefestigung. Sollte sie einmal zurückfrieren, so treibt sie nach einem Rückschnitt schnell wieder aus und wächst über die Kaltluftzone hinaus. Da sie gegen Luftverschmutzungen sehr empfindlich ist, eignet sie sich nicht zur Begrünung von Industrieanlagen.

Ahorn *(Acer sp.)*

Der **Bergahorn** *(Acer pseudoplatanus)*, der über ganz Südeuropa und den größten Teil West- und Mitteleuropas ähnlich wie die Sommerlinde verbreitet ist, liefert das wertvollste Ahornholz, stellt unter den Ahornen aber auch die höchsten Anforderungen an die Bodengüte. Er braucht in der Jugend Frostschutz oder frostfreie Lagen, liebt Luftfeuchtigkeit und gute Wasserversorgung bei nährstoffreichen, tiefgründigen, nicht zu schweren Böden. Auch auf schweren, schlickreichen Aueböden wurde der Bergahorn angepflanzt und hat sich dort bestens bewährt. Er schützt den Boden und liefert gut zersetzbare Streu. Der Bergahorn vermag zwar auch auf trockenen und schlecht nährstoffversorgten Böden bis zum Alter von 20 bis 30 Jahren einigermaßen gut zu wachsen, geht dann aber ein. Dieses Verhalten hat ihm in der forstlichen Literatur den Namen „Blender" eingebracht, da er in der Jugend gutes Wachstum zeigt und den Förster damit „blendet". Als **Pioniergehölz** zur Haldenbegrünung sowie auf Rutschhängen ist der Bergahorn nicht zu ersetzen. Allerdings ist er nicht resistent gegen Rauchabgase. Im Hinblick auf die Fauna gilt *Acer pseudoplatanus* als sehr guter Honigspender.

Der **Spitzahorn** *(Acer platanoides)* entspricht in seiner Verbreitung in etwa der Winterlinde. Er ist ausgesprochen frosthart und genügsamer in den Nährstoff- und Feuchtigkeitsansprüchen als der Bergahorn. Auch er schützt den Boden, liefert aber weniger wertvolles Holz als der Bergahorn.

Die Tatsache, daß die Baumschulen acht Varietäten des Spitzahorn anbieten, läßt erkennen, daß der Spitzahorn zu den beliebten Kulturbäumen zählt. Da er sich aber wenig tolerant gegenüber längerer Trockenheit, hohen Lufttemperaturen und Bodenverdichtung zeigt, ist er als Straßenbaum weniger geeignet.

Der **Feldahorn** *(Acer campestre)* ist in ganz Europa vertreten und tritt hauptsächlich als kleiner Baum in Eschen- und Eichenbeständen grundwasserbeeinflußter Auen und als kleiner Randbaum (Waldrand!) auf warmtrockenen, kalkreichen Standorten des Hügel- und Berglandes auf. Wegen seiner Fähigkeit zur Wurzelbrut ist er für den Vogelschutz bedeutsam.

Vogelkirsche *(Prunus avium)*
Sie ist ein Baum der krautreichen Laub- und Nadel-Mischwälder auf frischen, nährstoff- und basenreichen Lehmböden. Die Vogelkirsche neigt zu starkem Stockausschlag und eignet sich zur Begrünung steiler Böschungen und Spülfelder. Ihre Blüten dienen als Bienenweide, ihre Früchte als Vogelnahrung, vor allem für Drosseln; außerdem bietet sie gute Nistgelegenheiten.

Der Vogelkirsche kommt eine besondere Bedeutung bei Rekultivierungsmaßnahmen zu (z.B. im Braunkohlegebiet). Der GaLaBauer sollte ihre Standortansprüche kennen!

1.2 Gewässer und Feuchtgebiete

Mit der Bezeichnung Gewässer und Feuchtgebiete sollen die Standorte erfaßt werden, in denen Pflanzen und Tiere auf das Wasser als entscheidendes Medium zum Überleben angewiesen sind.

Die Bedeutung der Feuchtgebiete war dem Menschen nicht immer bewußt, obwohl eine Fülle von tierischen und pflanzlichen Lebewesen auf die vielfältigen Formen der Feuchtgebiete angewiesen sind. Sie zählen zu den artenreichsten Biotopen. Noch bis zur Mitte dieses Jahrhunderts sind Bachläufe begradigt („korrigiert") worden, um zusätzliche Nutzflächen für die Landwirtschaft zu gewinnen. Die Trockenlegung der Moore reicht bis ins 12. Jahrhundert zurück. Im großen Umfang wurden die Moore im 17. und 19. Jahrhundert – teilweise bis in unser Jahrhundert – entwässert, um sie landwirtschaftlich zu nutzen bzw. den Torf als Brennmaterial zu gewinnen.

Seit Mitte dieses Jahrhunderts ist eine gegenläufige Bewegung eingetreten: Feuchtgebiete werden nicht nur geschützt und gepflegt; durch **Renaturierungsmaßnahmen** sollen ursprüngliche Feuchtgebiete wieder zurückgewonnen werden. Bürger und staatliche Einrichtungen haben den ökologischen Wert dieser Flächen erkannt sowie ihre Bedeutung für den Erholungswert der Landschaft und für die Speicherung unseres Trinkwassers.

Jedes **Feuchtbiotop** ist auf seine Weise ein äußerst empfindlich reagierendes **Ökosystem**, das durch äußere Einflüsse ständig in seinem Bestand gefährdet ist. Der Rückgang vieler einheimischer Fischarten oder von Vogelarten, die auf Fische als Nahrungsgrundlage angewiesen sind sowie das Verschwinden eines erschreckend hohen Prozentsatzes an Kleingewässern sind alarmierende Zeichen für die Gefährdung dieser natürlichen Landschaftselemente.

Da es zum Aufgabenbereich des Garten- und Landschaftsbaus gehört, Renaturierungsmaßnahmen durchzuführen und naturnahe Feuchtbiotope anzulegen, und er sich daher auch für ihre Pflege verantwortlich fühlt, ist eine Kenntnis der Lebenszusammenhänge eine wichtige Voraussetzung für fachgerechtes Arbeiten. (Siehe auch die Kapitel A1.1 bis A1.4, durch die Grundkenntnisse vermittelt werden sollen. Hinweise für die praktische Durchführung der Maßnahmen werden in den Kapiteln D3.1.1 und 3.1.2 gegeben).

1.2.1 Still- und Fließgewässer

Der Einfluß der abiotischen Faktoren, wie Temperatur, Licht oder chemische Einwirkungen, soll im einzelnen hier nicht berücksichtigt werden. Die Erfahrung, die sich aus der Beobachtung intakter Feuchtgebiete ergibt, kann vor gravierenden Fehlern bewahren, deren Folgen auch nicht durch aufwendige Pflegemaßnahmen wie Ausbaggern oder Entkrauten wirksam verhindert werden können. Um naturnahe Feuchtgebiete anzulegen bzw. sinnvoll pflegen zu können, müssen die Wechselbeziehungen zwischen Lebewesen und den abiotischen Faktoren beachtet werden.

Der Begriff **Plankton** umfaßt eine Fülle pflanzlicher und tierischer Kleinstlebewesen, die vom Bruchteil eines Millimeters bis zu wenigen Millimetern Größe in großer Zahl in der oberen freien Wasserschicht leben. Von ihnen spielen verschiedene **Bakterien** eine entscheidende Rolle. Durch die Zersetzung von Fetten, Eiweiß und Kohlenhydraten sorgen sie für eine biologische Reinigung der Gewässer. Die **aeroben Bakterien** sind auf einen bestimmten Sauerstoffgehalt des Wassers angewiesen. Fehlt ihnen der notwendige Sauerstoff, findet ein **anaerober** Abbau statt. Falls er unter eine bestimmte Grenze absinkt, bei Fließgewässern unter 4 %, so tritt als auffälligstes äußeres Zeichen ein Fischsterben ein. Die dann entstehende Fäulnis (vergleiche Band 1, Kapitel 1.4 und 3.3) mit allen Folgeerscheinungen (Bildung von Methangas, Schwefelwasserstoff) wird zur lebensbedrohenden Gefahr für das Biotop, wenn die Tätigkeit anaerober Bakterien das Übergewicht erlangt.

Hier zeigt sich deutlich die Wechselbeziehung zwischen den verschiedenen Faktoren. So kann Lichtmangel zur Unterbindung der Photosynthese und damit zu Sauerstoffmangel führen. Der Lichtmangel kann unter anderem durch Wassertrübung – unter Umständen aufgrund einer unsachgemäß angelegten Bachsohle – hervorgerufen werden. In jedem natürlichen Gewässer gibt es eine Nahrungskette, von der die **Urtierchen** die zweite Stufe bilden. Sie leben von den Bakterien (erste Stufe) und beeinflussen die Wasserqualität, indem sie zur Ausflockung (Koagulation) und Absorption von Stoffen in kolloidaler Form beitragen. Die **Algen**, von denen es viele verschiedene Arten gibt, dienen in einer solchen Nahrungskette den Würmern, Urtierchen, Weichtieren, Insektenlarven, Krebsen, Fischen und Amphibien als Nahrung. Eine zu starke Algenentwicklung kann zu einem extremen Ansteigen des pH-Wertes und zu Sauerstoff-

mangel führen, wodurch ebenfalls ein Fischsterben ausgelöst werden kann.

Ursachen für ein zu starkes Algenwachstum sind zu starke Nährstoffanreicherung durch absterbende Pflanzenmassen oder Fisch- bzw. Vogelexkremente sowie durch Eintrag von **Nitraten** und **Phosphaten** (Überdüngung). Eine zu intensive Sonnenbestrahlung fördert ebenfalls das Algenwachstum und gleichzeitig die Verunkrautung von Gewässern. In einem ausgewogenen Gewässer sind die Algen Fischnahrung und Sauerstoffproduzenten. Es kommt auf das Gleichgewicht an, das sich möglichst von selbst einstellen sollte. Alle menschlichen Eingriffe zeigen meist nur kurzfristige Erfolge, stören aber häufig die natürlichen Regulierungsabläufe. Bei der Anlage und Pflege naturnaher Biotope sollte man versuchen, diese zu unterstützen. So gelten bestimmte Pflanzenarten als algenhemmend. Man sollte ihnen den Vorzug geben, wenn sie pflanzensoziologisch betrachtet verwendet werden können. Falls bei der Anlage naturnaher Biotope verschiedene Wasserqualitäten zur Verfügung stehen, ist zu bedenken, daß ein pH-Wert unter sieben der Algenbildung entgegenwirkt.

Die **Höheren Wassertiere** bilden die Endglieder der Nahrungsketten eines Gewässers. Einige von ihnen besitzen eine besondere Bedeutung für die Wasserqualität. So filtern verschiedene **Muschelarten** in nicht unerheblichem Umfang Schwebstoffe aus dem Wasser.

Je artenreicher ein Gewässer an Pflanzen und Tieren ist, um so größer ist die Chance, daß sich das Biotop durch Selbstreinigungskräfte im Gleichgewicht hält. Dabei können auch Belastungen, die zum Beispiel durch die Exkremente von Fischen und Wasservögeln (Karpfen, Enten, Schwänen) auftreten, abgefangen werden. Häufig ist es der Mensch, der das Gleichgewicht stört, zum Beispiel durch das Füttern von Enten oder den zu starken Besatz von Speisefischen (siehe auch Kapitel D3.1).

Für die Reinigung der Gewässer kommt den Höheren Pflanzen eine besondere Bedeutung zu. Zunächst filtern sie rein physikalisch feste Bestandteile und tragen dadurch zur **Oxidation** dieser Partikel bei. Außerdem nehmen sie im Wasser gelöste Mineralien, z.B. Phosphate und Nitrate, aber auch organische Verbindungen (zum Beispiel Phenole) sowie schädliche Keimstoffe und Schwermetalle auf.

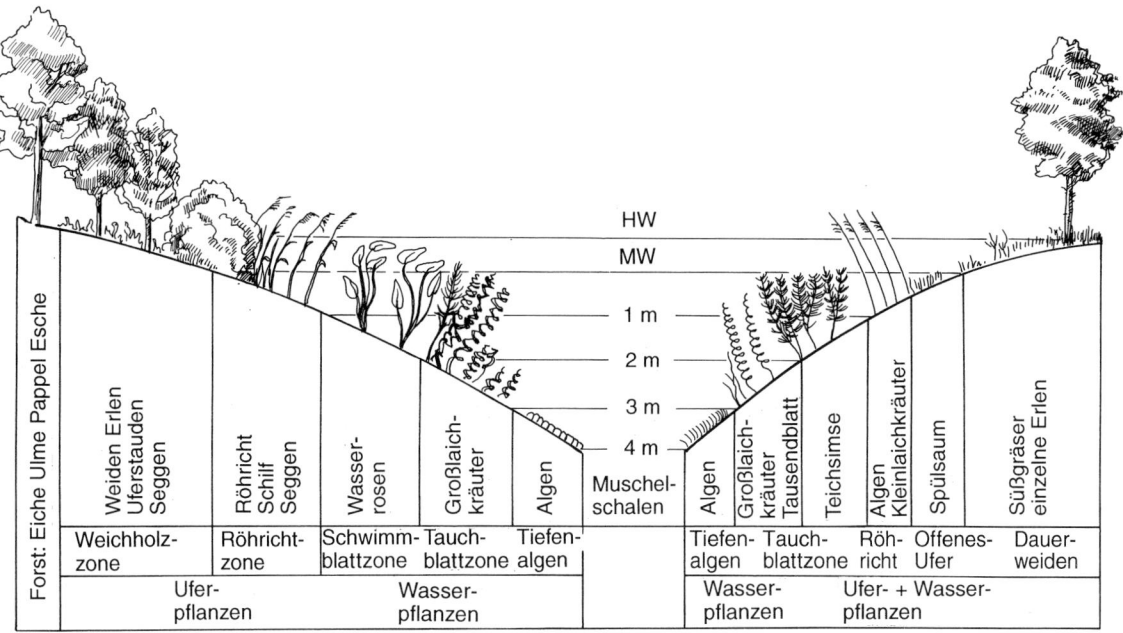

Abb. 12. Ufergehölze in Abhängigkeit vom Wasserstand.

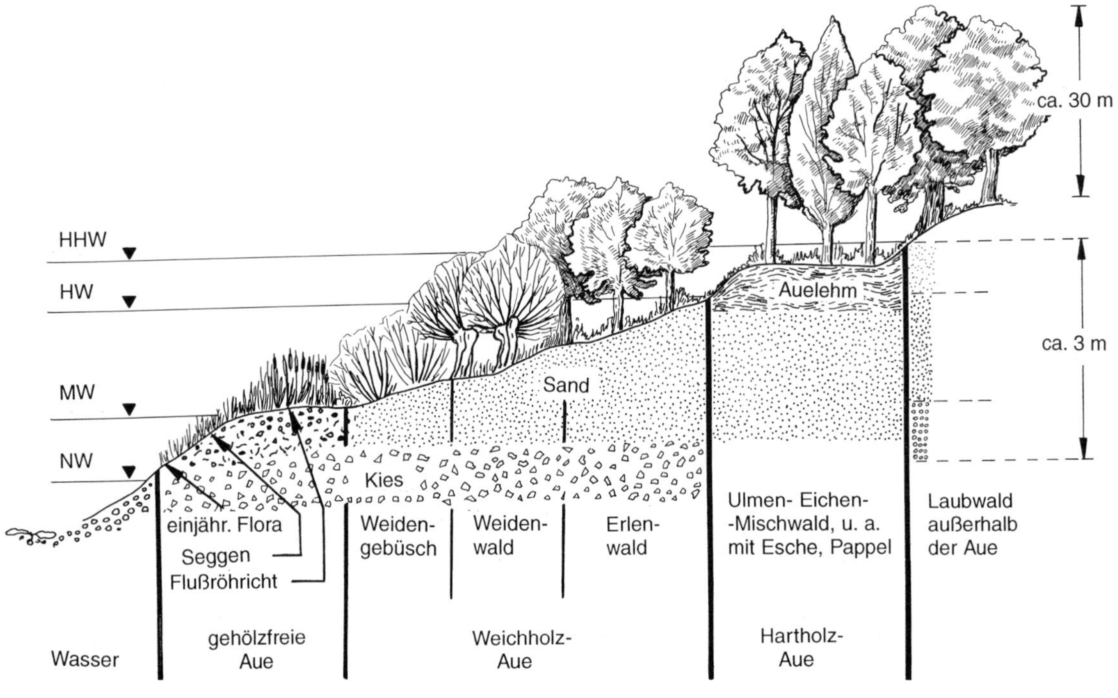

Abb. 13. Schematischer Schnitt durch die Fluß- und Stromaue.

Abb. 14. Die Gehölze in Ufernähe verhindern eine zu starke Verkrautung.

Algenhemmende Wasserpflanzen

Laichkraut-Arten, zum Beispiel *Potamogeton crispus, P. lucens, P. natans*
Callitriche stagnalis – Wasserstern
Crassula recurva – Nadelkraut
Elodea canadensis – Wasserpest (stark wuchernd, deshalb in Gefäße pflanzen!)
Hottonia palustris – Wasserfeder
Hydrocharis morsus-ranae – Froschbiß
Myriophyllum verticillatum – Tausendblatt
Ranunculus aquatilis – Wasserhahnenfuß
Ranunculus fluitans – Unterwasser-Hahnenfuß
Scirpus lacustris – Teichsimse
Sparganium minimum – Zwerg-Igelkolben
Stratiotes aloides – Krebsschere
Utricularia vulgaris – Wasserschlauch

Die Fähigkeit, belastende Substanzen aus dem Wasser aufzunehmen, trifft in besonders hohem Maße auf einige bestimmte Arten wie Segge, Flechtbinse, Schilf und andere zu.

Innerhalb eines Gewässers unterscheidet man verschiedene Zonen, in denen sich aufgrund der Wassertiefe bestimmte Pflanzengesellschaften bilden. Ferner unterscheidet man zwischen Bewohnern der Still- und der Fließgewässer. Auch die Fließgeschwindigkeit spielt dabei eine Rolle.

Die Entwicklung der Krautschicht wird in hohem Maße durch den Faktor Licht beeinflußt. Bei voll sonnigem Standort kommt es zu derartig starken Verkrautungen, daß Wasserläufe vollkommen zuwachsen können. Das ständige Mähen ist nicht nur wirtschaftlich gesehen unsinnig, es stellt auch eine Gefahr für die tierischen Wasserbewohner dar. Eine große Anzahl von Tieren wird getötet, zum Beispiel Frösche, Molche, Kröten, und deren Lebensraum wird

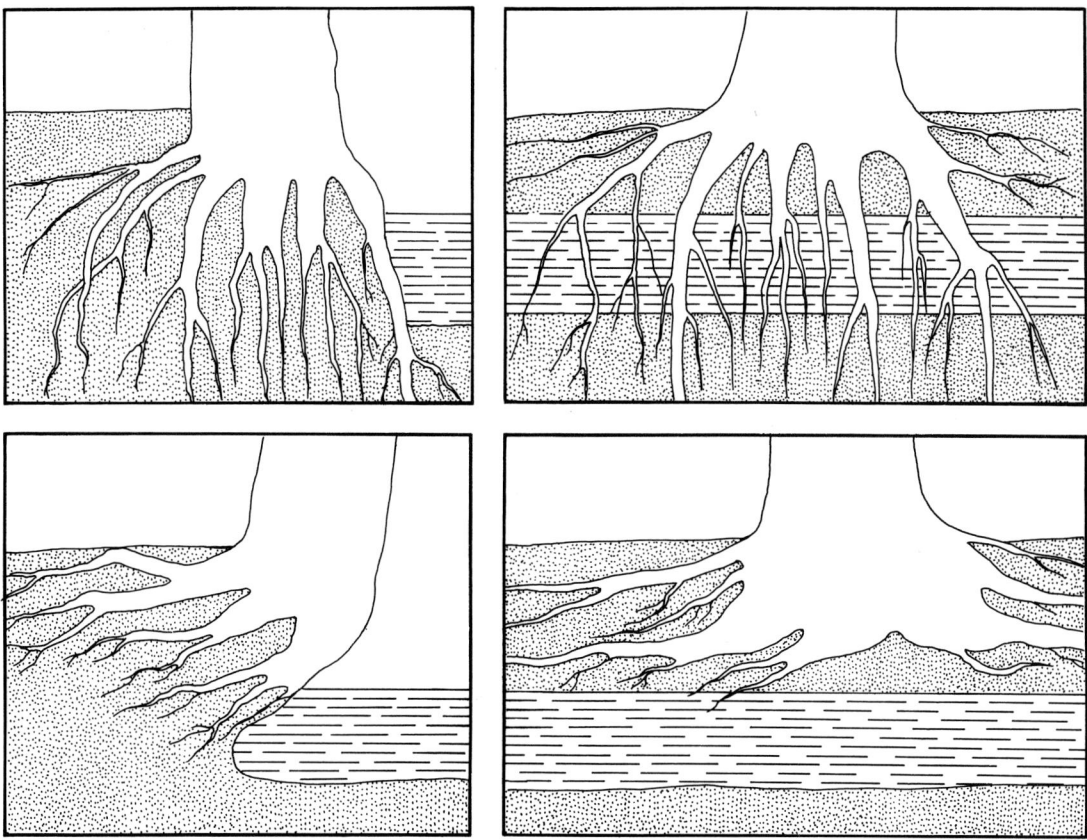

Abb. 15. Wurzelbild von Schwarzerle (oben) und Bastardpappel (unten), halbschematisch.

zerstört. Die sinnvollste Maßnahme besteht in der Anpflanzung von geeigneten abschattenden Ufergehölzen.

Die Anpflanzung sogenannter **Kopfbäume**, in der Regel der Kopfweide *(Salix vinimalis)*, aber auch anderer Weidenarten sowie Pappeln, Eschen, Eichen oder Hainbuchen, ist für einige Landschaften, zum Beispiel die des Niederrheins und des Münsterlandes, seit Jahrhunderten typisch. Die Bäume werden in etwa zwei Metern Höhe gekappt, so daß sich aus dem Kallus der Schnittflächen zahlreiche peitschenartige Triebe bilden. Durch die Schneitelwirtschaft wurden die Triebe geerntet, die man dann je nach Stärke zum Korbflechten, für Werkzeugstiele oder auch als Brennmaterial verwendete.

Typisch vor allem für die Weiden ist die Tatsache, daß von den Schnittstellen aus Pilze und andere Holzschädlinge in das Stamminnere vordringen, so daß der Stamm hohl wird. Daraus ergibt sich deren Wert als Lebensstätte zahlreicher Tierarten: z. B. Steinkauz, Grauschnäpper, Gartenrotschwanz, Fledermäuse und über 100 Käferarten.

Wenn der in gewissen Zeitabständen erforderliche Rückschnitt der Triebe unterbleibt, brechen die Stämme auseinander. Außerdem sind zahlreiche Kopfbäume der Rodung zum Opfer gefallen, nicht zuletzt durch Flurbereinigungsmaßnahmen. Nicht nur aus ökologischen, sondern auch aus kulturhistorischen Gründen sollten vorhandene Kopfbäume gepflegt und überalterte Bäume durch Neuanpflanzung erhalten werden. Bei der Pflege sollten die Äste im Abstand von etwa zehn Jahren bis nahe an die Basis zurückgeschnitten werden. Wie bei den Knicks empfiehlt es sich, im Wechsel immer nur einen Teil der Äste zu entfernen, um den Tieren ihren Lebensraum zu erhalten.

Straucharten der unteren Mittelwasserzone
Corylus avellana – Haselnuß
Euonymus europaeus – Pfaffenhütchen
Ribes rubrum – Rote Johannisbeere
Ribes uva-crispa – Stachelbeere
Salix purpurea – Purpurweide
Salix trianda – Mandelweide
Salix vinimalis – Korbweide (oft auch baumartig)
Sambucus niger – Schwarzer Holunder
Viburnum opulus – Gewöhnlicher Schneeball

Baumarten zur Uferbegrünung
Alnus glutinosa – Schwarzerle
Alnus incana – Grauerle
Carpinus betulus – Hainbuche
Fraxinus excelsior – Gewöhnliche Esche
Populus nigra – Schwarzpappel
Prunus padus – Traubenkirsche
Quercus robur – Stieleiche
Salix alba – Silberweide
Salix fragilis – Bruchweide
Ulmus laevis – Flatterulme
Ulmus minor – Feldulme

Die Abb. 15 verdeutlicht, daß nicht alle Baumarten zur Uferbefestigung geeignet sind. Den besten Uferschutz bilden Weidenarten und die Schwarzerle *(Alnus glutinosa)*.

Wichtig ist die sachgerechte Pflanzung. Einen wirksamen **Erosionsschutz** bieten die Gehölze nur dann, wenn sie unmittelbar über der Mittelwasserlinie stehen. Dabei ist darauf zu achten, daß die Röhricht- und die darauf folgende Strauchzone vor den Hochstämmen bzw. Heistern der Baumzone stehen. Fehlen diese, so können die Stämme, die zu nahe an der Uferzone stehen, zur Wirbelbildung beitragen, wodurch Auskolkungen begünstigt werden. Dagegen legen sich die elastischen Weiden um und bremsen die Fließgeschwindigkeit des Wassers.

Zu den späteren Pflegemaßnahmen gehören das Absetzen der Kopfweiden und der Entlastungsschnitt unterspülter Schwarzerlen, d. h. die Entnahme überhängender Äste. Eine weitere Maßnahme besteht im Ersatz überalterter Bäume, die plenterwirtschaftlich, das heißt durch die Entnahme einzelner Exemplare, vorgenommen werden sollte.

1 Algenhemmende Wasserpflanzen   *Rote Liste

Liste der Wasserpflanzen in Stillgewässern
(nach Ellenberg)
Alisma plantago – Froschlöffel
Butomus umbellatus – Blumenbinse
Callitriche hamulata – Haken-Wasserstern
Callitriche platycarpa – Flachfrüchtiger Wasserstern
Ceratophyllum demersum – Hornkraut[1]
Elodea canadensis – Wasserpest
Glyceria fluitans – Flutendes Süßgras
Hottonia palustris – Wasserfeder
Hydrocharis morus-ranae – Froschbiß[1]
Montia fontana – Quellkraut
Myriophyllum spicatum – Ohriges Tausendblatt
Myriophyllum vercillatum – Tausendblatt[1]
Nuphar lutea – Teichrose
Nymphaea alba – Seerose
Polygonum amphibium – Wasserknöterich
Ferner die folgenden Laichkraut-Arten:
Potamogeton crispus
Potamogeton friesii
Potamogeton lucens
Potamogeton natans
Potamogeton obtusifolius
Potamogeton pectinatus
Potamogeton pusillus
Ranunculus aquaticus – Wasserhahnenfuß
Ranunculus fluitans – Wasserhahnenfuß
Ranunculus peltatus – Schild-Wasserhahnenfuß
Sium latifolium – Großer Merk
Stratiotes aloides – Krebsschere, Wasseraloe[1]
Utricularia australis – Wasserschlauch
Utricularia vulgaris – Wasserschlauch

Liste der Wasserpflanzen in rasch fließenden Gewässern (nach Ellenberg)
Butomus umbellatus f. *submersus* – Blumenbinse
Glyceria fluitans f. *submersa* – Flutendes Süßgras
Potamogeton nodosus – Flutendes Laichkraut

Oben: Das Feuchtwiesenprogramm fördert den Erhalt und die Wiedervernässung wertvoller Ökosysteme. Ohne solche Maßnahmen würden auch dem Grasfrosch (unten links) und der Kreuzotter (unten rechts) die Lebensgrundlage entzogen.

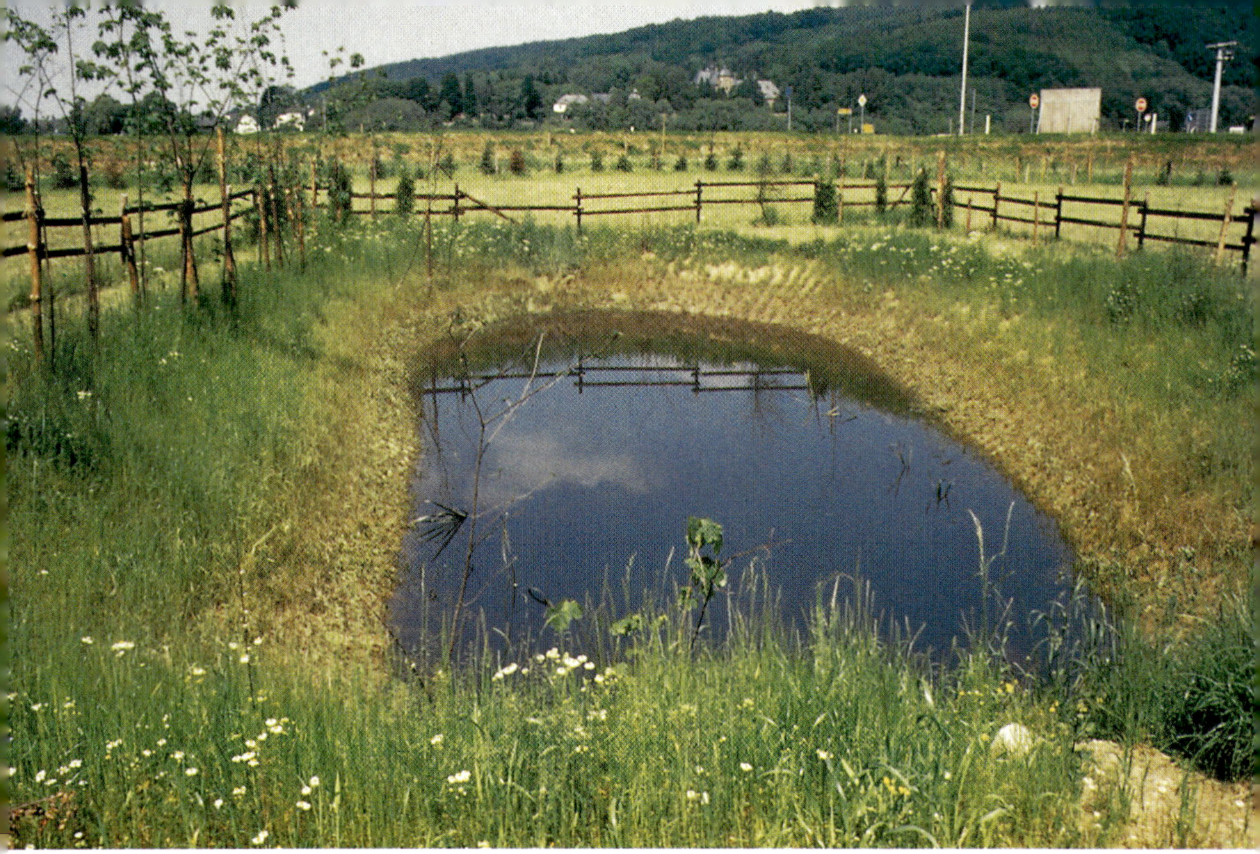

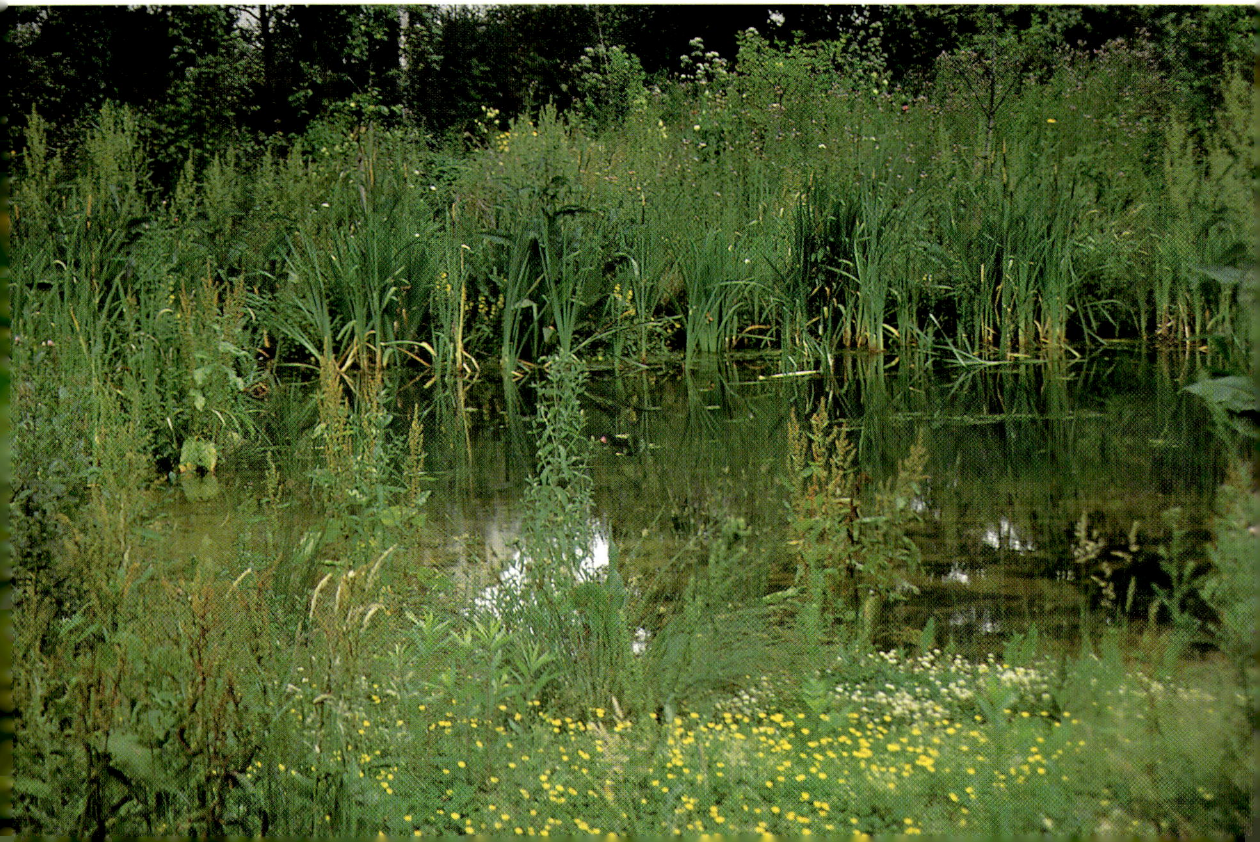

Ranunculus trichophyllus – Haarblättriger
   Wasserhahnenfuß
Sparganium erectum f. *submersum* – Igelkolben

Liste der Wasserpflanzen für geringe Strömung
Elodea canadensis – Wasserpest
Glyceria maxima f. *submersa* – Flutendes Süßgras
Lysimachia nummularia f. *submersa* – Pfennig-
   kraut
Sparganium erectum f. *submersum* – Igelkolben

Geeignete Pflanzen für die Uferzone
Angelica archangelica – Arznei-Engelwurz
Calla palustris – Schlangenwurz*
Caltha palustris – Sumpfdotterblume
Carex gracilis – Scharfsegge
Eriophorum vaginatum – Scheidiges Wollgras*
Eupaticum cannabium – Wasserdost
Euphorbia palustris – Sumpf-Wolfsmilch*
Glyceria maxima – Wasserschwaden
Iris pseudacorus – Gelbe Schwertlilie
Lychnis flos-cuculi – Kuckucks-Lichtnelke
Lycopus europaeus – Wolfstrapp
Lysimachia thyrsiflora – Strauß-Gelbweiderich
Lythrum salicaria – Blutweiderich
Myosotis palustris – Sumpf-Vergißmeinnicht
Petasites hybridus – Pestwurz
Phragmites australis – Schilf
Polygonum bistorta – Wiesenknöterich
Potentilla palustre – Sumpf-Blutauge
Scirpus lacustris – Flechtbinse
Scutelaria galericulata – Sumpf-Helmkraut
*Rote Liste

1.2.2 Still- und Fließgewässer als Lebensraum

Die Fauna der Stillgewässer
„Gewässer, die nur kurzzeitig oder zumindest nicht
dauernd bestehen, nennt man Tümpel. Dauergewäs-
ser mit geringer Tiefe werden als Weiher oder Teich,
solche mit größerer Tiefe als See bezeichnet." (H. W.
LUDWIG 1989).
   Das Leben in einem **Tümpel** kann, je nach seiner
Größe und Tiefe, sehr großen Temperaturschwankungen unterworfen sein. Ein weiteres Problem ist der bei
zunehmender Austrocknung steigende Salzgehalt. Da

Ein künstlich angelegtes Stillgewässer (oben), gespeist durch
Dränwasser, kann sich zu einem Ökosystem mit üppiger Ufervegetation entwickeln (unten).

zu den Tümpeln nach unserer Definition auch Pfützen wie z. B. Fahrspuren nichtasphaltierter Feldwege
gehören, müssen deren Bewohner (z. B. Einzeller, Rädertiere, Wasserflöhe, Muschelkrebse, Strudelwürmer, Wasserkäfer, Wasserwanzen, versch. Amphibien
etc.) spezielle Überlebensstrategien für die Zeiten to-
taler Austrocknung besitzen.
   Dies gelingt zum einen durch Ausbildung von Dau-
erstadien wie bei den Wasserflöhen (Dauereier), oder
auch durch Eingraben in den Untergrund (Strudelwürmer) bzw. immer wiederkehrende Neubesiedlung
(Wasserkäfer, Wasserwanzen, Zuckmücken etc.).
   Solche kleineren Gewässertypen werden aufgrund
ihrer Flachgründigkeit gern von Vögeln als natürliche
Tränke bzw. Badegelegenheit benutzt.
   Die nächste Gruppe von Stillgewässern sind
Weiher und **Teiche**. Während Weiher natürlichen Ur-
sprungs sind, sind Teiche durchweg von Menschenhand geschaffen (Gartenteich, Fischteich, Rückhaltebecken, Schul-, Dorf- und Löschteich). Da Weiher
und Teiche in der Regel auch nur eine geringe, wenn
auch ganzjährig gleichbleibende Tiefe aufweisen, ist
die Sonnendurchflutung enorm und der damit verbundene Pflanzenbewuchs und Stoffumsatz sehr
hoch. Die Tierwelt entspricht in etwa der der Uferbereiche eines Sees. Neben einer Vielzahl von Weichtieren (wie Schnecken und Muscheln) findet man Egel,
Wenigborster, Wassermilben, Wasserspinnen, Muschelkrebse, Wasserflöhe, Hüpferlinge, Wasserasseln,
Einzeller und Rädertiere. Besonders die Uferbereiche
bieten geeignete Aufzuchtbedingungen für Fische und
Amphibien, aber auch die Larven von Insekten (z. B.
Köcherfliegen- und Zuckmückenlarven) finden hier
Nahrung und Versteck (LUDWIG 1989). Die Uferbereiche sind außerdem beliebte Nahrungs- und Brutge-
biete von Wasservögeln.
   Eine Gefährdung solcher Kleingewässer und der
dort ansässigen Lebewesen kann u. a. folgende Ursachen haben: Trockenlegung, Uferverbauung, Verfül-
lung, Eutrophierung durch übermäßigen Nährstoffeintrag, monokulturelle Nutzung der sich anschließenden Lebensräume, zu hoher Besatz mit Zuchtfi-
schen, die eine Gefahr für die Nachkommen anderer
Arten darstellen, übertriebene Fütterung der Wasservögel, wodurch deren Vorkommen künstlich erhöht
und die Belastung des Teiches mit Kot und Futterre-
sten überhandnimmt.
   Sehr deutlich bemerkbar machen sich negative Ent-
wicklungen bei unseren einheimischen **Amphibien**.
Zu ihnen zählen Frösche (z. B. Wasserfrosch, Teich-

frosch, Grasfrosch, Moorfrosch, Springfrosch), Kröten (z. B. Knoblauchkröte, Erdkröte, Kreuzkröte, Wechselkröte), Salamander (z. B. Kammolch, Bergmolch, Teichmolch), Unken (Gelbbauch- und Rotbauchunke) und Laubfrösche, die eine eigene Gattung bilden und nicht zur Gattung der Frösche zählen. Im Vergleich zu anderen Teichbewohnern sind Amphibien dadurch, daß sie durch die Haut atmen und ihre Eier direkt ins Wasser bringen, besonders anfällig gegenüber Pestiziden. Eine der größten Gefahren geht jedoch in zunehmendem Maße vom Straßenverkehr aus. Amphibien wandern jährlich zwischen drei unterschiedlichen Lebensräumen: **Laichgewässer** (Bach, Tümpel, Teich, See), **Sommerquartier** (Magerrasen, Laub- und Mischwald, Au- und Bruchwälder, See und Teich) und **Winterquartier** (Bach/Quelle, Höhlen, Laub- und Mischwälder, feuchte Rohböden, Seen/Teiche [im Sediment]). Bei diesen Wanderungen kann der Verkehrstod mitunter populationsgefährdende Ausmaße annehmen. Hier haben sich bei sachgerechter Handhabung und entsprechender Wartung Amphibiendurchlässe mit den dazugehörigen Leitsystemen bewährt. Fangzäune u. ä. Einrichtungen können bei sorgfältiger Anlage und kontinuierlicher Betreuung ein sinnvolles Provisorium darstellen. Die Abb. 89, 90 zeigen Vor- und Nachteile verschiedener Typen und die unbedingt dazugehörigen Leitsteine und einen Vergleich alternativer Fangeinrichtungen.

Seen unterscheiden sich von den bisher genannten Gewässertypen durch eine wesentlich größere Tiefe. Aus diesem Grund können hier auch ganz unterschiedliche Lebensräume voneinander unterschieden werden. Grob läßt sich eine Unterteilung in die Bodenzone, die Freiwasserzone und die Grenzzone zwischen Wasser und Luft erstellen. Die für den Faunenschutz bedeutsamen Uferbereiche (Schwimmblatt- und Laichkrautgürtel, Röhrichte und Riede, wenig bewachsene Schlamm-, Sand- oder Kiesbänke) sind Lebensraum für Säugetiere wie Wasserspitzmaus, Otter, Biber, Schermaus, Wasserfledermaus, aber auch für Arten, die eher als regelmäßige Gäste zu bezeichnen sind, wie die Teichfledermaus und der Baumfalke.

An größeren Seen siedeln neben Stockenten u. a. auch Schellenten, Gänsesäger, Prachttaucher, Graugänse, Höckerschwäne, Rallen und Möwen. Sehr wichtig sind hier die vorhandenen **Nachbarschaftseffekte**. So benötigen z. B. Zwergdommel, Graureiher und Rohrsänger freie, überschaubare Gelände zum Nahrungserwerb und zum freien Abflug und meiden daher ein allseits von Wald umschlossenes Stillgewäs-

ser. Als Vertreter der Reptilien sind Ringelnatter, Würfelnatter und die Sumpfschildkröte zu nennen, bei den Fischen nährstoffarmer **(oligotropher)** Seen die Seeforelle, der Saibling, die Mai-Renke und der Perlfisch. In flachen, nährstoffreichen **(eutrophen)** Seen Brachse, Blicke, Hecht, Zander, Schlei, Döbel und Wels, und in kleinen, flachen eutrophen Gewässern Schlammpeitzger, Karausche, Moderlieschen und Zwergstichling (BLAB 1986). In Seen leben außerdem eine große Anzahl Wirbelloser wie Krebse, Wassermilben, Muscheln (z. B. Erbsenmuscheln, Teichmuschel, Kugelmuschel), Schnecken (Posthorn-, Schlamm-, Kammkiemenschnecke) und Insekten. Als besondere Gefährdung dieser Populationen gelten gerade bei größeren Seen die Freizeitaktivitäten des Menschen (Baden, Surfen, Motorbootfahren, Schlittschuhlaufen etc.), wodurch z. B. Kleinnager und Brutvögel in den Uferbereichen (Schilf und Röhricht) ganz empfindlich gestört werden können. Eine Darstellung der besiedlungsbestimmenden Strukturmerkmale des Röhrichts einschließlich der charakteristischen Tierarten zeigt die Abbildung 16.

Als besondere Form von Stillgewässern sollen auch noch die **Baggerseen** angesprochen werden. Ihre enorme Bedeutung als Ersatzbiotop für verschiedene Arten wurde lange Zeit verkannt und oft bei späteren „Renaturierungsmaßnahmen" nicht berücksichtigt. Daß auch das Offenlassen von Baggerseen sinnvoll sein und einen interessanten Lebensraum für Tiere ergeben kann, zeigt Abbildung 17.

Die Fauna der Fließgewässer

Bei den Fließgewässern unterscheidet man **Quellen, Bäche** und **Flüsse**. Die Quellen bieten einen Lebensraum mit gleichbleibend niedrigen Wassertemperaturen und einem sehr geringen Nährstoffangebot. Zu den hierauf spezialisierten Arten gehören Schnecken, Strudelwürmer, Milben, Käfer, Köcherfliegenlarven u. a. m. Bedroht wird der Lebensraum „Quelle" vor allem durch Entwässerung der Quellmoore, großräumige Grundwasserabsenkungen, Anlage von Teichen, Einfassen der Quellen oder gar durch Verfüllen mit Müll.

Bei Fließgewässern allgemein, also auch bei Bächen und Flüssen, ist die Strömung der wichtigste Faktor. Hinzu treten die Faktoren Temperatur, Sauerstoffgehalt, Untergrund, Wassertrübung. Zur Unterscheidung von Bach und Fluß wird neben der Breite (Bach bis 5 m) auch die Temperaturspannweite zwischen Winter und Sommer herangezogen. Diese nimmt von der Quelle bis zur Mündung zu. Dement-

Vertikale Ausprägung und Struktur

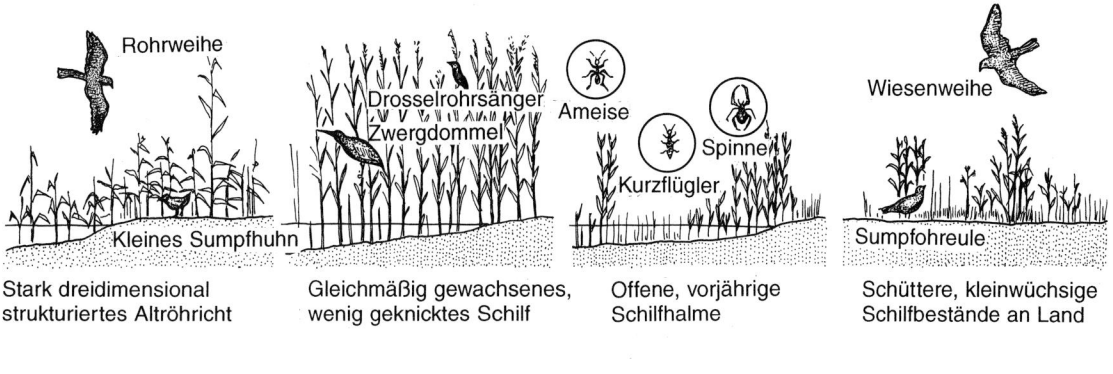

Stark dreidimensional strukturiertes Altröhricht

Gleichmäßig gewachsenes, wenig geknicktes Schilf

Offene, vorjährige Schilfhalme

Schüttere, kleinwüchsige Schilfbestände an Land

Horizontale Ausprägung (Breite)

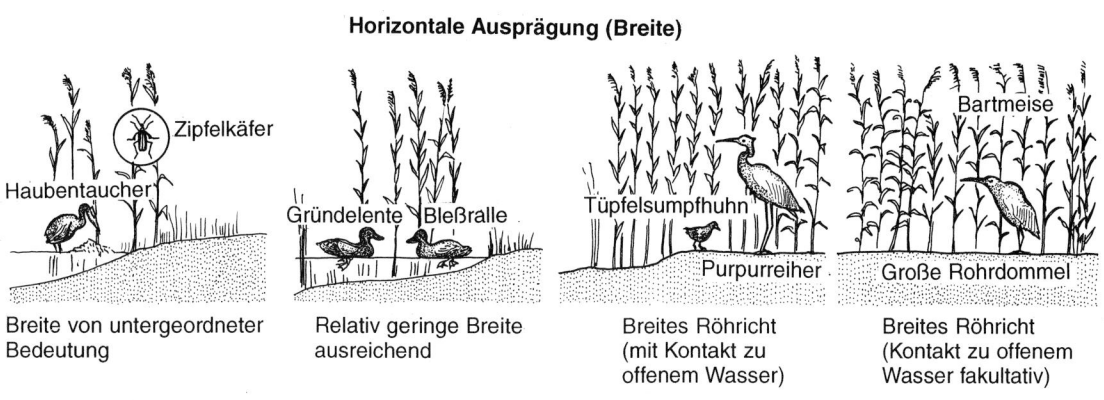

Breite von untergeordneter Bedeutung

Relativ geringe Breite ausreichend

Breites Röhricht (mit Kontakt zu offenem Wasser)

Breites Röhricht (Kontakt zu offenem Wasser fakultativ)

Abb. 16. Besiedlungsbestimmende Strukturmerkmale des Röhrichts einschließlich einiger charakteristischer Tierarten.

sprechend sind auch Tiere im Unterlauf an größere Temperaturschwankungen angepaßt, während die Bewohner der Oberläufe und Quellbereiche nur geringe Temperaturschwankungen tolerieren. Eng verbunden mit der Temperatur und der Fließgeschwindigkeit eines Baches oder eines Flusses ist auch der Sauerstoffgehalt des Wassers. Er nimmt i.d.R. vom kalten, turbulenten Gebirgsbach bis hin zum ruhig fließenden, vor allem im Sommer wesentlich wärmeren Unterlauf eines Flusses stetig ab.

Zur ökologischen Gliederung werden Fließgewässer auch in **Fischregionen** unterteilt. Schnell fließende, sauerstoffreiche Bachoberläufe werden als **Forellenregion** bezeichnet. Hier leben z.B. Bachforelle, Groppe, Elritze, Bachschmerle, Bachneunauge. Es schließt sich die **Äschenregion** an, für die neben einer geringeren Fließgeschwindigkeit auch das Auftreten von Buchten, Kolken, Kies- und Sandbänken typisch

ist. Neben den Vertretern der Forellenregion findet man hier u.a. auch Gründling, Schneider, Döbel sowie Nase und Quappe. In der anschließenden **Barbenregion** liegen die Sommertemperaturen bereits bei 12 bis 18°C. Typisch sind größere Kies- und Sandbänke sowie weichgründige, ruhige Stellen. Wichtige Vertreter dieser Region sind neben den Barben auch Brachsen, Rotauge, Blicke, Rotfeder, Flußbarsch, Zander und Hecht. Der langsam fließende, oftmals trübe Unterlauf größerer Flüsse und Ströme wird als **Brachsenregion** bezeichnet. Er ist u.a. der Lebensraum für Brachsen, Karpfen, Schleie, Ukelei, Bitterling, Aal und Wels, Vertreter der Barbenregion (Rotauge, Rotfeder, Hecht und Zander) und Wanderfische wie Meerforelle, Stör und Lachs. Hier schließen sich an den Hauptwasserkörper oft ausgedehnte Pflanzenbestände, seichte Außenbereiche und flache Seitengewässer an. Die Übergangsregion zwischen Fluß und

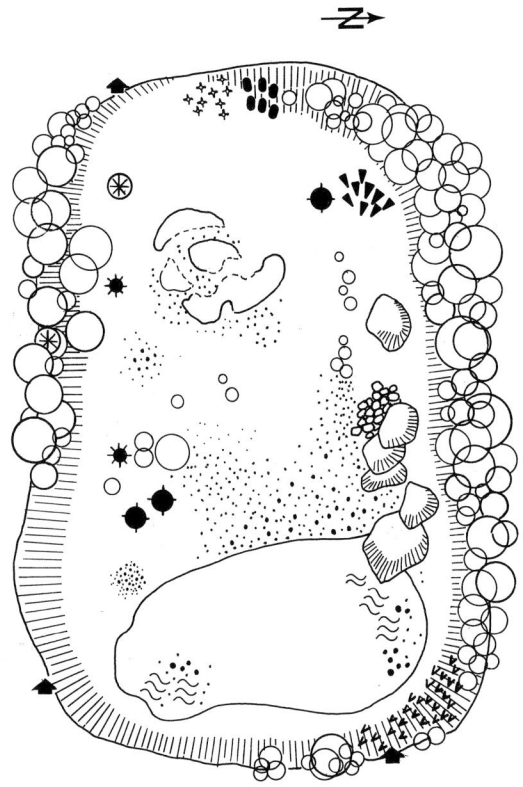

Abb. 17. Kleinbiotope in einer aufgelassenen Kiesgrube.

mäßig verschmutzt eingeteilt und in Gewässergütekarten festgehalten.

Neben den bereits erwähnten Kriterien (Strömung, Sauerstoffgehalt, Temperatur, Wasserqualität) spielt vor allem auch die Morphologie der Fließgewässer eine entscheidende Rolle. Hier sind neben der Gestalt der Gewässersohle des Bach- bzw. Flußbettes vor allem auch die Uferbereiche und die daran anschließenden Biotope (vegetationsarme Uferzonen, vertikale Erdaufschlüsse, Kies-, Sand- und Schlammbänke, Auwälder, Überschwemmungswiesen, Röhrichte, Altwässer etc.) zu nennen. Insbesondere die letztgenannten Bereiche sind von großer Bedeutung für die Artenvielfalt, da hier eine Vielzahl **ökologischer Nischen** vorhanden ist. So erfüllen z. B. die vegetationsarmen Uferzonen (Sande, Kiese, Geröll, Schlamm etc.) wichtige ökologische Funktionen. Sie bieten vielen Insekten, wie z. B. Bläulingen, Schillerfaltern und Wildbienen, die Möglichkeit zur Wasseraufnahme. Sie liefern außerdem vielen Tieren, z. B. unter den Insekten den Mörtelbienen und unter den Vögeln den Rauch- und Mehlschwalben, Baumaterial für ihre Nester. Nicht zuletzt werden diese Standorte von Sumpfschildkröte, Würfel- und Ringelnatter als Sonnplatz und von unterschiedlichen Wasserinsekten als bevorzugter Verpuppungsort genutzt. Auf den Schotter- und Sandbänken leben auch Spezialisten unter den Insekten, wie z. B. Kurzflügelkäfer oder Ahlenläufer (Laufkäferart). Als typische Vogelvertreter sind neben dem Flußregenpfeifer auch Flußuferläufer und Flußseeschwalbe zu nennen (BLAB 1986).

Einen noch weitaus vielfältigeren Lebensraum stellen die Auwälder dar. Sie begleiten die Flüsse meist im Bereich ihrer Mittelläufe und sind stark durch die schwankenden Wasserstände geprägt. Ihre horizontale (Weichholzaue, Hartholzaue) und vertikale Gliederung (Unterwasser-, Kraut-, Strauch- und Baumschicht) eröffnet vielfältige Rückzugsmöglichkeiten und ökologische Nischen. Auwälder sind Ausgleichsgebiete bei Hochwasser und dienen auch als **Artenreservoir** bei der Wiederbesiedlung von Flußläufen, wie z. B. nach der Sandoz-Katastrophe im Rhein. Gefährdet sind die Auwälder heute besonders durch **Flußregulation** (Flußbegradigung, Abtrennung der Mäander vom Hauptstrom) und einer sich daran anschließenden Grundwasserabsenkung durch erhöhte Fließgeschwindigkeit. Bestehen keine Verbindungen zum Hauptstrom mehr, so kann auch keine Wiederbesiedlung nach ökologischen Katastrophen bzw. auch kein normaler Artenaustausch mehr stattfinden.

Meer wird als **Kaulbarsch-Flunder-Region** bezeichnet. Hier ändern sich Strömung, Sauerstoff- und Salzgehalt des meist recht trüben und nährstoffreichen Wassers sehr häufig. Charakteristische Fischarten sind u. a. Kaulbarsch, Flunder, Dreistachliger Stichling, Aal und Lachs (im Jugendstadium) (Abb. 18). Durch menschliche Eingriffe (z. B. Staustufen, Kühlwasserentnahme etc.) können die Wasserverhältnisse (u. a. Temperatur, Fließgeschwindigkeit, Sauerstoffgehalt) so verändert werden, daß ein Verbleib der ursprünglichen Arten an diesem Ort unmöglich wird.

Zur Bestimmung der **Gewässergüte** werden jeweils einzelne Gewässerabschnitte entsprechend ihrem Zustand **(Sauerstoffbedarf [BSB5]**, Ammoniumgehalt, tatsächliche Anzahl der normalerweise für diesen Gewässerabschnitt typischen **Leitorganismen)** in sieben **Güteklassen** von 1 = unbelastet bis 7 = über

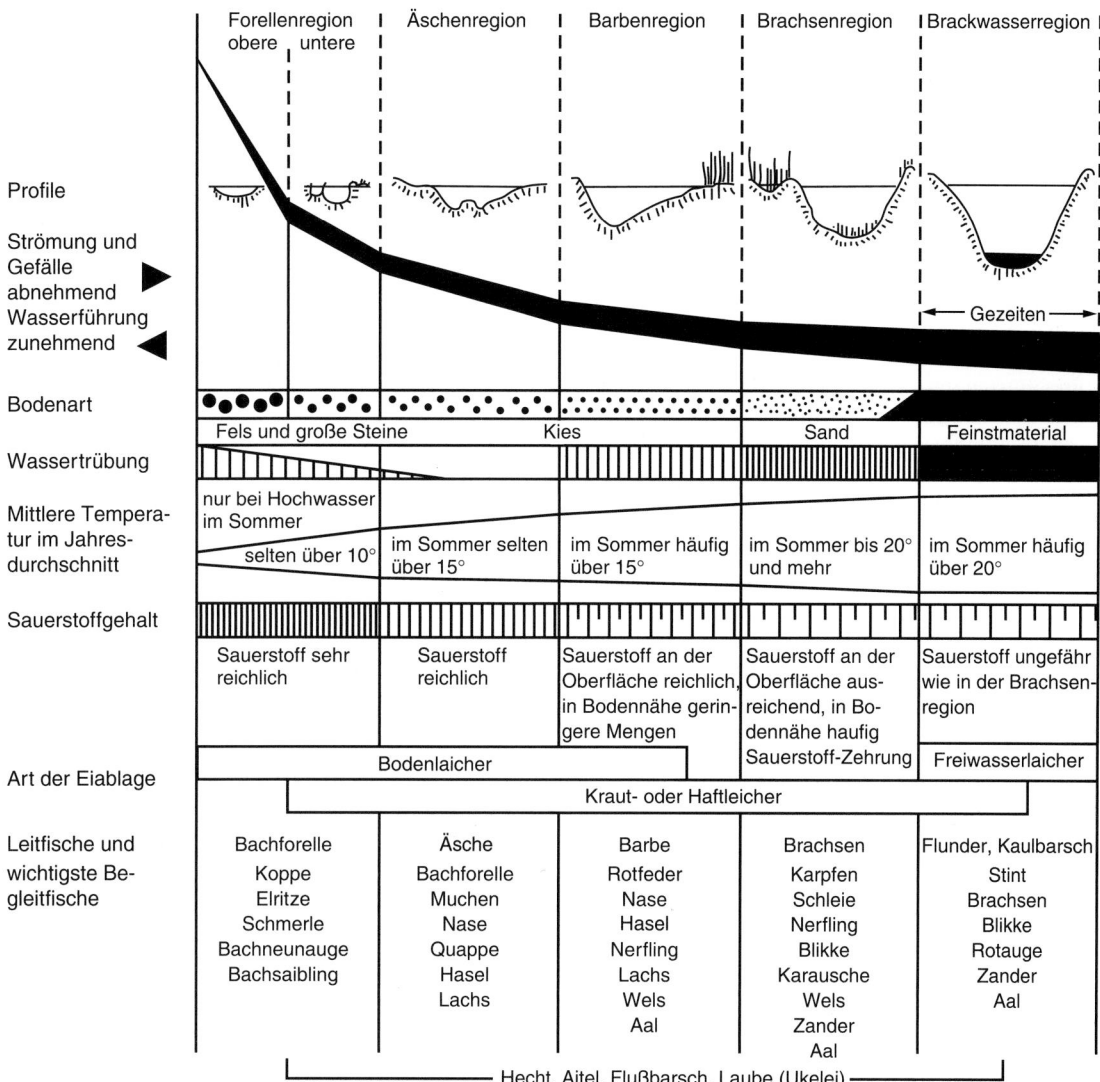

Abb. 18. Schema der biologischen Regionen eines Fließgewässers.

Ganz empfindlich reagieren Auwälder auf übermäßigen Nährstoffeintrag von außen, z. B. durch die Landwirtschaft (**Eutrophierung**). Nicht selten werden Altwässer einfach mit Müll oder Schutt verfüllt oder die natürlichen Baumbestände nach einer Entwässerung in strukturarme Nutzwälder umgewandelt.

Die Fauna der Auwälder läßt sich nach ihrer direkten Bindung an die unterschiedlichen Lebensraumstrukturen gliedern. Man trifft hier z. B. aquatische und amphibische Tümpelbewohner wie den Grasfrosch und die Ringelnatter oder verschiedene Schwimmkäferarten an. Ebenfalls eine enge Wasserbindung haben Biber, Kormoran, Reiher, Waldschnepfe und dunkler Wasserläufer. Ganz auf eine Baumart (Erle) spezialisiert leben z. B. der Erlenbock und die Schwimmkäferart *Atomaria barani*. An Röhricht gebunden sind z. B. der Zipfelkäfer, der Rohrkäfer und der Marienkäfer. Typische Insektenvertreter sind auch Eintagsfliegen und Libellen (z. B. Große Prachtlibelle). In den Auwäldern leben aber auch zahlreiche seltene Brutvogelarten, die bereits in den **Roten Listen** geführt werden. Als Beispiel seien hier neben einer Vielzahl anderer Vogelarten Schwarzmilan, Blaukehlchen, Rohrdommel, Zwergdommel, Wasserralle, Krick-, Knäk-, und Löffelente, Grau- und Nachtreiher, Pirol, Beutelmeise, Grau-, Mittel- und Kleinspecht, Eisvogel und Schlagschwirl genannt.

1.2.3 Baumarten der Uferzonen

Die **Schwarz-** oder **Roterle** *(Alnus glutinosa)* gilt als die natürliche Begleiterin von Wasserläufen. Allerdings müssen ihr genügend Nährstoffe zur Verfügung stehen. Die Abb. 15 verdeutlicht, daß ihre Wurzeln wasserführende Schichten durchwurzeln. Damit gehört sie neben den Weiden zu den wichtigsten Bodenschutzgehölzen an fließenden Gewässern (eine typische Repositionspflanze). Außerdem eignet sie sich als Erstbesiedler von Dünen, Halden und Waschbergen. Dabei ist von Vorteil, daß sie in der Lage ist, mit Hilfe des Pilzes *Actinomyces alni* Luftstickstoff zu binden. Als Uferpflanze bietet sie Wasservögeln Nistgelegenheiten; ihre Samen sind Vogelnahrung.

Ebenso wie die Schwarzerle ist auch die **Grau-** oder **Weißerle** *(Alnus incana)* für die Begrünung von Dünen und Spülsandflächen sowie von rutschgefährdeten Hängen geeignet, zumal auch sie mit Knöllchenbakterien (Stickstoffsammlern) in Symbiose lebt. Sie kann ebenfalls als Ufergehölz an Fließgewässern verwendet werden. Allerdings meidet sie saure Böden und ständige Bodenfeuchtigkeit.

Die **Silber-** oder **Weißweide** *(Salix alba)* ist seit Jahrhunderten in Kultur. Als Einzelgehölz in Parkanlagen ist sie ebenso anzutreffen wie als Gruppengehölz oder Schutzpflanzung in Überschwemmungsgebieten. Sie bevorzugt nasse bis mäßig trockene Böden, die sauer oder alkalisch sein dürfen, gedeiht aber auch auf rohen Böden. Gegen Oberflächenverdichtungen zeigt sie sich ebenso empfindlich wie gegenüber Staunässe. Auch als Windschutzgehölz hat sie sich bewährt. Es empfiehlt sich, die Silberweide im Herbst zu pflanzen, da sie sich empfindlich gegen eine zu frühe Rodung zeigt. Ihre Zweige sind vor allem zum Bau von Faschinen und Flechtwerk geeignet. Als Kopfweide ist sie ein bewährtes Vogelschutzgehölz.

Salweide *(Salix caprea)*. Dieser Großstrauch oder kleine Baum ist wegen der frühen Pollennahrung, die er bereits ab März liefert, von besonderer ökologischer Bedeutung. Wegen ihrer Anspruchslosigkeit gilt sie als die genügsamste Waldweide, die sowohl auf trockenen als auch auf stark feuchten Böden gedeiht, die sauer oder alkalisch sein dürfen. Außerdem wächst sie ebenso in sonnigen wie in schattigen Lagen und eignet sich deshalb zur Anpflanzung an Waldrändern. Aufgrund ihrer breiten Amplitude eignet sie sich auch zur Begrünung von Halden sowie von Sand- und Kiesgruben (Repositionspflanze).

Pappeln *(Populus sp.)*

Die **Zitterpappel**, auch **Aspe** oder **Espe** *(Populus tremula)*, ist nicht nur in Nordafrika und Asien verbreitet, sondern auch in Europa. Sie nimmt mit fast allen Bodenarten vorlieb, lediglich stehendes Wasser und Rohhumusdecken meidet sie. Von allen Pappelarten zeigt sie die größte Toleranz gegenüber extremen Klimaverhältnissen. Aus den genannten Gründen ist die Zitterpappel als Pioniergehölz auf rohen Sandböden, Dünen, Schlackenhalden und Trümmerflächen geeignet. Verdichtete Böden werden von ihr erschlossen; außerdem zeigt sie sich unempfindlich gegenüber Rauchabgasen. Ihre Ansiedlung ist denkbar einfach: Zweige mit reifen Kätzchen entwickeln in den Boden gesteckt Samen, die bei Feuchtigkeit zur Keimung gelangen. Rinde und Blätter dienen als Wildnahrung, die Kätzchen sind Pollenspender für Bienen.

Silber- oder **Weißpappel** *(Populus alba)*. Die Eigenschaft, starke Wurzelbrut zu bilden, macht die Silberpappel zu einem geeigneten Gehölz der Dünen- oder Flugsandbegrünung, sofern genügend Feuchtigkeit zur Verfügung steht. Sie bevorzugt tiefgründige, frische Böden. Auf trockenen Böden können ihre Wurzeln zur Konkurrenz für benachbarte Kulturpflanzen werden. In den ersten Jahren nach der Pflanzung erwartet sie eine Bodenpflege, am besten durch Mulchen, da sie keinen Unterwuchs verträgt.

Kanadische Pappel *(Populus-Canadensis-Hybriden)*. Unter dem Namen *Populus*-Canadensis-Hybriden werden die Kreuzungsprodukte von *Populus nigra* und *Populus deltoides* zusammengefaßt. Obwohl es sich um eine fremdländische Baumart handelt, die um 1750 in Frankreich entstand, hat sie als Forstgehölz eine recht große Verbreitung gefunden. Dazu haben ihre Windbeständigkeit, Anspruchslosigkeit sowie ihre hohe Wuchsleistung beigetragen. Da sie auf sauren und alkalischen Böden gedeiht, auch auf Rohböden noch Wuchsleistung zeigt und sich tolerant gegenüber Trockenheit verhält, wird sie gerne als Pioniergehölz verwandt, unter anderem auch zur Dünenbegrünung. Wegen ihrer Sturmverträglichkeit

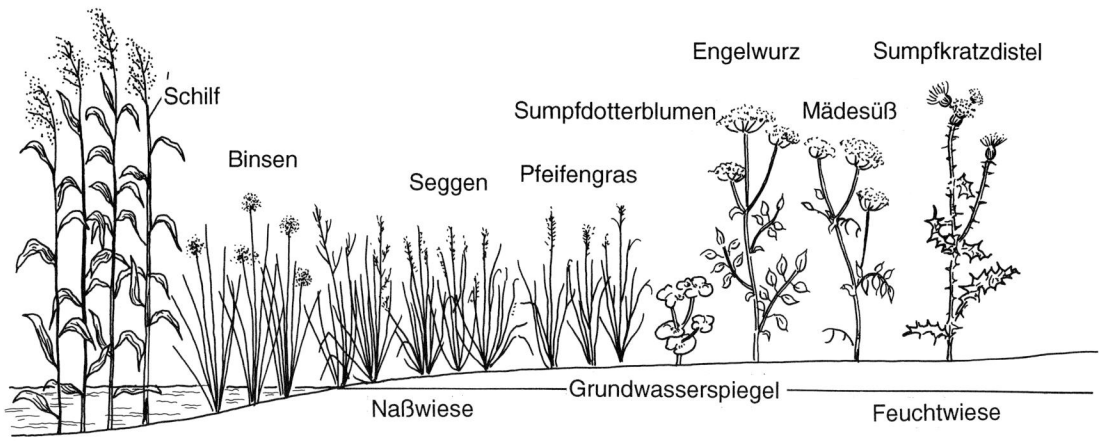

Abb. 19. Vegetationsprofil einer Feucht- und Naßwiese.

eignet sie sich als Windschutz. Nach dem Fällen neigt sie stark zur Bildung von Wurzelbrut.

1.2.4 Feuchte und teilüberflutete Flächen

Feuchtwiesen und Flutrasen entstehen auf Böden mit hohem Grundwasserstand bzw. auf Flächen, die durch Flüsse oder Bäche zeitweise überspült werden. Sie gehören zu den nassen bzw. wechselfeuchten Standorten. Dabei ist zwischen den durch Süßwasser und den durch Salzwasser überfluteten Böden zu unterscheiden.

Feuchtwiesen

Wiesen auf Feuchtstandorten liegen nicht selten im Verlandungsgebiet von Gewässern und grenzen oft an **Großseggenriede**, die sich zwischen der Feuchtwiese und der **Röhrichtzone** gebildet haben. Die letzteren reichen unmittelbar an die Wasserflächen. Falls Feuchtwiesen auf Standorten des Bruchwaldes, von Flachmooren oder Quellhang-Standorten entstanden sind, finden wir überwiegend **Kleinseggenriede** mit Simsen *(Scirpus-)*, Wollgras *(Eriophorum-)*, Binsen *(Juncus-)*, Pfeifengras *(Molinia-*Arten) und bei reicherem Nährstoffangebot auch die Sumpfdotterblume *(Caltha palustris)*.

Wegen der Nährstoffarmut der Böden liefern diese Wiesen nur eiweißarmes, hartes Gras, das meist als Einstreu in den Viehställen verwendet wird, daher auch der Name Streuwiese. Nicht verwechseln darf man diese Wiesen mit den Fettwiesen auf feuchteren Böden (vgl. Kapitel B1.4.1). Feuchtwiesen weisen eine nicht unbedeutende Zahl von Pflanzenarten auf, die die Nahrungsgrundlage zahlreicher Tierarten bilden.

Pflanzen der Feuchtwiesen

Caltha palustris – Sumpfdotterblume
Cardamine pratensis – Wiesenschaumkraut
Cirsium oleraceum – Kohldistel
Cirsium palustre – Sumpfkratzdistel
Epilobium hirsutum – Rauhhaariges Weidenröschen
Filipendula ulmaria – Mädesüß
Lathyrus pratensis – Wiesen-Platterbse
Lotus uliginosus – Sumpfhornklee
Lychnis flos-cuculi – Kuckucks-Lichtnelke
Lysimachia vulgaris – Gewöhnlicher Gelbweiderich
Lythrum salicaria – Blutweiderich
Molinia caerulea – Pfeifengras
Myosotis palustris – Sumpfvergißmeinnicht
Petasites hybridus – Gewöhnlicher Pestwurz (bestandsbildend, kann verdrängend wirken)
Polygonum bistorta – Wiesenknöterich
Potentilla anserina – Gänsefingerkraut
Potentilla reptans – Kriechendes Fingerkraut
Ranunculus repens – Kriechender Hahnenfuß
Rhinanthus alectorolophus – Klappertopf
Rumex crispus – Krauser Ampfer
Sanguisorba officinalis – Großer Wiesenknopf
Senecio aquaticus – Wassergreiskraut
Stachys palustris – Sumpfziest

Succisa pratensis – Teufelsabbiß
Valeriana officinalis – Baldrian

Pflege der Feuchtwiesen

Während die Trockenrasen zu den einschürigen Wiesen gehören, werden die Feuchtwiesen im allgemeinen zweimal jährlich gemäht. Dabei sollte der erste Schnitt erst in der zweiten Hälfte des Juni erfolgen, um die Jungvögel zu schonen, die erst nach diesem Zeitpunkt flügge sind. Der zweite Schnitt erfolgt etwa acht Wochen später. Wie bei den Trockenrasen sollten auch hier Teilabschnitte der Fläche zeitlich versetzt gemäht werden.

Auch bei den Feuchtwiesen ist ein flächenmäßiger Rückgang feststellbar. Gezielt kann dem entgegengewirkt werden, indem der Grundwasserstand angehoben wird. Auf Dränagen muß aus diesem Grunde verzichtet werden; Abzugsgräben sind zu verschließen.

Außerdem hat der Einsatz von Düngemitteln dazu geführt, daß die Artenvielfalt der Feuchtwiesen zurückgegangen ist. Dieser Vorgang läßt sich rückgängig machen, indem die Flächen ausgemagert werden. Ein häufiges Mähen der Wiesen und die Beseitigung des Mähgutes führen zur Verringerung des Nährstoffgehaltes und fördern die Artenvielfalt.

Die Tierwelt der Feuchtwiesen

Die Fauna der Feuchtwiesen als Bestandteil der Bach- bzw. Flußauengebiete zeigt große Ähnlichkeit zu den bereits behandelten Lebensräumen der Auwälder und Röhrichte. Feuchtwiesen würden sich an den meisten Standorten bei Aufgabe der extensiven Landnutzung (z. B. als Mähwiese) recht bald im Rahmen der **natürlichen Sukzession** wieder über Hochstaudenfluren zu Bruch- und Auwäldern entwickeln.

Aber gerade die alte Nutzungsform der **Mähwiese** hat eine enorme Artenvielfalt zur Folge. Eine leicht wellige Struktur der Feuchtwiese erhöht die Vielfalt dieses Lebensraumes, da Vertiefungen nach periodischen Überschwemmungen oder starken Regenfällen besonders lange feucht bleiben.

Neben so selten gewordenen Arten wie Brachvogel, Uferschnepfe, Bekassine, Wachtelkönig, Wiesenpieper, Schafstelze, Sumpfohreule und Braunkehlchen sind bei vorhandenen Röhrichten und Kleingewässern auch Knäk-, Löffel- und Spießente, sowie Teichrohrsänger und Rohrdommel anzutreffen. Unter den Vögeln, die die Feuchtwiese nur zum Nahrungserwerb aufsuchen, befindet sich neben Wildgänsen,

Wildschwänen, Graureihern und Kranichen auch der stark bedrohte Weißstorch. Er ernährt sich hier vor allem von Mäusen, Insekten, Insektenlarven und Fröschen. Die Wiesenweihe und die Sumpfohreule sind wie der Weißstorch auf größere, zusammenhängende Feuchtgebiete als Lebensraum angewiesen.

Unter den Amphibien sind vor allem Moorfrosch, Laub-, Grün- und Grasfrosch sowie Kamm- und Teichmolch zu nennen. Wenn man die gefährdeten einheimischen Watvögel betrachtet, so wird deutlich, wie wichtig ein hoher Grundwasserstand und die damit verbundenen feuchten, stocherfähigen Böden zum Nahrungserwerb sind. Wichtig ist gerade auch für die bodenbrütenden Arten, daß das Gelände freie Sicht bietet und somit das schnelle Erkennen von potentiellen Feinden ermöglicht.

Bei der besonders reichhaltigen **Insektenfauna** dominieren neben einer Vielzahl von Hautflüglern Libellen (bei offenem Wasser) und vor allem unzählige Schmetterlingsarten, unter denen hier der Aurora-Falter, der Große Heufalter, die Pfeifengras-Trauereule, der Skabiosen-Scheckenfalter, die Graue Sumpfeule, der Weiße Seidenglanzspanner, der Schwarzbraune Bläuling, der Violette Perlmutterfalter und der Silberscheckenfalter genannt seien. Oft sind es die Raupen dieser Schmetterlinge, die monophag, d. h. auf eine ganz bestimmte Futterpflanze angewiesen sind, wie z. B. der Aurora-Falter auf das Vorhandensein des Wiesenschaumkrautes.

Als Vertreter der Reptilien sind neben der Ringelnatter mit Einschränkungen auch Waldeidechse, Blindschleiche und Kreuzotter zu nennen.

Neben der schon angesprochenen Nutzungsaufgabe von Mähwiesen droht diesen so wichtigen Feuchtbiotopen die Vernichtung durch Trockenlegung und anschließende Nutzungsänderung (z. B. Aufforstung) oder aber auch durch eine intensivere Nutzung z. B. als Viehweide. Eine möglichst extensive Beweidung ist möglich, sollte jedoch erst spät im Jahr und nicht in Form einer Winterbeweidung erfolgen. Ganz allgemein sind die meisten Tiere der Feuchtwiesen in besonderer Weise auf relativ große, zusammenhängende Lebensräume angewiesen. Dies hat man sogar schon bei der Verbreitung und Ansiedlung von Schmetterlingen wie dem Großen Feuerfalter und dem Blauäugigen Waldportier beobachtet.

Heute ist es um den ökologisch so bedeutsamen Lebensraum „Feuchtwiese" schlecht bestellt, da sehr häufig Feuchtwiesen brachgelegt und anderen Nutzungen zugeführt werden.

Bedrohte Arten der Feuchtwiese
- Bekassine
- Brachvogel
- Braunkehlchen
- Grasfrosch
- Graugans
- Graureiher
- Laubfrosch
- Moorfrosch
- Ringelnatter
- Rotschenkel
- Schwarzstorch
- Sumpfmaus
- Sumpfohreule
- Sumpfspitzmaus
- Wachtelkönig
- Weißstorch
- Wiesenpieper
- Wiesenweihe

Tagfalter
- Aurorafalter
- Skabiosen-Scheckenfalter
- Violetter Feuerfalter
- Violetter Perlmuttfalter

Libellen
- Kleiner Blaupfeil
- Späte Adonislibelle
- Speer-Azurjungfer
- Südliche Mosaikjungfer
- Sumpf-Heidelibelle

Abb. 20. Der große Brachvogel, ein bedrohter Bewohner der Feucht- und Naßwiesen.

1.2.5 Die marine Küstenlandschaft

Das Watt

Aufgrund der besonderen Bodenverhältnisse und der regelmäßigen Überflutung ist das Watt – soweit es die Flora betrifft – artenarm. Im Gegensatz zur Flora ist die Fauna jedoch ausgesprochen artenreich. Die meisten der Vogelarten (Flußregenpfeifer, Flußuferläufer, Sandregenpfeifer, Säbelschnäbler, Flußseeschwalbe, Sturmmöwe, Brandente, Austernfischer, Steinwälzer, Rotschenkel, Kormorane u. a.) sind ebenso wie die im Watt lebenden Robben selten oder im Bestand gefährdet.

Außerdem dient das Watt nordischen Vogelarten als Rastplatz zur Überwinterung. Zu den genannten Tierarten kommen noch der Seehund und die außerordentlich reiche Kleintierwelt hinzu.

Das Watt entsteht durch die Anspülung von Sedimentmaterial, von Ton kleiner als 0,002 mm bis zum Grobsand von zwei mm Korngröße. Je nach dem Anteil der Sand- oder Tonmenge unterscheidet man zwischen dem Sand- und Schlickwatt.

Im Schlickwatt ist der Queller *(Salicornia europaea)* bestandsbildend, der – vergleichbar mit dem Strandhafer auf Sanddünen – die Anlagerung von Schlick fördert. Im Sandwatt bilden sich Seegrasbestände, vorwiegend aus *Zostera nana*, aber auch (je nach Länge der Ebbeperioden) aus *Zostera motii* oder *Zostera marina* var. *stenophylla*. Alle genannten Arten zählen zu den **Halophyten** (salzliebende bzw. salztolerante Pflanzen).

Die Pflanzengesellschaft der Halophyten ist vergleichsweise artenarm. Vor allem im Wattenmeer vertragen nur wenige Arten den ständigen Wechsel von Ebbe und Flut.

Pflanzenarten salzhaltiger Böden
Armeria maritima – Strand-Grasnelke[1]
Aster tripolum – Strand-Aster[1]
Euphorbia palustris – Sumpfwolfsmilch
Galium verum – Echtes Laubkraut
Linaria vulgaris – Leinkraut

---

1 Rote Liste

Abb. 21. Salzwiese/Watt.

Lotus corniculatus – Gewöhnlicher Hornklee
Potentilla anserina – Gänsefingerkraut
Vicia cracca – Vogelwicke
Viola canina – Hundsveilchen
Gefahren für die Existenz des Wattenmeeres gehen vom Tourismus, von Industrieanlagen, vor allem aber vom Schadstoffeintrag der Flüsse aus.

Dünen

Zunächst wird zwischen Steilufern und flachen Uferzonen mit Dünen unterschieden. Die Steilufer können bemerkenswerte Lebensräume für Pflanzen und Tiere sein, wenn sie durch vorgeschobene **Strandwälle** vor dem erodierenden Einfluß der Brandung geschützt werden. Falls sich durch den Austritt von Quellwasser aus kalkhaltigem Untergrund der pH-Wert erhöht, entstehen Refugien für Pflanzen der **Kalkquellmoore** mit Flohsegge, Sumpfherzblatt, Fleischrotem Knabenkraut und weiteren Orchideenarten.

An Küstenabschnitten, an denen durch vorherrschend auflandige Winde Sand angeweht wird, können sich unter Beteiligung von Pflanzen Dünen bilden. Auch hier lassen sich verschiedene Zonen erkennen. Im unmittelbaren Strandbereich wächst die

Spülsaumgesellschaft mit Meersenf, Salzmiere und verschiedenen Meldearten. Dahinter entstehen die **Primärdünen**. Falls Dünen künstlich angelegt werden, was technisch durchaus möglich, jedoch sehr teuer ist, sollten Böschungen nicht steiler als 1:4, besser 1:5 ausgeformt werden. Deren Erhalt kann nur durch Bepflanzung gesichert werden, andernfalls würden sie durch Winderosion verlagert (Wanderdünen). Für die Bepflanzung der Sanddünen bewährt sich vor allem der Strandhafer *(Ammophila arenaria)*. Er zeigt sich nicht nur widerstandsfähig gegen das Anwehen des Sandes, sondern ist sogar darauf angewiesen. Der Pflanzenbestand beträgt in der Regel 40 × 40 cm. Bei nachlassender Sandanwehung hat sich das Silbergras *(Corynephorus canescens)* bewährt. Dieses kann als Saatgut mit 5 g/m² ausgebracht werden. Falls noch keinerlei Pflanzenwuchs vorhanden ist, sollten lockere Bestände von Strandhafer als Ammenpflanzen (zum Windschutz) angelegt werden, aber auch von Strandroggen *(Elymus arenarius)* sowie der Binsenquecke *(Agropyron junceum)*. Bei fortschreitender Entwicklung siedeln sich auf den humusreicheren **Graudünen** weitere Gräser und Kräuter an; später verheiden diese und werden dann als **Braundünen** bezeichnet. Auf der Leeseite der Dünen

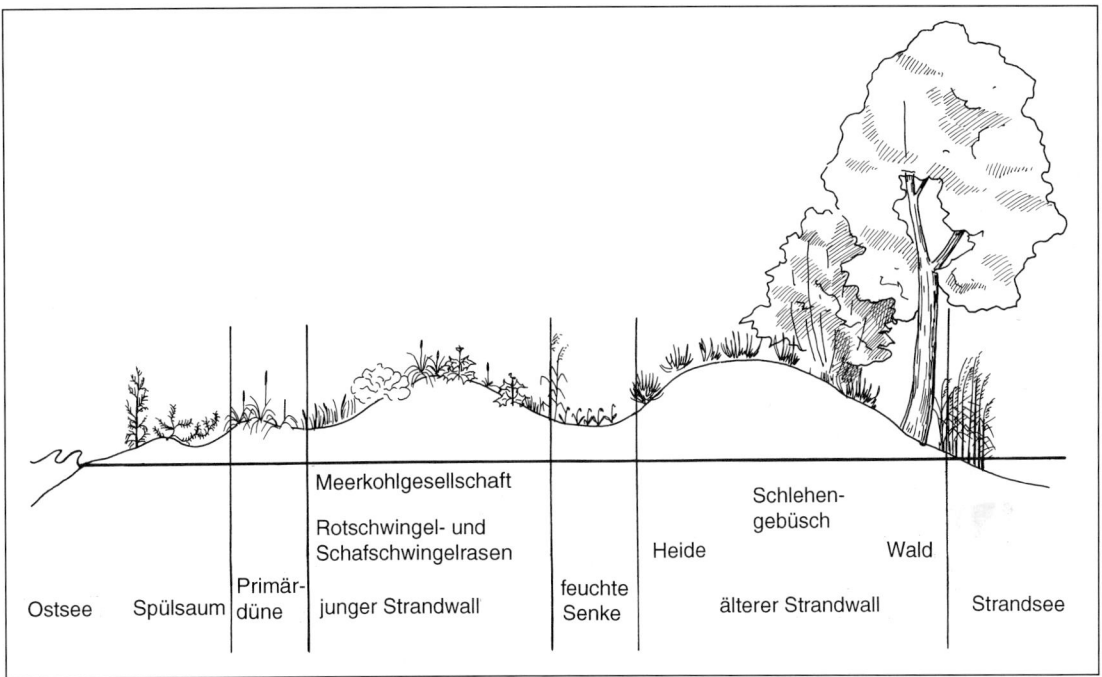

Ostsee | Spülsaum | Primär-düne | junger Strandwall | feuchte Senke | älterer Strandwall | Strandsee

Meerkohlgesellschaft

Rotschwingel- und Schafschwingelrasen

Schlehen-gebüsch

Heide   Wald

Abb. 22. Strandwallandschaft mit typischer Zonierung der Pflanzengesellschaften.

und in Dünentälern kann auch eine Verbuschung stattfinden (s. Abb. 22).

Bei der künstlichen Anlage von Primärdünen darf die Neigung 1:20 nicht überschreiten, um den Wellen keine Angriffsflächen zu bieten. Gefahren für den Erhalt der Dünen entstehen nicht nur durch die Brandung, sondern auch durch intensiven Badebetrieb. Gegen ausufernden Badebetrieb können Dünen nur durch Verbote und durch Absperrungen geschützt werden. Vor allem in den ersten Jahren nach der Pflanzung mit Strandhafer muß ein Betreten der Dünen unterbunden werden.

Flora der Dünen (nach Tüxen 1937, und Ellenberg 1982)

Agropyron junceum – Strandquecke
Ammophilia arenaria – Strandhafer
Carex arenaria – Sandsegge
Cerastium semidecandrum – Sandhornkraut
Corynephorus canescens – Silbergras
Elymus arenarius – Haargerste
Erophila verna – Hungerblümchen
Eryngium maritimum – Stranddistel
Festuca rubra ssp. *arenaria* – Rotschwingel
Galium mollugo – Wiesenlabkraut
Hieracium umbellatum – Doldiges Habichtskraut
Hypochoeris radicata – Gewöhnliches Ferkelkraut
Jasione montana – Sandrapunzel
Koeleria glauca – Kammschmiele
Lotus corniculatus – Hornklee
Luzula campestris – Hainsimse
Myosotis stricta – Sandvergißmeinnicht
Oenothera parviflora – Nachtkerze
Phleum arenarium – Sandlieschgras
Saxifraga tridactylites – Steinbrech
Sedum acre – Scharfer Mauerpfeffer
Silene otites – Leimkraut
Sonchus arvensis – Gänsedistel
Vicia lathyroides – Sandwicke
Viola canina – Hundsveilchen
Viola tricolor ssp. *curtisii* – Sandstiefmütterchen
Binnendünen, auch Sandfelder genannt, sind entweder bereits in Urzeiten entstandene Meeresdünen oder als Ablagerungen in Stromtälern bzw. aus Flugsanden entstanden. Gefördert wurde dies durch Entwaldung und Schafzucht (Windverfrachtung). Auch

Abb. 23. Schutz des Strandhafers nach der Pflanzung.

aufgrund der Flora ist zwischen Küsten- und Binnendünen zu unterscheiden. Je nach dem pH-Wert des Sandes unterscheiden sich die Pflanzengesellschaften der Binnendünen.

Flora der Binnendünen (nach TÜXEN 1937, und ELLENBERG 1982)

Agrostis canina – Straußgras
Calluna vulgaris – Heidekraut
Carex arenaria – Sandsegge
Corynephorus canescens – Silbergras
Festuca ovina – Schaftschwingel
Filago minima – Kleines Filzkraut
Hieracium pilosella – Kleines Habichtskraut
Hypochoeris glabra – Kahles Ferkelkraut
Hypochoeris radicata – Gewöhnliches Ferkelkraut
Jasione montana – Sandrapunzel
Rumex acetosella – Kleiner Sauerampfer
Spergula morisonii – Spörgel
Teesdalia nudicaulis – Bauernsenf

Die marine Küstenlandschaft als Lebensraum

Die deutschen Meeresküsten von Nord- und Ostsee zeigen in ihrer West-Ost-Erstreckung drei ganz unterschiedliche Lebensräume in bezug auf die einheimische Fauna. Zunächst ist da die Nordsee und das von den Gezeiten geprägte **Wattenmeer** zu nennen. Eine zweite Ausprägung finden wir in Gestalt der **Steilküste**, die vor allem durch einen ständigen Landverlust als Folge der Brandung gekennzeichnet ist. Beispiele finden wir sowohl im Bereich der Nordsee (z. B. Helgoland) als auch im Bereich der Ostsee (z. B. Kreidefelsen auf Rügen). Als dritte Küstenformation sei die **Ausgleichsküste** der Ostsee mit ihren Nehrungen, Strandwällen, Dünen und Strandseen genannt. Dieser Lebensraum ist vor allem durch eine Material anlagernde Wasserströmung gekennzeichnet.

Die Küste erfährt ihren besonderen Reiz durch das Aufeinandertreffen und die Verzahnung zweier Ökosysteme mit ganz unterschiedlichen Lebensbedingungen. Viele Arten der hier reichhaltigen Vogelwelt nutzen an dieser Nahtstelle sowohl das Meer (als Nahrungsquelle) als auch das Land (z. B. als Brutplatz).

Abb. 24. Brandseeschwalben, typische Vertreter der Vogelarten, die in Kolonien brüten.

Abb. 25. Der Säbelschnäbler an seinem Nest im Wasser.

Dies gilt in abgewandelter Form sogar für manche Fische, die, wie z. B. der Aal, ihre Eier im Meer ablegen und als Erwachsene in Flüssen leben oder der Lachs, der umgekehrt im Meer lebt und zur Eiablage in die Oberläufe der Flüsse wandert.

Der **Spülsaum** ist ein Ort, an dem eine direkte Nahrungskonkurrenz von marinen (Meeres-) und terrestrischen (Land-)Lebewesen offen zu Tage tritt. Krebse aus dem Meer sowie Fliegen- und Käferarten vom Land leben gleichermaßen von den tierischen und pflanzlichen Überresten von Algen, Seegras, Muscheln, Schnecken, Schwämmen, Seesternen, Nesseltieren (Quallen) etc..

Aber auch der ständig von Salzwasser überspülte sandige Strandbereich ist von tierischem Leben erfüllt. Hier findet man im **Sandlückensystem** unzählige Arten von niederen Tieren, die mit dem bloßen Auge kaum auszumachen sind.

Auffälliger ist hingegen die artenreiche Vogelwelt der Küstenregion. So ist z. B. die Sturmmöwe fast überall an der deutschen Ostseeküste anzutreffen. Unterschieden werden solche Arten, die in größeren Kolonien brüten, wie z. B. die Küsten-, Zwerg- und Brandseeschwalben, der Säbelschnäbler, und solche, die Einzelbrüter sind. Hierzu zählen Mittelsäger, Rotschenkel, Kampfläufer, Sandregenpfeifer, Alpenstrandläufer und Austernfischer. Es handelt sich bei den im Küstenbereich brütenden Vogelarten fast ausschließlich um Bodenbrüter, die ihre Nester und

Gelege im Sand oder an geschützten Stellen der Steilküsten auch direkt auf dem Fels unterbringen. Die Uferschwalbe bringt z. B. ihre Gelege in eigens dafür in die Wände der sandigen Steilküsten gegrabenen Brutröhren unter. Die charakteristischen Amphibien der sich an das Ufer anschließenden Strandwall- und Dünenzone sind die Kreuzkröte und die Wechselkröte.

Besondere Bedeutung haben die Küstenbereiche für Vögel, die im Winter von Nordeuropa aus in wärmere Gebiete ziehen. Hierzu zählen u. a. Eider-, Trauer-, Eisen-, Berg-, Schell- und Reiherenten sowie Säger, Taucher, Schwäne und Kormorane, die sich ebenfalls hier einfinden, wenn im Hinterland die Binnenseen zufrieren. An dieser Stelle sind auch auffällig große Kolonien von Graugänsen zu erwähnen, die sich aus dem gleichen Grund hier einfinden.

Die großen Wattenmeerbereiche der Nordsee bieten mehreren Watvogelarten reichhaltige Nahrung. Dieses äußerst sensible Ökosystem macht aber auch deutlicher als die übrigen Küstenbereiche die Gefahren für diesen Lebensraum sichtbar. Das Wattenmeer als ein den Gezeiten unterliegender, ruhiger Flachwasserbereich, funktioniert wie eine Art Sinkstofffalle, in der sich die Nährstoffe am Boden anreichern. Diese günstigen Bedingungen nutzen viele Fische, die sich hier fortpflanzen. Das Wattenmeer wird daher auch als „Kinderstube" der Nordsee bezeichnet. Auf die gleiche Art und Weise reichern sich aber auch die riesigen Schadstofffrachten an, die zum Großteil über die Flüsse hierher gelangen, aber auch teilweise direkt ins Meer eingeleitet werden. Der Wasseraustausch ist zudem recht langsam, so daß erhebliche Gefahr für diesen sensiblen Lebensraum besteht.

Weitere Gefahren für die Küstenregionen gehen von der **Müllverbrennung** und **Verklappung** auf See, von der Schiffahrt selbst (Öltanker), von der **Ölförderung** auf See, von Industrieanlagen im Küstenbereich, von der Beseitigung radioaktiver Abfälle auf hoher See, von Altlasten (z. B. versenkte chemische Kampfstoffe früherer Kriege) und letztendlich auch von einem unkontrollierten **Tourismus** aus.

1.3 Vegetation der alpinen und subalpinen Gebirgslagen

Die Zusammensetzung der Pflanzengemeinschaften in diesen Regionen ergibt sich aufgrund der Bodenverhältnisse (Basengehalt, Bodenfeuchtigkeit) sowie durch die Witterung (Temperatur, vor allem auch Frost, Licht und Wind), aber auch in Abhängigkeit von Exposition und Inklination (Hanglage).

Dabei beschränkt sich die Auswahl der Pflanzenarten nicht nur auf Vertreter, die bei naturnahen Begrünungsmaßnahmen Verwendung finden können, sondern auch auf bedrohte Pflanzen, die eines besonderen Schutzes bedürfen. Eine darüber hinausgehende Behandlung der alpinen Pflanzengesellschaften würde den Rahmen des Buches sprengen.

Zu den Pflanzengesellschaften, in denen wichtige Vertreter der beiden genannten Gruppen zu finden sind, gehören
– die kalkreichen Schneetälchen
– basische Steinschuttfluren und Felsspalten
– alpine und subalpine Rasen
– Zwergstrauchheiden.

1.3.1 Die Flora der Schneetälchen

In den muldenförmigen Tälern oberhalb der alpinen Baumgrenze hält sich der Schnee extrem lange. In diesen Lagen, den sogenannten Schneetälchen, die ständig von Schneewasser durchtränkt sind, bildet sich eine charakteristische Pflanzengesellschaft.

Zu den Vertretern dieser Gesellschaften – sowohl der kalkliebenden (k) als auch der sauren (s) – gehören

Alchemilla pentaphyllea – Schneetälchen-Frauenmantel

Arabis caerulea – Blaue Gänsekresse (k)

Arenaria biflora – Zweigblütiges Sandkraut (s)

Carex atrata – Schwarze Segge (k)

Cerastium ceratoides – Dreigriffliges Hornkraut

Gentiana bavarica – Bayerischer Enzian

Hutchinsia alpina – Gemskresse (k)

Leucoanthemopsis alpinum – Alpenmargerite (s)

Potentilla brauniana – Zwerg-Fingerkraut (k)

Ranunculus alpestris – Alpen-Hahnenfuß (k)

Salix herbacea – Krautweide (s)

Salix reticulata – Strumpfblättrige Weide (k)

Salix retusa – Netzweide (k)

Saxifraga androsacea – Mannsschild-Steinbrech (k)

Sedum alpestre – Alpen-Fetthenne (s)

Sibbaldia procumbens – Gelbling

Soldanella pusilla – Zwerg-Troddelblume (s)

Veronica alpina – Alpen-Ehrenpreis (k)

1.3.2 Steinschuttfluren

Für alle Pflanzen der Schutthalden trifft zu, daß sie sehr lichtbedürftig sind. Diese Tatsache erklärt sich aus der Lage des Standortes, der weit über der Waldgrenze liegt und dort sehr intensiver Strahlung ausgesetzt ist.

Bei den Gesteinshalden wird unterschieden, ob es sich um ruhende oder rutschende Oberschichten handelt. Außerdem hat das Gesteinsmaterial Einfluß auf die Zusammensetzung der Pflanzengesellschaft (**Karbonat-** oder **Silikatgestein**). Nicht alle im folgenden aufgeführten Arten sind aufgrund ihres Standortes für die Begrünung von Dachgärten geeignet. In dem Geröll der Steinhalden oder in den Spalten der Felsen finden Pflanzen nämlich einen wesentlich tiefgründigeren Boden vor als auf dem Substrat von Dachgärten. Die folgende Pflanzentabelle ist deshalb im Zusammenhang mit den Ausführungen in Kapitel C 2.3.8 zu sehen.

Pflanzen der Schutthalden

Achillea atrata – Schwarze Schafgarbe (K)

Androsace alpina – Alpen-Mannsschild (S/K)

Arabis alpina – Alpen-Gänsekresse (K)[1]

Campanula cespitosa – Rasen-Glockenblumen (K)

Doronicum grandiflorum – Gemswurz (K)

Gypsophila repens – Schleierkraut (K)

Hutchinsia alpina – Gemskresse (K)

---

1   Rote Liste
K   = auf Karbonaten
S   = auf Silikaten

Linaria alpina – Alpen-Leinkraut (K)
Moehringia ciliata – Wimper-Nabelmiere (K)
Papaver alpina – Alpen-Mohn (K)
Saxifraga biflora – Zweiblütiger Steinbrech (K/S)
Silene acaulis – Stengelloses Leimkraut (K)

1.3.3 Alpine und subalpine Rasen
Bei den alpinen und subalpinen Rasengesellschaften muß eine Unterscheidung aufgrund der Bodenverhältnisse getroffen werden. Die Rasen auf sauren Böden entwickeln sich auf nährstoffarmen Standorten mit einem pH-Wert von 4 bis maximal 5,5. Zu den typischen Vertretern außer der in der Regel bestandsbildenden Krumm-Segge *(Carex curvula)* gehören folgende Pflanzen:
Arnica montana – Bergwohlverleih[1]
Campanula barbata – Bärtige Glockenblume
Euphrasia minima – Zwerg-Augentrost
Gentiana acaulis – Koch's Enzian
Geum montanum – Berg-Nelkenwurz
Hieracium piliferum – Grauzottiges Habichtskraut
Leontodon hispidus – Rauher Löwenzahn
Nardus stricta – Borstgras
Phyteuma betonicifolium – Ziestblättrige Teufelskralle
Phyteuma globulariifolium – Armblütige Teufelskralle
Poa alpina – Alpen-Rispengras
Polygonum viviparum – Knöllchen-Knöterich
Potentilla aurea – Gold-Fingerkraut
Potentilla frigida – Gletscher-Fingerkraut
Senecio incanus ssp. *carniolicus* – Krainer-Greiskraut
Trifolium pratense – Roter Wiesenklee
Veronica bellidioides – Maßlieb-Ehrenpreis
Vollkommen andere Bodenverhältnisse herrschen auf den Karbonatgesteinen. In der Regel sind hier die Pflanzengesellschaften artenreicher. Neben dem pH-Wert sind auch die Tief- oder Flachgründigkeit sowie die Erwärmbarkeit der Böden ausschlaggebend.

Typische Pflanzenarten der subalpinen/alpinen Rasen auf Karbonatgestein sind
Antenaria carpatica – Karpaten-Katzenpfötchen
Carex ferruginea – Rostsegge
Carex firma – Polstersegge
Carex rupestris – Felsensegge

Carex sempervirens – Immergrüne Segge
Centaurea montana – Berg-Flockenblume
Cerastium alpinum – Alpen-Hornkraut
Draba aizoides – Immergrünes Felsenblümchen
Draba fladnizensis – Fladnitzer Felsenblümchen
Draba siliquosa – Kärntner-Felsenblümchen
Dryas octopetala – Silberwurz
Erigeron uniflorus – Einköpfiges Berufkraut
Gentiana clusii – Clusius' Enzian
Oxytropis jacquinii – Berg-Fahnenwicke
Pedicularis verticillata – Quirlblättriges Läusekraut
Potentilla pusilla – Flaum-Fingerkraut
Pulsatilla alpina – Alpen-Kuhschelle
Saxifraga caesia – Blaugrüner Steinbrech
Sesleria albicans – Kalk-Blaugras
Silene acaulis – Stengelloses Leimkraut

1.3.4 Die Heidegesellschaften der alpinen und subalpinen Lagen
Die Weidewirtschaft ist eine wesentliche Voraussetzung für die Entstehung der Heidegesellschaften der Höhenlagen. Charakteristisch für die Alpenrosenheide ist *Rhododendron hirsutum* (Almrausch), der einen höheren pH-Wert verträgt als *Rhododendron ferrugineum* (Rostblättrige Alpenrose). Beide Arten werden vom Weidevieh verschont, zeigen sich jedoch empfindlich gegen Trittbelastungen. Daher findet man sie an unzugänglichen Standorten und im Schutz von Felsblöcken. Das Plaggen zur Gewinnung von Brennmaterial trägt wie bei *Calluna* zur Verjüngung der Alpenrosen bei.

Pflanzen der alpinen und subalpinen Heidegesellschaften
Alchemilla saxatilis – Fels-Frauenmantel
Arctostaphylos uva-ursi – Gemeine Bärentraube[1]
Calluna vulgaris – Heidekraut
Dryas octopetala – Silberwurz
Empetrum hermaphroditum – Nordische Krähenbeere
Juniperus communis – Gewöhnlicher Wacholder
Juniperus (nana) sibirica – Zwerg-Wacholder
Leucanthemopsis alpinum – Alpenwucherblume
Loiseleuria procumbens – Alpenazalee
Pinus cembra – Zirbelkiefer
Primula minima – Zwerg-Primel
Pyrola media – Mittleres Wintergrün
Pyrola minor – Kleines Wintergrün
Ranunculus montanus – Berg-Hahnenfuß[1]

---

1 Pflanze der Roten Liste

Rhododendron ferrugineum – Rostblättrige
  Alpenrose
Rhododendron hirsutum – Almenrausch
Salix retusa – Teppichweide
Sesleria albicans – Kalk-Blaugras
Vaccinium myrtillis – Heidelbeere
Vaccinium uliginosum – Rauschbeere
Vaccinium vitis-idaea – Preiselbeere

1.3.5 Gehölzarten der alpinen und subalpinen Gebirgslagen

Viele Baumarten unserer Mittel- und Hochgebirgslagen befinden sich seit Jahrhunderten in Kultur und werden in der freien Landschaft ebenso verwendet wie im Siedlungsbereich. Soweit deren Standorte Aufschluß über eine artgerechte Verwendung geben können, werden sie im folgenden beschrieben.

Eine der typischen Baumarten der Gebirge Mitteleuropas ist die **Bergkiefer** *(Pinus mugo)*. KRÜSSMANN (1979) nennt in seinem Standardwerk „Die Nadelgehölze" nicht weniger als zehn Varietäten und Sorten von *Pinus mugo*, die vor allem aufgrund ihrer großen Anpassungsfähigkeit und Anspruchslosigkeit gezüchtet worden sind. So findet man sie auf Hochmoor- und auf Mergelböden. In den Alpen kommt sie bis in Höhen von 2000 m vor; ein Beweis für ihre Frosthärte und Unempfindlichkeit gegen intensive Sonneneinstrahlung und Windbelastung. Ähnliche Eigenschaften kann man auch von den Pflanzenarten erwarten, die in der Gesellschaft von *Pinus mugo* zu finden sind, wobei natürlich nur wenige eine ähnlich große Anpassungsfähigkeit aufweisen. Bei deren Verwendung muß man die spezifischen Ansprüche an den pH-Wert des Bodens, die Bodenfeuchtigkeit oder die Nährstoffansprüche berücksichtigen.

Die **Stechpalme** oder **Hülse** *(Ilex aquifolium)* ist nicht nur in Gebirgslagen (in den Alpen bis in 1800 m Höhe) anzutreffen, sondern auch in Buchenwäldern der atlantischen Klimazone bis hin zum Seeklima. Sie gedeiht im Halbschatten auf humosen Böden im sauren bis alkalischen Bereich. Ihre Bedeutung für die Fauna erhält sie vor allem als Bienenweide von Mai bis Juni und aufgrund ihrer Früchte, die als Vogelnahrung dienen.

Die **Europäische Lärche** oder **Steinlärche** *(Larix decidua)* ist bis in Höhen von 2400 m verbreitet, aber auch in der Norddeutschen Tiefebene anzutreffen. Sehr empfindlich reagiert die Lärche auf zu hohe Niederschläge bzw. hohe Luftfeuchtigkeit. Wegen ihrer Ansprüche an eine höhere Lufttemperatur – vor allem in Höhenlagen – sollte sie bevorzugt an Süd- bzw. Südwesthängen in windexponierter Lage gepflanzt werden. Der Boden sollte tiefgründig, feucht und nährstoffreich sein. Die Samen der Europäischen Lärche dienen als Vogelfutter, die Blüten als Honigspender.

Die **Eibe** *(Taxus baccata)* findet in den Alpen ihre Standortbegrenzung bei 1300 m. Im Gegensatz zu den oben beschriebenen Nadelgehölzen ist die Eibe ein sehr schattenverträgliches Gehölz, das allerdings auch in Sonnenlagen gedeiht. Sie bevorzugt feuchte, kalkhaltige Böden. Für die Tierwelt besitzt sie mehrfache Bedeutung: zum Nisten, als Bienenweide, die Früchte dienen als Vogelnahrung. Nur das Fruchtfleisch der Eibe ist ungiftig, alle anderen Pflanzenteile enthalten das giftige Taxin. Die Eibe sollte wegen ihrer Schattenverträglichkeit zur Unterpflanzung benutzt werden. Somit empfiehlt sie sich wegen der genannten ökologischen Bedeutung, aber auch wegen ihrer Gefährdung, denn sie gehört zu den in ihrem Bestand gefährdeten Pflanzen.

Die **Kiefer** oder **Föhre** *(Pinus sylvestris)* ist vom Tiefland (vor allem im östlichen Europa) bis in Hochgebirgslagen von 2000 m anzutreffen. Sie gilt als Baum, der auch auf ärmsten Sandböden und bei geringer Bodenfeuchtigkeit ebenso gedeiht wie auf den alkalischen und trockenen Standorten des Hochgebirges. Dagegen versagt die Kiefer im ozeanischen Klimabereich. Ihr Samen dient als Vogelfutter.

Berg-Ahorn *(Acer pseudoplatanus)*. Im Gegensatz zu *Larix decidua* meidet der Berg-Ahorn Südlagen; er bevorzugt kühle, feuchte Lagen und tiefgründige, nährstoffreiche, alkalische Böden, die frei von Staunässe sein müssen. Als Pioniergehölz zur Haldenbegrünung sowie auf Rutschhängen ist der Berg-Ahorn nicht zu ersetzen. Allerdings ist er nicht resistent gegen Rauchabgase. Im Hinblick auf die Fauna gilt *Acer pseudoplatanus* als sehr guter Honigspender.

Grünerle, Bergerle *(Alnus viridis)*. Als eher strauchartiges Gehölz kommt die Grünerle auf kal-

Neben Rhododendron ferrugineum (oben), einer der beiden heimischen Rhododendron-Arten, trifft man in den Alpen auf Alyssum montanum (Mitte links), Saponaria ocymoides (unten links) und Aster montanus (unten rechts). Ein typischer Bewohner dieses Lebensraumes ist auch die Waldeidechse Lacerta vivipara (Mitte rechts).

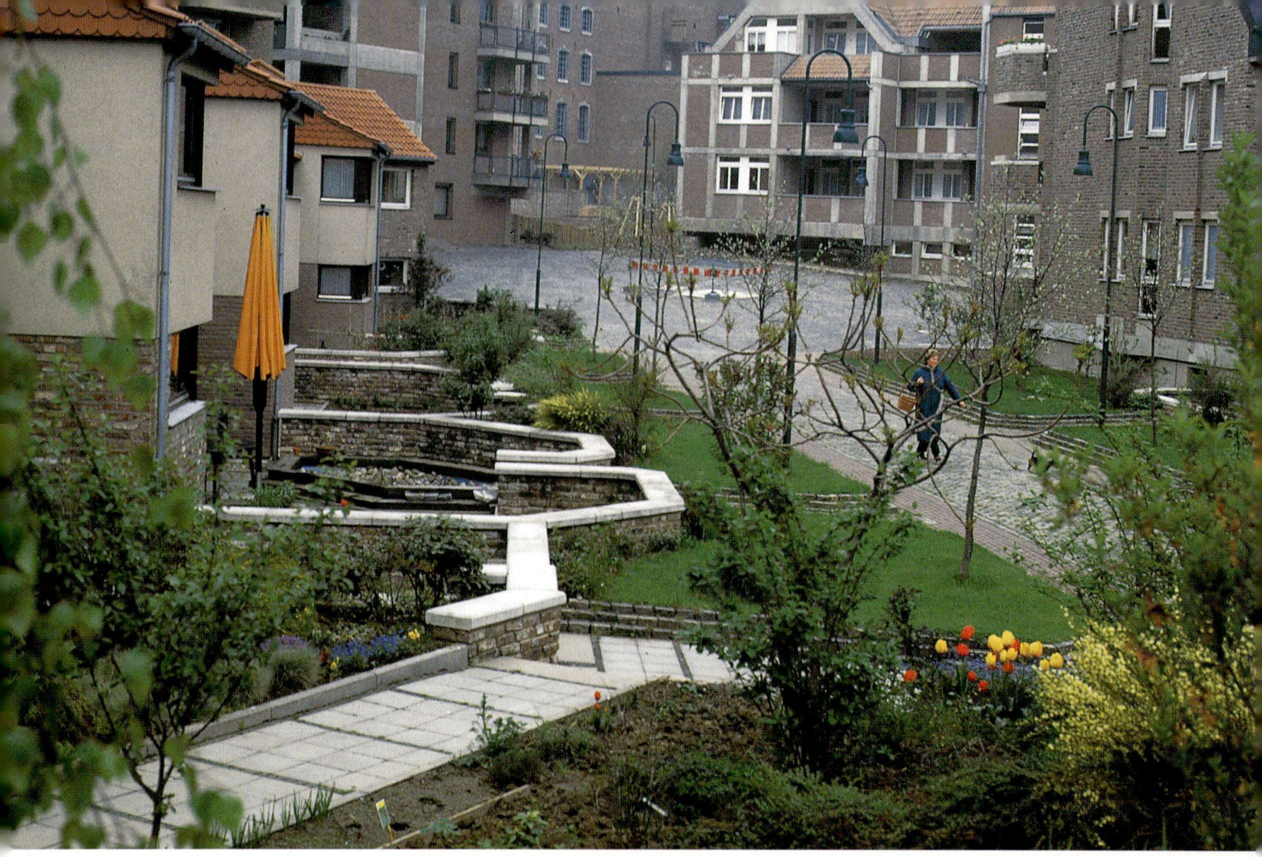

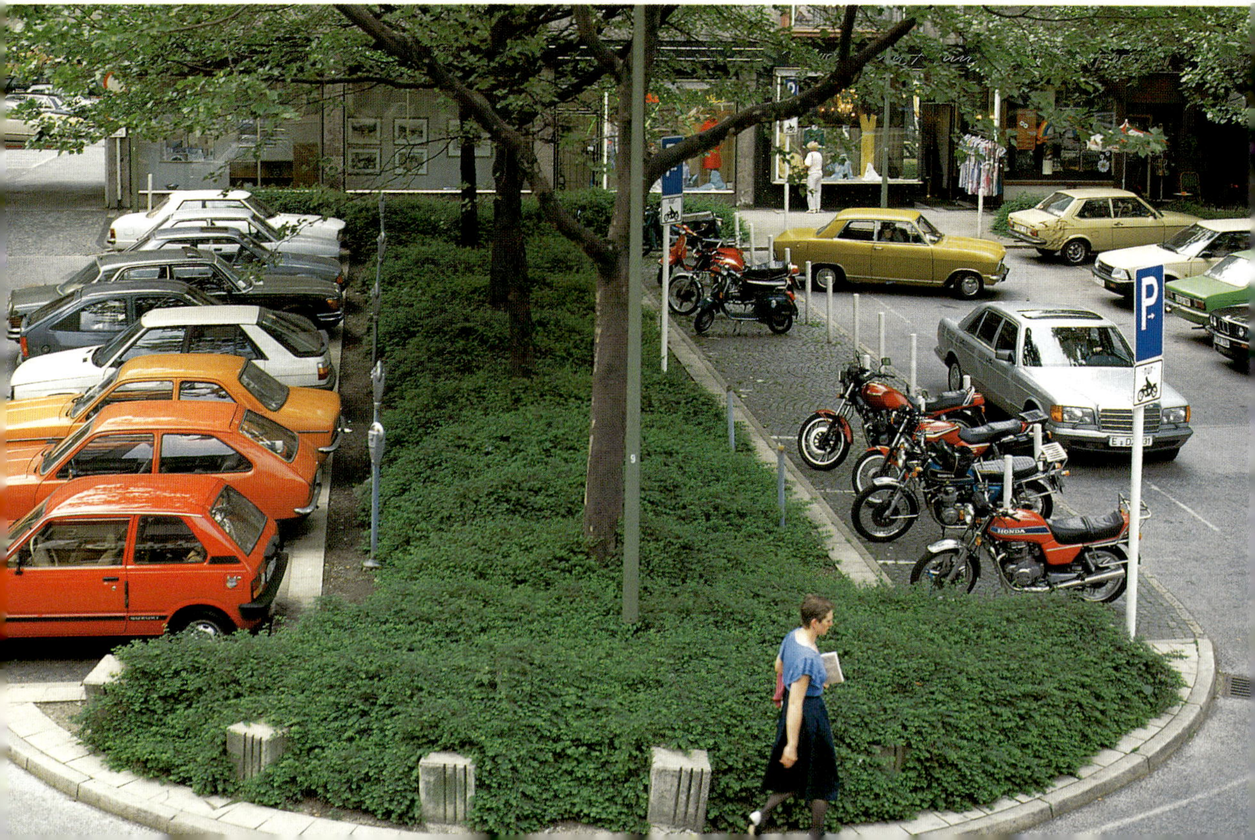
P

armen Schuttböden bis in Höhen über 1900 m vor. Im Hinblick auf ihre Klimaansprüche bevorzugt sie feuchte und schattige Nordhänge. Aufgrund ihrer Fähigkeit, Geröllböden zu binden, ist sie ebenso wie der Berg-Ahorn zur Bepflanzung von Halden bestens geeignet. Dabei sind ihre Standortansprüche zu berücksichtigen.

Rotbuche *(Fagus sylvatica)*. In den Alpen ist sie bis zu einer Höhe von 1300 m verbreitet. Dort bevorzugt sie Süd- bzw. Südoststandorte gegenüber den Nord- bis Nordwestlagen. Je höher sie anzutreffen ist, um so mehr verlangt sie alkalische Böden, die nicht nährstoffarm sein dürfen. Die Rotbuche ist gegen tiefe Temperaturen ebenso empfindlich wie gegen Spätfröste. Allgemein benötigt sie wärmeres Klima. Sie kann zur Befestigung von Hängen und Geröllhalden verwendet werden, wenn die Böschungen nicht zu steil sind.

Die Gattung *Fagus* gehört ebenso wie die bereits beschriebenen Gattungen *Carpinus, Pinus* und *Larix* zu den Gehölzen, die auf eine **Symbiose** mit Wurzelpilzen (**Mykorrhiza**) angewiesen sind. Bei der **Ektomykorrhiza** liegt ein Pilzmantel zwischen der Wurzeloberfläche und dem Boden. Die Nährsalz- und Wasseraufnahme kann nur über das Pilzgeflecht erfolgen. Da bei den Bäumen mit Ektomykorrhiza eine hohe Atmungsintensität festzustellen ist, sind diese auf gut durchlüftete Böden ohne Staunässe angewiesen. Aufgrund des hohen Sauerstoffbedarfs wird auch verständlich, warum diese Baumarten kümmern oder sogar absterben, wenn der Wurzelraum verdichtet oder mit Boden abgedeckt wird.

Die **Weiß-** oder **Edeltanne** *(Abies alba)* gehört zu den Nadelbäumen, die in den Alpen bis in 1400 m Höhe vordringen, allerdings begrenzt auf ein gemäßigtes Gebirgsklima, da sie extreme Temperaturschwankungen ebenso wenig verträgt wie Trockenperioden. Außerdem liebt sie stärkere Luftbewegung. Die Weißtanne verlangt nährstoffreiche, schwere und feuchte Böden; sie meidet Staunässe. Auch ihre Empfindlichkeit gegen Rauchabgase ist bei der Standortwahl zu bedenken. Die Tanne gilt als gute Bienenweide.

Die **Rotfichte** *(Picea abies)* ist ein Nadelgehölz der hohen Gebirgslagen bis 2000 m. Sie verlangt niedrige

Wintertemperaturen, aber keine langanhaltenden Hitzeperioden sowie Niederschläge nicht unter 600 mm/Jahr. Auch der Wasserhaushalt des Bodens ist für ihr Gedeihen ausschlaggebend und entscheidender als der Nährstoffgehalt und die Tiefgründigkeit.

Der artenreiche Mischwald ist den Monokulturen aus ökologischer Sicht in jedem Fall vorzuziehen. Trotzdem wird die Rotfichte immer noch als Forstgehölz bevorzugt, obwohl sie zur Verschlechterung der Bodenverhältnisse beiträgt, indem sie die Rohhumusbildung und Verdichtung der Bodenhorizonte begünstigt.

Für die Fauna besteht ihr Wert in der Lieferung von Vogelfutter, als Bienenweide und in ihrer Jugend als Vogelschutzgehölz.

1.4 Die Kulturlandschaften

Für die Entstehung der heutigen Kulturlandschaften Mitteleuropas, das heißt die Umwandlung von unberührter Natur in eine vom Menschen geprägte Vegetation, läßt sich keine bestimmte Zeit angeben. Die Einflußnahme durch den Menschen fand in den verschiedenen Teilen Europas zu unterschiedlichen Zeiten und in verschiedener Weise statt. Die ersten Veränderungen werden dem Ende der mittleren Steinzeit (5000 v. Chr.) zugeschrieben. Aus der Epoche der jüngeren Steinzeit (4500 bis 1800 v. Chr.) sind bereits Ackerbau und Viehzucht bekannt. Die Weidewirtschaft wurde im Wald betrieben, wodurch dieser in seiner Form und Zusammensetzung stark geprägt wurde.

Zur Gewinnung von Acker- und Weideland wurde der Wald durch Brandrodung vernichtet; einer der wohl tiefgreifendsten Eingriffe. Weiterhin hat der Mensch Dämme (Deiche) gebaut, um sein Kulturland vor Überschwemmungen zu schützen. Er hat das Bett von Flüssen durch künstliche Uferbauten festgelegt und das Wasser der Flüsse und Bäche durch ein verzweigtes Grabennetz zur Bewässerung durch Talwiesen geleitet. Später wurden steile Hänge zur Bewirtschaftung in Terrassen gegliedert und Talsperren zur Gewinnung von elektrischem Strom errichtet.

Seit etwa 8000 v. Chr. vollzieht sich also eine stetige Umwandlung der Naturlandschaft in eine Kulturlandschaft. Selbst Wiesen sind keine natürlichen Graslandschaften, und Wälder sind zu Forsten geworden. Bei den landwirtschaftlich genutzten Flächen kann man oft von einer Kultursteppe sprechen.

Bis zur Mitte des 20. Jahrhunderts läßt sich eine

Oben: „Mehr Natur in der Stadt" durch Begrünung der Wohnstraßen.
Unten: Die Platane, ein widerstandsfähiger Straßenbaum, der eine Unterpflanzung duldet.

relativ hohe Zahl von Pflanzenarten nachweisen, die in den vergangenen Jahrhunderten durch den Einfluß des Menschen sogar noch zugenommen hat, und zwar gerade durch seine land- und forstwirtschaftlichen Maßnahmen, wie die Heidelandschaft und bestimmte Waldarten zeigen.

Ab 1850 nimmt die Artenzahl jedoch gravierend ab. Den größten Einfluß auf den Rückgang hatte ohne Zweifel die Agrarreform. Verstreut liegende Felder wurden nun zusammenhängend in Kultur genommen. Begrenzende Gehölzstreifen, die dem **Biotopverbund** dienten, wurden ebenso beseitigt wie einzelne Gehölzgruppen. Hinzu kommen Wege- und Straßenbaumaßnahmen, Entwässerungen von Feuchtgebieten, die Begradigung von Fluß- und Bachläufen. Auch die Entwicklung der Düngemittelindustrie führte zum Verlust zahlreicher Arten. In späteren Jahrzehnten trug die Intensivierung der Landwirtschaft durch den stärkeren Einsatz von Maschinen und den höheren Verbrauch an Dünger und Pflanzenschutzmitteln zu dieser Entwicklung bei. Vor diesem Hintergrund muß die Forderung nach einer Durchsetzung des **Biotop-** und **Artenschutzes** gesehen werden.

Wenn sich der Mensch um möglichst natürliche Biotope bemüht, so trifft das Wort „natürlich" in seinem ursprünglichen Sinn für die neu geschaffenen Landschaftsteile nicht zu. Aus diesem Grunde wird in diesem Buch dafür das Wort „naturnah" verwendet.

1.4.1 Wiesen und Weiden

Der Lebensraum „Wiese und Weide" als Biotop ist eine vom Menschen geschaffene Landschaftsform.

Durch Rodung und Feuer mußte sich der Mensch für seine an das Grasland angepaßten Weidetiere Futterflächen schaffen. So entstand im Laufe der Zeit eine besondere Art der Landnutzung, die Grünlandwirtschaft mit den Futterwiesen und Weiden.

Diese Übergangszonen konnten nur da schnelle Ausbreitung finden, wo die Verdunstung größer war als der Niederschlag. So reichte die Feuchtigkeit für Bäume nicht aus, statt dessen konnten sich viele Gräser und Kräuter entwickeln. Sie bilden die Grundlage für die Viehwirtschaft. Hierbei wird die Biomasse direkt durch Beweidung oder indirekt durch Verfütterung (Silage, Heu) genutzt. Gleichzeitig verhindern Beweidung und Schnitt die Verkrautung und Verbuschung bis hin zur Entstehung von natürlichen Waldvegetationen.

Die anthropogenen Grünlandflächen unterscheiden sich also erheblich von den natürlichen Grasflächen (z. B. Salzwiesen, Feuchtwiesen oder Trockenrasen), da der Mensch durch die intensive Nutzung Formen entwickelt hat, die zwar den Artenreichtum einschränken, aber eine höhere Futterleistung erwarten lassen. Dies gelingt vor allem mit dem Einsatz von Mineraldüngern und durch die Wahl ertragssteigernder Gräser.

Die Pflanzen der Kulturwiesen und Weiden

Die Wiese stellt eine Lebensgemeinschaft dar, deren Pflanzen im gegenseitigen Kampf um Licht, Wasser und Nährstoffe in ständiger Konkurrenz stehen und dem Eingriff der Mahd und des Beweidens standhalten muß.

Da die wichtigsten Einflußgrößen für die Zusammensetzung einer Wiese Klima und Boden sind, unterscheiden wir verschiedene Pflanzengesellschaften:

Grundeinheit ist die **Assoziation**. Sie ist eine „Gesellschaft von bestimmter floristischer Zusammensetzung einheitlicher Standortbedingungen und einheitlicher äußerer Erscheinungsbilder".

Die verbreitetsten und wirtschaftlich wichtigsten Assoziationen sind die **Molino-Arrhenathereta**-Pflanzengesellschaften einer Gruppe von Rispengräsern mit meist mehrblütigen Ährchen (Festuceae). Diese Rasengesellschaften mit günstiger und mittlerer Nährstoffversorgung kommen auf frischen, feuchten bis nassen Standorten vor.

Der trockene bis mäßig feuchte Standort umfaßt die Rasengesellschaften der Gruppen Arrhenatheretalia (Wiesen-, Gold- und Glatthafer-Arten) und die feuchte bis nasse Wiese und Uferflur die Gruppe Molinietalia (Pfeifen- und Borstgräser). Hier werden nur die Glatthafer- und die Goldhafer-Wiesen beschrieben.

1. Trockene Glatthaferwiesen weisen eine Reihe von Pflanzen auf, die auch im Trockenrasen vorkommen. So findet man z. B. neben der Fiederzwenke *(Brachypodium pinnatum)* und der Aufrechten Trespe *(Bromus erectus)* den knolligen Hahnenfuß *(Ranunculus bulbosus)*, Thymian *(Thymus)* und die Kleine Bibernelle *(Pimpinelle saxifraga)*. Diese Pflanzenarten gedeihen vornehmlich auf steinigen Böden und solchen, die leicht austrocknen bzw. an warmen Südhängen.

2. **Nasse Kohldistel-Glatthaferwiese** mit den Arten: Kohldistel *(Cirsium oleraceum)*, Rasenschmiele *(Deschampsia cespitosa)*, Engelwurz *(Angelica sylvestris)* und Mädesüß *(Filipendula ulmaria)*. Diese Arten leben auf Standorten mit hoch anste-

hendem Grundwasser (Auen) oder auf Standorten, die mit viel Wasser versorgt sind.

3. **Feuchte Nelkenwurz-Glatthaferwiese** mit den Arten:

Nelkenwurz *(Geum rivale)*, Honiggras *(Holcus lanatus)*, Leimkraut *(Melandrium rubrum)*, Fuchsschwanz *(Alopecurus pratensis)*, Pfennigkraut *(Lysimachia nummularia)* und Lichtnelke *(Lychnis flos-cuculi)*.

Eine solche Pflanzengesellschaft benötigt feuchte Standorte bei mäßiger Beschattung.

Glatthafer-Wiesen werden möglichst zweimal im Jahr gemäht (Juli/September). Eine Stickstoffdüngung ist nicht notwendig, Phosphor und Kali sollten in geringer Menge gegeben werden.

Die Goldhafer-Wiesen

Wenn die Glatthafer-Wiesen in den tieferen Lagen der Mittelgebirge unter 400 m anzutreffen sind, so findet man die Goldhafer-Wiesen in höheren Lagen. Kennzeichen dieser Wiesen sind geringerer Aufwuchs mit den Hauptarten Goldhafer *(Trisetum flavescens)* als Obergras und Rotschwingel *(Festuca rubra)* als Untergras sowie lichtliebende, buntblütige Kräuter wie Teufelskralle *(Phyteuma*-Arten), Storchschnabel *(Geranium sylvaticum)* und Trollblume *(Trollius europaeus)*. An feuchten Standorten kommen auch Leguminosen vor, wie Hornklee *(Lotus uliginosus)* oder Knöterich *(Polygonum bistorta)*, die weite Flächen einnehmen können. Durch die intensivere Düngung werden viele Arten zurückgedrängt. Die Arten Wiesenfuchsschwanz *(Alopecurus pratensis)* und Wiesenschwingel *(Festuca pratensis)* dominieren dann.

Goldhafer-Wiesen sollten einmal im Jahr gemäht werden. Es darf kein Stickstoff zugeführt werden, wogegen Phosphor und Kalium in geringer Menge verabreicht werden können.

Die Fettweiden

Fettweiden kommen sehr viel häufiger vor als Wiesen, da sie durch intensive Düngung höhere Erträge bringen. Oft haben sie sich auf Glatthafer-Standorten mit frischem Boden oder aus ehemals extensiv genutztem Magergrünland entwickelt.

Diese Weiden sind oft artenarm, da nur die Pflanzenarten wachsen, die trotz des ständigen Verbisses regenerieren können oder aufgrund eines niedrigen Wuchses überdauern.

Da die Weiden ähnlich wie die Glatthafer-Wiesen – der Standort ist oft der gleiche – in viele verschiedene

Gruppen (Differentialarten) unterschieden werden können, werden nur die am häufigsten anzutreffende **Weidelgras-Weißklee-Weide** und die **Kammgras-Weide** näher beschrieben.

Die Zusammensetzung dieser Weiden ist dem Parkrasen ähnlich, da der häufig gemähte Rasen aufgrund der ständig wiederholten Schnitte sich genauso verhält wie die Grasnarbe aufgrund des häufigen Verbisses durch die Weidetiere. Hier können sich nur die Pflanzengesellschaften durchsetzen, die den Verbiß (oder den kurzen Schnitt) und den Viehtritt (oder das häufige Betreten) vertragen.

Folgende Arten finden wir vor:

Deutsches Weidelgras *(Lolium perenne)*, Weißklee *(Trifolium perenne)*, Gewöhnliches Straußgras *(Poa trivialis)* auf frischen Standorten, dazu kommen Kammgras *(Cynosurus cristatus)*, Wiesenlieschgras *(Phleum pratense)*, Gänseblümchen *(Bellis perennis)*, Herbst-Löwenzahn *(Taraxacum officinale)* und Kriechender Hahnenfuß *(Ranunculus repens)*. Auf ärmeren und weniger gepflegten Standorten wachsen vor allem Rotschwingel *(Festuca rubra)* und Rotes Straußgras *(Agrostis tenuis)*.

1.4.2 Heidegesellschaften

Eigentlich darf man die meisten Heidegebiete nicht zu den natürlichen Pflanzengesellschaften rechnen. Vielmehr ist ihre Entstehung eine Folge der Holz- und Weidewirtschaft. Wir unterscheiden verschiedene Formen der Heide.

Am bekanntesten ist wohl die Zwergstrauchheide in Nordwestdeutschland. Außerdem trifft man Heidegebiete in Süddeutschland und vereinzelt in unseren Mittelgebirgen an. Lediglich im Gebirge oberhalb der Waldgrenze, vereinzelt auch auf Moorflächen, findet man natürliche Heidegesellschaften.

Durch die Weidewirtschaft, meistens mit Schafen, kann verhindert werden, daß sich auf den Flächen der nicht natürlichen Heidegebiete Laubwald entwickelt. Lediglich Gehölze, die vom Weidevieh verschont bleiben, wie der Wacholder *(Juniperus communis)*, oder Pflanzen, die durch die Beweidung sogar verjüngt werden, wie die Besenheide *(Calluna vulgaris)*, können sich durchsetzen. Laubbäume, die sich trotzdem entwickeln können, verdanken das den Wacholdergruppen, in deren Schutz sie vor dem Verbiß durch das Weidevieh sicher sind (Abb. 27).

Die für die Heidegebiete typische Flora wird durch die besonderen Bodenverhältnisse bestimmt. In Nordwestdeutschland handelt es sich um saure Sand-

Abb. 26. Heidschnucken tragen zur Verjüngung der Calluna bei und verhindern die Verbuschung durch Birken.

Abb. 27. Die Eberesche konnte nur im Schutz der Wacholdergruppe heranwachsen.

böden, auf denen sich eine **Rohhumusauflage** bildet. Die Sandschicht (Podsol) hat die Mächtigkeit von 20 bis 30 cm und ist unterschiedlich stark mit Humus angereichert. In der Tiefe von etwa 80 cm ist der sogenannte Ortstein anzutreffen, der aus Mineralien (Eisen) und Humussäure entstanden ist. Die Besenheide *(Calluna vulgaris)* verdankt ihr massenhaftes Auftreten aber auch der Fähigkeit, sich der wechselnden Luftfeuchtigkeit durch Regulierung der Transpiration anzupassen (ELLENBERG 1982).

Die Zwergstrauchheiden sind in ihrem Bestand gefährdet. In den vergangenen Jahrzehnten sind Heideflächen in verstärktem Maße durch Kiefern aufgeforstet bzw. durch Kultivierungsmaßnahmen in Ackerland umgewandelt worden. Außerdem ist die Verjüngung der Besenheide durch die Beweidung nicht immer sichergestellt. Falls die Schafhaltung zurückgeht, kann der „Verjüngungsschnitt" maschinell erfolgen.

Ferner stellen die Birkensämlinge eine ständige Gefährdung dar. Um die Flächen als Kulturlandschaft und Erholungsgebiete zu erhalten, müssen diese Sämlinge laufend beseitigt werden. Zum Teil geschieht das durch Abbrennen von abgegrenzten Flächen oder durch das sogenannte Plaggen (Abhacken) der obersten Schicht.

Auch bei Zwergstrauch-Heidegesellschaften gibt es – je nach klimatischer Lage und den vorherrschenden Bodenverhältnissen – unterschiedliche Pflanzengemeinschaften. Dabei haben einige Arten des Sand-Trockenrasens auf die Heideflächen übergegriffen.

Die Pflanzen der Zwergstrauchheiden Nordwestdeutschlands

Agrostis canina – Hunds-Straußgras
Agrostis sapillaris (tenuis) – Rotes Straußgras
Arctostaphyllos uva-ursi – Bärentraube[1]
Calluna vulgaris – Besenheide
Campanula rotundifolia – Rundblättrige Glocken-
  blume
Cytisus scoparius – Besenginster
Empetrum nigrum – Krähenbeere[1]
Genista pilosa – Sand-Ginster
Hieracium umbellatum – Habichtskraut
Hypericum perforatum – Johanniskraut
Juniperus communis – Wacholder[1]
Lotus corniculatus – Hornklee
Molinia caerulea – Pfeifengras
Rubus fruticosus – Brombeere
Vaccinium vitis-idaea – Preiselbeere

Typische Vertreter der Heidegesellschaft

Die **Hänge-** oder **Sandbirke** *(Betula pendula)* ist der für die Heide typische Laubbaum. Sie verlangt trockene Sandböden und stellt kaum Ansprüche an den Nährstoffhaushalt des Bodens. Außerdem zeigt sie sich unempfindlich gegen Spätfröste und niedrige Sommertemperaturen. In den Alpen ist sie bis in Höhen von 1500 m verbreitet. Aufgrund ihres sehr dichten Wurzelwerkes bindet sie den Boden, läßt aber nur anspruchslose Zwergsträucher oder Gräser als Unterpflanzung zu. Da sie sich durch Samen stark verbreitet, kann sie andere Pflanzenarten verdrängen, zum Beispiel die Besenheide *(Calluna vulgaris)*. Ihre Anspruchslosigkeit und Wurzelbildung machen die Sandbirke zu einem bevorzugten Gehölz für die Ansiedlung auf Dünen, Rohböden oder Halden.

Eberesche, **Vogelbeere** *(Sorbus aucuparia)*. Wie die Sandbirke ist auch die Eberesche unempfindlich gegen Witterungseinflüsse. Deshalb ist sie in den hohen Lagen der Hochgebirge (bis 2400 m) anzutreffen. Auch wenn die Eberesche auf armen Sandböden gedeiht, so reagiert sie auf einen lockeren Boden mit höherem Humusgehalt durch stärkeren Zuwachs. Aber selbst auf nassen und unter Staunässe leidenden Böden gedeiht sie noch. Aufgrund der An-

spruchslosigkeit und Anpassungsfähigkeit eignet sie sich zur Begrünung von Schutthalden und Ödland. Die Eberesche bietet Nistgelegenheiten und Wildfutter, vor allem für Vögel. Außerdem dient sie als Bienenweide.

Die **Stieleiche** *(Quercus robur)* kommt sowohl in Heidegebieten (siehe Kapitel B1.1.6) als auch im Bergland der Mittelgebirge vor. Sie bevorzugt wärmere Standorte, das heißt möglichst Süd- bis Südwestlagen und reagiert empfindlich auf Frühfröste. Wenn die Stieleiche auch auf den meisten Böden wächst, so bevorzugt sie doch nährstoffreiche, tiefgründige und feuchtere Böden. Aufgrund ihrer Anspruchslosigkeit und Wurzelbildung eignet sie sich ebenso wie die Sandbirke zur Begrünung von Dünen; außerdem läßt sie sich mit Erfolg an Flußufern und in Überschwemmungsgebieten anpflanzen. Auch in ökologischer Hinsicht ist ihre Verwendung empfehlenswert, liefert sie doch Wildfutter und dient als Bienenweide. Ihre Stockausschläge bieten gute Nistmöglichkeiten.

Die **Traubenkirsche** *(Prunus padus)* zählt ebenso wie die **Späte Traubenkirsche** *(Prunus serotina)* zu den Großsträuchern. Sie bevorzugt zwar feuchte, mineralstoffhaltige Böden, gedeiht aber auch auf Sandboden. Obwohl sie als wertvolle Bienenweide und Lieferant von Vogelfutter einen gewissen Wert besitzt, ist ihre Verwendung nicht unproblematisch, da sie als Wirtspflanze für Blattläuse, die Kirschfruchtfliege und die Mehlige Traubenkirschenlaus gilt. In der freien Landschaft eignet sie sich für die Anpflanzung an Flußufern und – wegen ihrer Schnellwüchsigkeit – zur Begrünung von Trümmerflächen. Wie die Traubenkirsche, so gedeiht auch die Späte Traubenkirsche auf Sandböden und eignet sich somit für die Anpflanzung auf trockenen Standorten.

Die **Waldkiefer** *(Pinus sylvestris)* als weiterer typischer Vertreter der nordwestdeutschen Heidelandschaft ist bereits in Kapitel B 1.3 behandelt worden.

1.4.3 Trockenstandorte als extensiver Lebensraum

Zu den typischen Vertretern von Trockenstandorten zählen die **Trocken-** und **Halbtrockenrasen**. Dies sind Standorte, die aufgrund ihrer althergebrachten Nutzung durch den Menschen, z.B. als extensive Schafweide, in ihrer Pflanzenzusammensetzung und der daran angepaßten Fauna in Verbindung mit dem Substrat (Fels, Kies, Sand) einen ganz speziellen, artenreichen Lebensraum bilden.

Größere, in ihrer natürlichen Form mehr oder weniger gut erhaltene offene Diluvialsandgebiete, wie

---

1 Pflanzen der Roten Liste

z. B. der Mainzer oder der Griesheimer Sand, bieten hier ebenso wie auch einzelne unter Naturschutz gestellte **Binnendünen** (z. B. die Sandhäuser Düne) sehr gutes Anschauungsmaterial.

Betrachtet man hier die einzelnen Faunengruppen, so fällt auf, daß besonders bei der auffällig häufig vertretenen Klasse der Insekten eine große Anzahl von sehr seltenen Arten zu finden ist. Die deutliche Verschiebung in der Artenzusammensetzung zugunsten der Wirbellosen beruht auf der meist nur geringen Arealgröße solcher Standorte. Hier gibt es aber oft Überschneidungen und regen Austausch mit den angrenzenden bzw. umgebenden Ökosystemtypen.

Als typische Vertreter solcher Trockenstandorte nennt BLAB (1986) für die Klasse der Vögel die Zippammer, unter den Reptilien nennt er für den Übergangsbereich Wald–Trockenrasen die Smaragdeidechse, die Schlingnatter sowie die Aeskulapnatter. Vertreter vegetationsarmer Bereiche sind u. a. die Mauereidechse und die Zauneidechse. Wesentlich arten- und individuenreicher ist die Gruppe der Wirbellosen, unter denen vor allem Heuschrecken, Zikaden, Wanzen, pflanzenfressende Käfer, Netzflügler (z. B. Ameisenjungfer, Blattauslöwe) und Ameisen auffallen. Viele seltene Schmetterlingsarten sind anzutreffen, wie z. B. an sonnigen offenen Stellen die folgenden Nachtfalterarten: Habichtskrautspinner, Grüngraue Steineule, Platineule, Englischer Bär, Nachtkerzenschwärmer und Südlicher Ahornspanner.

Bei Untersuchungen in Niedersachen (MIOTK 1982) wurde die enorme Bedeutung der Trockenrasen für seltene Landschneckenarten, Tagfalter-, Heuschrecken-, und Grillenarten unterstrichen. Auf den angesprochenen Trockenstandorten sind bis zu 50 % der als gefährdet aufgeführten Arten beheimatet. Diese Trockenstandorte machen aber nur 0,02 % der Landesfläche aus.

Zu den wichtigsten Gefährdungsfaktoren dieser Standorte zählen, neben einer direkten Änderung der Nutzung oder der Wirtschaftsform (Umbruch in Äkker, Aufforstung, Abbau von Sand und Kies, Versiegelung durch den Bau von Straßen und Häusern), auch die Aufgabe bisheriger Wirtschaftsformen, wie z. B. der Rückgang der traditionellen Wanderschäferei. Hier geht, bezieht man die ehemaligen Wanderwege mit ein, eine alte Form der **Biotopvernetzung** verloren. Ein höherer Schafbesatz auf den verbliebenen Weideflächen führt zudem zu einer **Selektion** in der Vegetationsstruktur und einem entsprechenden Rückgang besonders solcher Arten, die auf bestimmte Pflanzen als Nahrung angewiesen sind.

Eine solche „**selektive Kettenreaktion**" kann bei diesen von Natur aus stickstoffarmen Standorten auch durch Nährstoffzufuhr von außen (z. B. durch Düngung) hervorgerufen werden.

Daß solche Trockenstandorte oft von geringer räumlicher Ausdehnung sind, zeigt auch ein relativ fließender Übergang zu den verwandten kleineren Biotopformen der mageren Feldraine, nicht humisierten Böschungen, Ruderalfluren, Lesesteinhaufen und Trockenmauern (siehe hierzu auch Kapitel C1.4).

C Pflanzenwelt der Kulturlandschaft und der Städte

1 Gehölze im ländlichen Siedlungsraum

Wenn in der Feldflur, auf Wiesen oder entlang von Wegen, Wasserläufen und Straßen, in Steinbrüchen, Vertiefungen und Hügeln Bäume und Sträucher wachsen, so gilt es, diese Gehölzbestände zu sichern. Denn einzelne Bäume bzw. Baumgruppen, Hecken oder Feldgehölze bestimmen seit alters das heimatliche Landschaftsbild und sind Lebensraum für Pflanzen und Tiere.

Wie charakteristisch das Landschaftsbild dadurch geprägt wird, zeigen die Beispiele in Norddeutschland im Moränengebiet Schleswig-Holsteins mit seinen Knicks (siehe Kap. C1.6) oder im Münsterland mit den alten Wallhecken mit Holznutzung.

Vielerorts haben sich Gehölze durch spontane Ansiedlung entwickelt, gerade auf den Flächen, die nicht mehr intensiv ackerbaulich genutzt werden, wie zum Beispiel Brachflächen, Wegeböschungen, Feldraine oder stillgelegte Kies-, Sand- und Tongruben. In Realteilungsgebieten, wie z. B. im süddeutschen Raum und im Alpenvorland, entwickelten sich auf Lesesteinwällen und Terrassenböschungen entsprechende Gehölzbestände.

Insgesamt haben die Gehölze einen besonderen Wert hinsichtlich der
- **Ökologie** – Positive Wirkung auf Klima und Boden,
- **Ökonomie** – Nutzen für den Menschen,
- **Ästhetik** – Prägung der Landschaft.

1.1 Vorkommen und Lebensraum

Gehölzbestände unterscheiden sich zwar in Gestalt und Zusammensetzung, doch ist ihnen gemeinsam, daß sie auf Standorten siedeln, die waldfrei sind und daher bessere Bedingungen bieten. Oft werden heimische Strauch- und Baumarten in geschlossenen Waldregionen unterdrückt, entwickeln sich aber im Freistand besonders gut. Gerade die Arten, die viel Licht und Wärme benötigen, wachsen an sonnenbeschienenen Rändern, während höherwachsende Bäume im Inneren von Gehölzbeständen sehr gut Schatten ertragen können.

Bezeichnend ist, daß nur vereinzelt Nadelbäume anzutreffen sind, überwiegend aber Laubgehölze, da sie aus dem Wurzelstock austreiben können.

Nach der Wuchshöhe und dem Anteil an Bäumen unterscheidet man Nieder-, Hoch- und Baumhecken. Daneben sieht man üppige Dorngestrüppe.

Das Vorkommen von Hecken und Gebüschen ist auf den Standorten natürlich, auf denen die Pflanzen unter besonders extremen Bedingungen wachsen, z. B. auf den felsigen Steinhängen mit den Pflanzen Schlehe, Weißdorn, Felsenbirne, Besenginster, Wildrose, in Ufer- und Verlandungszonen stehender Gewässer mit der Grauweide oder am Rande von Hochmooren mit Gagelstrauch, Faulbaum und Ohrweide.

Die Abbildung 28 zeigt einen Bestand, der auf eine planmäßige Pflanzung schließen läßt, z. B. mit Zitterpappel, Esche, Ahorn, Hainbuche, Stieleiche, Birke, Linde und anderen Bäumen oder Holunder, Hasel, Hartriegel, Liguster, Salweide, Schneeball, Weißdorn und anderen Straucharten.

Die folgende Tabelle gibt einen Überblick über die Artenvielfalt. Dabei sind vor allen Dingen die Arten aufgeführt, die unter den jeweiligen Standortbedingungen als heimisch und standortgerecht gelten.

Die heimische Flora erfüllt auch die Nahrungsansprüche einer Vielzahl unterschiedlicher Tiere, die gerade in Hecken und Feldgehölzen beste Lebensbedingungen vorfinden.

Die Gebüschgruppen und Feldgehölze – in der Mitte hochgewachsen, zum Rand hin niedriger wachsend und in einen Saum mit Krautschicht und Gräsern übergehend – haben ein Mikroklima, das sich von der offenen Umgebung deutlich unterscheidet. Durch den gestuften Aufbau werden Winde gemindert, die Taubildung gefördert und das Regenwasser gespeichert.

Tab. 3. Die gebräuchlichsten Sträucher, Bäume und Ufergehölze

● = gut geeignet
○ = bedingt geeignet
❀ = Nektar und Pollen für blütenbesuchende Insekten
+ = Früchte (Beeren, Samen) für Vögel und Kleinsäuger
× = Blätter und Triebe, z. T. auch Blüten, für Larven (Raupen)
    und voll entwickelte Insekten

Nährstoffversorgung: feucht (F), trocken (T)	Boden gering F	 T	 mittel F	 T	 gut F	 T	Tiernahrung ❀	 +	 ×
Sträucher									
Berberis vulgaris (Berberitze, Sauerdorn)					●		❀	+	×
Cornus sanguinea (Bluthartriegel)			●		●		❀	+	×
Corylus avellana (Hasel)			●		●	●	❀	+	×
Crataegus laevigata, C. monogyna (Weißdorn)			●	●	●		❀	+	×
Euonymus europaeus (Pfaffenhütchen)			○	○	○	●	❀	+	×
Rhamnus frangula (Faulbaum)	●	●	●	●			❀	+	×
Ligustrum vulgare (Liguster)					●		❀	+	×
Lonicera xylosteum (Heckenkirsche)			○	○	○	●	❀	+	×
Prunus spinosa (Schlehe)			●		●		❀	+	×
Rhamnus cathartica (Kreuzdorn)			●		●		❀	+	×
Ribes alpinum (Bergjohannisbeere)			●		●		❀	+	×
Rosa canina (Heckenrose, Hundsrose)			●		●		❀	+	×
Salix aurita (Ohrweide)	●		●				❀		×
Salix caprea (Salweide)	○		●		●		❀		×
Salix cinerea (Grauweide)	●		●				❀		×
Sambucus nigra (Schwarzer Holunder)			●		●		❀	+	×
Sambucus racemosa (Roter Holunder)	●		●				❀	+	×
Viburnum lantana (Wolliger Schneeball)					●		❀	+	×
Viburnum opulus (Wasserschneeball)	○	○	●	●	●	●	❀	+	×
Bäume									
Acer campestre (Feldahorn)			●		●		❀	+	×
Acer platanoides (Spitzahorn)			●	●	●	●	❀	+	×
Acer pseudoplatanus (Bergahorn)			●	●	●	●	❀	+	×
Betula pendula (Sandbirke)	●	●	●	●			❀	+	×
Betula pubescens (Moorbirke)	●	○	●	○			❀	+	×
Carpinus betulus (Hainbuche)			●	●	●	●	❀	+	×
Fagus sylvatica (Buche)	●		●		●		❀	+	×
Fraxinus excelsior (Esche)			●	●	●	●	❀		×
Malus sylvestris (Wildapfel)			●		●		❀	+	×
Populus tremula (Espe, Zitterpappel)	○	●	○	●	○	●	❀		×
Prunus avium (Vogelkirsche)			○	●	○	●	❀	+	×
Prunus padus (Traubenkirsche)			●		●		❀	+	×
Pyrus pyraster (Wildbirne)			●		●		❀	+	×
Quercus petraea (Traubeneiche)	○	●	○	●	○	●	❀	+	×
Quercus robur (Stieleiche)	●	●	●	●	●	●	❀	+	×
Sorbus aria (Mehlbeere)	●		●		●		❀	+	×
Sorbus aucuparia (Vogelbeere, Eberesche)	○	●	○	●			❀	+	×

Tab. 3 Die gebräuchlichsten Sträucher, Bäume und Ufergehölze (Fortsetzung)

	Boden		Tiernahrung		
	mittel F T	gut F T			
Sorbus torminalis (Elsbeere)	•	•	❀	+	×
Tilia cordata (Winterlinde)	•	•	❀	+	×
Tilia platyphyllos (Sommerlinde)	•	•	❀	+	×
Ufergehölze					
Acer pseudoplatanus (Bergahorn)			❀	+	×
Alnus glutinosa (Schwarzerle)				+	×
Alnus incana (Grauerle) – nur in bestimmten Gegenden wie Südschwarzwald, Alpenrand, Bayerischer Wald				+	×
Fraxinus excelsior (Esche)			❀		×
Hippophaë rhamnoides (Sanddorn) – Schotterfluren im Alpenvorland				+	×
Populus alba (Silberpappel) – Oberrhein, Donau			❀		×
Populus nigra (Schwarzpappel) – keine Bastarde verwenden			❀		×
Prunus padus) (Traubenkirsche)			❀	+	×
Salix alba (Silberweide)			❀		×
Salix daphnoides (Reifweide) – Alpen, Alpenvorland			❀		×
Salix elaeaganos (Lavendelweide) – Alpen, Alpenrand			❀		×
Salix fragilis (Bruchweide)			❀		×
Salix purpurea (Purpurweide)			❀		×
Salix rubens (Fahl- oder Rötelweide)			❀		×
Salix triandra (Mandelweide)			❀		×
Salix viminalis (Korbweide)			❀		×

Nicht nur der Feuchtigkeitshaushalt, sondern auch der Temperaturhaushalt bleiben ausgeglichener durch die Bodenbeschattung und die geringere Wärmeabstrahlung. Entscheidend für den Einfluß der Gehölzbestände auf das bodennahe Klima ist die Höhe, Breite und Dichte der Gehölze. Man kann davon ausgehen, daß bei einer Heckenhöhe von 8 m das Klima etwa bis zu 250 m Entfernung günstig beeinflußt wird.

Gehölze haben auch die Aufgabe, die Bodenerosion durch Durchwurzelung einzudämmen und aufgrund des dichten Laubwerkes schädliche Partikel aus der Luft zu binden. Durch Humusbildung wird außerdem die Fruchtbarkeit des Bodens erheblich verbessert. Außerdem bieten sie vielen Tierarten Schlupfwinkel und Nahrung auf verhältnismäßig engem Raum. So können die Tiere, die ausgeglichenere Temperaturverhältnisse als in der offenen Flur oder im Wald benötigen, in einem Feldgehölz sehr gut leben. Diese „Klein-Biotope" können auch dazu beitragen, daß Nützlinge sich von hier ausbreiten und die Entwicklung von Kulturschädlingen in Grenzen halten.

1.1.1 Erhaltung und Schutzmaßnahmen

Um die Lebensbedingungen für die Tierwelt zu erhalten und dabei den Pflanzenbestand zu sichern, ist es notwendig, daß Gehölze in gewissen Zeitabständen verjüngt werden. Aufgrund der Lebensweise von bestimmten Tieren (z. B. das Brutverhalten von Vögeln) sind Altbestände (15 bis 20 Jahre) vereinzelt im Gehölz zu belassen. Entscheidend ist auch, daß der Staudensaum nicht überwuchert wird.

Bei Neuanpflanzungen bzw. Anpflanzungen sollten ausschließlich standortgerechte Arten verwendet werden, damit sich die Begleitflora solcher Gehölzabschnitte schneller ausbreiten kann. Eine Verjüngung durch „Auf den Stock setzen" hat sich als sehr vorteilhaft erwiesen.

Die Gehölze in der Landschaft dienen auch dem Wild (Hasen, Fasanen und Rebhühnern) als Deckung

Abb. 28. Gehölzdurchsetzte Landschaft.

und Nahrungsquelle, wenn die Saumzone nicht beeinträchtigt ist.

Gehölze prägen außerdem oft die Landschaft durch Einzelbäume, Bepflanzungen an Bachläufen, Wegen und Straßen, aber auch durch gegliederte Flächen in der Flur und Geländeabstufungen.

Das bedeutet, daß zusammenhängende Landschaftsgebiete nicht nur gepflegt werden müssen, sondern auch durch Ergänzungen des vorhandenen Bestandes und durch Neuanpflanzungen erweitert werden sollten. Neuanpflanzungen könnten durchaus auf Ausschlußflächen wie Feldrainen oder Böschungen oder auf Nebenflächen wie Ödland angelegt werden. Welche Arten für Pflanzungen ausgewählt werden können, zeigt die Tabelle 3.

1.2 Der Acker

Der Konflikt zwischen dem Naturschutz (Artenvielfalt) und der Landwirtschaft (optimale Erträge) ist be-

sonders bei der Unkrautregulierung deutlich. Dabei geht es um die Frage, ob man auf den Äckern jeglichen Bestand an Unkräutern entfernen soll oder ob man in einem gewissen Umfang außer den Kulturpflanzen noch andere Pflanzen dulden kann.

1.2.1 Unkraut

Zum Unkraut zählt man alle Pflanzen, die auf dem Standort einer Kulturpflanze unerwünscht sind. Das bedeutet, daß durchaus auch Kulturpflanzen, wie z. B. die Gerste in Rapsbeständen, zum Unkraut zählen können.

Ein Ertragsrückgang durch Unkräuter und Ungräser ist experimentell nachgewiesen, da diese durch massenhaftes Auftreten mehr schaden als nützen. Das Unkraut wird also deshalb so bezeichnet, weil es ein direkter Nahrungskonkurrent der Kulturpflanze ist. Gerade bei Kulturen mit großem Reihenabstand, wie Kartoffeln, Rüben, Mais und Gemüse können sich die Unkrautfloren besonders stark ausbreiten.

Folgen der Unkrautbekämpfung

Heute wird das Unkraut vornehmlich mit chemischen Mitteln bekämpft. Gerade der Einsatz dieser Mittel führte zu wesentlich höheren Erträgen und hatte – besonders in den 60er Jahren – zur Folge, daß viele Flächen prophylaktisch behandelt wurden. Dies bewirkte nicht nur den Rückgang der Verunkrautung, sondern auch eine Veränderung der Unkrautflora.

Viele Unkräuter sind an bestimmte Kulturpflanzen gebunden, z. B. die Flachsnelke *(Silene linicola)* an den Flachsanbau oder die Kornrade *(Agrostemma githago)* an den Getreidebau, vornehmlich an Roggen. Die Samen solcher Unkräuter brauchen einen offenen, bearbeiteten Boden. Ähnlich ist es auch mit der Kornblume *(Centaurea cyanus)*, die zum Keimen und Wachsen den bearbeiteten Boden benötigt.

1.2.2 Die Verarmung der Ackerbiozönosen

Einige Ackerunkräuter sind in ihrem Bestand deutlich zurückgegangen. Die Unkräuter können nicht (wie oben beschrieben) auf allen Standorten wachsen, da sie spezifische Ansprüche stellen und bei nicht mehr bearbeitetem Boden durch andere ausdauernde Arten ersetzt werden. Gerade Standorte, die sehr steinig und trocken sind, werden für die landwirtschaftliche Produktion oft nicht mehr genutzt. Pflanzen dieses Standortes sind:

Rundblättriges Hasenohr *(Bupleurum rotundifolium)*, Venuskamm *(Scandix pecten-veneris)*, Einjähriger Ziest *(Stachys annua)*, Gelber Günsel *(Ajuga chamaepitys)*, Haftdolde *(Cancalis lappula)*, Schwarzkümmel *(Nigella arvensis)*.

Die Standorte haben sich auch durch intensive Anbaumethoden verändert. Verstärkte Düngung auf sauren und nährstoffarmen Böden, intensivere Bodenbearbeitung und Entwässerungsmaßnahmen haben vielen Unkräutern die Grundlagen für ein gutes Gedeihen genommen.

Pflanzen, die auf kalkarmen, nährstoffarmen, meist sandigen Standorten wachsen, sind:

Lammkraut *(Arnoseris minima)*, Begranntes Rauchgras *(Anthoxanthum aristertum)*, Weiches Honiggras *(Holcus mollis)*, Kleiner Vogelfuß *(Ornithopus perpusillus)*, Violettes Stiefmütterchen *(Viola tricolor)*.

Während die obengenannten Pflanzen auf den beiden extremen Standorten zurückgedrängt worden sind, haben sich auf den nährstofffreien, basengesättigten Ackerstandorten vor allem folgende Unkräuter und Ungräser ausgebreitet:

Hederich *(Raphanus raphanistrum)*, Klettenlabkraut *(Galium aparine)*, Ackerhohlzahn *(Galeopsis tetrahit)*, Echte Kamille *(Chamomilla recutita)*, Knöterich *(Polygonum-*Arten), Gemeines Kreuzkraut *(Senecio vulgaris)*, Ackerstiefmütterchen *(Viola arvensis)*, Vogelmiere *(Stellaria media)*, Weißer Gänsefuß *(Chenopodium album)*, Kleine Brennessel *(Urtica urens)*, Rote Taubnessel *(Lamium purpureum)*, Persischer Ehrenpreis *(Veronica persica)*, Kleinblütiges Franzosenkraut *(Galinsoga parviflora)*, Einjährige Rispe *(Poa annua)*, Windhalm *(Apera spica-venti)*, Ackerfuchsschwanz *(Alopecurus myosuroides)*, Flughafer *(Avena fatua)*, Quecke *(Agropyron repens)*.

1.2.3 Das Schadschwellen-Konzept

In den letzten Jahren wird immer mehr der „Integrierte Pflanzenbau" angewendet, d. h., es werden gezielte acker- und pflanzenbauliche Maßnahmen vorgenommen, bevor man Pflanzenbehandlungsmittel einsetzt. Für den Herbizid-Einsatz bedeutet dies, daß Mittel erst dann angewendet werden, wenn der zu erwartende, in Geld gemessene Schaden gleich oder höher als die Kosten für die Bekämpfung der Unkräuter ist (Schadschwellenprinzip). Die Schadschwelle liegt bei den einzelnen Arten unterschiedlich hoch, abhängig von wirtschaftlichen und biologisch-technischen Einflüssen, wie z. B. Mittelkosten, Risiken durch Herbizidanwendung, hohe Kosten durch Verunkrautung für die Reinigung oder Unkrautart, Getreideart, Düngung, Fruchtfolge.

Sehr stark schädigende Unkräuter sind Klettenlabkraut *(Galium alparine)*, Windenknöterich *(Polygonum convolvulus)* und Wicke *(Vicia tetrasperma)*, bei den Ungräsern Quecke *(Agropyron)* und Ackerfuchsschwanz *(Alopecurus)*.

Die wirtschaftliche Schadensschwelle zeigt Abb. 29: Die Anwendung der Schwellenwerte erfordert eine genaue Kenntnis der Unkräuter und Ungräser, wobei auch sehr kleine und gerade aufgelaufene Unkräuter erfaßt werden müssen. Hilfsmittel ist der „Göttinger Zählrahmen", der eine Fläche von $1/10$ m^2 umfaßt. Mit diesem kann man zuverlässig die Zahl der Unkräuter und Ungräser und deren Deckungsgrad ermitteln.

Die Schadschwellenmethode kann zwar Bekämpfungsmaßnahmen einschränken, wirkt aber nicht selektiv; mit den Unkräutern werden auch erwünschte seltene Arten vernichtet.

Sicher ist, daß der Pflanzenbau darauf ausgerichtet

Abb. 29. Der Göttinger Zählrahmen.

Wirtschaftliche Schadensschwelle

Es gelten z. B. folgende Werte:
- Windhalm: 10–20 Pflanzen/m^2
- Ackerfuchsschwanz 20–25 Pflanzen/m^2
- Zweikeimblättrige Unkräuter 50 Pflanzen/m^2
- Klettenlabkraut   max $0{,}5$ Pflanzen/m^2.

    oder
-   5% Unkrautdeckungsgrad oder
- 40 Unkrautpflanzen je m^2 oder
- 20 Ungraspflanzen je m^2 oder
-   1 Klettenlabkraut je $10\,$m^2.

bleibt, hohe Erträge bei verbesserten Methoden zu erzielen.

Optimale Pflanzenproduktion und ökologisch erwünschte Artenvielfalt sind nicht ohne weiteres miteinander vereinbar. Die heutigen Methoden der Landbewirtschaftung haben zur Verarmung der Arten geführt. Dies kann nur in geringem Umfang rückgängig gemacht werden.

Deshalb erscheint es sinnvoll, Flächen als Randstreifen von Getreidefeldern unbehandelt zu lassen, so daß sich Ackerwildkräuter wieder ansiedeln können. Einzelne Extensivierungsprogramme verschiedener Landesregierungen erlauben heute schon eine größere Artenvielfalt auf solchen Flächen. Gerade in den neuen Bundesländern bestehen große Chancen, einen Kompromiß zwischen intensiver Landwirtschaft und Ökologie zu wagen.

1.2.4 Landwirtschaftlich genutzte Flächen als Lebensraum

Feld, Acker und Feldrand

Auf den ersten Blick wirken Felder und Äcker in einer Zeit, in der die Landwirtschaft mancherorts aus Gründen der Effizienz ein Höchstmaß an Technisierung und Rationalisierung erreicht hat, wie leblose Kultursteppen. Doch auch diese Bereiche unserer Landschaft sind von Leben erfüllt. Auch hier findet sich ein Großteil des tierischen Lebens im oder am Boden – und ist nicht selten für die Bodengüte und den Ernteerfolg (und Mißerfolg) mitverantwortlich. So leben neben einer Vielzahl von Einzellern auch Nematoden (Fadenwürmer) im Boden, von denen manche Arten stickstoffreiche Abbauprodukte liefern und somit die Qualität des Bodens verbessern, während andere Arten wiederum als Phytoparasiten die angebauten Pflanzen befallen und somit Ernteschäden verursachen. Hierzu zählen die Vertreter der Gattungen *Heterodera* und *Meloidogyne*. Das lufterfüllte Lückensystem des Bodens wird u. a. von Milben und Springschwänzen bewohnt. Mit bloßem Auge deutlich zu erkennen sind schließlich Regenwürmer, Tausendfüßer, Hundertfüßer und die Larven vieler Zweiflügler und Käferarten, die sich teilweise räuberisch oder von pflanzlichen Abbauprodukten ernähren. Über der Erde dominieren bei den Wirbellosen vor allem Laufkäfer, Spinnen und räuberische Kurzflügler. Da der landwirtschaftlich genutzte Raum einem jährlichen Wandel (Ernte, Umpflügen, Fruchtwechsel etc.) unterworfen ist, haben es die genannten Wirbellosen, aber auch die hier lebenden Vögel und Klein-säuger sehr schwer, sich diesem anzupassen. Dies gilt in ganz besonderem Maße für die Bereiche, in denen Begleitstrukturen wie Feldgehölze, Feldhecken und Feldraine entfernt wurden.

An Viehweiden stellen die Weidezäune eine gewis-se Bereicherung der landwirtschaftlich genutzten Flä-chen dar, soweit die Zaunpfähle, wie früher allgemein üblich, aus Holz bestehen. Ähnlich wie die Totholz-bestände in Wäldern oder auf extensiv genutzten Streuobstwiesen bieten auch die alten Pfähle solcher Weidezäune ideale Nistmöglichkeiten für eine Reihe von Gliederfüßern. So wurden bei einer Untersu-chung in Oldenburg über 40 Arten von Grabwespen, Wegwespen, Faltenwespen, Goldwespen und Wild-bienen gezählt. Neben guten Nistmöglichkeiten bie-ten die Pfähle aber auch eine willkommene Möglich-keit zum Sonnenbad für die zuvor genannten Wild-bienen, Wespen usw. Für ein reichhaltiges Nahrungs-angebot sorgt außerdem der sich direkt anschließen-de Heckenbereich (HAESELER 1979, in TISCHLER 1980).

In weitaus stärkerem Maße als die Feldhecken sind jedoch deren angrenzende Ackersäume in ihrem Be-stand bedroht. Doch gerade solche Feld- und Acker-raine stellen, sofern sie nicht im Einflußbereich von ausgebrachten Herbiziden und Insektiziden liegen, ausgesprochen interessante Randbiotope dar. Hier trifft man normalerweise neben Eidechse, Igel, Maus-wiesel und Rebhuhn eine reichaltige, auf die Acker-begleitflora angewiesene Insektenwelt. Befürchtun-gen, gerade von hier würde eine Besiedlung der Feld-kulturen mit Nutzschädlingen ausgehen, sind eher unbegründet. Vielmehr dringen deren natürliche Feinde, z. B. Spinnen, Laufkäfer oder Marienkäfer, von hier aus (aber auch nur bis zu einer begrenzten Tiefe) ins Feld vor. Neben so prächtigen Tagfaltern wie dem Admiral, dem C-Falter, dem Kleinen Fuchs, dem Tagpfauenauge, dem Landkärtchen und dem Distel-falter sind vor allem eine Reihe gefährdeter Heu-schreckenarten auf diese Säume als Lebensraum, aber auch im Rahmen ihrer vernetzenden Funktion als Ausbreitungslinie angewiesen.

1.2.5 Neophyten – ein aktuelles Problem?

Neophyten sind Pflanzen, die bei uns in neuerer Zeit eingewandert sind und sich allmählich ausbreiten. So sind z. B. das Franzosenkraut *(Galinsoga parviflo-ra)*, das Frühlingskreuzkraut *(Senecio vernalis)*, der Persische- und der Faden-Ehrenpreis *(Veronica per-*sica, V. filiformis)*, die Strahlenlose Kamille *(Chamo-milla suaveolens)* und die Zarte Binse *(Juncus te-nuis)* als niedrig wachsende Neophyten fast unbe-merkt im 18./19. Jahrhundert eingewandert. Die großen Stauden, wie z. B. der Persische und Kaukasi-sche Bärenklau *(Heracleum persicum, H. mantegaz-zianum)* und die Stauden-Knötericharten *(Reynou-tria japonica, R. sacchalinensis)* einschließlich der Kanadischen Goldrute *(Impatiens glandulifera)* wurden teilweise als Gartenstauden bzw. als Wild- und Viehfutter angepflanzt. Sie waren zunächst nur vereinzelt in der Landschaft zu sehen, kommen aber heute flächendeckend vor.

Die Neubürger fassen dort Fuß, wo die regelmäßige Nutzung nachläßt. Auffällig ist dies besonders in Bachtälern entlang den Ufern, wo sich besonders die Herkulesstaude, das Indische Springkraut und der Staudenknöterich ausbreiten.

Die Neophyten sind gegenüber ihren heimischen Konkurrenten im Vorteil: diese Pflanzen haben vor-läufig keine Feinde, die sie fressen, und sind weniger krankheitsanfällig, da sie „Importware" sind, ohne ihre natürlichen Feinde mitzubringen. Die eingewan-derten Pflanzen zeichnen sich aus durch:
– optimale Anpassung,
– hervorragende Wüchsigkeit,
– enorme Samenproduktion,
– geringen Krankheitsdruck.

Andere „neue" Unkräuter sind das Erdmandelgras *(Cyperus esculentus)*, das selbst eine Begasung mit Methylbromid übersteht, die Gabelästige Hirse *(Pa-nicum dichtomiflorum)*, die dem Erdmantelgras sehr ähnlich ist, die Wilde Möhre *(Daucus carota)*, die durch das Atrazinverbot mehr und mehr zum Prob-lem wird, die Schönmalve oder Samtpappel *(Abuti-lon theophrasti)* oder die Aleppohirse *(Sorghum ha-lepense)*, die als wichtiger Winterwirt für das Maisver-zwergungsvirus gilt. Wie sich Unkräuter anpassen, zeigt der Feigenblättrige Gänsefuß *(Chenopodium fi-cifolium)*. Vor ca. 50 Jahren noch Spätkeimer, keimt diese Art heute sehr viel früher, d. h. ähnlich wie der Weiße Gänsefuß *(Chenopodium album)*, hat sich ho-hen Güllegaben angepaßt und sich sehr schnell aus-gebreitet.

Wie das Landschaftsbild zeigt, sind die Neophyten oft dort anzutreffen, wo Menschen eine geschlossene Vegetationsdecke verhindern. Diese gestörten Flä-chen sind Bauerwartungsland, Industriebrachen, Straßenböschungen, Lagerplätze, aber auch gehölz-freie Ufer, von denen die Unkrautsamen in Talauen

Abb. 30. Apfelbäume sind die wichtigsten Vertreter der Streuobstwiesen.

geschwemmt werden und sich in der freien Landschaft entfalten können. Eine Bekämpfung ist nur dann sinnvoll, wenn zu schützende Arten ernsthaft gefährdet sind.

Die Landesanstalt für Ökologie (LÖLF) gibt folgende Ratschläge:

– Ausbreitung durch Mahd in der Blüte verhindern,
– Wiederaufnahme der Nutzung auf Grünlandstandorten,
– Straßenseitenräume durch normale Pflegemaßnahmen kurzhalten,
– Aussetzen unbekannter Arten in heimische Ökosysteme vermeiden.

1.3 Streuobstwiesen

Streuobstwiesen haben sich seit dem 18. und 19. Jahrhundert aus Baumäckern entwickelt. Unterschiedliche Obstarten wurden auf den Äckern gepflanzt und wirtschaftlich genutzt. Dabei verzichtete man aber nicht auf die ackerbaulichen Kulturen wie Getreide oder Kartoffeln. Als die Nutzung des Ackers in Hanglagen und aufgrund der zahlreichen Bäume beschwerlicher wurde, suchte man ein einfacheres Verfahren, von diesen Flächen einen Gewinn zu erzielen und ersetzte den Acker durch Grünland. Dies war lange Zeit die traditionelle Form des Obstbaues. Der Begriff „Streu"-Obstwiese kommt von „verstreut" und spielt auf die unregelmäßige Anordnung und Zusammensetzung der Baumbestände an.

Die landeskulturelle Bedeutung

Der Streuobstbau ging seit 1950 stark zurück, da moderne Produktionsverfahren und der allgemeine Kostendruck den intensiven Obstbau mit seinen Niederstamm-Anpflanzungen förderte. Dadurch sind viele Rodungen erfolgt, weil wenig Interesse an der extensiven Nutzung solcher Kulturen bestand. Erst später erkannte man, daß die Streuobstwiesen landschaftsprägend sind und vielfältige Funktionen er-

füllen. Als Mischnutzung von Grünland und Obstbäumen sind sie ein wichtiger Bestandteil für die
Pflanzen- und Tierwelt. Darüber hinaus tragen Streuobstwiesen dazu bei, den Wind beim notwendigen
ungehinderten Luftaustausch zu bremsen und in
Hanglagen den Bodenabtrag und den unerwünschten
Nährstoffeintrag in Oberflächengewässer oder Sik-
kerwasser zu verhindern.

Die Streuobstlandschaften sind auch Erholungs-
räume, da die vom Streuobstbau geprägten Gebiete
die Vielfalt einer Kulturlandschaft eindrucksvoll zeigen, um so mehr, als die Obstwiesen eine ökologisch
wichtige Übergangszone von ländlichen Siedlungen
zur offenen Landschaft darstellen. Hier zeigt sich die
Vielfalt der Flora und Fauna besonders deutlich. Der
Artenreichtum ist gekennzeichnet durch den Unterwuchs mit vielen Kräutern und Leguminosen, wie
z. B. Wiesensalbei, Margerite, Veilchen, Witwenblu-
me, Klee- und Wickenarten. Der Grasaufwuchs wird
bestimmt durch die vorherrschenden Klima- und Bodenverhältnisse. Die Wiesen mit der verhältnismäßig
dichten Grasschicht und den einzelnen oder in Gruppen stehenden Obstbäumen bieten vielen Tierarten
Lebensraum im Boden, im Unterwuchs, an alten
Baumstämmen mit Höhlen, im Totholz oder in den
Baumkronen. In diesen ökologischen Nischen können sich viele, auch seltene Tiere entfalten, z. B. Gartenschläfer, Haselmaus, Steinkauz, Fledermaus, Wiedehopf, Wendehals, Rotkopfwürger, verschiedene
Käferarten und Schmetterlinge. Es hat sich gezeigt,
daß die intensiv genutzten Obstplantagen mit Nied-
rigstämmen und den aufwendigen Pflegemaßnahmen
in ökologischer Hinsicht keinen Ersatz für die Streuobstwiesen darstellen.

Pflegemaßnahmen
Da Obstbäume – selbst bei „pflegeleichtem" Streuobst
– Kulturpflanzen sind, benötigen sie ein Mindestmaß
an Pflege und Erhaltung, um sich artgerecht entwik-
keln zu können. Immerhin handelt es sich bei Obstwiesen um Kulturen von langer Lebensdauer, je nach
Obstart und Sorte von über 75 Jahre bis 200 Jahre.

Gerade in den ersten Jahren nach der Neupflanzung ist eine besondere Pflege erforderlich:
– Jeder Baum benötigt einen Pfahl zur Standsicherheit (in einer Baumscheibe von ca. 1,5 m Durchmesser).
– Die Baumscheibe sollte von übermäßigem Kraut-
  bzw. Grasbewuchs freigehalten werden.
– Der Stamm ist gegen Wildverbiß zu schützen.

Abb. 31. Zahlreiche Höhlenbrüter sind auf die Faulstellen in
Bäumen angewiesen.

– Ein regelmäßiger Schnitt für einen ausgewogenen
  Kronenaufbau ist notwendig. Schnittwunden sind
  evtl. mit Wundverschlußmitteln zu behandeln.
– Das Kurzhalten des Unterwuchses durch Mähen
  oder Beweiden verhindert eine schnelle Verbuschung der Flächen.
– Die Düngung sollte stark eingeschränkt sein, da
  eine magere Wiese die Artenvielfalt erhöht. Grenz-
  werte liegen bei 0,08 % bis 0,10 % Gesamt-Stick-
  stoff.
– Beim Pflanzenschutzeinsatz (nur in den ersten Jahren) sollten biologische bzw. biotechnische Verfahren bevorzugt werden. Es müssen regelmäßige
  Kontrollen auf Krankheits- und Schädlingsbefall
  stattfinden.

Weitere Pflegemaßnahmen

- Ersatzpflanzungen für abgängige Bäume zur Sicherung der Bestände erreichen einen Anteil von 10 % (1. bis 5. Standjahr).
- Ersatzbäume sollen robust, wenig pflegebedürftig und die Früchte verwertbar sein.
- Um das Kronengerüst tragfähig zu halten, reicht ein Erhaltungsschnitt im Abstand von vier bis sechs Jahren, solange die Durchlüftung der Krone gewährleistet ist.
- Die Düngung sollte ab dem 10. Standjahr eingestellt werden. In Zweifelsfällen hilft eine Bodenuntersuchung.
- Höhlen, Astquirle und Totholz sind wichtige Wohnorte für Höhlenbrüter und Insekten und sollten unbedingt auf der Streuobstwiese belassen werden.
- Ein Umbruch von Wiesen und Weiden unter den Obstbäumen schadet dem natürlichen Aufwuchs und sollte unterlassen werden.

Geeignete Obstarten

Zu empfehlen sind nur Hochstämme starkwüchsiger Obstarten, die als Verwertungsobst geeignet sind. Hierzu gehören Äpfel, Birnen, Kirschen, Pflaumen und Zwetschgen. Oft werden alte Lokalsorten bevorzugt, da sie gegenüber Krankheiten, Schädlingsbefall und Witterungseinflüssen sehr widerstandsfähig sind. Der Pflanzabstand sollte mindestens 10 m betragen, doch variabel durchgeführt werden, um ein monotones Bild zu vermeiden.

Außer diesen Obstarten können (nach LUCHE 1985) noch folgende für die entsprechenden Standorte genannt werden:

- **Brennkirsche**: möglichst in spätfrostsicheren Lagen bis zu 600 m über NN;
- **Walnuß**: nur in warmem Klima bis 500 m über NN in spätfrostgeschützten Lagen;
- **Speierling** (kalkreiche Böden), **Eßkastanie** (saure Böden) und **Maulbeeren** in Einzelexemplaren in warmen Gebieten;
- **Vogelkirsche** und **Mispelbaum** in Höhengebieten.

Streuobstwiesen erhalten

In vielen Ländern, Kreisen und Gemeinden sind regionale oder lokale Fördermaßnahmen eingeleitet worden. Darüber hinaus sind Obst- und Gartenbauvereine, Naturschutzverbände und einzelne Bürgervereinigungen aktiv, die über Informationen, Beratungen und Durchführung von Pflanzaktionen eine langfristige Pflege und Erhaltung von Obstwiesen garantieren. Die Aktionen können sich auf Grundstücke mit Eigen- und Fremdnutzung bis hin zu einem einzelnen Baum („rent-a-tree") erstrecken. Weil der wirtschaftliche Ertrag sehr gering ist, muß die Übertragung der Nutzung an Dritte angeboten werden, um Rodungen, Aufforstungen oder Verbuschungen zu vermeiden.

1.3.1 Streuobstwiesen als extensiver Lebensraum

Streuobstwiesen stellen innerhalb der Sonderkulturen (Wein, Tabak, Spargel etc.) eine extensive Form der Landnutzung dar. Dies bedeutet auch, daß der Lebensraum Streuobstwiese im Laufe eines Jahres im Vergleich zu anderen Nutzungsformen, wie z. B. Äkkern und Feldern, nur relativ geringe Eingriffe zu verkraften hat. Somit sind auch für besonders störanfällige Arten nahezu gleichbleibende Lebensbedingungen gewährleistet. Es handelt sich hier um einen Lebensraum, der in seiner Komplexität und Bedeutung Standorten wie Waldrändern oder Feldhecken ähnelt. Nicht zuletzt ist hierfür das reichhaltige Nahrungsangebot ausschlaggebend. Eine außerordentliche Vielzahl von Blüten in den Bäumen, aber auch am Boden in der Krautschicht, wird im Verlauf der Jahreszeiten vom heranreifenden und schließlich zum Teil in Fäulnis übergehenden Obst abgelöst oder ergänzt.

Birnen-, Pflaumen-, Kirsch- und Apfelbäume waren bis Ende der 50er Jahre in einer Vielzahl verschiedener Züchtungen landschaftsprägende Elemente unserer Ortsrandlagen. Entweder in Form von Streuobstwiesen oder auch entlang von Landstraßen stellten sie wichtige Lebensräume und Ausbreitungslinien für heute selten gewordene Vogelarten wie den Wendehals, die Turteltaube, den Steinkauz, den Neuntöter, den Raubwürger, den im Vergleich zum Hausrotschwanz wesentlich selteneren Gartenrotschwanz, den Wiedehopf, den Schwarzstirnwürger und den Rotkopfwürger dar.

Auch Schmetterlinge und andere Insekten sind zum Teil auf ganz bestimmte Biotopstrukturen und Futterpflanzen angewiesen. Gezielter Habitatschutz gewährleistet auch hier den Erhalt gefährdeter Lebensräume.
Oben links: Schmetterlingshaft (räuberischer Netzflügler der warmen Trockenstandorte, zum Beispiel Weinberge).
Oben rechts: Russischer Bär (Trockenstandorte).
Mitte links: Perlgrasfalter (Trockenstandorte).
Mitte rechts: Aurorafalter (feuchte Wiesen und Waldränder).
Unten links: Kleiner Sonnenröschenbläuling (Trockenstandorte).
Unten rechts: Nierenfleckzipfelfalter (Waldrand).

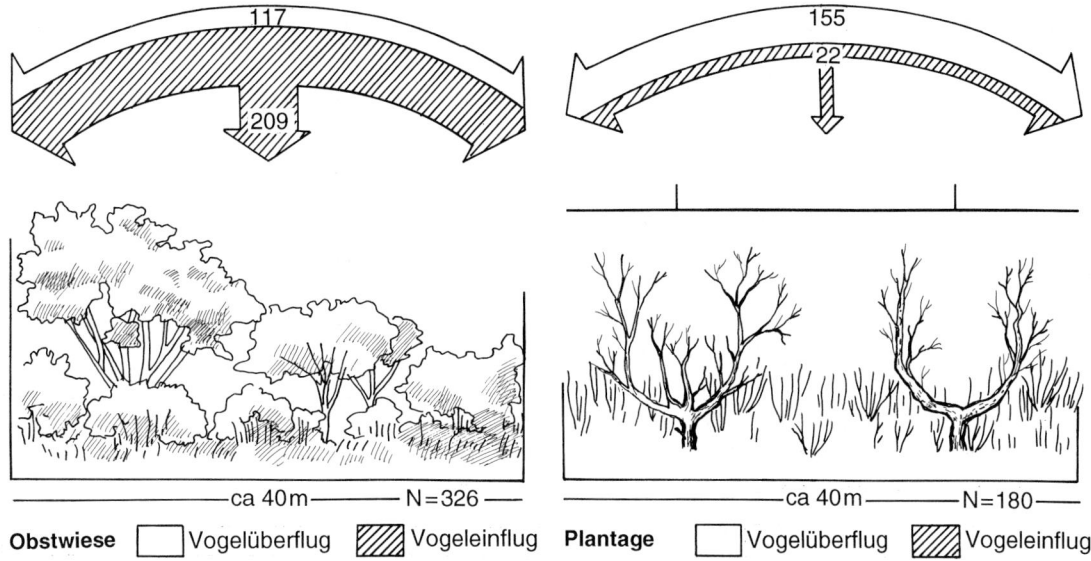

Abb. 32. Vogelüber- und -einflug bei intensivem und extensivem Obstbau.

Der Buntspecht zählt wie die meisten anderen der bereits genannten Vogelarten zu den Höhlenbrütern, die auf dicke Stämme und morsche Äste bzw. Stümpfe von Obstbäumen als Brutplatz angewiesen sind. Während er jedes Jahr neue Höhlen anlegt, profitieren die anderen Höhlenbrüter oft von seinen alten, verlassenen Bauten. Nicht zuletzt dienen solche Höhlen in alten morschen Bäumen unseren vom Aussterben bedrohten einheimischen Fledermäusen (z. B. dem Abendsegler und der Bechsteinfledermaus) als Winterquartier.

Zur Nahrung von Vögeln und Kleinsäugern (Fledermaus, Igel, Sieben- und Gartenschläfer, Iltis und Wiesel) zählt neben den Früchten vor allem der unglaubliche Reichtum an Gliederfüßlern und deren Larven, die sowohl am Baum und unter der Borke als auch am Boden von Fallobst, Laub, Holz und Blütennektar leben. Besonders auffällig sind hier große Populationen von Schmetterlingen (z. B. Admiral, Abendpfauenauge, Schillerfalter, Schwalbenschwanz und Bläulinge) oder Hummeln und Syrphiden (Schwebfliegen).

Sogenanntes **Totholz** in Form von abgestorbenen Ästen oder liegengebliebenem Schnittgut wird von den stark bedrohten Wildbienen, aber auch von einer Vielzahl von Käfern (Bockkäfer, Hirschkäfer, Rindenkäfer u. v. m.) und anderen Arthropoden, wie gefährdeten Ameisenarten, Tausendfüßern, Hundertfüßern, Asseln, Milben und Spinnen aufgesucht. Zu einer weiteren Bereicherung dieses Lebensraumes tragen **Steinlesehaufen** bei. Hier finden besonders wärmeliebende Tiere wie z. B. Zaun- und Mauereidechsen eine günstige Kombination von Aufwärmplatz und Nahrungsangebot.

Eine besondere Gefahr für die Existenz von Streuobstwiesen ist die Nutzungsaufgabe oder der Übergang zu intensiv bewirtschafteten Niederstammkulturen oder Obstbaumplantagen. Neben einem wesentlich höheren Einsatz von Pestiziden (aufgrund der größeren Anfälligkeit der Bäume gegenüber Schädlingen) führt hier auch die verstärkte Düngung zu einer Verarmung des Lebensraumes.

Hochstämmige Obstbäume an Straßenrändern,

Sinnvoller Artenschutz ist nur durch den Habitatschutz zu gewährleisten. Ohne den entsprechenden Lebensraum ist die Existenz dieser Vogelarten bedroht.
Oben links: Mäusebussard (Waldrand).
Oben rechts: Wendehals (Waldrand, Streuobstwiesen).
Mitte links: Sumpfohreule (Feuchtstandorte).
Mitte rechts: Sperlingskauz (Wald).
Unten links: Braunkehlchen (offene Feuchtstandorte).
Unten rechts: Zippammer (offene Feuchtstandorte).

Tab 4. Empfehlung von Obstsorten für Obstwiesen und die freie Landschaft

	stark-wüchsig	Wuchs hoch-pyramidal	für Höhenlagen geeignet	Blüte-zeit	auch gutes Eßobst E Verwertungs-obst V	Genuß-reife (Monate)
Äpfel: Unterlagen: Apfel-Sämling oder starkwachsende Typunterlagen						
Biesterfelder Renette (W)	+			m	E V	9–11
Bittenfelder Sämling	+	+	+	s	V	–
Bohnapfel	+	+	+	m	V	2–5
Dülmener Rosenapfel (W)	+		+	f	E V	10–12
Grahams Jubiläumsapfel (W)				s	E V	10–12
Graue Französische Renette	+		+	m	E V	12–3
Hauxapfel (W)	+	+	+	m	V	11–2
Jakob Lebel	+		+	m	E V	10–11
Kaiser Wilhelm	+		+	m	E V	12–3
Kardinal Bea (W)	+		+	m	E V	11–3
Luxemburger Renette	+		+	m	V	2–6
Rheinischer Krummstiel	+			s	E V	11–3
Rheinische Schafsnase			+	m	V	10–12
Riesenboikenapfel	+		+	m	E V	1–6
Roter Bellefleur			+	s	E V	1–5
Rote Sternrenette	+	+		ss	E	11–2
Roter Trierer Weinapfel	+		+	s	V	–
Schöner aus Boskop	+			f	E V	12–3
Schöner aus Nordhausen	+	+	+	m	E V	12–4
Winterglockenapfel (W)		+		s	E V	1–5
Winterrambur	+		+	s	V	1–5
Birnen: Unterlage: Birnen-Sämling						
Doppelte Philippsbirne (W)		+	+	f	E V	9–10
Gellerts Butterbirne	+	+		m	E V	10
Gute Graue	+	+	+	s	E V	9–10
Köstl. aus Charneu	+	+	+	f	E	10–11
Neue Poiteau	+	+	+	m	E V	10–11
Speckbirne	+	+	+	m	V	10–11
Westf. Glockenbirne (W)						
Süßkirschen: Unterlage: Vogelkirschen-Sämling						
Große Schwarze Knorpel-kirsche	+	+		m	E	7
Hedelfinger Riesenkirsche	+	+	+	m	E	6–7
Schneiders Späte Knorpel-kirsche	+	+	+	m	E	7
Vogelkirschen-Sämling (wurzelecht)	+	+	+	f	V	7

Blütezeit: f = früh, m = mittel, s = spät, ss = sehr spät, W = nur für Westfalen

	stark-wüchsig	Wuchs hoch-pyramidal	für Höhenlagen geeignet	Blüte-zeit	auch gutes Eßobst E Verwertungs-obst V	Genuß-reife (Monate)
Pflaumen/Zwetschgen: Unterlagen: Prunus-myrobalana-Sämling oder „Hauszwetsche"						
Große Grüne Reneklode	+			m	E	9
Hauszwetsche (großfrüch-tiger Typ)		+	+	s	E V	9–10
Wangenheims Frühzwetsche	+		+	s	E	8–9
Walnüsse: Unterlagen: Juglans nigra oder Juglang regia						
Alle gängigen Sorten	(+)		(+)	f–s	E	9–10
Walnuß-Sämlinge (wurzelecht)	+		+	f–s	E	9–10

Blütezeit: f = früh, m = mittel, s = spät, ss = sehr spät, W = nur für Westfalen

Geeignete Bezugsquellen für Obstbäume empfehlen die Landwirtschaftskammern.

aber auch eingegliedert in Streuobstwiesen, dienen unseren einheimischen Greifern als Ansitzwarte und den meisten der anderen Vögel als Singwarte.

Neben einer meist im Ortsrandbereich verstärkten Bautätigkeit, den Folgen der Flurbereinigung, der Umwandlung in intensiv genutzte Niederstammkulturen, dem Straßenbau und der Anlage von Freizeiteinrichtungen muß man auch die Nutzungsaufgabe und die damit verbundene Einstellung von Pflegemaßnahmen, deren Folge eine Verbuschung und Überalterung der Bestände ist, zu den Hauptgefährdungen für diesen wichtigen Biotoptyp zählen.

1.4 Flora und Fauna der Weinberge

Weinberge werden zu den einheimischen Sonderkulturformen gezählt, die einer intensiven Bewirtschaftung unterliegen. Da der Wein besonders gut auf südexponierten und damit sonnenreichen Hängen gedeiht, wurden bereits sehr früh solche Hänge bis hin in die obersten Lagen in Kultur genommen. Es waren dann aber auch gerade diese steilen, oft schwer zugänglichen und zu bearbeitenden Lagen, die als erstes wieder brach fielen. Im Gegensatz zu anderen Standorten setzte hier jedoch aufgrund der extremen Bedingungen nur sehr schleppend eine Sukzession ein. Somit gab es im Rahmen des Weinbaus von jeher wertvolle und ungestörte Biotope besonders für seltene wärmeliebende Pflanzen und Tiere.

Die große Arten- und Strukturvielfalt von Weinbergen ergibt sich aus der Abwechslung von bewirtschaf-teten Flächen und Brachen, von schluchtwaldartigen Teilen und trockenen Rippen, von Hecken und Gebüschen sowie von kleineren Strukturen wie den **Trockenmauern** und den **Steinlesehaufen** (bzw. **Steinwällen** oder auch **Steinriegeln**).

Zu den typischen Vertretern der Weinbergflora gehören Pflanzen der Felssteppen (in den Trockenmauern) genauso wie Pflanzen der feuchten Felsstandorte (an feuchten Mauerfüßen oder in der Nachbarschaft zu feuchteren Schluchten und Hohlwegen). Bei der Zusammensetzung der Krautflora dominieren vor allem Arten südlicher Länder. Besonders auffällig sind jedoch seltene spezialisierte Zwiebelgewächse, wie z.B. Wilde Tulpe *(Tulipa sylvestris),* Weinbergslauch *(Allium vineale),* Traubenhyazinthe *(Muscari racemosum),* Nickender Milchstern *(Ornithogalum nutans)* und Runder Lauch *(Allium rotundum)* (PLACHTER 1990). Als Vertreter der einheimischen Orchideen sind die Bocksriemenzunge *(Himantoglossum hircinum)* und manche *Ophrys*-Arten (Ragwurz) zu nennen. Oft gibt es auch Übergänge zu Pflanzengesellschaften direkt angrenzender Felsheiden, trockener Buschwälder oder Magerrasen.

Neben einem intensiven Herbizid-Einsatz und wenig schonenden Formen der Bodenbearbeitung sind vor allem die Folgen von Flurbereinigungsmaßnahmen und die oftmals in deren Folge einsetzende Erosionserscheinungen Gründe für einen dramatischen Artenrückgang. Hier sei vor allem auf das sogenannte „Hobeln" von Weinbergen hingewiesen, bei dem kleinere, reich strukturierte Anbauflächen zu großen, zum Berg hin abfallenden, strukturarmen Rebflächen umgewandelt werden. Da die sich bildende Kaltluft aufgrund der veränderten Reliefform oft nicht mehr abfließen kann, kommt es des öfteren zur Ausbildung von „Kaltluftseen" mit entsprechenden Frostschäden an der Vegetation.

Bei den tierischen Bewohnern der Weinberge handelt es sich i. d. R. um Vertreter trockener Standorte. Unter den Vogelarten sind vor allem zur Erntezeit besonders stark Amseln und Stare vertreten. Hinzu treten Kohl- und Blaumeise, Girlitz, Grünling und Ringeltaube, die aber auch an vielen anderen Standorten zu finden sind. Seltener und stärker auf den Lebensraum Weinberg spezialisiert sind hingegen die vom Aussterben bedrohte Zippammer und Ortolane. Als Vertreter der Säugetiere sind gelegentlich Igel und Schermäuse anzutreffen, für deren Aufenthalt und Überwinterung auch kleinere Strukturen, z. B. Rebbündelhaufen, wichtig sind. Weinberge sind aber auch der Lebensraum vieler seltener oder zunehmend gefährdeter Landschnecken. Unter ihnen sind die Gehäuseschnecken ganz besonders stark vertreten. Als eine der bekanntesten, früher häufigen, mittlerweile aber gefährdeten Arten sei stellvertretend die Weinbergschnecke *(Helix pomatia* L. und ihre kleinere Artverwandte *Helix aspersa* L.) erwähnt.

Der Standort **Trockenmauer** ist u. a. ein sehr wertvolles **Refugium** unserer bedrohten einheimischen Reptilienarten. In ihrer Beschaffenheit bieten Trockenmauern ganz ähnliche Lebensbedingungen wie **Felsstandorte** oder **Lesesteinwälle**. Neben Nistmöglichkeiten für wärmeliebende Insekten, wie z. B. Wildbienen, Ameisen, Grab- und Töpferwespen, bieten besonders die sonnenexponierten Stellen Bruthabitate für Vögel und Eidechsen (z. B. Mauereidechse) und auch Nahrungsreservoir für den Wendehals als Ameisenfresser, den Steinschmätzer und den Hausrotschwanz (BLAB 1986).

Es dürfte wohl einleuchtend sein, daß der Ersatz einer Trockenmauer durch eine Betonwand oder das nachträgliche Verfüllen der offenen Fugen mit Mörtel für die meisten hier lebenden Arten zu einem Verlust ihres Habitats führt. Vorrangige Ziele sind der Erhalt bestehender Trockenmauern sowie entsprechende Neuanlagen, die die obengenannten Vorgaben (Hohlräume, bodengefüllte Fugen etc.) erfüllen. Bei bestehenden Betonmauern in Süd- bis Südwestexposition wäre das Anbringen von **Drahtschotterkörben** empfehlenswert.

Die Bedeutung und Artenvielfalt von Weinberg-

standorten steigt in gleichem Maße, wie die Anzahl kleiner und mittlerer integrierter Biotope (z. B. Trockenmauer, Reisighaufen, Steinlesehaufen etc.) oder benachbarter größerer Strukturen (Waldränder, Obstwiesen, Schluchtwälder etc.) zunimmt.

1.5 Knicks oder Wallhecken

Geschichtlich gesehen waren es die nach der Aufhebung der Feldgemeinschaften bestehenden Bestimmungen, durch die die Bauern gezwungen wurden, ihre Felder einzukoppeln. Dies geschah damals durch die Entnahme von Pflanzgut in der nächsten Umgebung. Für das nördliche Deutschland, vor allem für Schleswig-Holstein, sind diese Wallhecken ein landschaftsprägendes Element. Aber auch in anderen Teilen Europas, zum Beispiel der nördlichen Bretagne, stoßen wir häufig auf die sogenannten Knicks, nicht zuletzt auch wegen ihrer Bedeutung als **Windschutzpflanzungen**. Bis zum Dreißigfachen ihrer Höhe schützen diese Hecken das dahinter liegende Land vor der Windeinwirkung und damit vor Erosion. Darüber hinaus bilden sie ein eigenes Ökosystem mit einer artenreichen Pflanzen- und Tierwelt, das eine nachhaltige positive Wirkung auf den Naturhaushalt ausübt. Das Land Schleswig-Holstein hat sie deshalb durch das **Landschaftsschutzgesetz** geschützt.

In ihrer ökologischen Wirkung lassen sich die Knicks mit den Waldrändern vergleichen. 7000 verschiedene Tierarten sind in den schleswig-holsteinischen Knicks bestimmt worden; in einer einzelnen Wallhecke können 1600 bis 1800 Tierarten vorkommen (Angaben des Landesamtes für Naturschutz und Landschaftspflege Schleswig-Holstein). Eine besondere Bereicherung stellt die große Anzahl der Singvögel dar, die in Knicks ihre Brutplätze finden (30 Vogelpaare auf einen Kilometer Knicklänge). Im Hinblick auf die Vernetzung von Biotopen kommt dem engen Netz von Knicks eine besondere Bedeutung zu.

Neuanlage, Verpflanzung und Pflege von Knicks

Bei der Neuanlage von Knicks orientiert man sich an alten Erfahrungen. Wie früher errichtet man einen Wall von etwa 1,50 m Höhe und 2,50 m Sohlenbreite, dessen Böschung durch den Einbau von einzelnen Steinen gesichert wird. Anschließend deckt man sie mit Soden ab. Der Boden für den Wall wird seitlich entnommen, wodurch Gräben entstehen. Die Oberfläche des Walls erhält eine leichte Mulde. Im Abstand von 50 cm wird dann der Wall bepflanzt, jeweils

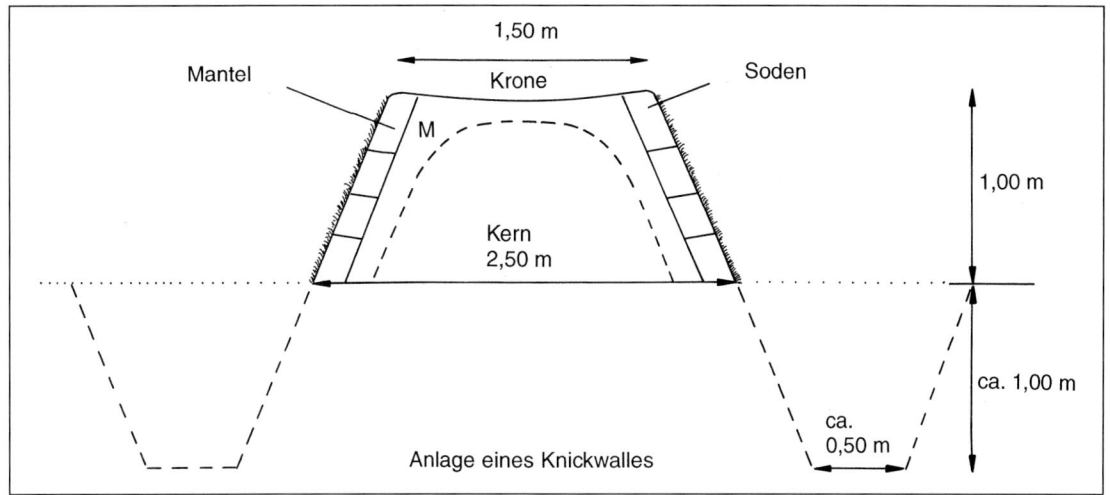

Abb. 33. Anlage eines Knickwalls.

mit mehreren Pflanzen einer Art als Gruppe. Auch wegen der späteren Pflege (Stockschnitt) empfiehlt sich eine zweireihige Pflanzung.

Falls durch Flurbereinigungsmaßnahmen, neue Straßenführungen oder dergleichen ein Knick weichen muß, kann man ihn umsetzen (siehe Kapitel B1.1.1). Bei der Neubepflanzung kann man sich bei der Pflanzenauswahl an den Tabellen (Bäume und Sträucher für Waldsäume) orientieren. Selbstverständlich hat man hierbei die Standorte, zum Beispiel feucht oder trocken, bzw. die Bodenverhältnisse zu beachten. Die Pflege der Knicks besteht aus dem **Stockschnitt**, der etwa alle zehn Jahre erfolgen sollte. Dabei werden alle Gehölze auf etwa 10 bis 15 cm zurückgeschnitten. Bei doppelreihigen Knicks geschieht das am besten im Wechsel von jeweils fünf bis sechs Jahren. Somit bleibt die Hälfte der Gehölze zum Schutz der Tierwelt, aber auch als Windschutz stehen. Bei dem radikalen Rückschnitt läßt man einzelne Bäume im Abstand von 20 bis 50 Metern stehen, sogenannte **Überhälter**. Zum Schutz brütender Vögel darf der Stockschnitt nur in der Zeit vom 15. September bis 15. März erfolgen. Das Holz muß sofort entfernt werden, damit sich keine Tiere einnisten können.

1.5.1 Knicks als Lebensraum

Früher als Eingrenzung und Windschutz für Felder und Äcker angelegt, gehören Feldhecken mit den dazugehörigen Ackerrandstreifen zu den wohl ökologisch bedeutsamsten Verbundsystemen unserer Kulturlandschaft. Innerhalb der Hecken und in ständigem Austausch mit der Umgebung bieten sie einer beeindruckend großen Zahl von Pflanzen und Tieren ganz unterschiedliche ökologische Nischen. Gründe hierfür sind spezielle Verhältnisse von Temperatur, Feuchtigkeit, Schutz vor Wind und Feinden, die sich selbst innerhalb der Hecke von innen nach außen ständig ändern. Neben Gliedertieren (z. B. Insekten, Spinnen, Käfern etc.) fällt besonders der Reichtum an Schnecken und Vögeln auf. Besonders letztere finden in Feldhecken gute Versteck- und Nistmöglichkeiten, günstige Spähplätze und ein reichhaltiges Nahrungsangebot sowie ein geschütztes Winterquartier (TISCHLER 1980).

Zu den typischen Vertretern heckenbewohnender Vögel zählen u. a. Dorngrasmücke, Heckenbraunelle, Neuntöter, Goldammer, Grauammer, Getreide- und Gartengrasmücke, Fitis, Raubwürger, Amsel und Gelbspötter. Ehemalige Bewohner der norddeutschen Knicks, wie die Sperbergrasmücke, der Raubwürger und der Wendehals, sind dort nicht mehr anzutreffen, während Weidenmeise, Mäusebussard, Sing- und Misteldrossel neu hinzugekommen sind.

Auf Samen als Nahrung spezialisiert sind z. B. Gimpel, Kernbeißer und Bergfink, während Eichelhäher und Tannenhäher Nüsse, Drossel, Grasmücke und Gimpel Beeren, Kuckuck, Blaukehlchen, Rohr- und

Abb. 34. Lebendversetzung einer Wallhecke.

Laubsänger Insekten als Nahrung bevorzugen. Beim Brüten unterscheiden sich solche Arten, die über dem Boden (Strauch oder Baum) brüten, wie z. B. Mäusebussard, Turmfalke, Dorngrasmücke und Elster von denen, die am Boden brüten, wie z. B. Rebhuhn, Fasan, Feldschwirl und Nachtigall. Auch die Nahrungssuche kann sich sowohl in als auch außerhalb der Hecke vollziehen.

Als typische Vertreter unter den Kleinsäugern sind Igel, Feldmaus, Mauswiesel, Feldhase und andere Kleinnager zu nennen, die hier u. a. Schutz vor den Greifvögeln (z. B. Mäusebussard) finden, die wiederum dieselbe Hecke als Ansitzwarte bei ihrer Jagd benutzen.

Je breiter Feldhecken sind, desto größer ist auch ihre Arten- und Individuenzahl. Dies gilt besonders für Kreuzungspunkte zweier Hecken und Feldwege, die auf beiden Seiten von Feldhecken gesäumt werden (in Norddeutschland auch Doppelknicks genannt).

2 Stadtökologie

Der Begriff „Stadtökologie" wird häufig unter zwei Gesichtspunkten gesehen: 1. Welche Bedeutung hat das innerstädtische Grün für den Menschen. 2. Welche Lebensbedingungen finden Pflanzen und Tiere in der Stadt.

In den Städten durchgeführte Biotopkartierungen geben Aufschluß, in welchem Maße die Stadt zum Lebensraum für Pflanzen- und Tierarten geworden ist. Dabei spielen die extremen Standorte eine besondere Rolle. Von extremen Standorten ist immer dann die Rede, wenn sich bestimmte Wachstumsfaktoren im Minimum oder Maximum befinden, z. B. Trockenheit, Feuchtigkeit, Nährstoffmangel oder Nährstoffüberschuß usw. Standorte, die aufgrund ihrer natürlichen Entstehung extreme Wachstumsbedingungen bieten, wie Dünen, Marsche, Heidegebiete oder Gebirgslagen, sind bereits – soweit sie für landschaftsge-

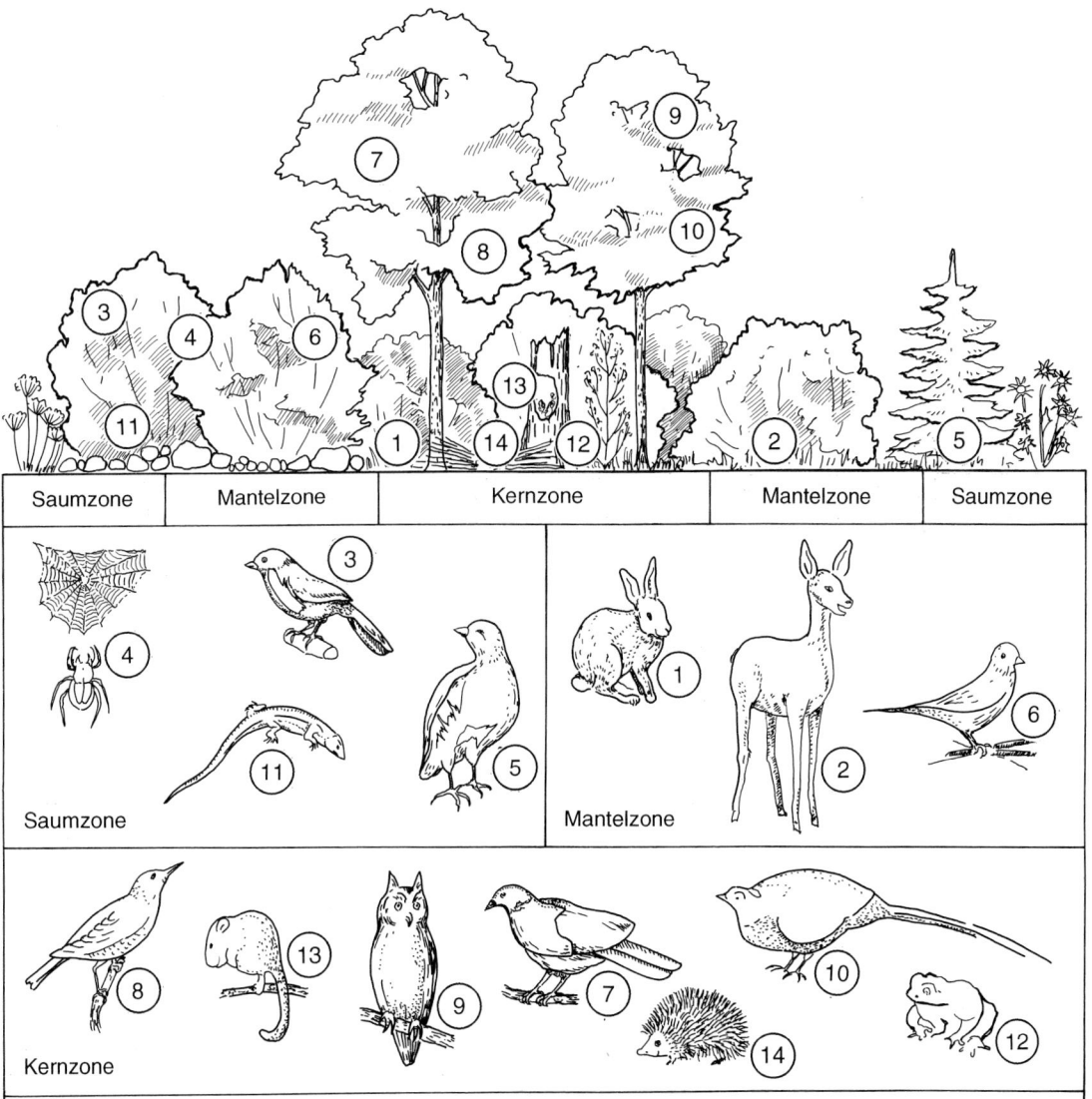

Abb. 35. Querprofil Lebensraum Hecke und tierökologische Funktionen.

1 Deckung für Niederwild (z.B. Hase)
2 Äsung für Niederwild (z.B. Reh)
3 Sitzplätze für Lauerjäger (z.B. Raubwürger)
4 Dickicht für Fallensteller (z.B. Kreuzspinne)
5 Nistplätze für Bodenbrüter (z.B. Rebhuhn)
6 Nistplätze für Buschbrüter (z.B. Dorngrasmücke)
7 Nistplätze für Baumbrüter (z.B. Ringeltaube)

8 Baumhöhlen für Höhlenbrüter (z.B. Star)
9 Schlafplätze für Nachtaktive (z.B. Waldohreule)
10 Schlafplätze für Tagaktive (z.B. Fasan)
11 Sonnige Plätze für Reptilien (z.B. Zauneidechse)
12 Schattige Verstecke für Amphibien (z.B. Erdkröte)
13 Winterquartiere für Bilche (z.B. Haselmaus)
14 Lebensraum für Kleinsäuger (z.B. Igel)

Abb. 36. Der Neuntöter aus der Familie der Würger spießt seine Beute oft in Dornbüschen auf oder klemmt sie in Astgabeln ein („Schlachtbänke").

Abb. 37. Unser einheimischer Igel, ein gerngesehener Gast in Gärten und Parkanlagen, gehört auch zu den Bewohnern der Knicks.

stalterische Maßnahmen von Bedeutung sind – behandelt worden.

Nicht wenige Biotope mit extremen Bedingungen sind durch die Einwirkung des Menschen entstanden und tragen zur Bereicherung der städtischen Ökosysteme bei. Dazu zählen unter anderem Schuttplätze, Bahndämme, Industriebrachen oder Mauern und Straßenränder.

2.1 Sonderstandorte

Industrieflächen

Die Schwierigkeit, Pflanzengemeinschaften sicher einzuordnen, trifft vor allem auf Industrieflächen zu. Durch die Stillegungen ehemaliger Industrie- und Gewerbebetriebe haben sich sogenannte **Industriebrachen** entwickelt. Deren Nutzung bzw. Umwandlung führt häufig zu Konflikten. Wie Biotopkartierungen zeigen, können diese Flächen durchaus Rückzugsgebiete gefährdeter Pflanzen- und Tierarten sein. Die Auswertung verschiedener Stadtbiotopkartierungen des Ruhrgebietes hat ergeben, daß sie aufgrund der Vielzahl der gefährdeten Arten, die dort erfaßt worden sind, zu den wertvollsten Flächen im Stadtgebiet gehören. Von den registrierten Arten stehen 25 auf der Roten Liste des Landes NRW, von denen fünf Arten in die Rote Liste der BRD aufgenommen worden sind: die Ackertrespe *(Bromus arvenis)*, der Hirschsprung *(Corrigiola litoralis)*, der Ästige Schachtelhalm *(Equisetum ramosissimum)*, das Wiesen-Habichtskraut *(Hieracium caespitosum)* sowie die Echte Katzenminze *(Nepeta cataria)* (vgl. LÖLF-Mitteilungen, Nr. 2/92).

Der Schutz dieser Flächen ist auch deswegen anzustreben, da von ihnen die Besiedlung neu entstehender unbewachsener Flächen ausgehen kann. In jedem Fall sollte die Entscheidung über eine Nutzungsänderung derartiger Flächen erst nach Auswertung der Biotopkartierungen erfolgen (vgl. Kap. C2.3.).

Ruderalstandorte

Das lateinische Wort *Rudera* bedeutet Schutthaufen, Trümmer; als Ruderalpflanzen bezeichnet man ganz allgemein die Bewohner von stickstoffreichen Schutt- und Müllplätzen. Natürlich bilden sich aufgrund unterschiedlicher klimatischer Bedingungen der Standorte auch unter den Ruderalfluren verschiedene Pflanzengesellschaften. Die Pflanzen dieser Standorte bilden die Lebensgrundlage vieler Tierarten in der Stadt, und so tragen sie nicht unwesentlich zur Bereicherung der städtischen Ökosysteme bei. Außerdem bilden sie das Ausgangsmaterial für eine in den Städten erwünschte Spontanvegetation bzw. für die Bildung sogenannter Wildwiesen.

Stellvertretend für die stickstoffliebenden Arten seien folgende genannt: Mauer-Gänsefuß *(Chaenopodium murale)*, Große Brennessel *(Urtica dioica)*, Kleine Brennessel *(Urtica urens)*, Kanadische Goldrute *(Solidago canadensis)*, Gänsemalve *(Malva neglecta)*, Bilsenkraut *(Hyoscyamus niger)*.

Eher trockene Standorte bevorzugen: Wollköpfige Kratzdistel *(Cirsium eriophorum)*, Gewöhnliche Kratzdistel *(Cirsium vulgare)*, Stechapfel *(Datura stramonium)*, Kanadisches Berufkraut *(Erigeron canadensis)*, Gemeine Eselsdistel *(Onopordum acanthium)*, Nickende Distel *(Carduus nutans)*.

Ökologische Nischen

Nicht selten finden wir im Siedlungsbereich der Dörfer und Städte zahlreiche Standorte von Pflanzen-Tier-Gemeinschaften. Bei einer Vielzahl dieser Standorte, die sich zum größten Teil durch die Bebauung ergeben haben, ist eine große Zahl neuer, vielfältig differenzierter Lebensräume entstanden, die in ökologischer Hinsicht wertvoll sind. Nur einige Beispiele mögen verdeutlichen, wie sich Pflanzen und Tiere einen neuen Lebensraum erobern.

In den Fugen der Mauern gedeihen unter anderem Mauer-Glaskraut *(Parietaria judaica)*, Zimbelkraut *(Cymbalaria muralis)*, ferner verschiedene *Sedum*-Arten und an schattigen Standorten der Schwarzstielige Strichfarn *(Asplenium trichomanes)*, die Mauerraute *(Asplenium ruta-muraria)* sowie der Zerbrechliche Blasenfarn *(Cystopteris fragilis)*. Straßen- und Wegeränder haben ebenso ihre eigene Flora wie stillgelegte Bahnanlagen oder die Pflasterbeläge der Straßen, in deren Fugen die Stinkraute *(Diplotaxis tenuifolia)*, das Kahle Buchkraut *(Herniaria glabra)*, Löwenzahn *(Taraxacum officinale)*, Großer Wegerich *(Plantago major)* u. a. anzutreffen sind. An den Rändern von Gewässern und Kanälen, in Baulücken, ja sogar auf Bauruinen und Lagerplätzen oder den Restflächen alter technischer Anlagen bilden sich eigene Lebensgemeinschaften von Pflanzen und Tieren, die den allgemeinen Rückgang der Arten zumindest teilweise mildern können. Es sollte selbstverständlich sein, daß diese nicht unnötigen Pflegemaßnahmen zum Opfer fallen dürfen. Vielmehr sollten alle Möglichkeiten genutzt werden, um die Ausbreitung und

Entwicklung dieser Floren zur fördern (vgl. Kapitel C 2.3.1).

Die Wildpflanzen in den Ballungsräumen sind ein wesentlicher Beitrag zu der anzustrebenden **Vernetzung** von Grünflächen. Parkanlagen, Friedhöfe, Straßenbegleitgrün, Spielplätze, Pausenhöfe und Klein- und Wohngärten können bei entsprechender Gestaltung zu naturnahen Zonen in den Städten werden. Vor allem den Gärten kommt hierbei eine wichtige Rolle zu. Viele Pflanzen der Roten Liste bieten sich an, in die Gestaltung mit einbezogen zu werden. Sie werden von Baumschulen und Staudenbetrieben angeboten. Bei ihrer Verwendung können sie wenigstens an diesen Standorten überleben und der von ihnen abhängigen Fauna eine Lebensgrundlage bieten.

Pflanzen der Roten Liste, die in Gärten und Grünanlagen Verwendung finden können

Aconitum napellus – Blauer Eisenhut
Amelanchier ovalis – Felsenbirne
Anemone sylvestris – Großes Windröschen
Aquilegia vulgaris – Akelei
Asarum europaeum – Haselwurz
Aster amellus – Kalk-Aster
Calla palustris – Schlangenwurz
Cornus mas – Kornelkirsche
Dianthus deltoides – Heide-Nelke
Dictamnus albus – Diptam
Taxus baccata – Eibe
Hippuris vulgaris – Tannenwedel
Hydrocharis morsus-ranae – Froschbiß
Stratiotes aloides – Krebsschere
Leucojum vernum – Märzenbecher
Matteuccia struthiopteris – Straußfarn
Osmunda regalis – Königsfarn
Phyllitis scolopendrium – Hirschzunge
Primula vulgaris – Stengellose Schlüsselblume
Pulsatilla vulgaris – Kuhschelle
Salvia nemorosa – Salbei
Trollius europaeus – Trollblume
Veronica longifolia – Ehrenpreis

Vor allem im städtischen Bereich gibt es viele Ursachen, die zu Sukzessionen führen. Die unterschiedlichen Licht- und Wasserverhältnisse durch Baumaßnahmen, durch Immissionen aller Art, durch die unterschiedliche Nutzung der Flächen, aber auch die Art der Pflegemaßnahmen führen zu Änderungen der Artenzusammensetzung. Deshalb ist es sinnvoll, eine ökologische Bestandsaufnahme (Biotopkartierung) im städtischen Bereich durchzuführen. Bis zu 1300 verschiedene Farn- und Blütenpflanzen sind dabei in Großstädten registriert worden; bei aufgelockerter Bebauung bis zu 400 Arten je Quadratkilometer. Diese Kartierungen können dazu beitragen, den Schutz von Pflanzen und Tieren bei allen Maßnahmen zu berücksichtigen.

2.2 Die Bedeutung städtischer Grünflächen für den Menschen

Nur Pflanzen sind als autotrophe Lebewesen in der Lage, anorganische Stoffe in organische zu überführen. Bei diesem Vorgang (Photosynthese) wird der für andere Lebewesen (Mensch und Tier) unverzichtbare Sauerstoff frei. Gleichzeitig verbrauchen die Pflanzen dabei Kohlendioxid (CO_2). Man kann davon ausgehen, daß ein einzelner großkroniger Baum täglich bis zu 15 Kilogramm O_2 produziert und 16 Kilogramm CO_2 verbraucht. Damit deckt er den Bedarf an Sauerstoff von etwa 25 Menschen. Die Bedeutung des CO_2-Verbrauchs wird uns im Hinblick auf den Treibhauseffekt besonders deutlich.

Durch die Transpiration der Pflanze wird Energie in Form von Wärme verbraucht. Es entsteht Verdunstungskälte. Diese empfinden wir vor allem an heißen Sommertagen als wohltuend. In einer Baumallee kann die Temperatur dadurch um bis zu 5°C gegenüber der Umgebungstemperatur gesenkt werden. Hinzu kommt der Schatten, den Bäume spenden.

Es ist beachtlich, welche Mengen Staub durch Pflanzen gebunden werden. Stäube können auch giftig sein; zum Teil sind sie sogar krebserregend. Nicht nur die Bindung der Staubpartikel an sich ist von gesundheitlicher Bedeutung. Außerdem werden Bakterien und Viren gebunden, die an den Stäuben lagern. Ein großkroniger Baum, zum Beispiel eine 100jährige Buche, kann etwa 60 dt Staub in einem Jahr binden. Berücksichtigt man das geringe spezifische Gewicht von Staub, so kann man sich die Bindung dieser gewaltigen Menge nur erklären, wenn man sie in Verbindung mit der absorbierenden Fläche sieht. Dabei wird der Staub nicht nur an der sichtbaren Oberfläche der Blätter abgelagert, sondern auch an den Innenwänden der Gewebe, das heißt in den Interzellularen, die durch die Spaltöffnungen mit der Außenluft in Verbindung stehen.

Lärm gehört zu den krankmachenden Streßfaktoren. Er kann zu physischen und psychischen Schäden führen. Pflanzen sind in der Lage, mit ihrer Blattmasse den Schall durch Reflexion zu dämpfen. Vor allem bei den hohen Tönen, gegen die wir besonders empfindlich sind, wirkt sich die Senkung des Lärmpegels wohltuend aus.

Neben diesen vor allem das körperliche Wohlbefinden des Menschen fördernden Eigenschaften besitzt das Grün in der Stadt auch eine psychologische und ästhetische Funktion. Die Farbe Grün allein hat schon eine beruhigende Wirkung auf uns. Bäume und Grünanlagen beeinflussen unser Befinden positiv, sie machen die Stadt wohnlicher. Dabei stellt sich die Frage, ob es eher die gepflegte, aber ökologisch meist wertlose Anlage ist, die uns wohl kaum ein Naturgefühl vermitteln kann oder die naturnahe, für manche vielleicht unordentlich wirkende Grünfläche.

2.2.1 Pflanzen in der Stadt

Die ökologischen Voraussetzungen für das Stadtgrün

Viele der Einflüsse, die das Wohlbefinden der Menschen beeinträchtigen, wirken sich auch negativ auf das Wachstum verschiedener Pflanzen aus, zum Beispiel **Immissionen**, die Versiegelung des Bodens, das Senken des Grundwasserspiegels oder die Einspülung von Auftausalzen im Winter.

Der Boden als Standort der Pflanzen

Da eine Veränderung des vorhandenen Bodens bei verschiedenen Begrünungsmaßnahmen erforderlich ist, wird darauf im jeweiligen Zusammenhang eingegangen. Trotzdem soll auf einige grundsätzliche Hinweise zur Verbesserung und Pflege des Bodens nicht verzichtet werden. Dabei müssen Grundkenntnisse über Bodenarten, Bodenleben und Bearbeitungsmaßnahmen vorausgesetzt werden.

Böden werden allzu häufig durch unsachgerechte Bearbeitung geschädigt oder sogar zerstört. Die strikte Einhaltung der DIN 18915 kann dies verhindern.

Zu feuchter oder gar nasser Boden darf keinesfalls befahren, bewegt oder bearbeitet werden. Bodenverdichtung und Zerstörung der Struktur sind die Folgen, wodurch auch der Luft- und Wasserhaushalt nachhaltig gestört wird. Eine schnellere Abtrocknung zu bindiger Böden kann durch ein vorheriges Einarbeiten von Sand gefördert werden, wobei die Gefahr der inneren Bodenerosion zu sehen ist. Um eine Vernässung des Oberbodens zu vermeiden, kann es angebracht sein, vor dem Oberbodenauftrag ein Sand-Splitt-Gemisch in die Unterbodenschicht

einzuarbeiten. Auf eine tiefgründige Bodenlockerung sollte nie verzichtet werden. Eine schonende Bodenverbesserung erreicht man durch die Aussaat von möglichst tiefwurzelnden Gründüngungspflanzen, eine Maßnahme, die auch der Verbesserung von Rohböden dient. Die Beschattung des Bodens durch eine geschlossene Pflanzendecke oder durch eine Mulchschicht erhält die Bodenfeuchtigkeit und damit auch das Bodenleben. Bei allen Maßnahmen sind grundsätzlich die Ansprüche der vorgesehenen Pflanzen zu berücksichtigen; das gilt vor allem für den pH-Wert, die Nährstoffansprüche der Pflanzen sowie für die erforderlichen Bodenarten. Unter Verbesserung der Böden versteht man in erster Linie die Förderung der Bodenstruktur, die Aktivierung des Bodenlebens und die Versorgung mit Haupt- und Spurennährstoffen. Unter diesem Gesichtspunkt sollte man die Möglichkeit zur Verwendung kompostierter Abfall- und Reststoffe prüfen. Damit kann gleichzeitig ein Beitrag zum Abfallproblem geleistet werden. Bei allen Düngungsmaßnahmen ist das Düngemittelgesetz zu beachten.

Pflanzenauswahl

Hier stellen sich zwei Fragen: Welche Pflanzen gedeihen unter den Lebensbedingungen der Stadt am besten? Welche Pflanze ist von größerer ökologischer Bedeutung?

Eine Abwägung dieser beiden Fragen gegeneinander führt häufig zu Konflikten. So stammt zum Beispiel die Scheinakazie *(Robinia pseudoacacia)* ursprünglich aus den östlichen und mittleren USA. Aufgrund ihrer besonderen Anspruchslosigkeit und ihrer hohen Resistenz gegen Rauchgase findet man für sie bei extremen Standorten kaum einen geeigneten Ersatz. Außerdem gilt sie in Europa bereits als eingebürgert. Natürlich verdienen die Pflanzen eine besondere Beachtung, die für die Stadtökologie von größerer Bedeutung sind, weil sie von vielen Tierarten als Lebensgrundlage benötigt werden. Ganz allgemein trifft das für unsere heimischen Pflanzen in größerem Maße zu als für fremdländische. In diesem Zusammenhang müssen auch die „Monokulturen", zum Beispiel von *Cotoneaster, Lonicera* oder *Mahonia* erwähnt werden, die vor allem aus ökonomischen Gründen für die Straßenbegrünung bevorzugt werden, ökologisch aber von geringem Wert sind. Eine Entscheidung für die eine oder andere Pflanzenart muß also unter den verschiedensten Gesichtspunkten getroffen werden.

Eine Alternative zur Begrünung von Pflanzenstreifen an Bürgersteigen ist die Aussaat von Gräsern und Kräutern. Sie fördert die Artenvielfalt und dadurch die Lebensgrundlage für tierische Lebewesen. Für eine Saatgutmischung kommen die folgenden Arten in Frage:

4,0 % *Agrostis tenuis* – Straußgras
1,0 % *Anthoxanthum odoratum* – Ruchgras
0,3 % *Anthyllis vulneraria* – Wundklee
5,0 % *Cynosurus cristatus* – Kammgras
5,0 % *Festuca duriuscula* ⎫
30,0 % *Festuca ovina* ⎬ Schwingel-
20,0 % *Festuca rubra commutata* ⎪ Arten
10,0 % *Festuca rubra rubra* ⎭
0,7 % *Lotus corniculatus* ⎫ – Hornklee-Arten
0,5 % *Lotus uliginosus* ⎭
0,5 % *Medicago lupulina* – Hopfen
1,0 % *Onobrychis sativa* – Esparsette
7,0 % *Poa pratensis* – Rispengras
3,0 % *Trisetum flavescens* – Goldhafer
+ 10,0 % Kräuter und Wiesenblumen z. B. :
Achillea millefolium – Schafgarbe
Anthemis tinctoria – Hundskamille
Bellis perennis – Gänseblümchen
Campanula carpatica – Glockenblume
Carum carvii – Kümmel
Centaurea cyanus – Kornblume
Leucanthemum vulgare – Margerite
Daucus carota – Wilde Möhre
Dianthus carthusianorum – Karthäuser-Nelke
Dianthus deltoides – Heide-Nelke
Galium mollugo – Wiesen-Labkraut
Leontodon autumnalis – Löwenzahn
Nigella sativa – Schwarzkümmel
Papaver rhoeas – Klatsch-Mohn
Pimpinella saxifraga – Kleine Bibernelle
Plantago lanceolata – Spitzwegerich
Potentilla argentea – Fingerkraut
Primula veris – Schlüsselblume
Prunella vulgaris – Kleine Brunelle
Sanguisorba minor – Kleiner Wiesenknopf
Viola tricolor – Wildes Stiefmütterchen

2.2.2 Straßenbäume

Ganz allgemein muß man die Standorte an Straßen eher als pflanzenfeindlich bezeichnen. In der Regel ist die zur Verfügung stehende Fläche für den Wurzelraum zu gering; oft wird bis an den Wurzelhals gepflastert oder geteert. Hinzu kommen Leitungstrassen, das Verdichten des Wurzelraums durch Fahrzeuge sowie das Eindringen von Öl, Benzin oder Auftausalzen in den Boden.

Bevor kostspielige Erhaltungs- oder Sanierungsmaßnahmen an Bäumen erforderlich werden, sollte man die Frage nach der Eignung stellen. Aufgrund langjähriger Erfahrungen verbunden mit Untersuchungen der Bäume, kann eine vernünftige Auswahl getroffen werden. Die folgend aufgeführten Arten gelten als geeignet.

Die Aufzählung erhebt keinen Anspruch auf Vollständigkeit, zumal einige Arten züchterisch bearbeitet werden, zum Beispiel um Ulmenarten, bzw. -sorten zu züchten, die gegen die Ulmenkrankheit resistent sind. Die Aufzählung der Arten in den folgenden Tabellen beschränkt sich daher nicht auf einheimische Baumarten.

Häufig schränkt die Breite der Straße die Auswahl zusätzlich ein. Um auf eine Begrünung durch Bäume nicht verzichten zu müssen, bieten sich Bäume mit geringerem Kronendurchmesser an.

Die Aufzählung kleinkroniger Bäume wird durch die Gehölze mit Kugel- oder Schirmform ergänzt, die in immer größerem Maße in Fußgängerzonen berücksichtigt werden.

Zu den Arten, die sich zur Verwendung als Straßenbegleitgrün eignen und gleichzeitig als Nahrungsquelle für Insektenarten dienen, gehören niedrig bleibende Gehölze.

Viele fruchttragende Gehölze bilden Vogel- und Wildnahrung. Sie sollten nach Möglichkeit in die Planung mit einbezogen werden (s. Tabelle 5).

Auch Bäume bieten nicht nur Nistgelegenheiten, sondern auch Vogel- bzw. Wildnahrung. Außer den bereits erwähnten bieten die folgenden Arten Nahrung für Menschen, Vögel und Wild:

Sorbus aria – Mehlbeere (Vogelnahrung)
Sorbus domestica – Speierling (Wildnahrung)
Sorbus torminalis – Elsbeerbaum (Vogelnahrung)
Pinus nigra – Schwarzkiefer (Vogelnahrung)
Pinus cembra – Zirbelkiefer (Vogel- und Wildnahrung)
Castanea sativa – Eßkastanie (eßbar)
Juglans regia – Walnuß (eßbar)

Die Auswahl der Straßenbäume kann nicht ausschließlich unter dem Gesichtspunkt ihrer Herkunft und der Lieferung von Wildnahrung gesehen werden. Die Eignung der Bäume im Stadtbereich muß stets entsprechende Berücksichtigung finden. Deshalb sollen im folgenden als Ergänzung weitere Baumarten besprochen werden, die sich seit langem bewährt haben.

Auswahl von Straßenbäumen

Acer campestre – Feldahorn
Acer negundo – Eschenahorn
Aesculus hippocastanum – Roßkastanie
Alnus glutinosa – Schwarzerle
Alnus incana – Golderle
Betula papyrifera – Papierbirke
Betula pendula – Sandbirke
Corylus colurna – Baumhasel
Crataegus crus-galli – Hahnendorn
Fraxinus angustifolia – Schwalbenblättrige Esche
Ginkgo biloba – Fächerblattbaum
Platanus hybrida – Platane
Prunus cerasifera 'Nigra' – Blutpflaume
Quercus coccinea – Sumpfeiche
Robinia pseudoacacia – Scheinakazie
Sophora japonica – Schnurbaum
Sorbus aria – Mehlbeere
Sorbus aucuparia – Eberesche
Sorbus intermedia – Schwedische Mehlbeere

Die **Platane** *(Plantanus × hispanica)*. In Nordamerika sowie von SO-Europa bis Indien gibt es sieben Arten der Gattung *Platanus*. Die Herkunft von *Platanus × hispanica* ist nicht mit Sicherheit bestimmbar. Sie wurde bereits im 17. Jahrhundert eingeführt und hat sich seitdem vor allem auch als Straßenbaum bewährt. Das verdankt die Platane ihrer Rauchhärte und Unempfindlichkeit gegen das innerstädtische Klima sowie gegen Bodenversalzung. Außerdem zeigt sie sich äußerst schnittverträglich, wodurch sie sich selbst in den engen Straßen südfranzösischer Ortschaften einen festen Platz erobert hat. Auch an die Bodenverhältnisse stellt sie nur geringe Ansprüche. Somit gilt sie als Straßenbaum, der sich selbst unter ungünstigen Verhältnissen bewährt.

Fächerblattbaum *(Ginkgo biloba)*. Der Ginkgo läßt sich in mehrfacher Weise mit der Platane vergleichen. Er gilt als ebenso widerstandsfähig gegen Industrieabgase, ist hitze- und krankheitsresistent und daher im Straßenbereich gut verwendbar, auch wenn seine ursprüngliche Heimat in China liegt und er aus ökologischen Gründen nicht unumstritten ist. Allerdings zeigt er sich empfindlich gegen Oberflächenverdichtung.

Als Straßenbaum sollte man die männliche Form bevorzugen, da die Früchte des weiblichen Baumes unangenehm riechen. Für schmale Straßen empfiehlt sich die Verwendung von *Ginkgo biloba* 'Fastigiata'.

Klein- bzw. schmalkronige Bäume

Acer campestre – Feldahorn
Acer platanoides 'Columnare' – Spitzahorn
Acer pseudoplatanus 'Erectum' – Bergahorn
Alnus cordata – Italienische Erle
Amelanchier lamarckii – Felsenbirne
Betula pendula 'Fastigiata' – Säulen-Sandbirke
Carpinus betulus 'Fastigiata' – Säulen-Hainbuche
Crataegus carrierei – Apfeldorn
Crataegus crus-galli – Hahnendorn
Crataegus laevigata 'Paulii' – Rotdorn
Crataegus prunifolia – Pflaumendorn
Eleagnus angustifolia – Ölweide
Fraxinus excelsior 'Westhofs Glorie' – Gemeine Esche
Fraxinus ornus – Blumenesche
Ginkgo biloba 'Fastigiata' – Fächerblattbaum
Malus floribunda – Zierapfel
Malus zumi – Zierapfel
Prunus serrulata 'Amanogawa' – Säulenkirsche
Quercus robur 'Fastigiata' – Säuleneiche
Robinia pseudoacacia 'Pyramidalis' – Säulenakazie
Robinia pseudoacacia 'Rectissima' – Scheinakazie
Sophora japonica 'Columnaris' – Schnurbaum
Sorbus aucuparia 'Fastigiata' – Säuleneberesche
Sorbus intermedia – Schwedische Mehlbeere

Kleinkronige Bäume mit Kugel- oder Schirmform

Acer campestre 'Compactum' – Feldahorn
Acer platanoides 'Globosum' – Spitzahorn
Crataegus laevigata 'Paulii' – Rotdorn
Fraxinus excelsior 'Globosa' – Esche
Robinia pseudoacacia 'Bessoniana' – Kugelakazie
Robinia pseudoacacia 'Umbraculifera' – Kugelakazie

Scheinakazie *(Robinia pseudoacacia)*. Ebenso wie die Platane gehört auch die Robinie – vor allem wegen ihrer klein- bzw. schmalkronigen Arten – zu den bevorzugten Straßenbäumen. Sie verträgt Hitze ebenso wie Trockenheit, Luftverschmutzung und Bodenversalzung. Somit wird auch auf sie nicht ganz verzichtet werden können, auch wenn sie nicht zu den heimischen Baumarten gehört. Ihre Heimat ist

Tab. 5 Fruchttragende und Vogelschutzgehölze

	Vogelschutz-gehölz	Früchte eßbar	Vogel-nahrung	Wild-nahrung
Elaeagnus angustifolia, Ölweide	×	×		
Amelanchier canadensis, Felsenbirne		×		
Cornus mas, Kornelkirsche	×	×	×	×
Cornus sanguinea, Roter Hartriegel		×		
Corylus avellana, Haselnuß		×	×	×
Crataegus monogyna, Weißdorn	×		×	
Crataegus 'Carrieri', Apfeldorn	×			
Crataegus coccinea, Scharlachdorn	×			
Crataegus crus-galli, Hahnendorn	×			
Crataegus prunifolia, Pflaumendorn	×			
Euonymus europaeus, Pfaffenhütchen		×		
Cotoneaster-Arten, wie *C. dielsianus, C. divaricatus, C. salicifolia, C.*-Hybriden u. a. m			×	
Berberis-Arten, wie *B. julianae, B. hookeri*	×			
Choenomeles japonica, Ch. lagenaria, Zierquitte		×		×
Hippophae rhamnoides, Sanddorn	×	×	×	
Ilex aquifolia, Stechpalme	×		×	
Malus silvestris, Wildapfel			×	×
Mespilus germanica, Mispel	×			×
Pirus communis, Holzbirne			×	×
Prunus avium, P. padus, P. serotina			×	
Prunus spinosa, Schlehe	×	×	×	
Rhamnus cathartica, Kreuzdorn	×		×	
Rhamnus frangula, Faulbaum			×	
Ribes uva-crispa, Stachelbeere			×	
Ribes nigrum, Schwarze Johannisbeere			×	
Rosa canina, Hundsrose			×	
Rosa rugosa, Apfelrose			×	
Rubus-Arten, wie *R. caesius, R. fruticosus, R. idaeus,* Brombeere, Himbeere			×	
Sambucus nigra, Holunder		×	×	
Sambucus racemosa, Roter Holunder			×	×
Ulex europaeus, Stechginster			×	
Viburnum lantana, Wolliger Schneeball			×	
Viburnum opulus, Schneeball			×	
Juniperus communis, Wacholder			×	
Taxus baccata, Eibe (außer Frucht alle Teile giftig!)		×	×	
Pyracantha-Arten, Feuerdorn	×		×	
Malus-Arten, Zierapfel			×	×

Nordamerika; in Europa ist sie vielfach verwildert. Von Nachteil ist die Tatsache, daß sie gerne Wurzelausläufer bildet und ihr Holz durch Windbruch gefährdet ist. Aufgrund ihrer großen Anpassungsfähigkeit eignet sich die Robinie auch für die Halden- und Böschungsbegrünung. Je durchlässiger der Boden ist, um so williger wächst die Robinie. Dagegen meidet sie schwere, nasse, aber auch kalkhaltige Böden. Bei ihrer Verwendung ist zu beachten, daß sie durch Wurzelausscheidungen wachstumshemmend auf andere Gehölze wirkt, vor allem auf *Betula* und *Fagus*. Ihre Blüten dienen von Ende Mai bis Anfang Juni als Bienenweide. Durch Herbstpflanzung erzielt man eine höhere Anwachsrate. Man sollte bei der Pflanzung Impferde beigeben.

Die **Roßkastanie** *(Aesculus hippocastanum)* stammt aus den östlichen Balkanländern. Ihre Verwendung ist umstritten. Durch ihre Empfindlichkeit gegen Hitze, Bodenverdichtung und -versalzung gilt sie als Straßenbaum für nicht geeignet. Hinzu kommt, daß ihre dichte, schattenwerfende Krone keinen Unterwuchs duldet und dazu führt, daß nasse Straßen sehr schlecht abtrocknen. Auch in der freien Landschaft ist ihre Verwendung deshalb nicht immer empfehlenswert.

Da die Roßkastanie aber bereits seit dem Ende des 17. Jahrhunderts in Deutschland angepflanzt wird und zum festen Bestandteil von Parkanlagen, Stadtwällen und Alleen gehört, sind vorhandene Exemplare zu erhalten und entsprechend zu pflegen.

Die Roßkastanie stellt bestimmte Forderungen an den Standort. So soll der Boden locker und humos sein und ausreichend Feuchtigkeit besitzen. Sie verträgt Schatten und Abgase.

Baumhasel *(Corylus colurna)*. Seine Heimat ist Südost-Europa und Kleinasien. Er gehört demnach ebenfalls nicht zu den heimischen Baumarten. Viele seiner Eigenschaften, wie Verträglichkeit gegenüber Luftverschmutzung, hohen Sommertemperaturen und Trockenheit, seine weite ökologische Amplitude sowie die relativ schmal bleibende Krone rechtfertigen seine Verwendung in der Stadt.

Bei der Pflanzung sollte man beachten, daß der Baumhasel wesentlich leichter als Ballenware anwächst. Er gedeiht auf frischen und trockenen Böden, bevorzugt aber humose Lehmböden mit einem pH-Wert im alkalischen Bereich.

Die **Schwedische Mehlbeere** *(Sorbus intermedia)* stammt aus Nordeuropa, ist aber auch im norddeutschen Raum anzutreffen und bereits seit Jahrhunder-

Abb. 38. Säulenformen (mit dem Artnamen „fastigiata") sind auch in engen Straßen zu verwenden.

ten in Kultur. Aufgrund der relativ kleinen Krone eignet sich die Mehlbeere auch zur Anpflanzung in engeren Straßen. Ebenso wie der Baumhasel besitzt sie eine weite ökologische Amplitude und verträgt Trockenheit sowie Bodenbelastungen durch Salz. In Bergbaugebieten wird sie mit Erfolg zur Haldenbegrünung verwendet.

Die **Mehlbeere** *(Sorbus aria)* gehört zu den relativ kleinbleibenden Baumarten. Auch sie besitzt eine weite ökologische Amplitude und eignet sich daher als Pioniergehölz. Lediglich die Sorten 'Lutescens' und 'Magnifica' sind mäßig rauchhart und dadurch

Abb. 39. Der Ginkgo biloba hat sich als robuster Straßenbaum bewährt.

bedingt geeignet für durch Abgas gefährdete Lagen. Aus ökologischen Gründen sollte auf die Anpflanzung der Mehlbeere jedoch dann nicht verzichtet werden, wenn die Umweltbedingungen es zulassen, denn ihre Früchte dienen als Vogelnahrung und die Blüten als Bienenweide.

Eiche (*Quercus*-Arten).

Zu den Baumarten, die die extremen Bedingungen im innerstädtischen Bereich vertragen, gehört die Scharlacheiche *(Quercus coccinea)*, die außerdem eine weite ökologische Amplitude besitzt. Aber auch weitere Eichen-Arten, wie die Sumpfeiche *(Quercus palustris)* und die Roteiche *(Quercus rubra)* gelten neben den bereits beschriebenen Arten, nämlich der Stiel- und der Traubeneiche, als geeignete Baumarten für innerstädtische Bereiche. Außer der Stiel- und der Traubeneiche, die zu den heimischen Baumarten zählen, sind die anderen in Nordamerika beheimatet.

An den Boden stellen die genannten Arten unterschiedliche Ansprüche. Die Roteiche bevorzugt lockere, kalkarme Böden. Während die Scharlacheiche tiefgründige, feuchte Böden verlangt, gedeiht die Sumpfeiche – trotz ihres Namens – auch auf trockeneren Böden.

Da auch die Stiel- und die Traubeneiche zur Pflanzung im innerstädtischen Bereich geeignet sind, ist ihnen als heimischen Baumarten immer dann der Vorzug zu geben, wenn es die Standortverhältnisse zulassen.

Zu den nicht heimischen Baumarten, die sich im städtischen Bereich bewährt haben, zählen ferner: Schnurbaum *(Sophora japonica)*, Götterbaum *(Ailanthus altissima)*, Gleditschie oder Lederhülsenbaum *(Gleditsia triacanthos)*, Tulpenbaum *(Liriodendron tulipifera)*.

2.2.3 Pflanzung von Straßenbäumen

Nach der richtigen Pflanzenauswahl muß der Pflanzung die notwendige Aufmerksamkeit gewidmet werden. Im weiteren Sinne beginnt diese bereits mit der Abnahme der Pflanzen auf der Baustelle. Die Qualität sowie der Schutz bei Lieferung und Transport müssen der DIN 18916 der VOB entsprechen.

Seit September 1990 verweist die DIN auf die Gütebestimmungen der FLL (Forschungsgesellschaft für Landschaftsentwicklung und Landschaftsbau), die die Bestimmungen des Bundes deutscher Baumschulen (BdB) als neutrale Stelle herausgibt. In diesen werden Aussagen über die Größe der Gehölze, ihre Verzweigung, Belaubung/Benadelung, Bewurzelung, Ballengröße usw. gemacht. Durch die FLL werden auch die Qualitätsanforderungen an Stauden festgelegt.

Die sorgfältige Vorbereitung des Standortes und sachgerechte Pflanzung entscheiden über Entwicklung und Gesundheit des Baumes. Grundsätzlich sollte eine Baumscheibe von mindestens 2 x 2 m gefordert werden; besser wäre eine Fläche von 6 m². Steht diese nicht zur Verfügung, muß der Boden besonders sorgfältig aufbereitet werden. Die Pflanzgrube sollte 2 x 2 x 1 m umfassen, bei intakten Böden reichen 1 x 1 x 0,8 m. Nach dem Ausheben des Bodens ist der Boden der Pflanzgrube zu lockern, um den „Blumentopfeffekt" zu verhindern. Die Seitenwände sollten rauh sein.

Oberboden darf nicht tiefer als 40 cm eingebaut werden.

Da die Böden nur in den seltensten Fällen den Ansprüchen genügen, müssen sie in aller Regel verbessert werden. Wichtig ist die Kornzusammensetzung, um durch ein ausgeglichenes Porenvolumen einen optimalen Luft-Wasser-Haushalt zu gewährleisten. So sind bindige bis stark bindige Böden durch das Einarbeiten eines Grobsand-Splitt-Gemisches (2/8

und 8/16) sowie Brechsand (von Fein- bis Grobsand), am besten aus Lavagestein, zu lockern. Bei nicht bindigen Böden fördert man das Wasserhaltevermögen durch das Einarbeiten von Lehm und Schluffanteilen. In die oberste Bodenschicht bis 40 cm Tiefe kann zusätzlich Humus eingearbeitet werden. Das Einbringen von bodenverbessernden Hilfsstoffen, wie zum Beispiel Alginure, Agrosil oder Byobact hat sich bewährt. Mit Dünger sollten Gehölze nicht verwöhnt werden. Sinnvoll ist es, Langzeitdünger zu verwenden. Der pH-Wert ist den jeweiligen Pflanzenansprüchen anzupassen. Der Austausch von Boden kann den Blumentopfeffekt fördern; deshalb ist einer gezielten Bodenverbesserung der Vorzug zu geben.

Bei der Durchführung der Pflanzung ist auf günstige Pflanztermine zu achten. In der Regel ist die beste Pflanzzeit während der Vegetationsruhe, d. h. ab Oktober bis zum Austrieb – ausgenommen Frostperioden mit gefrorenem Boden oder bei zu nassen Böden.

Auf der Baustelle sind die Pflanzen fachgerecht zu lagern, d. h. vor Wind und Sonne zu schützen und ggf. einzuschlagen, falls sie nicht innerhalb von 48 Stunden gepflanzt werden können. Zur fachgerechten Pflanzung gehören der Pflanzschnitt, die Baumsicherungsmaßnahmen, der Verdunstungsschutz und die anschließende Fertigstellungspflege. Alle Arbeiten werden auf der Grundlage der DIN 18916 ausgeführt.

Bei der Entscheidung zwischen mehr Parkplatzfläche oder dem Standort für Straßenbäume fällt häufig die Entscheidung zu Gunsten des Autos. Bevor alter Baumbestand beseitigt oder auf die Neupflanzung verzichtet wird, sollte man eine Notlösung anstreben. Auf die oberste Bodenschicht werden Rasengittersteine oder Schlitzplatten verlegt, am besten in eine Schicht aus Kies oder Splitt (7/15). Da der Standort für Rasen in der Regel zu schattig sein wird, werden die Hohlräume mit Kies oder Splitt (am besten aus Lava) verfüllt.

Vor allem den großen Parkflächen nehmen Bäume das öde Aussehen. Außerdem liefern sie den gewünschten Schatten. Wenn den Bäumen nicht der erforderliche unbefestigte Wurzelraum bleibt, bietet sich eine weitere Möglichkeit an. Die Fläche, die 1,5 Meter über die Baumkrone hinausgeht, sollte eine Befestigung erhalten, die Wasser- und Luftdurchlässigkeit gewährleistet. Das kann durch Verwendung von Kleinpflaster mit möglichst breiten Fugen geschehen.

Da auch heute noch immer nicht bei allen Straßen auf den Einsatz von Auftausalzen verzichtet werden kann (Kreuzungen, Gefällstrecken), sollten möglichst

Abb. 40. Das Angebot für den Baumschutz ist groß.

Abb. 41. Wurzelvorhang.

hohe Bordsteine gesetzt werden, durch die das salzhaltige Schmelzwasser abgehalten wird.

Eine unverzichtbare zusätzliche Maßnahme besteht in der Anbringung von Schutzbügeln, um den Baum vor mechanischen Schäden, zum Beispiel durch einparkende PKW, zu schützen.

2.2.4 Pflege der Straßenbäume

Die in der Regel pflanzenfeindlichen Standortbedingungen erfordern nicht nur eine sorgfältige Bodenvorbereitung und Pflanzung, sondern auch eine ständige Pflege. Zu den allgemeinen Maßnahmen gehört die Bewässerung bei anhaltender Trockenheit. Da durch das Gießen der Boden verschlämmen kann und die Oberfläche anschließend verkrustet, empfiehlt es sich, die Pflanzfläche nach der Pflanzung zu mulchen. Das Mulchmaterial, am besten Rindenmulch, erhält nicht nur die Bodenfeuchtigkeit, sondern fördert gleichzeitig die Bodengare und verhindert das Aufkommen unerwünschten Wildwuchses. Auch eine Bepflanzung mit geeigneten Bodendeckern wirkt sich positiv aus.

Falls bei einer Neupflanzung ein **Vorratsdünger** verabreicht worden ist, wird eine Nachdüngung erst nach zwei bis drei Jahren erforderlich. Anders sieht es bei Bäumen aus, die bereits seit Jahren an ihrem Standort stehen. Sie sind in den seltensten Fällen planmäßig gedüngt worden. Häufig stehen sie in mehr oder weniger sterilen Böden, an die der Schotter der Fahrbahn grenzt.

Bei der Auswahl der Düngerart und -menge müssen die Ansprüche der Baumart berücksichtigt werden. Ganz allgemein läßt sich sagen, daß die Kernnährstoffe (N, P, K) in einem harmonischen Verhältnis stehen sollen, zum Beispiel bei Nitrophoska Blau (12:12:20). Da viele Bäume durch NaCl (Natriumchlorid des Streusalzes) geschädigt sind, empfiehlt es sich, physiologisch alkalische Dünger zu verwenden oder den pH-Wert durch gezielte Kalkgaben anzuheben. Durch die Auftausalze werden außerdem Spurenelemente festgelegt. Volldünger mit Spurenelementen wie Fe, Cu, Zn, Mn, B sind zu bevorzugen. Als Düngermenge werden je nach Größe des Baumes ein bis vier Kilogramm empfohlen, und zwar möglichst im Abstand von drei Jahren. Die Düngung ist bis Mitte Juni durchzuführen, da das Holz sonst nicht genügend ausreift und frostgefährdet ist.

Vereinfacht wird die Düngung, wenn **Baumbelüfter** vorhanden sind, durch die eine Flüssigdüngung erfolgen kann. Andernfalls kann Dünger in flüssiger Form mit Hilfe einer Düngelanze eingespült werden. Bewährt hat sich die Verwendung des speziell entwickelten „Baumfutters". Für dessen Verwendung gilt die Faustregel, daß je 2 cm Stammdurchmesser 1 kg Baumfutter einzubringen ist. Dies geschieht durch Löcher von etwa 6 cm Durchmesser bis in eine Tiefe von etwa 60 cm, in die jeweils 50 g Baumfutter eingebracht werden. Bei einem Abstand der Löcher von einem Meter dient diese Maßnahme gleichzeitig der Bodenlüftung, vor allem, wenn das Loch anschließend mit Sand verfüllt wird. Sowohl die **Lanzendüngung** als auch die Verwendung von Baumfutter läßt sich bei Pflaster- bzw. Klinkerflächen durchführen, wenn vorübergehend ein Stein entfernt wird. Maschinell lassen sich die Arbeiten mit einem Kompressor, zum Beispiel dem Terralift, ausführen. Vor allem bei Standorten, die stark verdichtet sind oder an denen extremer Nährstoffmangel herrscht, hat sich der Einsatz des Kompressors bewährt.

Bei stark verdichtetem Ober- und Unterboden sowie bei der Anreicherung von Salzen in diesen Bodenschichten hat ein Bodenaustausch durch punktuelles oder flächenhaftes Absaugen des Bodenmaterials gute Erfolge gezeigt. Bei flächenhaftem Absaugen ist vorher eine manuelle Lockerung des Bodens erforderlich. Durch das Mammut-Saugsystem wird vermieden, daß Wurzeln oder Leitungen beschädigt werden. Der abgesaugte Boden wird sofort durch ein neues Substrat mit löslichen Düngern ersetzt.

Zur ständigen Pflege gehört auch der Kronenschnitt. Bei jungen Bäumen beschränkt er sich in der Regel auf das Aufasten, um ein **Lichtraumprofil** von 4,50 m zu erhalten. Dabei ist das Herabhängen der Triebspitzen zu berücksichtigen. Je früher der Schnitt durchgeführt wird, um so kleiner bleiben die Wunden.

Bei der Durchführung des Kronenschnittes zeigen sich häufig beachtliche Meinungsunterschiede über den Sinn des Schneidens. Zunächst muß die Frage gestellt werden, was man mit dem Schnitt erreichen will. In vielen Fällen geht es um die Statik des Baumes. Abbrechende Äste werden zur Gefahr für Verkehrsteilnehmer. Unter Umständen können Kronen

Abb. 42. Werden noch Querstangen angebracht, ist dieser Baum vorbildlich geschützt.

auseinanderbrechen, wenn der rechtzeitige Schnitt versäumt worden ist. Die Maßnahme, die dies verhindern soll, ist der **Kronenentlastungsschnitt**. Es ist selbstverständlich, daß grundsätzlich zunächst alle abgestorbenen oder kranken Äste entfernt werden. Weit ausladende Äste müssen eingekürzt werden, wenn die Gefahr des Auseinanderbrechens besteht. Dabei sollte der Ausführende ein Empfinden für den natürlichen Habitus des Gehölzes besitzen. Alle Schnittmaßnahmen können erfolgen, ohne den Baum zu verstümmeln. Selbst wenn ein radikaler Rückschnitt erforderlich ist, bei dem alle Äste stark eingekürzt werden, kann der Schnitt den Habitus berücksichtigen, so daß der Baum nach dem Austrieb wieder eine arttypische Krone aufbaut. Gegebenenfalls muß nach dem Rückschnitt eine Regulierung im Sinne eines Erziehungsschnittes erfolgen. Nach wenigen Jahren wird der Baum den Verlust ausgleichen.

Bei der Entnahme stärkerer Äste ist die Schnittechnik zu beachten. Um zu vermeiden, daß der angesägte Ast beim Abbrechen den Stamm verletzt, wird er zunächst in ca. 30 cm Entfernung vom Stamm von unten angesägt. Etwas nach außen versetzt wird er dann von oben eingeschnitten. Das verbleibende Stammstück wird danach dicht am Astkragen (dem Wulst am Stamm) abgesägt. Nach dem Glattschneiden des Wundrandes erfolgt das Behandeln mit einem pflanzenverträglichen Wundverschlußmittel.

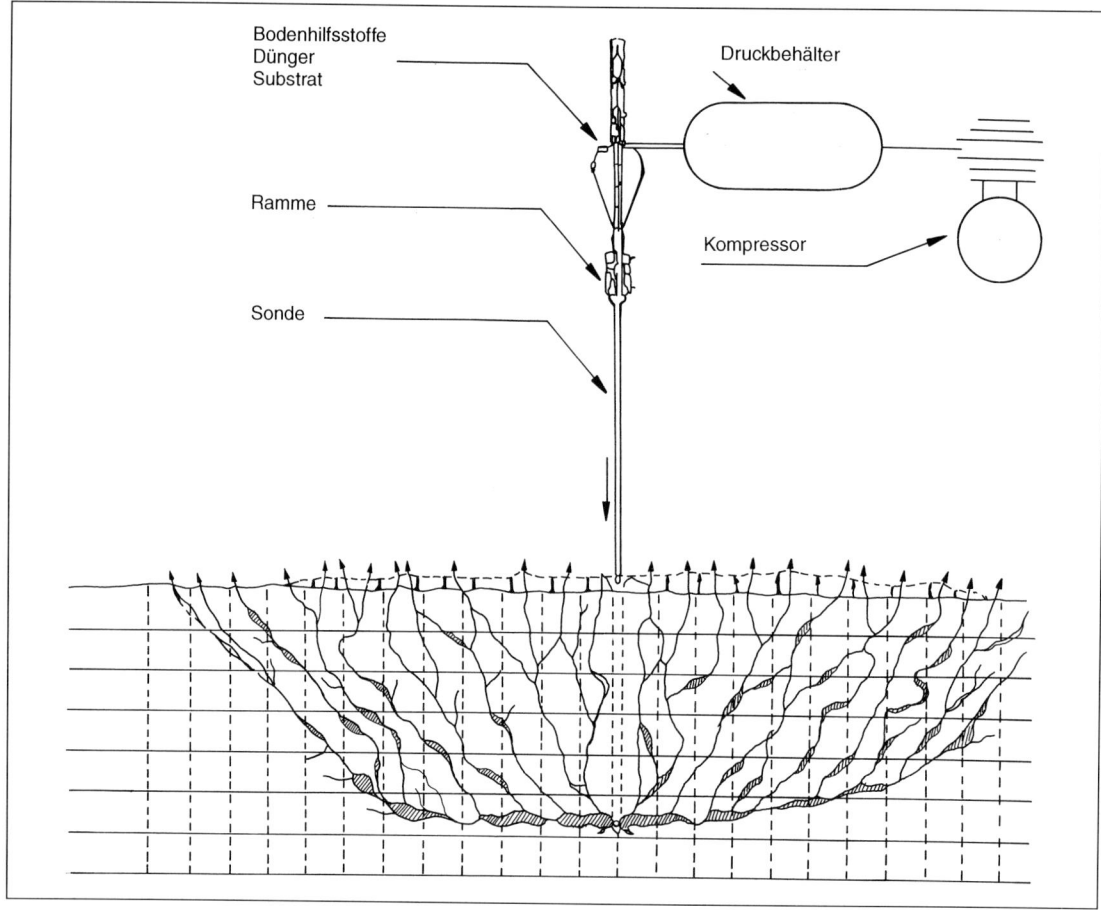

Abb. 43. Die Wirkungsweise des Kompressors.

Besondere Pflegemaßnahmen

Jeder Straßenbaum besitzt nicht nur einen sehr hohen materiellen (selten unter 25 000 Mark), sondern auch einen ideellen Wert. Schäden müssen also rechtzeitig erkannt werden. So ist bei allen Straßenbäumen jährlich möglichst zweimal, im belaubten und im unbelaubten Zustand, eine Kontrolle durchzuführen. In Parkanlagen oder bei jüngeren Bäumen erfolgt die Kontrolle in größeren Abständen. Viele Gemeinden führen ein **Baumkataster**, in das alle Beobachtungen eingetragen werden. Untersucht werden die Bäume nach äußeren Anzeichen (zum Beispiel vorzeitiger Laubfall, Krankheitserscheinungen usw.). Im Wurzelbereich wird geprüft, ob Beschädigungen durch Leitungsgräben, Überdecken mit Boden bzw. Versiegelung vorliegen oder ob sich im Straßenbereich Unebenheiten zeigen. Außerdem werden besondere Beobachtungen, zum Beispiel Gasgeruch, Bodenabgrabungen in der Nähe o. ä. schriftlich festgehalten. Auch alle Sanierungsmaßnahmen werden ebenso wie das Datum der Untersuchung und der Name des Ausführenden vermerkt.

In der Regel genügt es, den Baum vom Boden aus zu beurteilen (Sichtkontrolle). Falls jedoch der Verdacht besteht (aufgrund frühen Laubfalls, trockener Zweige, nachlassendem Trieb- und Dickenwachstum, Blattverfärbungen usw.), daß eine Schädigung vorliegt, hat eine eingehende fachmännische Untersuchung zu erfolgen. Dabei kann auf die Untersuchung vom Hubsteiger aus nicht verzichtet werden.

Abb. 44. Der Baum hat nach dem Schnitt seine charakteristische Form behalten.

Bei den Gefahren, die von Bäumen ausgehen, muß zwischen Stand- und Bruchsicherheit unterschieden werden. Die Standsicherheit schließt ein Umkippen des Baumes und die Bruchsicherheit ein Abbrechen des Baumes oder von Ästen aus.

Das Verhindern einer Gefahr muß laut Urteil des Bundesgerichtshofes nach dem jeweiligen Stand der Erfahrung und Technik erfolgen.

Laut § 823, Absatz 1 BGB haftet der Verantwortliche für alle Schäden, die an Personen und Sachen entstehen, die verhindert werden können. Daraus ergibt sich die **Verkehrssicherheitspflicht** bei Bäumen. Verantwortlich ist dabei entweder der Eigentümer oder der für den Baum Verantwortliche. So ist von diesen Personengruppen alles Erdenkliche zur Abwendung jedweder Gefahr zu unternehmen. Grundlage für die Erfüllung der Verkehrssicherungspflicht ist die Beachtung der folgenden Vorschriften:
- **VOB**, DIN 18320 sowie DIN 18915 bis 18920
- **RAS-LG** 4 – Richtlinien für die Anlage von Straßen, Teil Landschaftsgestaltung, Abschnitt 4: Schutz von Bäumen…
- **ZTV-STB 89** – Zusätzliche Technische Vertragsbedingungen und Richtlinien für Aufgrabungen an Verkehrsflächen

- **ZTV-Baumpflege**
- **ZTV-Großbaumverpflanzung**

Neben den bereits genannten Untersuchungen gibt es weitere Verfahren, durch die Rückschlüsse auf den Gesundheitszustand bzw. die Verkehrssicherheit möglich sind. Dabei gehören **Bohrproben** und Bohrprobenauswertungen, die **Baumendoskopie** und der Einsatz des **Densitomaten** zu den Verfahren, die mit einer Verletzung des Baumes und den damit verbundenen Infektionsgefahren verbunden sind. Ihr Einsatz ist daher zumindest umstritten.

Verfahren, um Faulstellen in Stamm, Hauptästen bzw. -wurzeln zu lokalisieren und ihren Umfang zu bestimmen, werden laufend weiterentwickelt. Zur Zeit sind Geräte auf dem Markt, die bei einer Bohrung den Eindringwiderstand messen (Bohrwiderstandsmeßgeräte, z. B. der **Resistograph**), wodurch Rückschlüsse auf den Zustand des Holzes mit hoher Genauigkeit gezogen werden können. Der Bohrkerndurchmesser beträgt nur 3 mm und ruft dadurch wesentlich geringere Verletzungen hervor als Verfahren wie die Baumendoskopie. Um einen fachgerechten Einsatz derartiger Geräte zu gewährleisten, kann auf eine entsprechende Schulung des Personals nicht verzichtet werden.

Ansprüche der Bäume	entsprechende Maßnahmen
Gehölze und Bakterien benötigen Sauerstoff im Boden	ausreichend große Baumscheibe, ggf. Einbau von Belüftungseinrichtungen, nachträgliche Bodenbelüftung, z. B. durch Kompressor
Wasser zur Nährstoffaufnahme und -transport; Erhaltung des Turgordruckes	Wasserspeicherndes Bodensubstrat, ggf. Einbau von Bewässerungseinrichtungen, Mulchen der Pflanzscheibe, ggf. Bepflanzen
Nährstoffe	Vorratsdüngung, nachträgliche Düngung, Einbringen von Baumfutter

Aus der Feststellung eines Faulherdes im Stamm kann man noch keine Rückschlüsse auf die **Standfestigkeit** oder **Bruchsicherheit** ziehen. Dafür ist ein spezielles Prüfgerät entwickelt worden, das **Fractometer**. Dabei handelt es sich um ein Prüfgerät, mit dessen Hilfe zylindrische Bohrkerne, aber auch Zweige und Wurzeln durch meßbares und dadurch definierbares Biegen gebrochen werden. Die dazu benötigte Kraft läßt Rückschlüsse auf die Bruchgefährdung und somit auf die Verkehrssicherheit von Bäumen zu. Ebenso ist das Gerät zur Prüfung von Konstruktionshölzern, z. B. an Spielgeräten, einzusetzen. Mit Hilfe des Fractometers sind nach der Feststellung der Restwandstärke Aussagen über die Bruchfestigkeit möglich, wobei die altersbedingte Minderung der Holzqualität berücksichtigt wird. Wegen der Verkehrssicherheitspflicht und der sich daraus ergebenden Verantwortung kommt es häufig zu sogenannten Angstfällungen; im Zweifelsfall wird der Baum beseitigt. Legt man den materiellen und ideellen Wert eines Baumes in der Stadt zugrunde, ist der Einsatz der genannten Verfahren gerechtfertigt, wenn dadurch Bäume erhalten bleiben.

Bei allen technischen Möglichkeiten kommt der o. g. **Sichtkontrolle** eine nicht zu unterschätzende Bedeutung zu. Krankheitsherde zeigen sich häufig durch ein verstärktes Wachstum von Meristemgewebe, das Rückschlüsse auf bestimmte Defekte zuläßt. So kann man aus der Bildung von Beulen oder Wülsten auf Faulstellen oder weiches Holz schließen; rippenartige

Wülste sind Anzeichen für Risse im Stamm oder in Hauptästen. Fast alle Arten zusätzlicher Gewebeanlagerungen können als Anzeichen für Schädigungen gelten. Bei derartigen Symptomen gibt die Bohrkernauswertung bzw. der Einsatz des Fractometers Aufschluß über Art und Umfang der Schädigung.

2.3 Öffentliches Grün

2.3.1 Die Bedeutung naturnaher Lebensräume in der Stadt

Der Mensch fühlt sich zumindest zweitweise zur Natur hingezogen. Doch auch in der Stadt, deren Aussehen durch Beton, Stahl und Glas bestimmt wird, haben eine verhältnismäßig große Anzahl von Pflanzen und Tieren in Grünanlagen, Gärten, auf Friedhöfen oder durch Eroberung von Lebensräumen an Mauern, Straßen, in Baulücken usw. ihr Auskommen. Als Stadtbiotope bilden sie nicht nur Rückzugsgebiete für Pflanzen und Tiere, sondern ihnen kommt auch eine Bedeutung für den Stadtmenschen zu. Je nach dem Umfang der Flächen dienen sie der Belebung und Gliederung der Stadt sowie der Stadthygiene (s. Kap. C2.1). Sie zu schützen, zu pflegen oder auszubauen muß ein Ziel der Stadtplanung und aller Berufsgruppen sein, die für die Neuanlage und die Pflege von Grünflächen verantwortlich sind.

2.3.2 Gepflegte Anlagen oder Spontanvegetation?

In der Regel verbindet man mit dem Begriff „öffentliche Grünanlage" die Vorstellung von gepflegten Rasenflächen mit vereinzelten Parkbäumen, Strauchpflanzungen und Blumenbeeten.

Die Landes- und Bundesgartenschauen der letzten Jahre zeigen, daß ökologische Gesichtspunkte zunehmend an Bedeutung gewinnen. Dafür gibt es gute Gründe. Reine Zieranlagen erfordern einen höheren Pflegeaufwand, der sich noch erhöht, wenn auf den Einsatz von Herbiziden verzichtet wird. Außerdem sind sie in ökologischer Hinsicht von geringerem Wert. Auch in der Bevölkerung hat sich ein Sinneswandel vollzogen. Die Wildflora wird wieder bevorzugt, das Wort „Unkraut" vermieden. Wildpflanzen vermitteln außerdem einen höheren Erlebniswert. Nicht nur Kinder erfreuen sich an Gänseblümchen auf der Wiese oder an Veilchen am Gehölzrand.

Flächen, die spontan, das heißt ohne menschliches Eingreifen, begrünt werden, weisen die unterschiedlichsten Bodenverhältnisse auf. Dementsprechend groß ist die Zahl der Arten, die sich auf ihnen ansiedeln. So konnten hier sogar Pflanzen nachgewiesen werden, die von landwirtschaftlich genutzten Flächen längst verdrängt worden sind. Für diese Pflanzenarten bilden städtische Freiflächen regelrechte Rückzugsgebiete.

Bei der Entscheidung zwischen gepflegtem Grün und der Wildflora wird man nicht einseitig handeln dürfen. Für Flächen, auf denen gespielt werden darf oder die begangen werden, bleibt nur der Rasen als strapazierfähige Begrünungsmöglichkeit.

2.3.3 Anlage eines Schotterrasens

Fast in jeder Gemeinde gibt es Flächen, die nur zeitweise genutzt werden, dann aber begehbar sein müssen, z. B. für Kirmes- oder Schützenfeste. Derartige Flächen eignen sich für die Anlage eines Schotterrasens. Niedrigbleibende, trockenresistente Gräser und trittfeste Stauden bilden die Narbe. Die Begehbarkeit – in beschränktem Maße auch Befahrbarkeit – wird durch die Zusammensetzung der Rasentragschicht gewährleistet. Diese muß einen ausreichenden Anteil an Stützkorn 2/8 bis 35/55 enthalten. Der Oberbodenanteil beträgt je nach Bodengruppe 20 bis 30 %. Das Stützkorngemisch wird in die oberste Bodenschicht bis zu einer Tiefe von ca. 20 cm eingearbeitet. Der Aufbau kann aber auch dem eines Weges entsprechen. Er setzt sich aus einer 15 cm starken Tragschicht aus 0/32 bzw. 0/45, einer belastbaren Vegetationsschicht von 10 bis 15 cm, in die zu 60 % Material der Korngröße 12/56 eingearbeitet wird, und der eigentlichen Vegetationsschicht von ca. 5 cm zusammen, in die das o. a. Sand-Schotter-Gemisch zu ca. 50 % eingearbeitet wird.

Zur Einsaat werden Gräser verwandt, die sich aufgrund ihrer Trockenresistenz und Trittfestigkeit eignen, wie *Agrostis tenuis, Festuca nigrescens, Festuca rubra, Festuca ovina, Poa pratensis.*

Die Auswahl der Kräuter richtet sich außerdem nach dem pH-Wert des eingearbeiteten Materials. Als geeignet gelten:

Bellis perennis – Gänseblümchen
Capsella bursa-pastoris – Hirtentäschel
Matricaria discoidea – Strahlenlose Kamille
Plantago major – Großer Wegerich
Polygonum aviculare – Vogelknöterich
Taraxacum officinale – Löwenzahn
Trifolium repens – Weißklee
Veronica serpyllifolia – Quendel-Ehrenpreis
Der Handel bietet dazu fertige Mischungen an.

2.3.4 Spontanvegetation

Unter dem Begriff Spontanvegetation versteht man die natürliche „spontane" Ansiedlung von Pflanzen. Das hat zunächst den Vorteil, daß sich die meisten dieser Pflanzen auch an ihrem Standort durchsetzen, soweit sie standortgerecht sind. Aufgrund der vorherrschenden Bodenverhältnisse und der Vegetation der benachbarten Flächen, von denen der Samen eingetragen wird, kann es sich jedoch um eine einseitige Pflanzengesellschaft handeln, da z. B. die Brennessel auf stickstoffreichen Böden die Oberhand gewinnt.

Für Flächen, von denen eine gewisse ästhetische Wirkung erwartet wird, befriedigt eine derartige Vegetation in der Regel nicht. Hier kann behutsam und mit Sachkenntnis eingegriffen werden.

Zunächst kann durch eine Aufbereitung des Bodens, z. B. durch Veränderung des pH-Wertes, Ausgleich einseitiger Nährstoffverhältnisse oder Abmagern bei zu nährstoffreichen Böden, die Grundlage für die Entstehung einer größeren Artenvielfalt geschaffen werden. Darüber hinaus können gezielt Pflanzen, die überhandnehmen, entfernt werden. Durch Anpflanzung anderer Arten kann man das Pflanzenspektrum zusätzlich erweitern. Letzteres sollte aber stets unter pflanzensoziologischen Gesichtspunkten erfolgen.

Bei diesen Arbeiten wird vom Ausführenden erwartet, daß er eine umfassende Kenntnis der Wildpflanzen und ihrer Ansprüche besitzt.

2.3.5 Die ökologische Aufwertung städtischer Freiflächen

Um alle Flächen, die sich in der Stadt als interessante Lebensräume und Rückzugsgebiete für Pflanzen und Tiere anbieten, zu erfassen, muß ein Biotopkataster erstellt werden, durch das alle geeigneten Flächen und die bereits vorhandene Flora und Fauna erfaßt werden. Die vorhandenen Gärten, Grünanlagen, Friedhöfe, innerstädtische Brachflächen und das Straßenbegleitgrün bilden zusammen die Grundlage für die weitere Planung, die letztlich eine Vernetzung der Flächen zum Ziel haben sollte. Selbst die Ränder asphaltierter Straßen, Bahnkörper oder die Fugen alter Mauern können Standorte von Pflanzen und Tieren sein.

Die nächste Überlegung gilt den Flächen, die ökologisch aufgewertet werden können. Längst sind nicht alle Möglichkeiten erschöpft, die Artenvielfalt zu fördern. Das Straßenbegleitgrün ist bereits angesprochen worden. In vielen Städten ist zwischen der

Abb. 45. Die Verwendung von Wildstauden erhöht die Artenvielfalt der Flora und Fauna.

Fahrbahn und dem Gehweg ein Pflanzstreifen, das Bankett. Leider wird es in den meisten Fällen durch parkende Autos zweckentfremdet. Diese Flächen bieten ebenso wie die Mittelstreifen der Straßen die Möglichkeit, Standorte einer artenreicheren Bepflanzung zu werden.

Zunächst sind die Flächen durch Poller gegen einparkende Fahrzeuge zu sichern. Eine gründliche, sachgerechte Bodenverbesserung entscheidet über die Entwicklung der Pflanzen. Bei der Pflanzung sollte der ökologische Wert nicht ausschließlich ausschlaggebend sein. Wie bei den Straßenbäumen ist die Eignung der Pflanzen zu berücksichtigen. Falls Bäume auf den Pflanzstreifen stehen, darf die Unterpflanzung für sie nicht zur Konkurrenz werden.

Bisher wurden vorwiegend Pflanzen unter wirtschaftlichen Gesichtspunkten bevorzugt (Kosten für Pflanzung und Unterhaltung). Die Anzahl der „bewährten" Pflanzen war dadurch gering. Bevorzugt wurden *Mahonia aquifolia, Lonicera pileata, Coto-*

neaster 'Skogsholmen' u. ä. Auch diese leisten zweifellos ihren Beitrag zur Stadthygiene. Dennoch ist die größere Artenvielfalt stets vorzuziehen. Eine Mischpflanzung aus verschiedenen Arten, bei der sich auch die vielen Sorten der bodendeckenden Rosen einen Platz in der Stadt erobert haben, ist von Vorteil.

Einige Sorten der bodendeckenden Rosen dienen auch als Bienenweide, so zum Beispiel die Sorte 'Kordes Rose Immensee'.

2.3.6 Die grüne Wohnstraße

Fußgängerzonen und Maßnahmen der Verkehrsberuhigung bieten weitere Chancen, mehr Pflanzen in die Stadt zu bringen. Von den Erstellungskosten her aufwendiger ist die Herstellung von Pflanzbeeten, durch die den Pflanzen bei Trockenheit das Grundwasser als Kapillarwasser zur Verfügung steht. Dadurch können die Unterhaltungskosten aber gesenkt werden, außerdem entwickeln sich Pflanzen in tiefgründigem Boden besser.

Die Aufbereitung des Bodens wird ebenso durchgeführt wie bei Straßenbäumen (vgl. Kapitel C2.2.3!). Falls die Gefahr nicht auszuschließen ist, daß die Pflanzung durch Fußgänger oder Hunde geschädigt wird, ist eine höhere Aufkantung erforderlich. Allerdings kann die Anlage eines Pflanzbeetes durch Leitungstrassen im Straßenbereich verhindert werden. In diesen Fällen bietet die Bepflanzung von Pflanztrögen und Kübeln eine Alternative. Dieses „mobile Grün" kann im Bedarfsfall auch versetzt werden.

Größere Flächen ohne Verbindung zum Untergrund werden als Dachgärten angelegt (vgl. Bd. 4, Kapitel 14 bzw. das folgende Kapitel 2.3.8). Eine weitere Möglichkeit, auch bei begrenzter Grundfläche Grünpflanzen anzusiedeln, bieten Rankgerüste mit Kletterpflanzen (vgl. Kapitel 2.3.7 'Fassadenbegrünung').

So wichtig die Berücksichtigung ökologischer Anliegen auch ist, die psychologische und ästhetische Wirkung braucht dadurch nicht . vernachlässigt zu werden. Das Grün bringt nicht nur Leben und Harmonie in die Stadt, es bildet auch den Rahmen, um Brunnen, Wasserspiele oder Sitzgruppen mit ihm zu verbinden. Falls auch die Straßenbeläge, z. B. aus Pflaster oder Klinker, mit ihren vielen Möglichkeiten der Verlegung der Pflanzung angepaßt werden, kann eine Wohnstraße mit Atmosphäre entstehen. Entscheidenden Einfluß hat hierbei natürlich die Pflanzenauswahl. Selbst Pflanzenkübel lassen ein Gedeihen kleinkroniger Bäume (Kapitel 2.2.3) oder größerer Solitärgehölze zu.

Abb. 46. Die Natursteinmauer bietet der Pflanzung den erforderlichen Schutz; die anspruchsvolle Bepflanzung steigert die Wohnqualität.

Eine Auswahl von geeigneten Gehölzen für mobiles Grün

Acer negundo (in Sorten)
Amelanchier canadensis
Aralia elata
Berberis julianae
Cotinus coggygria in Sorten
Cotoneaster salicifolius var. *floccosus*
Cotoneaster-Hybride 'Cornubia'
Magnolia soulangeana und *M. stellata*
Nothofagus antarctica
Prunus subhirtella 'Autumnalis'
Pyracantha-Arten in Sorten
Mit Hilfe eines bepflanzten Rankgerüstes kann der nötige Schatten für eine Sitzgruppe geschaffen werden.

Vor **Gehölzrändern** eignen sich aufgrund ihrer guten Anpassung an Wurzeldruck und teilweise Beschattung die folgenden Arten, die fast alle alkalischen Boden vertragen

Agrimonia eupatoria – Gewöhnlicher Odermennig
Anemone sylvestris – Großes Windröschen
Anthoxanthum odoratum – Gewöhnliches Ruchgras
Asperula tinctoria – Färbermeister
Aster amellus – Kalk-Aster*
Buglossoides purpurocaerulea – Blauroter Steinsame
Buphtalmum salicifolium – Ochsenauge
Bupleurum falcatum – Hasenohr*
Campanula rapunculoides – Acker-Glockenblume
Carex montana – Bergsegge
Coronilla varia – Bunte Kronwicke
Digitalis lutea – Kleinblütiger Fingerhut

---

* = Pflanze der Roten Liste

Abb. 47. Das Rankgerüst, mit einem Blauregen bepflanzt, wird zum Blickfang und schafft einen Ruheplatz im Schatten.

Abb. 48. Naturstein, Wasser und Pflanzen nehmen der Stadt die Monotonie.

Galium vernum – Echtes Labkraut
Geranium sanguineum – Blut-Storchschnabel
Hypericum perforatum – Hartheu
Hyssopus officinalis – Ysop
Inula hirta – Rauher Alant
Lathyrus latifolius – Platterbse
Origanum vulgare – Wilder Majoran
Seseli libanotis – Heilwurz*
Tanacetum corymbosum – Straußblütige
Wucherblume
Veronica chamaedrys – Gamander-Ehrenpreis
Veronica teucrium – Großer Ehrenpreis*
Auf **Waldlichtungen und -wiesen**, d. h. Lagen mit
größerem Wurzeldruck und stärkerer Beschattung,
gedeihen folgende Arten
Ajuga reptans – Günsel
Anemone nemorosa – Buschwindröschen
Anthriscus sylvestris – Wiesenkerbel
Aquilegia vulgaris – Akelei*
Astrantia major – Große Sterndolde
Avenella flexuosa – Drahtschmiele
Cardamine pratensis – Wiesenschaumkraut
Campanula persicifolia – Pfirsichblättrige
Glockenblume
Campanula rotundifolia – Rundblättrige Glocken-
blume
Campanula trachelium – Nesselblättrige Glocken-
blume
Carex montana – Bergsegge
Centaurium erythraea – Tausendgüldenkraut
Dianthus superbus ssp. *sylvestris* – Prachtnelke*
Digitalis grandiflora – Großblütiger Fingerhut
Digitalis purpurea – Roter Fingerhut
Epilobium angustifolium – Wald-Weidenröschen
Geranium robertianum – Stinkender
Storchschnabel
Hieracium sabaudum – Savoyer Habichtskraut
Hieracium umbellatum – Doldiges Habichtskraut
Molinia arundinacea – Rohr-Pfeifengras
Molinia caerulea – Blaues Pfeifengras
Phyteuma spicata – Ährige Teufelskralle
Poa nemoralis – Hain-Rispengras
Polemonium caeruleum – Himmelsleiter
Primula elatior – Große Schlüsselblume
Primula vulgaris – Stengellose Schlüsselblume
Prunella vulgaris – Kleine Brunelle
Silene dioica – Leimkraut
Tanacetum corymbosum – Straußblütige
Wucherblume
Verbascum nigrum – Dunkle Königskerze

Als **Gräser-Kräuter-Mischung** für saure Mager-
Standorte eignen sich folgende Arten
Achillea nobilis – Edle Schafgarbe
Alyssum montanum – Berg-Steinkraut*
Antenaria dioica – Gewöhnliches Katzen-
pfötchen*)
Anthericum liliago – Traubige Graslilie*
Armeria maritima – Grasnelke*
Briza media – Zittergras
Campanula rotundifolia – Rundblättrige
Glockenblume
Centaurea jacea – Wiesen-Flockenblume
Centaurea nigra – Schwarze Flockenblume
Cerastium arvense – Ackerhornkraut
Corynephorus canescens – Silbergras
Deschampsia flexuosa – Geschlängelte Schmiele
Dianthus arenarius – Sandnelke
Dianthus deltoides – Heidenelke*
Euphoriba cyparissias – Zypressen-Wolfsmilch
Festuca ovina – Schafschwingel
Festuca tenuifolia – Haarschwingel
Galium mollugo – Wiesen-Labkraut
Helichrysum arenarium – Sand-Strohblume*
Herniaria glabra – Kahles Bruchkraut
Hieracium aurantiacum – Orangerotes Habichts-
kraut
Hieracium pilosella – Kleines Habichtskraut
Hieracium sabaudum – Savoyer Habichtskraut
Jasione laevis – Sandrapunzel
Koeleria albescens – Sand-Kammschmiele
Koeleria glauca – Blaugraue Kammschmiele
Lotus corniculatus – Hornklee
Lychnis viscaria – Gewöhnliche Pechnelke*
Melica ciliata – Wimper-Perlgras*
Meum athamanticum – Bärwurz
Pimpinella saxifraga – Kleine Bibernelle
Potentilla argentea – Silber-Fingerkraut
Potentilla erecta – Blutwurz
Saxifraga granulata – Knöllchen-Steinbrech
Sedum acre – Scharfer Mauerpfeffer
Sedum album – Weißer Mauerpfeffer
Sedum reflexum – Felsen-Mauerpfeffer
Sempervivum arachnoideum – Spinnwebige
Hauswurz
Sempervivum montanum – Berg-Hauswurz
Sempervivum tectorum – Echte Hauswurz
Thymus serpyllum – Sandthymian

---

*   = Pflanze der Roten Liste

Zu den Pflanzenarten, die auf den Standorten des **Halbtrocken-** und **Kalkmagerrasens** gedeihen, gehören

Ajuga genevensis – Genfer Günsel
Anthemis tinctoria – Färberkamille
Anthericum ramosum – Ästige Graslilie
Aster linosyris – Goldaster*
Brachypodium pinnatum – Fiederzwenke
Briza media – Zittergras
Bromus erectus – Aufrechte Trespe
Campanula glomerata – Büschel-Glockenblume
Carex caryophyllea – Frühlingssegge
Carex montana – Bergsegge
Carlina acaulis – Große Silberdistel
Carlina vulgaris – Kleine Golddistel
Centaurea jacea – Wiesen-Flockenblume
Cirsium acaule – Stengellose Kratzdistel
Daucus carota – Wilde Möhre
Dianthus carthusianorum – Karthäusernelke*
Euphorbia cyparissias – Zypressen-Wolfsmilch
Euphorbia verrucosa – Warzen-Wolfsmilch
Festuca amethystina – Amethyst-Schwingel
Filipendula vulgaris – Knollige Spierstaude*
Galium mollugo – Wiesenlabkraut
Galium verum – Echtes Labkraut
Helianthemum nummularia – Sonnenröschen
Hieracium pilosella – Kleines Habichtskraut
Inula ensifolia – Schmalblättriger Alant
Iris graminea – Gras-Schwertlilie
Koeleria macrantha – Zierliche Kammschmiele*
Koeleria pyramidata – Pyramiden-Kammschniele
Lathyrus tuberosus – Knollen-Platterbse
Linum perenne – Stauden-Lein
Linum viscosum – Klebriger Lein
Lotus corniculatus – Hornklee
Melica ciliata – Wimper-Perlgras*
Melica transsylvanica – Siebenbürger Perlgras
Onobrychis viciifolia – Futter-Esparsette
Origanum vulgare – Wilder Majoran
Phyteuma orbiculare – Kugel-Rapunzel*
Pimpinella saxifraga – Kleine Bibernelle
Plantago media – Mittlerer Wegerich
Primula veris – Arznei-Schlüsselblume
Prunella grandiflora – Große Brunelle
Ranunculus bulbosus – Knolliger Hahnenfuß
Salvia pratensis – Wiesensalbei
Sanguisorba minor – Kleiner Wiesenknopf
Scabiosa columbaria – Traubenskabiose
Scabiosa lucida – Glänzende Skabiose
Scabiosa japonica var. *alpina* – Alpen-Skabiose

Scabiosa ochroleuca – Gelbe Skabiose
Sedum sexangulare – Milder Mauerpfeffer
Sedum telephium – Purpur-Fetthenne
Selaginella helvetica – Schweizer Moosfarn
Senecio erucifolius – Raukenblättriges Greiskraut
Stachys recta – Aufrechter Ziest*
Teucrium chamaedrys – Edelgamander
Thymus praecox – Frühblühender Thymian
Thymus serpyllum – Sand-Thymian
Verbascum phoeniceum – Violette Königskerze
Veronica teucrium – Großer Ehrenpreis

Zur Ansiedlung von Stauden, Gräsern, Farnen auf **feuchten Standorten** kommen folgende Arten in Frage, die als schlick- und humusliebend gelten
Anemone nemorosa – Buschwindröschen
Angelica sylvestris – Wald-Engelwurz
Ajuga reptans – Günsel
Bidens tripartita – Dreiteiliger Zweizahn
Campanula trachelium – Nesselblättrige Glockenblume
Carex gracilis – Schlanke Segge
Carex riparia – Ufersegge*
Corydalis cava – Hohler Lerchensporn
Dryopteris cristiata – Kammfarn*
Filipendula ulmaria – Mädesüß
Gagea lutea – Wald-Gelbstern
Heracleum sphondylium – Wiesen-Bärenklau
Lysimachia vulgaris – Gewöhnlicher Gelbweiderich
Lythrum salicaria – Blutweiderich
Myosotis palustris – Sumpf-Vergißmeinnicht
Osmunda regalis – Königsfarn*
Paris quadrifolia – Einbeere
Pulmonaria officinalis – Lungenkraut
Ranunculus ficaria – Scharbockskraut
Silene dioica – Tag-Lichtnelke
Solanum dulcamara – Bittersüßer Nachtschatten
Stachys palustris – Sumpfziest
Stachys silvatica – Wald-Ziest
Symphytum officinale – Gewöhnlicher Beinwell
Valeriana officinalis – Baldrian
Viola reichenbachiana – Waldveilchen

---

*   = Pflanze der Roten Liste

2.3.7 Wohnumfeldverbesserung durch Fassadenbegrünung

Nackte Betonmauern und kahle Mauern fordern geradezu eine Begrünung heraus. Neben der stadthygienischen und ökologischen Bedeutung trägt sie in besonderem Maße aufgrund der ästhetischen Wirkung zur Wohnumfeldverbesserung bei.

Erste Voraussetzung ist ein intaktes Mauerwerk. Mauern mit bröckelnden Fugen oder verwitterten Steinen müssen zunächst saniert werden. Über die Lage von Strom-, Wasser- oder Gasleitungen gibt die Gemeindeverwaltung Auskunft.

Die nächste Überlegung gilt der Pflanzenwahl. Falls keine selbstkletternden Arten verwendet werden sollen, muß eine entsprechende Kletterhilfe angebracht werden. In der einfachsten Form kann das durch ein Stahlseil, am besten aus Edelstahl oder verchromt, geschehen. Gegen Korrosion geschützte Rankgerüste werden in allen Ausführungen vom Handel angeboten. Zu beachten ist, daß einige Pflanzen im Anfangsstadium angebunden werden müssen.

In der Stadt läßt es sich leider nicht vermeiden, die Pflanzen durch einen Rankschutz zu schützen. Dieser sollte möglichst bis in eine Höhe von etwa 1,20 Meter reichen und im Boden verankert werden. Auch hier bietet der Handel entsprechende Betonteile mit den dazugehörenden Schutzgittern an.

Hausbesitzer lassen sich leichter für die Begrünung ihrer Häuser gewinnen, wenn ihnen vor Augen geführt wird, daß die Blattmasse dem Temperaturausgleich dient und damit die Hauswand geradezu schützt. Immergrüne Pflanzen (Hedera helix und Lonicera henryi) wirken im Winter durch das immergrüne Laubwerk isolierend und helfen damit, Heizkosten zu sparen. Den hin und wieder geäußerten Bedenken, daß Kletterpflanzen das Auftreten von Ungeziefer fördern, läßt sich mit dem Hinweis auf die Förderung der Nützlinge, die das „Ungeziefer" in Grenzen halten, begegnen.

2.3.8 Maßnahmen der Dachbegrünung

Die Begrünung von Dachflächen leistet nicht nur einen beachtlichen Beitrag zur ökologischen Aufwertung der Städte, sie dient gleichzeitig der Erhaltung von Bausubstanz. Durch den Schichtaufbau und die Pflanzendecke werden die Temperaturschwankungen von bis zu 70 &C im Sommer und –25 &C im Winter auf etwa ein Drittel beschränkt. Dadurch erhöht sich die Lebensdauer von Dächern ganz erheblich.

Unter dem ökologischen Aspekt spielt die **extensi-**

Abb. 49. Der Knöterich (Fallopia aubertii) erreicht Höhen bis zu 12 m; er kann aber auch herunterhängen.

ve Dachbegrünung eine entscheidende Rolle. Während bei der **intensiven Begrünung** drei Schichten auf die wurzelsichere Dichtungsschicht aufgetragen werden, die Drän-, Filter- und Vegetationsschicht, reichen für die extensive Begrünung zwei oder bei entsprechender Eignung des Materials und darauf abgestimmter Pflanzenauswahl sogar eine einzige Schicht. Dadurch verringert sich die zu fordernde Belastbarkeit des Daches. Für einen einschichtigen Aufbau können bereits 50 kg/m² Belastbarkeit ausreichen. Der Dichtigkeit des Daches und dem Schutz vor Durchwurzelung ist jedoch die gleiche Aufmerksamkeit zu widmen wie bei einer intensiven Begrünung. Falls der komplizierte und aufwendige Schichtaufbau bei der extensiven Begrünung entfällt, müssen die zu verwendenden Materialien die Funktion der verschiedenen Schichten übernehmen, das heißt Dränage, Nährstoff- und Wasserspeicherung und gegebenenfalls Filterung. Inzwischen stehen uns verschiedene Substrate zur Verfügung, die sich in der Vergangenheit bewährt haben.

Abb. 50. Beton und Glas fordern die Begrünung geradezu heraus, hier durch eine Dachbegrünung.

An die Pflanzen für die extensive Dachbegrünung müssen besondere Ansprüche gestellt werden: Trocken- und Wärmeresistenz, Regenerationsfähigkeit, Unempfindlichkeit gegen vorübergehende Vernässung und gegen Wind sowie pflegeextensive Entwicklung. Handel und Anzuchtbetriebe bieten fertige Zusammenstellungen an. Dabei unterscheidet man Mischungen aus Moos-Sedum-Arten, Sedum-Gras-Kräuter-Arten sowie Stauden-Gehölz-Begrünung.

Für die eigentliche Begrünung bieten sich folgende Verfahren an:

1. Die Trockensaat. Um eine gleichmäßige Verteilung des Saatgutes zu gewährleisten, sollte grob- und feinkörniges Saatgut in getrennten Arbeitsgängen ausgebracht werden. Anschließend ist das Saatgut einzuarbeiten, bis es etwa 5 mm mit Boden überdeckt ist. Dabei stellt die Verwehungsgefahr, vor allem auf höheren Gebäuden, ein besonderes Problem dar. Auf ebenerdigen Flächen kann eine Rasenbaumaschine eingesetzt werden.

Verglichen mit den Aussaatmengen für Rasen von 20 bis 25 g/m² liegen die Mengen bei Dachbegrünungen wesentlich niedriger. Bei den meisten Mischungen sind 2 bis 4 g/m² auszubringen. Nach der Aussaat muß beregnet werden. Außerdem hat sich ein Überdecken mit grobkörnigem Material, z.B. Grobsand 1/3 und Splitt 10/15 bzw. mit Dachschieferbruch bewährt.

2. Naßsaaten. Dabei wird ein Gemenge aus Saatgut, Bodenverbesserungsstoffen, Kleber und Wasser als Trägersubstanz, das durch ein Rührwerk in gleichmäßiger Verteilung gehalten wird, mit Hilfe einer Dickstoffpumpe aufgebracht (vgl. Bd. 4, Kap. 11.2.7). Bei einschichtiger Bauweise ist der Naßsaat in jedem Fall der Vorzug zu geben. Der günstigste Begrünungszeitpunkt ist der Herbst.

3. Ausstreuen von Pflanzenteilen, d. h. von Sproßteilen der Moose und *Sedum*-Arten. Die Verteilung geschieht in der Regel in Handarbeit. Mit dieser Methode konnten gute Erfolge erzielt werden. Bei *Sedum* rechnet man ca. 40 Teilstücke/m². Nach dem Ausstreuen ist das Pflanzenmaterial flach einzuarbeiten. Auch hier empfiehlt sich – wie bei der Aussaat – ein Überdecken mit einem Sand-Splitt-Gemisch.

4. Saatmatten. Diese bestehen aus organischem, verrottbarem Material, in das Saatgut eingearbeitet ist. Schwierigkeiten bestehen vor allem darin, den erforderlichen Bodenkontakt herzustellen, weil sonst die Gefahr des Austrocknens besteht.

5. Vorkultivierte Vegetationsmatten haben den Vorteil, daß sie erosionssichernd sind und sich für die Begrünung von Steildächern eignen. Vegetationsmatten gibt es mit einer Armierung aus Kunststoff-Fadengeflecht, vergleichbar den Gewebeeinlagen bei Rasensportplätzen. Bei der Verlegung werden die Bahnen auf Stoß verlegt; Überlappungen sind zu vermeiden.

Auf einschichtigen Substraten entspricht die Vegetationsmatte aufgrund ihrer Stärke annähernd der zweischichtigen Bauweise und verringert dadurch die Probleme der einschichtigen Bauweise.

6. Die Verwendung von Kleinballenpflanzen ermöglicht im Gegensatz zu den vorgenannten Verfahren eine gezielte Anordnung der Pflanzen. In der Regel werden Pflanzen in Multitopfplatten oder mit Erdpreßtöpfen vorkultiviert. Wenn auch der Arbeitsaufwand bei diesem Verfahren höher ist, so erreicht man mit dieser Methode doch sehr hohe Anwachsraten.

Der Schichtaufbau

Auch bei der extensiven Dachbegrünung unterscheidet man zwischen dem ein-, zwei- und dreischichtigen Aufbau. Während ein drei- oder zweischichtiger Aufbau relativ problemlos begrünt werden kann, wirft der einschichtige Aufbau eine Reihe von Fragen auf, muß doch die Vegetationsschicht gleichzeitig die Funktionen der Filter- und Dränschicht mit übernehmen, was nur unter bestimmten Voraussetzungen möglich ist. So versagt der einschichtige Aufbau in der Regel, wenn die Fläche nicht vor starker Austrock-

nung und Verwehung geschützt liegt. In solchen Fällen ist der mehrschichtige Aufbau zu bevorzugen.

Der mehrschichtige Aufbau. Als untere, dränierende Schicht eignen sich unter anderem folgende Materialien (in Schichtstärken von 10–15 cm):
– Kies und/oder Splitt,
– Lava bzw. Bims
– Blähton und/oder Blähschiefer (gebrochen)
Falls man als Pflanzsubstrat ton- oder humushaltige Stoffe verwendet, kann auf eine Filterschicht nicht verzichtet werden.

Als Substrat können im Prinzip alle Bodengemische verwendet werden, deren Porenvolumen im Hinblick auf die extremen Bedingungen optimiert worden ist. Ferner kommen auch Materialien in Frage, die als Substrat für einen einschichtigen Aufbau geeignet sind (siehe unten).

Der einschichtige Aufbau. Im Hinblick auf die mehrfunktionale Aufgabe des Substrates müssen die Kornabstufungen und die Schichtstärke den jeweiligen Verhältnissen und Anforderungen entsprechen. Zur Sicherung des Wasserhaushaltes darf auf den Feinkornanteil ab 0,06 mm und auf die Kornanteile von 0,63–4 mm nicht verzichtet werden.

Lediglich in geschützten Lagen mit geringer Luftbewegung reichen Schichtstärken unter 10 bis 15 cm aus. In freien Lagen mit stärkerer bis starker Luftbewegung muß die Schichtstärke 15 bis 25 cm betragen.

Die Anforderungen an geeignetes Pflanzenmaterial werden bei einem einschichtigen Aufbau nur von wenigen Pflanzenarten erfüllt. Besonders bewährt haben sich *Sedum*-Arten, vor allem *Sedum album*, aber auch Schnittlauch. Um die Artenvielfalt zu bereichern, sollte versucht werden, auf Substraterhöhungen geeignete Pflanzen anzusiedeln.

Sowohl bei der Fertigstellungs- als auch bei der Entwicklungspflege erfordern Begrünungen mit einschichtigem Aufbau eine konsequente Bewässerung und Düngung.

Beispiele für Materialien zum einschichtigen Aufbau:
– Lavagemisch – ggf. mit Zusätzen von Ton und Humus von 20 bis 40 %, eignet sich aufgrund der scharfkantigen Beschaffenheit besonders für die Begrünung von Steildächern, bei denen sich der Einbau einer Krallmatte zur Schubsicherung bewährt hat;
– Lecadan 4/8 – in Schichtstärken von 6 bis 20 cm je nach Pflanzenart und Exposition der Fläche;
– Sorptonit D 1/15;

Abb. 51. Das Modell einer extensiven Begrünung eines Schrägdaches auf dem Gelände der Gartenbaulichen Berufs-schule Düsseldorf.

– Steinwolle – in 10 cm Schichtstärke, möglichst mit einer Abdeckung, z. B. aus Dachschieferbruch;
– Schieferbruch;
– Technoflorplatten – aus PUR-Schaumflocken, an-gereichert mit Tonmineralien und Langzeitdün-gern, besitzen extrem geringes Gewicht und auf-grund des Porenvolumens einen günstigen Wasser-Luft-Haushalt.
Dabei hat es sich bewährt, in die oberste Schicht aus mineralischem Material 3 bis 8 % organische Sub-stanz als Keimsubstrat bei Ansaat bzw. für die Bewur-zelung von Sproßteilen beizumischen (KRUPKA 1991).

Pflegemaßnahmen
Auch bei extensiver Dachbegrünung kann auf eine Pflege nicht vollständig verzichtet werden. Wie bereits erwähnt, gehört zur Fertigstellungspflege eine Bewäs-serung, auf die auch nach Abnahme der Fläche bei länger anhaltender Trockenheit bei den meisten Be-grünungsarten nicht verzichtet werden kann. Ferner ist in gewissen Abständen das Entfernen uner-wünschten Pflanzenaufwuchses erforderlich.
    Auch bei den aufgezeigten Schwierigkeiten sollten die ökologischen Gesichtspunkte bedacht werden,

die es rechtfertigen, daß die Dachbegrünung in stadt-ökologische Konzepte aufgenommen wird.
    In den **Moos-Kräuter-Mischungen** sind folgende Moosarten enthalten
Brachythecium rutabulum – Krückenkelmoos
Bryum caespitosum – Birnmoos
Camotothecium sericeum – Echtes Goldmoos
Ceratodon purpureus – Dachmoos
Grimmia pulvinata – Polster-Kissenmoos
Schistitium apocarpum – Gemeines Spaltmoos
Tortella tortuosa – Echtes Kräuselmoos
Pflanzenarten, die sich in verschiedenen Mischungen zur **Dachbegrünung** bewährt haben
Achillea tomentosa – Garbe
Anthemis tinctoria – Färberkamille
Armeria maritima – Gemeine Grasnelke
Campanula garganica – Gargano-Glockenblume
Carex ornithopoda – Vogelfußsegge
Dianthus carthusianorum – Karthäusernelke
Dianthus gratanapolitanus – Pfingstnelke
Draba lasiocarpa – Hungerblümchen
Erodium cicutarium – Reiherschnabel
Euphorbia capitulata – Wolfsmilch
Euphorbia cyparissias – Sonnenwolfsmilch
Festuca amethystina – Regenbogenschwingel
Festuca ovina – Schafschwingel
Galium verum – Echtes Labkraut
Genista pilosa – Sandginster
Geranium sanguineum – Blutroter Storchschnabel
Geranium sessiliflorum – Storchschnabel
Gypsophila repens – Kriechendes Schleierkraut
Helianthemum nummularium – Sonnenröschen
Hieracium pilosella – Habichtskraut
Linaria vulgaris – Gemeines Leinkraut
Pimpinella saxifraga – Kleine Bibernelle
Potentilla aurea – Gold-Fünffingerkraut
Prunella grandiflora – Braunelle
Sedum acre – Scharfer Mauerpfeffer
Sedum forsterianum – Zierliche Fetthenne
Sedum hispanicum – Spanische Fetthenne
Sedum hybridum 'Immergrünchen'
Sedum kamtschaticum – Fetthenne
Sedum reflexum – Tripmadam
Sedum sexangulare – Goldmoos-Sedum
Sedum spurium – Kaukasus Fetthenne
Sesleria glauca – Blaugras
Stachys recta – Bergziest
Teucrium chamaedrys – Edelgamander
Thymus serpyllus – Thymian
Veronica teucrium – Gamander Ehrenpreis

2.3.9 Orientierung des öffentlichen Grüns an der Natur

Wie bereits dargelegt, benötigen Pflanzen und Tiere zu ihrer Arterhaltung ein bestimmtes Areal. Einige Lebewesen, z. B. Kröten, sind dabei auf einen Ortswechsel angewiesen. Auch aus dem Grunde sollte eine Vernetzung von Biotopen ein Ziel der Grünplanung sein. Außerdem gibt man dem Stadtbewohner dadurch mehr Kontaktmöglichkeiten zur Natur; die Flächenvernetzung ist auch im Hinblick auf die Stadthygiene von großer Bedeutung. Unter diesen Gesichtspunkten könnten zahlreiche Grünanlagen bei entsprechender Planung den geforderten Ansprüchen gerechter werden. Häufig trifft man z. B. Efeu als einzige bodendeckende Art unter Bäumen an! Ein Blick unter einen *Cotoneaster*-Bestand zeigt in bezug auf Vegetation und Tierwelt fast „wüstenartige" Verhältnisse. Hier können keine Populationen über längere Zeit existieren. Auch die Durchquerung der Pflanzungen durch Käfer, Spinnentiere u. a. ist äußerst selten. Häufig fehlt sogar eine Krautschicht vollständig; der Boden ist nackt. Dabei könnten wir von der Natur lernen, wie groß die Artenvielfalt sein kann, die auch unter Gehölzen gedeiht.

Bei der Frage, ob man durch eine einheitliche Pflanzenart (Efeu, *Vinca*, *Lamiastrum* u. a.) eine großflächige Wirkung erzielen will, sollte man auch unter dem Gesichtspunkt der ökologischen Bedeutung sehen. Häufig werden sich auf den Freiflächen unter Bäumen von selbst Wildpflanzen ansiedeln (Spontanvegetation), die dann entsprechend ergänzt werden können. Eine Staudenpflanzung im Bereich der Gehölze bzw. Gehölzränder (vgl. HANSEN-STAHL 1987) verlangt später viel weniger Pflege, als ihr häufig nachgesagt wird. Die in früheren Zeiten oft durchgeführte Bodenbearbeitung, z. B. durch Umgraben, wirkt sich sogar nachteilig aus. Sinnvoll dagegen kann eine Abdeckung mit organischem Material (Mulchen) und – je nach Bedarf – eine gezielte Düngung sein. Voraussetzung für den geringen Pflegeaufwand ist eine standortgerechte Aussaat oder Pflanzung. Die Licht- und Bodenansprüche der Pflanzen müssen ebenso berücksichtigt werden wie die Art der Vergesellschaftung.

Die nachfolgend aufgeführten Arten verlangen, je nach ihrem Heimatstandort, unterschiedliche Lichtverhältnisse.

Bodendeckende Stauden und Zwerggehölze an schattigen bis absonnigen Standorten

Ajuga reptans – Günsel
Anemone nemorosa – Buschwindröschen
Anemone ranunculoides – Gelbes Windröschen
Arum maculatum – Aronstab
Asarum europaeum – Haselwurz
Astrantia major – Sterndolde
Cardamine flexuosa – Waldschaumkraut
Cardamine trifolia – Kleeblättriges Schaumkraut
Convallaria majalis – Maiglöckchen
Cornus canadensis – Hartriegel
Corydalis cava – Lerchensporn
Epimedium coccineum – Elfenblume
Epimedium pinnatum – Elfenblume
Euonymus fortunei var. *vegeta* – Kletterspindel
Euonymus fortunei – Kriechspindel
Galium odoratum – Waldmeister
Gaultheria procumbens – Scheinbeere
Hedera helix – Efeu
Helleborus foetidus – Palmblatt-Schneerose
Hypericum calycinum – Johanniskraut
Lamiastrum galeobdolon – Buntnessel
Lonicere henryi – Jelängerjelieber
Luzula sylvatica – Hainsimse
Lysimachia nummularia – Pfennigkraut
Mercurialis perennis – Bingelkraut
Omphaloides verna – Gedenkemein
Onoclea sensibilis – Perlfarn
Oxalis acetosella – Sauerklee
Pachysandra terminalis – Ysander
Patrinia triloba – Goldbaldrian
Pulmonaria officinalis – Lungenkraut
Saxifraga umbrosa – Porzellanblümchen
Symphytum grandiflorum – Beinwell
Tiarella cordifolia – Waldschaumkraut
Vinca major – Großblättriges Immergrün
Vinca minor – Immergrün
Viola odorata – Duft-Veilchen
Waldsteinia geoides – Waldsteinie
Waldsteinia ternata – Waldsteinie

Auch auf Spielplätzen wird die „Natur" oft vernachlässigt. Häufig ist der Gesichtspunkt der einfachen Pflege und Robustheit der Pflanzen ausschlaggebend für die Auswahl. Wieviele Pflanzen könnten „Spielmaterial" liefern, das Kindern zu eigenen Erfahrungen im Umgang mit der Natur verhilft und Phantasie und Kreativität fördert. Was läßt sich nicht alles aus Früchten, z. B. der Kastanie oder Eiche, aus Beeren des Feuerdorns oder aus den „Röhrchen" des Holunders bzw. Knöterichs herstellen! Blätter und Blüten verleiten zum Sammeln und Pressen. Kinder lernen die Natur spielerisch kennen, die sie als Erwachsene schützen sollen. Eine wichtige Voraussetzung hierfür ist also das Pflanzenangebot.

Flächen, die keiner extremen Beanspruchung unterliegen, sollten als Schotterrasen angelegt werden. Die Verletzungsgefahr ist geringer als bei Tennenflächen.

Warum sollten am Rande des Spielplatzes nicht Obstarten stehen, die allmählich in Vergessenheit geraten, z.B. die Echte Mispel oder die Holzbirne bzw. der Holzapfel? Als Nahrungsquelle für verschiedene Tierarten erhalten sie zusätzlich Bedeutung.

Die naturnahen Randpflanzungen an Kinderspielplätzen, Sportanlagen, Friedhöfen, Schulen und Krankenhäusern dienen der Vernetzung von Grünflächen, in die auch das Straßenbegleitgrün, Lärmschutzwälle, Kleingartenanlagen usw. einbezogen werden können. Hinzu kommen alle Brachflächen der Stadt. Will man die ökologische Wirkung einschätzen, so muß man die Summe aller Einzelflächen in Betracht ziehen.

2.3.10 Verwendung natürlicher Materialien

Es dürfte schon unserem natürlichen Empfinden widersprechen, wenn auf einer Fläche, deren Charakter durch Wildpflanzen bestimmt wird, künstliche Materialien verwendet werden. Zu den natürlichen Baustoffen gehören Holz und Naturstein. In allen Grünzonen verdienen sie den Vorzug vor Beton und Metall. Zum Beispiel schützen Findlinge an den Ecken von Banketten ebenso vor parkenden Fahrzeugen wie Betonpoller. Auch stärkere Rundhölzer können diesen Zweck erfüllen, deren Lebensdauer durch Druckimprägnierung verlängert werden kann.

Vor allem in naturnahen Anlagen ist eine Erschließung durch Wege erforderlich, die Gefahr der Zerstörung durch das Betreten ist sonst zu groß. Außerdem benötigen Pflanzen und Tiere einen Schutzraum. Beim Bau der Wege sollte auf natürliche Materialien zurückgegriffen werden. Bewährt hat sich die Wegebefestigung durch wassergebundene Decken, für die man Gesteinsmaterial verwenden sollte, das möglichst in der Umgebung vorkommt. Noch natürlicher wirkt die Verwendung von Rindenhäcksel. Hierbei hat sich Material von Nadelhölzern bewährt, weil es langsamer verrottet. Falls Stufen einzubauen sind, sollte ebenfalls Naturstein oder Holz Verwendung finden.

Für Parkplätze sollte immer dann der Schotterrasen verwendet werden, wenn es die Nutzung zuläßt (vgl. Kap. C2.3.3). Eine extreme Nutzung schließt den Schotterrasen aus. – Als eine sinnvolle Alternative kommt die Wegebefestigung durch Modulbaustoffe in Frage. Dabei handelt es sich um Bindemittel, durch die Kiese und Sande dauerhaft und frostsicher verklebt werden. Eine Aushärtung erfolgt durch Polymerisation (Vereinigung von Einzelmolekülen zu größeren Molekülen), wobei die Wasserdurchlässigkeit erhalten bleibt. Allerdings können derartig befestigte Flächen nur durch leichten Verkehr genutzt werden. Laut DeGA 48/93 sollen die Beläge gegen chemische Einwirkungen (Tausalz, Benzin, Öl, Säuren, Laugen) widerstandsfähig sein. Auch soll unerwünschter Bewuchs ausbleiben.

Bei der Befestigung von Parkplatzflächen unter Bäumen erfüllen Rasengittersteine ihren Zweck (s. Kap. C2.2.4). Als Uferbefestigung von Gewässern wirken sie nicht nur häßlich, auch aus ökologischen Gründen sind sie abzulehnen.

Eine Trockenmauer aus Bruchsteinen ist einer Betonmauer immer vorzuziehen.

2.3.11 Die Pflege naturnaher Grünflächen

Die vorausgegangenen Kapitel haben erkennen lassen, daß Städte im allgemeinen ungünstige Voraussetzungen für eine ungestörte Entwicklung von Pflanzen und Tieren bieten. Gerade deshalb ist es erstaunlich, wieviele Arten in den Ballungsräumen trotzdem nachzuweisen sind.

Bei einer entsprechenden Erhebung wurden in Augsburg 286 Flächen erfaßt, auf denen wildwachsende Pflanzen nachgewiesen wurden. In Berlin (damals noch West) konnte man über 1300 verschiedene Farn- und Blütenpflanzen nachweisen.

Während durch die Konzeption einer Freifläche die Artenvielfalt erweitert werden kann, muß die Pflege der Flächen deren Erhalt zum Ziel haben.

Auf Herbizide sollte in öffentlichen Anlagen grundsätzlich verzichtet werden. Dem Privatmann – in der Regel ohne die erforderliche Sachkenntnis – ist der Erwerb von Pestiziden per Gesetz erschwert worden.

Warum muß Jahr für Jahr alles Laub aus den Gärten und Anlagen entfernt werden? Es liefert wertvollen Humus, schützt den Boden vor Austrocknen, Verschlämmen und Erosion und fördert die Bodengare.

Wildvegetation kann nicht schematisch gepflegt werden. Wie bei der Blumenwiese kann auch bei Flächen mit einer Spontanvegetation deren Erhalt nur gewährleistet werden, wenn eine sachgerechte Pflege durchgeführt wird.

Zunächst fordert diese Aussage den Widerspruch heraus. Müßte sich ein derartiges Biotop nicht im Sinne eines Ökosystems selbst erhalten? Hierbei zeigt sich der Unterschied zwischen einer naturnahen und einer natürlichen Vegetation. Der Endzustand derartiger Flächen wäre der Wald, das letzte Glied in der Sukzession. In unseren Breiten ist es vor allem die Birke, die sich wahrscheinlich durchsetzen und die anderen Arten verdrängen würde.

Je nach Höhe der Krautschicht wird auf eine Mahd nicht zu verzichten sein. Dabei ist darauf zu achten, daß sich alle ein- und zweijährigen Kräuter bereits ausgesät haben. In der Regel kann man Mitte September als günstigen Termin für eine einmalige Mahd annehmen. Bei zweimaligem Schnitt sollte der erste nach der Aussaat der früh blühenden Wiesenkräuter erfolgen. In jedem Fall hat man Rücksicht auf brütende Vögel zu nehmen. Ohne gute Beobachtungsgabe und Kenntnisse der Naturzusammenhänge ist eine sachgerechte Pflege derartiger Flächen nicht möglich.

Vor jeder Tätigkeit wird man sich fragen müssen, welches Ziel erreicht werden soll. Das gilt auch für die Pflege der Gehölze. Muß hierbei der Mensch überhaupt eingreifen? Müssen abgestorbene Äste und Pflanzen entfernt werden? Bekanntlich leben von Totholz zahlreiche Pflanzen- und Tierarten. Während im Forst ein gewisser Totholzanteil wünschenswert ist und sogar geschützt wird, sind an das öffentliche Grün in Städten andere Maßstäbe anzulegen. Zunächst muß die Sicherheit der Spaziergänger gewährleistet werden. Außerdem will man die beabsichtigte Wirkung einer geschlossenen Pflanzung erhalten. Das kann durch einen Verjüngungsschnitt zum richtigen Zeitpunkt unterstützt werden sowie durch den Ersatz abgestorbener Bäume und Sträucher. Dabei sollte das Totholz immer dann liegen bleiben, wenn es möglich ist. Es bildet die Lebensgrundlage für unzählige Organismen. Der für die Pflege Verantwortliche sollte wissen, daß stehendes Totholz wertvoller ist als liegendes. Bei Ersatzpflanzungen ist die Bodenmüdigkeit zu bedenken. Deshalb sollte man einen Wechsel der Pflanzenart vornehmen.

Wenn es nicht möglich ist, Lebensräume mit Wildpflanzen unter Schutz zu stellen, sollte deren Erhalt durch die Pflege gefördert werden. Pflanzenansiedlungen auf Baumscheiben und Banketten sollten ebenso geschont werden wie an Wegrändern, Bahngleisen oder auf Brachflächen in der Stadt.

Abb. 52. Mahd einer Hochstaudenflur.

2.3.12 Gartenschauen als Chance der ökologischen Aufwertung

Die Durchführung der Bundesgartenschauen reicht bis zum Jahre 1951 zurück, als der ZVG (Zentralverband Gartenbau) mit der Stadt Hannover die erste Bundesgartenschau ausrichtete. Damit wurde an die Tradition der bis zum Kriegsausbruch durchgeführten Reichsgartenschauen (Essen, Liegnitz, Dresden, Stuttgart) angeknüpft. Die Reichsgartenschau Essen (1938) geht auf die bereits im Jahre 1929 durchgeführte Große Ruhrländische Gartenbauausstellung (die heutige Gruga) zurück.

Ursprünglich dienten die Ausstellungen in erster Linie der Selbstdarstellung des Gartenbaues, waren also vorwiegend Leistungsschauen. Nach dem Zweiten Weltkrieg sah man in ihnen die Chance zur Wiederherstellung der durch Kriegseinwirkungen verwüsteten Grünflächen der Städte. Diese Zielrichtung besteht in abgewandelter Form bis heute, zumal die Städte den größeren Anteil der Kosten tragen. Diese wollen vorhandene Grünflächen ausbauen und gleichzeitig weitere Flächen, wie Industriebrachen (wenn sie ökologisch ohne Bedeutung sind [vgl. Kap. C 2.1]), für die landwirtschaftliche Nutzung weniger geeignete Flächen oder unstrukturierte Kleingartenanlagen mit einbeziehen. Verbunden mit der Ausweitung innerstädtischer Grünanlagen in den Bundesgartenschauen, die in Abständen von zehn Jahren als internationale Gartenschauen durchgeführt werden, finden Leistungsschauen statt, in deren Rahmen Neuzüchtungen von Gehölzen, Stauden, Sommerblumen, aber auch von Topf- und Schnittblumen in den Hallenschauen, vorgestellt und bewertet werden. Für den Berufsstand des Garten-, Landschafts- und Sportplatzbaues handelt es sich hauptsächlich um eine Demonstration der landschaftsarchitektonischen und gartengestalterischen Leistungen, d. h. der konkreten Darstellung bautechnischer und vegetationstechnischer Arbeiten.

Die Bewußtseinsänderung der Bevölkerung, ausgelöst durch den hohen Stellenwert, den der Bürger der Natur heute beimißt, blieb nicht ohne Auswirkung auf die Zielsetzung der Bundes- und Landesgartenschauen.

Bei der Eröffnung der Bundesgartenschau Köln im Jahre 1957 mahnte der damalige Bundespräsident Dr. G. Heinemann, Schirmherr der Bundesgartenschau, zur Selbstbesinnung. Er wies auf „den Zustand der Überbenutzung und der Landschaftszerstörung hin und forderte den Gartenbau auf, den erhaltenden Kräften in unserer Umwelt Raum zu verschaffen...".

Die bereits im Jahre 1951 von namhaften Meinungsträgern des Berufsstandes Garten- und Landschaftsbau gegründete Arbeitsgemeinschaft für Garten- und Landeskultur zeigt die Sensibilisierung dieses Berufsstandes für Fragen des Umwelt- und Naturschutzes besonders deutlich. So wurde in den letzten zwei Jahrzehnten die Absicht, einen ökologischen Beitrag zur Stadtentwicklung zu leisten, nicht nur durch Bundesgartenschauen, sondern auch durch die zwischenzeitlich durchgeführten Landesgartenschauen verwirklicht. Dafür lassen sich zahlreiche Beispiele anführen. Bei der Landesgartenschau in Hamm wurden Vorgaben zur Umgestaltung eines ehemaligen Zechengeländes von Ökologen aufgrund umfangreicher Erhebungen gegeben, die von den planenden Landschaftsarchitekten zu berücksichtigen waren. Im Rahmen der Bundesgartenschau Düsseldorf wurde die

Düssel, die im vergangenen Jahrhundert begradigt, streckenweise sogar verrohrt worden war, auf einer Länge von 1,5 km renaturiert und so aufgeweitet, daß innerhalb des Ausstellungsgeländes eine reizvolle Teichlandschaft entstand. Durch die naturnahe Uferbegrünung hat sich inzwischen eine artenreiche Fauna eingefunden. Die ökologische Aufwertung dieser Fläche, die zuvor durch Kleingewerbe und Müll belastet war, zeigt sich unter anderem in der Zunahme der Vogelpopulation. Vor dem Ausbau der Fläche wurden 15 Arten mit 110 Brutpaaren registriert und danach 18 Arten mit 101 Brutpaaren. Gartengrasmücke, Zilpzalp und Girlitz erweiterten das Artenspektrum (ZVG in: Neue Landschaft, Juli 1992). Auf der Landesgartenschau Mülheim macht der Anteil von naturnahem Grün etwa 20 % aus. Diese Beispiele stehen für zahlreiche Maßnahmen der letzten Bundes- und Landesgartenschauen. Natürlich stellt der Bürger gewisse Erwartungen an großflächige Sommerblumenbepflanzungen und „gepflegte" Rasenflächen. Durch den Konflikt, der sich aus den Ansprüchen der Besucher auf der einen Seite und andererseits aus der Absicht, möglichst naturnahe Grünflächen zu schaffen, ergibt, kann auf die Anlage von Zierrasenflächen und Blumenrabatten nicht vollkommen verzichtet werden.

2.4   Der naturnahe Garten

2.4.1 Bedeutung und Konzeption naturnaher Gärten

In den vorausgegangenen Kapiteln wurde wiederholt auf den Beitrag auch kleinerer Flächen in der Stadt verwiesen, den diese zum Erhalt der Artenvielfalt von Pflanzen und Tieren leisten können. Unter diesem Aspekt kommt auch den Gärten große Bedeutung zu. In welchem Umfang Gärten allerdings dazu beitragen können, ist eine Frage ihrer Gestaltung und der verwendeten Pflanzen. Hier soll der Garten nur unter diesem Gesichtspunkt betrachtet werden.

Der Wohngarten soll in der Regel als erweiterter Wohnraum nutzbar sein. Dazu sind Flächen erforderlich, die der Erholung und der körperlichen Betätigung dienen können, wie z. B. Sitzplätze und Rasen. Außerdem sollen heute auch besondere Biotope Platz im Garten finden. Dies läßt sich natürlich leichter bei entsprechender Grundstücksgröße verwirklichen. Allerdings zeigen zahlreiche Beispiele, daß Gärten ökologisch aufgewertet werden, wenn der Besitzer eine entsprechende Einstellung zu seinem Garten gefun-

Abb. 53. Eine naturnahe Uferbepflanzung auf der BuGa Berlin 1985.

Abb. 54. Verwendung natürlicher Materialien auf der Landesgartenschau Mülheim.

Abb. 55. Sitzplatz auf Strapazierrasen.

den hat. Für ihn stellt sich die Frage, ob eher der „gepflegte" oder der „naturnahe" Garten einen höheren
Stellenwert erhalten soll.

Bei Grundstücken von ausreichender Größe lassen
sich durchaus beide Forderungen miteinander verbinden. So kann zum Beispiel unmittelbar am Haus oder
am Sitzplatz strapazierfähiger Rasen angelegt werden.
Daran anschließend, zum hinteren Teil des Gartens,
läßt sich die artenreiche Wiese entwickeln, in der
auch Obstbäume ihren Platz finden. Der Gartenteich,
der im Anschluß an die Wiese erstellt wird, ist gleichzeitig ein Blickfang vom Haus oder von der Terrasse
aus. Falls ein Gartenteil auch für die Anzucht von
Kräutern oder Gemüse genutzt werden soll, könnte
als Übergang eine Kräuterspirale als Trockenbiotop
angelegt werden. Höhenunterschiede im Garten werden durch Trockenmauern ausgeglichen. Bei entsprechender Bepflanzung stellen diese auch eine optische
Bereicherung dar.

Nutzbarer Wohngarten und naturnahe Biotope
brauchen keineswegs widersprüchliche Forderungen

zu sein. Je konsequenter sich die Anlage der einzelnen
Biotope an der Natur orientiert, um so größer ist ihr
ökologischer Wert.

2.4.2 Die Elemente des naturnahen Gartens

Der Gartenteich

Die Grundregeln für die Anlage eines Gartenteiches
können dem Kap. D 2.1 entnommen werden. Ein
Gartenteich sollte täglich möglichst sechs Stunden
lang Sonnenlicht erhalten. In Wasserteichen mit Bio-
topfunktion sollten grundsätzlich nur relativ flache
Uferzonen gebildet werden, damit schwimmunfähige
Tiere nicht ertrinken und sicher an Land gelangen
können.

Die Hinweise auf die Flora von naturnahen Teichen
(s. Kap. B 1.2.1) müssen bei Gartenteichen durch ästhetische Gesichtspunkte ergänzt werden. Von einem
Gartenteich wird in der Regel ein gewisser Zierwert
erwartet, der aber auch bei der Verwendung von heimischen Wasserpflanzen berücksichtigt werden kann.

Abb. 56. Naturnah angelegter Teich in einem Wohngarten.

So zählen die Seerose *(Nymphaea alba)*, die Teichrose *(Nuphar luteum)*, die Blumenbinse *(Butomus umbellatus)*, der Wasserhahnenfuß *(Ranunculus aquatilis)* oder der Fieberklee *(Menyanthes trifoliata)* zu den heimischen Wasserpflanzen, die einen reichen Blütenflor garantieren. Bei der Bepflanzung ist zu berücksichtigen, daß maximal ein Drittel der Wasseroberfläche durch Pflanzen bedeckt sein darf. Falls am Teich flache Uferzonen mit unterschiedlichen Wassertiefen angelegt werden, läßt sich die Artenvielfalt um zahlreiche Uferpflanzen erweitern. Erde, die zur Bepflanzung verwandt wird, soll nährstoffarm und humusfrei sein, um Eutrophierung und Fäulnis auszuschließen.

Manche Gartenbesitzer wollen in ihren Teichen nicht auf Tiere verzichten. Ausgewachsene Amphibien lassen sich nicht künstlich ansiedeln; sie müssen von selbst zuwandern. Fische sind in naturnahen Teichen nicht unproblematisch. Vielfach fressen sie den Laich von Fröschen oder Kröten. Je größer der Teich ist, um so geringer wird diese Gefahr, da der Laich in

der Uferbepflanzung verborgen bleiben kann. Ungeeignet sind Goldfische, da diese gründeln, d. h., sie verursachen eine Wassertrübung, die den Wasserpflanzen das notwendige Licht zur Assimilation entzieht. Sinnvoller ist es, heimische Fischarten einzusetzen, wie Stichlinge, Moderlieschen oder Bitterlinge. Die letzteren benötigen zu ihrer Vermehrung Fluß- oder Teichmuscheln. Anfangs werden Fische nur sparsam, später gar nicht mehr gefüttert, weil sonst die Gefahr der Eutrophierung zunimmt.

Ferner können Teichmuscheln und Wasserschnekken den Gartenteich beleben, z. B. die Sumpfdeckel- und Spitzhornschnecke. Weitere Tierarten werden sich bei naturnah angelegten Teichen von selbst einstellen, wie Libellen, Köcherfliegen, Wasserläufer, Rückenschwimmer oder Wasserkäfer.

Trockenbiotope

Während Teiche als Feuchtbiotope sehr häufig in Gärten angelegt werden, sind sogenannte Trockenbiotope weniger beliebt. Dabei sollte deren Bedeu-

Abb. 57. Artenreiche Kräuterwiese auf einer Böschung, die durch eine Natursteinmauer abgefangen wird.

tung als Lebensraum für Pflanzen und Tiere nicht unterschätzt werden. Höhenunterschiede im Garten sollten deshalb nicht durch Betonmauern oder -fertigteile, sondern durch eine Trockenmauer abgefangen werden.

Beim Bau einer Trockenmauer können breitere Stoßfugen vorgesehen werden, die sich bepflanzen lassen. „Kräuterspiralen" lassen sich aus Natursteinen errichten, indem Trockenmauern spiralförmig nach oben ansteigen. Die dadurch entstehenden unterschiedlichen Höhen bieten unterschiedliche Trockenheitsstandorte für Pflanzen und die von ihnen abhängigen Tierarten.

Zur Bepflanzung der Trockenmauern eignen sich zum Beispiel die Karthäusernelke *(Dianthus carthusianorum)*, das Seifenkraut *(Saponaria ocymoides)*, polsterartig wachsende Glockenblumen (*Campanula*-Arten), das Steinkraut *(Alyssum montanum)*, die verschiedenen Steinbrech-, Mauerpfeffer- und Hauswurzarten (Saxifraga-, Sedum- und Sempervivum-Arten). Falls die Mauer im Schatten liegt, kann sie zum

Standort für reizvolle Farne werden, wie Hirschzunge *(Phyllitis scolopendrium)*, Strichfarn *(Asplenium trichomanes)*, Blasenfarn *(Cystopteris fragilis)* oder Tüpfelfarn *(Polypodium vulgare)*.

2.4.3 Auswahl und Verwendung der Pflanzen im naturnahen Garten

Artenreiche Wiese oder Zierrasen?

Welche Pflanzenarten für den Rasen verwandt werden sollen, ergibt sich aus der beabsichtigten Nutzung. Sogenannte Blumenwiesen können nicht betreten werden. Falls Flächen begeh- oder bespielbar sein sollen, kann auf Rasen nicht verzichtet werden.

Für die Anlage von Wiesen kommen verschiedene Verfahren in Frage. In jedem Fall muß die Pflanzenauswahl den Standortverhältnissen entsprechen. Bei der Umwandlung vorhandener Rasenflächen läßt man diese verwildern. Zunächst reduziert man die Schnitthäufigkeit und entfernt nach dem Mähen das Mähgut, wodurch dem Boden Nährstoffe entzogen

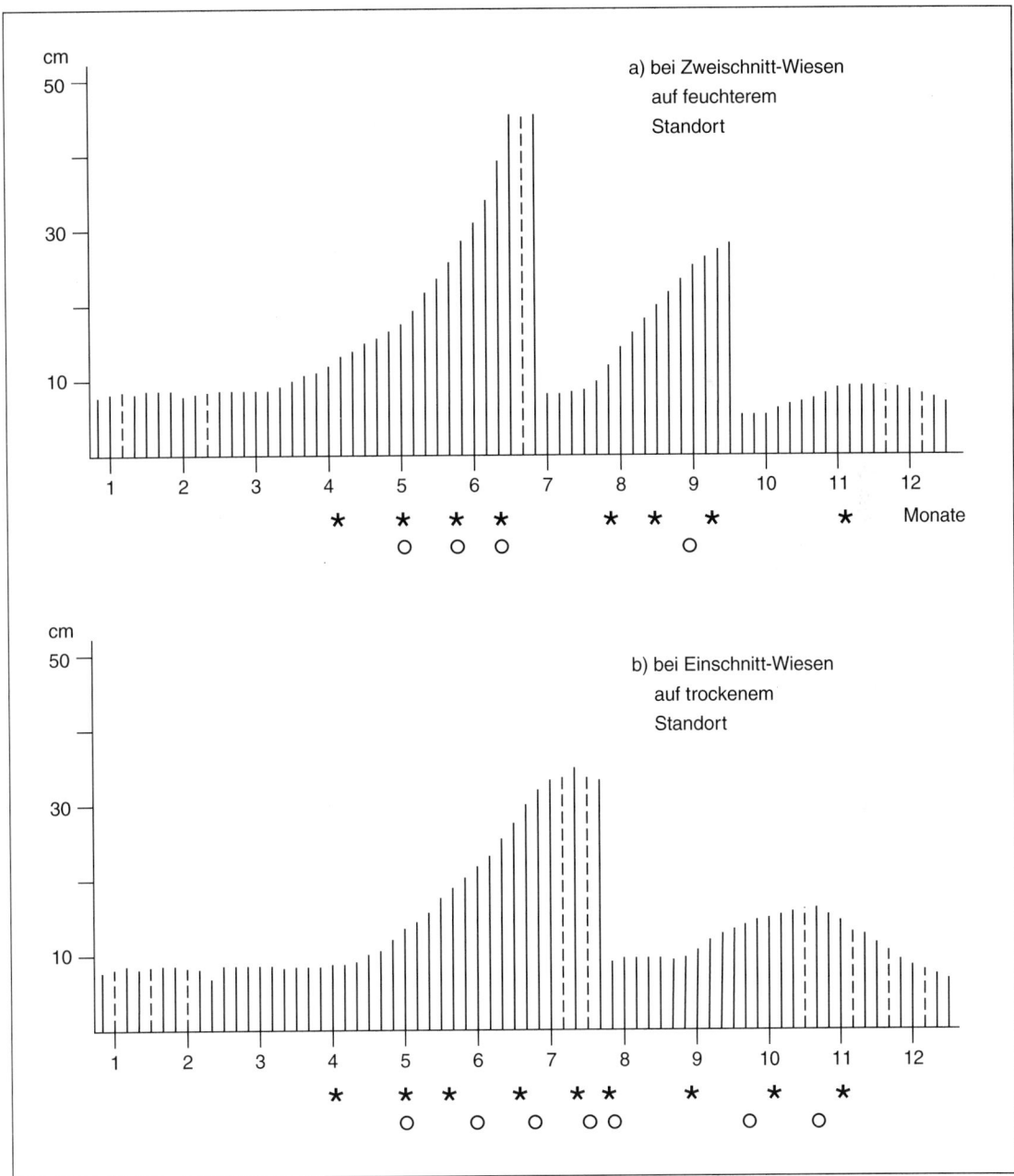

Abb. 58. Mähtermine ein- und zweischüriger Wiesen.

Abb. 59. Naturstein und Wildstauden ergeben ein harmonisches Gesamtbild.

werden. Die meisten Blütenpflanzen bevorzugen nährstoffarme Standorte. Vor der Aussaat schafft man durch Vertikutieren eine lückenhafte Rasennarbe. Gegebenenfalls wird man – vor allem bei bindigen Böden – Sand einarbeiten und durch Kalkgaben den pH-Wert anheben.

Die Liste der Regel-Saatgut-Mischungen (RSM) gibt für verschiedene Bodenverhältnisse entsprechende Kräutermischungen an, die sich ebenso für eine Neuansaat eignen.

Statt der Aussaat kann auch die Pflanzung – in der Regel kombiniert mit einer Ansaat – zum Erfolg führen. Nicht nur die Anlage erfordert viel Einfühlungsvermögen, sondern auch die anschließende Pflege. Falls man die Wiese vor der Samenreife mäht, wird man im nächsten Jahr auf die Blüte der Annuellen und Biennen verzichten müssen.

Gehölze und Stauden für naturnahe Gärten

Ein typisches Merkmal für den Garten ist die Einfriedung. Falls nicht durch die Ortssatzung eine bestimm-te Art der Abgrenzung vorgeschrieben ist, z. B. Zaun oder Mauer, bildet die Hecke eine ökologisch sinnvolle Alternative. Zunächst muß zwischen geschnittenen und ungeschnittenen Hecken unterschieden werden. Begrenzungen zwischen gleichartigen Grundstücken lassen in der Regel nur die geschnittene Hekke zu. Dafür kommen folgende Gehölze in Frage: Rotbuche *(Fagus sylvatica)*, Hainbuche *(Carpinus betulus)*, beide bieten Nistgelegenheiten und gewähren im Winter einen gewissen Schutz, da sie das Laub lange halten. Der Weißdorn *(Crataegus monogyna)* gilt aufgrund seiner Dornen als Vogelschutzgehölz, ist aber als Wirtspflanze des Feuerbrandes nicht unumstritten. Für höhere Hecken, über 1,75 m hoch, kommen ferner der Feldahorn *(Acer campestre)* und die Weinrose *(Rosa rubiginosa)* in Frage. Auch sie gelten beide als Vogelschutzgehölze. Als immergrüne Gehölze für geschnittene oder ungeschnittene Hecken eignen sich die Stechpalme *(Ilex aquifolium)* und die Berberitze *(Berberis julianea)* sowie der Feuerdorn *(Pyracantha* i. S.*)*. Zum offenen Gelände hin können

– falls es das Nachbarrecht zuläßt – ungeschnittene Hecken gepflanzt werden. Je nach Art des Nachbargeländes können hierfür auch Mischpflanzungen nach Art der Knicks vorgenommen werden. Für diese können die vorher genannten Arten durch folgende ergänzt werden: Blasenstrauch *(Colutea arborescens*, er liefert Wildfutter), Kornelkirsche *(Cornus mas)*, Roter Hartriegel *(Cornus sanguinea*, dient ebenso wie die Kornelkirsche als Bienenweide), Gemeiner Schneeball *(Viburnum opulus)*, Felsenbirne *(Amelanchier lamarckii)*, die ebenfalls geeignet ist, gilt als eingebürgert und verwildert.

Das Angebot an Gehölzarten und deren Hybriden, die aus anderen Kontinenten stammen, ist beachtlich groß. Falls auf deren Verwendung im naturnahen Garten verzichtet wird, muß dieser ästhetisch und von seinem Erlebniswert her nicht ärmer sein. Wenn bei der Planung berücksichtigt wird, daß neben Flächen in voller Sonne auch halbschattige und schattige Standorte entstehen, bietet sich eine Fülle von standortgerechten, heimischen Gehölzen und Stauden an, die eine befriedigende Gestaltung ermöglichen.

Das Ziel, einen Garten anzulegen, dem als Teil der Landschaft eine möglichst große ökologische Bedeutung zukommt, erreichen wir leichter, wenn wir uns bei der Auswahl an der Umgebung des Grundstückes orientieren. Natürlich sind auch hierbei die speziellen Standortbedingungen zu berücksichtigen. Sollten verschiedene Pflanzenarten zur Auswahl stehen, ist unter Berücksichtigung der o. g. Zielsetzung den Gehölzen und Stauden der Vorzug zu geben, die als Lebensgrundlage tierischer Lebewesen dienen, z. B. Vogelschutzgehölze oder Wildfutter (vgl. Tab. 5). Dasselbe gilt auch für die Pflanzung von Obstbäumen (s. Kap. C 1.3). Falls bei den Obstbäumen nicht der Ertrag ausschlaggebend für die Auswahl sein muß, sollten alte, in Vergessenheit geratene Obstgehölze berücksichtigt werden, wie der Speierling *(Sorbus domestica)*, der Elsbeerbaum *(Sorbus torminalis)*, der sonnige Lagen bevorzugt, oder der Mehlbeerbaum *(Sorbus aria)*, dessen Früchte nach Frosteintritt eßbar und süß werden. Alle drei Arten liefern – falls die Früchte nicht geerntet werden – Wildnahrung.

2.4.4 Förderung der Lebensprozesse im naturnahen Garten

Eine der ersten Arbeiten bei der Anlage eines Gartens besteht in der Bodenvorbereitung, auf die auch bei den Pflegearbeiten nicht verzichtet werden kann. Neben der Bodenlockerung ist häufig eine Bodenverbesserung erforderlich, bei der Bodenhilfsstoffe und Rindenprodukte statt Torf verwendet werden können (s. Kap. C 2.2.3).

Das Lockern des Bodens dient nicht nur der besseren Belüftung (Anreicherung mit Sauerstoff), durch die Zerstörung der Kapillarität erhalten wir die Bodenfeuchtigkeit und fördern dadurch die Bogengare. Eine ständige Bodenbearbeitung zur Erhaltung der Bodengare und Unterdrückung unerwünschten Aufwuchses kann durch Mulchen, z. B. mit Rindenprodukten, auf ein Mindestmaß beschränkt werden.

Falls den Pflanzen nicht ausreichend Nährstoffe zur Verfügung stehen, kann durch die Düngung gleichzeitig das Bodenleben und damit die Bodengare gefördert werden, indem organische Dünger verwendet werden. Eine besondere Bedeutung kommt dabei der Gründüngung zu. Für die Aussaat zur Gründüngung bewähren sich außer den Leguminosen z. B. Lupinen, Platterbsen oder Ackerbohnen, die zu den Stickstoffsammlern gehören, Klee- und Kohlarten, Ölrettich, aber auch Getreidearten. Gleichzeitig wird durch die Gründüngung der Boden beschattet, unerwünschter Wildwuchs unterdrückt und der Humusgehalt des Bodens erhöht.

Wie in Kap. E 3.3 dargelegt wird, ist auch die Verwendung organischer Dünger nicht absolut unbedenklich. Dagegen können bei dem Einsatz von Gesteinsmehlen keine Belastungen für die Umwelt ausgehen. Diese können neben Kalk, Phosphor und Magnesium zahlreiche Spurenelemente enthalten, nämlich Kupfer, Schwefel, Molybdän, Mangan u. a.

Eine wirkungsvolle Bodenverbesserung wird ohne Zweifel durch die Verwendung von Komposterde erreicht. In jedem Garten fällt kompostierbares Material an, das nicht nur im Hinblick auf die Bodenverbesserung wertvoll ist, sondern bei seiner Wiederverwendung zur Entlastung der Deponien beiträgt. Ausführungen zur richtigen Anlage und Pflege von Komposthaufen sowie zu deren Verwendung sind in Kap. E 3.1 und 3.2 zu finden.

Auch im naturnahen Garten sind Krankheiten nicht auszuschließen, obwohl bei Berücksichtigung der spezifischen Standortansprüche die Vitalität und Widerstandskräfte der Pflanzen gefördert werden. Der Zielsetzung des Buches entsprechend, sollten beim Auftreten von Krankheiten zunächst Präparate auf biologischer Grundlage eingesetzt werden. Dazu zählen unter anderen Spritzmittel aus Hornmist und Hornkiesel, ferner verschiedene Aufgüsse aus Brennnesseln, Schachtelhalm usw., über deren Herstellung und Verwendung spezielle Literatur Auskunft gibt.

Kenntnisse über die positive Wirkung von Pflanzenzusammenstellungen, die den Schädlingsbefall einschränken, wie es z. B. von der Mischpflanzung von Möhren und Zwiebeln bekannt ist, sollten soweit wie möglich berücksichtigt werden. Falls der Einsatz chemischer Mittel unvermeidbar ist, sind die Bestimmungen des Pflanzenschutzgesetzes zu beachten (s. Kap. E 1.2).

2.4.5 Tiere der Stadt

Die Urban- oder Stadtlandschaft als Lebensraum für Tiere stellt in ganz unterschiedlichen Intensitätsstufen einen deutlichen Gegensatz zur freien Landschaft dar. Der Unterschied in der naturräumlichen Ausstattung im Vergleich zur freien Landschaft vollzieht sich in einem meist fließenden Übergang von den am Rande einer Gemeinde gelegenen Bereichen mit zumeist offener Einzelhausbebauung über eine Zunahme der Bebauungsdichte bis hin zu den für das Stadtzentrum charakteristischen geschlossenen Blockrandbebauungen.

Neben den durch Bebauung veränderten Lebensraumbedingungen tritt auch der Mensch selbst durch seine Aktivitäten immer stärker in den Vordergrund (z. B. Straßenverkehr). Er ist im besiedelten Raum der bestimmende Faktor für das Überleben der Tiere.

Viele Tiere haben bei der Anlage und Ausbreitung von Siedlungen ihren Lebensraum verloren, während andere auch innerhalb der Bebauung noch Nischen für ein weiteres Überleben gefunden haben. Es gibt sogar Arten, die nach einer Phase der Anpassung an die veränderten ökologischen Bedingungen hier ihr Verbreitungsoptimum haben. Solche Kulturfolger finden in Städten oft bessere Nahrungs- und Nistverhältnisse oder einen größeren Schutz vor natürlichen Feinden und ungünstigen Witterungseinflüssen (besonders im Winter).

Man muß ferner zwischen solchen Arten unterscheiden, die fast ausschließlich in enger Bindung zum Menschen vorkommen (bei uns z. B. die Haustaube, die Stubenfliege, der Kompostregenwurm und die Hausmaus) und solchen Arten, die zwar innerhalb menschlicher Siedlungen ihr Optimum haben, aber auch außerhalb geeignete Lebensräume antreffen. Hierzu zählen z. B. der Turmfalke, das Wildkaninchen, die Wanderratte oder der Mehlkäfer.

Äußerst selten und gefährdet sind viele Vertreter unserer einheimischen Wildbienen. Hier können verschiedene Nisthilfen sehr hilfreich sein. Als Nistplätze für im Boden nistende Arten (z. B. Erdbienen) können kleine Bodenaufschlüsse oder sonnige, vegetationsfreie Stellen mit leichten Böden dienen.

Ein weiteres wichtiges Ziel ist die Verbesserung des Nahrungsangebotes für Insekten. Hier zeigt sich, daß viele unserer beliebten Zierpflanzen gänzlich ungeeignet sind. So werden z. B. Nadelgehölze oder Forsythien kaum besucht. Beliebt sind hingegen einheimische Arten wie Weißdorn, Schlehe, Wildrosen, Berberitze, Feldahorn, Weiden, Schneeheide (erste Nahrungsquelle für überwinternde Hummelköniginnen), Stachelbeeren, Johannisbeeren, Brombeeren und Himbeeren (deren trockene Triebe auch als Nistplätze dienen). Unter den Kletterpflanzen sind Brombeeren und Kletterrosen mit ungefüllten Blüten sehr beliebt. Empfohlene Wiesenkräuter sind u. a. Hornklee, Wundklee, Esparsette, Luzerne, Rotklee, Zaunwicke, Ehrenpreis, Salbei, Glockenblume, Hahnenfuß, Wilde Möhre, Schafgarbe. Auch zahlreiche Wild- und Zierstauden werden als Nahrungsquelle bevorzugt angeflogen, wie z. B. Schlüsselblumen, Malven, Ziest, Taubnesseln, Thymian, Staudenwicke, Sandglöckchen, Steinkraut, Nachtviole, Wegwarte, Edeldistel u. v. a. Wichtig ist vor allem, daß über die gesamte Vegetationsperiode hinweg blühende Pflanzen im Garten vorhanden sind.

An dieser Stelle sei auch nochmals auf die herausragende Bedeutung sog. **Ruderalstandorte**, wie sie z. B. Trümmergrundstücke in Städten darstellen, hingewiesen. Neben idealen Nistmöglichkeiten werden hier auch die entsprechenden Nahrungspflanzen angetroffen. Ähnliche Funktionen können auch Dachbegrünungen erfüllen, wenn ihre Bepflanzung den Vegetationsverhältnissen von Magerrasen, Kies- und Felsfluren nahekommt. In diesem Zusammenhang muß noch einmal auf die Problematik von **Neophyten** eingegangen werden. Diese haben sich z. B. auf Brachen und Ruderalstandorten so stark ausgebreitet, daß sie die für unsere einheimischen Insektenarten als Nahrungsquelle nötigen Blütenpflanzen stellenweise vollständig verdrängen. An solchen Neophyten wie z. B. der Kanadischen und der Späten Goldrute *(Solidago canadensis* und *S. gigantea)*, dem Sachalin- und dem Japanischen Staudenknöterich *(Reynoutria sachalinense* und *R. japonica)*, dem Indischen Springkraut *(Impatiens glandulifera)*, dem Topinambur *(Helianthus tuberosus)* und dem Riesen-Bärenklau *(Heracleum mantegazzianum)* sind zwar häufig Honigbienen und wenige andere Insektenarten (z. B. Schwebfliegen und Wespen) in großer Individuenzahl zu finden, die meisten anderen und vor allem auch seltene Arten sind jedoch auf ganz bestimmte einheimische Pflanzen als Nahrungsquelle angewiesen und somit die Leidtragenden dieses Verdrängungsprozesses. Daher sollte im gärtnerischen Bereich auch im Hinblick auf die einheimische Tierwelt den einheimischen Pflanzen, die als Nahrungsquelle für Tiere dienen, der Vorzug vor sog. Exoten gegeben werden (vgl. Tab. 3).

Parks, Grünanlagen und Gärten haben, wenn sie im Innenstadtbereich angelegt sind, in bezug auf ihre Funktion als Lebensraum für Tiere den Charakter inselförmiger Wald- oder Wiesenrelikte innerhalb der dicht bebauten Umgebung. Dies zeigt sich in besonderem Maße bei der Artenverteilung der hier lebenden Spinnen und Insekten. So fehlen z. B. eine ganze Reihe größerer Laufkäferarten. Ständige Verluste durch das Begehen und fehlende Überwinterungsmöglichkeiten, z. B. durch das Entfernen von Fallaub im Herbst, versagen ihnen im Gegensatz zu holzgebundenen Insekten, wie z. B. Gallmilben, Blattläusen und Zwergmotten oder im Boden überwinternden Käfern, eine Überlebensmöglichkeit in der Stadt. Da sie nicht besonders flugtauglich sind, ist auch eine Besiedlung aus den Randbereichen der Stadt nicht möglich. Andere Arten von Laufkäfern überwintern im Boden und umgehen somit dieses Problem. Ausgesprochen häufig sind Marienkäfer und der als ausgesprochener Kulturfolger anzusehende Gemeine Ohrwurm anzutreffen. Sie werden auch als Nützlinge bezeichnet, da sie sich (sowohl als Larve als auch im Erwachsenenstadium) in der Hauptsache von Schädlingen ernähren. Setzt man gezielt solche oder auch andere Nützlinge, wie z. B. Florfliegen, Schwebfliegen, Schlupfwespen, Räuberische Gallmücken, Laufkäfer und Raubmilben, gegen Kulturschädlinge ein, so wird dies als **biologische Schädlingsbekämpfung** bezeichnet.

Während Marienkäfer reich strukturierte Gärten oder Anlagen rasch von selbst besiedeln, kann man die Ansiedlung von Ohrwürmern durch das Anbieten von Tagesverstecken in Form von kopfüber in Bäume oder Sträucher gehängten Blumentöpfen fördern. Diese sollten seitlichen Kontakt zu Stamm oder Ästen haben und mit Holzwolle gefüllt sein (jährlich wechseln!). Florfliegen dienen mit Stroh gefüllte Kästen mit seitlichen Schlitzen als Überwinterungshilfe. Aber auch Amphibien, Eidechsen, Spitzmäuse, Igel und viele Singvögel sorgen auf natürliche Art und

Weise für eine begrenzte Ausbreitung von Schädlingen an Kulturpflanzen in Gärten, Parks und Grünanlagen.

Auch im Siedlungsbereich ist die Art der Pflegemaßnahmen für die einheimischen Tiere von großer Bedeutung. Fehlen feuchte Orte (z. B. dichte Hecken) als Tagesversteck für Amphibien, trockene Orte (z. B. Steinhaufen) für Reptilien oder Zaundurchlässe und Überwinterungshilfen für Igel, so werden sich diese Nützlinge auch nicht ansiedeln können. Insektenfressende Singvögel wie z. B. Meisen, Haus- und Gartenrotschwanz, Garten- und Mönchsgrasmücke, Zaunkönig und Rotkehlchen benötigen zum Nestbau im Siedlungsbereich geeignete Hecken oder Nistkästen. Auffällig ist das fast völlige Fehlen von Heuschrecken und Tagfalterarten im Innenstadtbereich. Im Gegensatz hierzu zählen Zweiflügler, wie z. B. viele Fliegenarten, und Hautflügler, zu denen u. a. Bienen, Hummeln und viele andere Pflanzenbestäuber gehören, zu den häufig anzutreffenden Insektenvertretern.

Je weiter man ins Zentrum einer Gemeinde vordringt, desto seltener werden auch Schnecken (Nackt- und Gehäuseschnecken) angetroffen. Zum einen sind für sie aufgrund ihrer Fortbewegungsweise Asphaltstraßen nahezu unüberbrückbare Hindernisse, zum anderen fehlen auch ihnen aufgrund der intensiven gärtnerischen Aktivitäten geeignete Versteck- und Überwinterungsgelegenheiten, wie z. B. Pflanzenreste am Boden. Im übrigen hält sich die schädigende Wirkung von Schnecken an Kulturpflanzen in Gärten in Grenzen, solange ein gewisses Angebot an Unkräutern und abgestorbenen Pflanzenresten zur Verfügung steht. Auch innerhalb von Grünanlagen kann sich durchaus eine deutliche Struktur der Besiedlung ausbilden.

Als typische Vertreter der Säugetiere in menschlichen Siedlungen können neben Maulwürfen, Schermäusen, Kaninchen, Mäusen, Wanderratten, Steinmardern auch die **Fledermäuse** genannt werden. Bei den letztgenannten ist bundesweit ein dramatischer Artenrückgang zu verzeichnen. Zu den vom Aussterben bedrohten Arten zählen: Bechstein-, Bart-, Fransen-, Wimper-, Rauhhaut- und Breitflügelfledermaus sowie der Kleine Abendsegler (*Nyctalus leisleri*), das Graue Langohr, die Zweifarbige Fledermaus und die Nordische Fledermaus. Stark gefährdet bzw. regional gefährdet sind Wasser- und Zwergfledermaus sowie Abendsegler, Braunes Langohr und Mausohr. Gründe hierfür sind neben dem Rückgang ihres Nahrungsangebotes (Einsatz von Insektiziden, Vernichtung von

Hecken und Feuchtstellen etc.) auch die starke Giftbelastung über die Nahrungsaufnahme und durch Holzschutzmittel z. B. an den Hangplätzen in Dachstühlen, die sich besonders auf die Lebenserwartung und die Vermehrungsrate auswirken. Nicht zuletzt werden sehr oft ihre **Sommerquartiere** (hohle Bäume, Dachstühle etc.) durch Fällen bzw. Renovieren oder Abriß zerstört. Aus Sicherheitsgründen werden des öfteren **Winterquartiere** von Fledermäusen (Stollen, Gewölbe) total verschlossen.

Folgende Maßnahmen dienen dem Schutz von Fledermäusen:

– Verbesserung der Nahrungsgrundlage (Neuanlage von Feuchtgebieten, Hecken etc.);
– Offenlassen von Einflugöffnungen bei Sommer- und Winterquartieren (40–50 cm breit, 4–8 cm hoch), Verwendung von Lüftungsdachziegeln ohne Siebeinsatz;
– Dacharbeiten u. ä. erst durchführen, wenn die Fledermäuse im Winterquartier sind;
– Winterquartiere (Keller, Höhlen, Stollen) zwischen Oktober und Mai nicht betreten oder auf andere Weise stören, Schutz von Höhlen durch Fledermaustore (die Rohre müssen einen Durchmesser von 5 cm und eine Wandstärke von 5 mm haben; die lichte Weite zwischen den Querstäben darf nicht mehr als 13 cm betragen);
– Verwendung von im Fachhandel erhältlichen Holzschutzmitteln, die für Fledermäuse unschädlich sind;
– Schaffung neuer Quartiere, z. B. durch Ausbringen

geeigneter Nistkästen oder Anbringen von Hohlblocksteinen unter der Kellerdecke.

Neben den bereits aufgezeigten Möglichkeiten, die Lebenschancen der in der Stadt lebenden Tiere zu erhöhen, kann der einzelne Hauseigentümer ebenso seinen Beitrag leisten wie die für das öffentliche Grün Verantwortlichen. So bieten begrünte Fassaden neben einer klimatischen Verbesserung für Haus und Umgebung Lebensraum für Vögel, Schmetterlinge, Spinnen, Käfer, Bienen und Ameisen. Die weitverbreitete Meinung, sich „Ungeziefer" ins Haus zu holen, ist voreilig. Auch hier stellt sich ein ökologisches Gleichgewicht von Jägern und Gejagten ein.

Weitere Lebensräume und Unterschlupfmöglichkeiten können im Gartenbereich durch **Reisigflechtzäune, Steinhaufen** und **Trockenmauern** geschaffen werden. Die letzteren bilden ideale Quartiere für Eidechsen, Wildbienen und wärmeliebende Käferarten. In den größeren Hohlräumen siedeln sich unter Umständen Kleinsäuger, wie z. B. das Mauswiesel an, die als natürliche Feinde bei der Begrenzung der oft überhandnehmenden Wühlmausbestände hilfreich sein können. Unversiegelte Wege können für kleine Bodenlebewesen wie Ohrwürmer, Tausendfüßer, Schnurfüßer, Asseln und Spinnen interessant sein, wenn ihre Platten in Sand oder mit Abstandhaltern auf Beton verlegt sind. In diesem Zusammenhang sei auch noch einmal auf die Unsitte verwiesen, alles Laub aus Pflanzungen zu entfernen. Abgesehen von der Tatsache, daß damit eine wertvolle Mulchschicht entfernt wird, die der Förderung der Bodengare dient, beseitigt man gleichzeitig den Lebensraum zahlreicher tierischer Lebewesen.

D Maßnahmen der Landschaftsgestaltung und -pflege

Wie bereits dargestellt, kann die Einflußnahme des Menschen auf die Landschaft bis in die Zeit um 5000 v. Chr. zurückverfolgt werden. Mit der zunehmenden Technisierung und der Entstehung von Ballungsräumen wurden die Eingriffe immer gravierender. So sind zum Beispiel in den Zentren der Steinkohle- oder Braunkohleförderung regelrecht neue Landschaften entstanden. Auch der Ausbau des Verkehrsnetzes konnte nicht ohne Auswirkungen auf die Landschaft bleiben.

Ganz allgemein entspricht es der Zielsetzung der heutigen Landschaftsgestaltung, bei allen Eingriffen in die Natur Schäden für die Landschaft zu vermeiden bzw. zu minimieren und durch entsprechende Planung sowie eine der jeweiligen Situation angepaßte Verfahrensweise und Pflege und – soweit wie möglich – durch **Ersatzmaßnahmen** auszugleichen.

Bei der Diskussion um Fragen der Landschaftsplanung wird der Forderung nach einer ökologisch intakten Landschaft im allgemeinen der Vorrang eingeräumt. Je nach der regionalen Lage des Gebietes und der dort herrschenden Bevölkerungsdichte wird eine Nutzung der Landschaft für die Erholung sowie für das Natur- und Landschaftserlebnis gewünscht. Hinzu kommen Auflagen, die den **Gewässerschutz** oder klimatische Einflüsse betreffen. Auf die zum Teil mehr oder weniger kontrovers geführte Diskussion um den Vorrang der erhobenen Forderungen soll in diesem Buch nicht näher eingegangen werden. SEIFERT (1962) schließt eine Verbindung von ökologischen und ästhetischen Forderungen nicht aus, sondern verlangt sie sogar. „Das menschliche Eingreifen in die Natur und das eigendynamische Wirken der Natur sollen in ein ausgewogenes Verhältnis gebracht werden, damit sich der Mensch in diesem Lebensraum wohl fühle. Damit ist die Frage nach der Schönheit der Landschaft gestellt. Sicherlich können damit nicht Parklandschaften gemeint sein, denen man ihren ästhetischen Wert ganz gewiß nicht absprechen kann."

Landschaften sind historisch gewachsene Natur, die – je nach der Nutzung durch den Menschen – zu **Kulturlandschaften** geworden sind. So wie wir die Landschaft seit unserer Kindheit erleben, empfinden wir sie als Heimat. Sie befriedigt daher auch psychische Bedürfnisse, die bei der Landschaftsplanung nicht außer acht gelassen werden dürfen.

Demnach sind folgende Grundsätze soweit wie möglich zu berücksichtigen:
- Erfüllung der Ziele des **Naturschutzes**;
- Funktion der **Erholung**, verbunden mit Natur- und Landschaftserlebnis;
- Berücksichtigung des **ästhetischen Wertes**;
- positive Auswirkungen auf den **Luft-** und **Wasserhaushalt**.

Dabei beziehen sich die genannten Zielvorstellungen nicht nur auf die Struktur der Landschaft, sondern auch auf die Auswahl der Pflanzen, die das Landschaftsbild ganz entscheidend prägen. Bei der naturbelassenen Landschaft ist diese Frage im Hinblick auf den Naturschutz von besonderer Bedeutung.

Bei der Neugestaltung von Landschaftsräumen kommt als weiteres Problem die Anpassung der Pflanzenansprüche an den Standort hinzu. Außerdem soll bei der Pflanzenauswahl deren Biotop- und Landschaftsgerechtheit sowie ihr ökologischer Wert berücksichtigt werden.

Das Beispiel einer Bachrenaturierung kann verdeutlichen, in welchem Maße die oben genannten Anliegen in Einklang gebracht werden können. Der gewundene Bachlauf paßt sich der Form der Landschaft an. Seine Uferbepflanzung mit Gehölzen gliedert die Landschaft, beschattet das Wasser und hält damit die Verkrautung und Algenbildung in Grenzen. Die Röhrichtzone schützt das Ufer vor Abspülung und trägt zur biologischen Reinigung bei. Außerdem bietet sie den Fischen Laichplätze. Die Kräuter der Wasserrandzone bilden die Lebensgrundlage weiterer Tierarten. Gleichzeitig erhöht der renaturierte Bachlauf den Erlebniswert und wird als schön empfunden.

1 Grundsätze der Rekultivierung und Renaturierung

Unter dem Begriff Rekultivierung versteht man Maßnahmen, durch die – z. B. durch den Bergbau oder Kiesabbau – entstandene Geländeformationen begrünt werden. Vor allem in den Zentren des Berg- und Tagebaus werden großflächige Landschaftsräume durch Abtragung verändert, zum Beispiel durch den Tagebau im Rheinland. Durch Aufschüttungen von Halden werden neue Landschaftsstrukturen geschaffen, wie zum Beispiel im Ruhrgebiet. Alle bereits genannten Grundsätze sollten bei den Rekultivierungsmaßnahmen in die Planung einfließen, um den Folgen, Verlust an Biozönosen und Absenkung des Grundwasserspiegels, zu begegnen. So gibt es verschiedene Möglichkeiten zur Begrenzung der Folgen der Grundwasserabsenkung, z. B. durch Versickerung von Wasser bzw. durch Wassereinspeisung in Vorfluter und Bachläufe. Gleichzeitig kommt bei den neu entstehenden Landschaftsteilen des Ruhrgebietes dem Erholungswert sicherlich eine besondere Rolle zu.

Die Notwendigkeit von Renaturierungsmaßnahmen wurde bereits in Kap. B dargestellt. Auch die Begradigung von Bach- und Flußläufen stellt einen anthropogenen Eingriff in die Landschaft dar. Auf die Renaturierung dieser Gewässer wird jedoch erst in Kap. D3.1 näher eingegangen und im Zusammenhang mit der Anlage naturnaher Gewässer behandelt.

Die Abb. 60 zeigt deutlich, in welchem Maße der Tagebau die Landschaft prägt. Die Rekultivierung dieser Flächen kann in dichtbesiedeltem Raum Grünzonen schaffen, die zu Naherholungsgebieten werden. Dafür finden sich im Ruhrgebiet ebenso viele Beispiele wie in der Ville. Gleichzeitig wirken sich die begrünten Halden positiv auf die Reinhaltung der Luft und auf den Wasserhaushalt aus.

Die Auswahl der Pflanzen muß sich vor allem an den Standortverhältnissen orientieren. Resistenz gegen Abgase und Trockenheit, Anspruchslosigkeit im Hinblick auf den Nährstoffgehalt der Böden sowie die Fähigkeit, Hänge durch die Wurzelbildung zu befestigen sind wichtige Voraussetzungen für die Verwendbarkeit.

Als Naherholungsgebiet werden die Halden durch entsprechende Wegeführung erschlossen. Naturnah

Tab. 6. Bewährte Gehölze zur Begrünung von Berg- und Schutthalden, Kippen, Trümmern und Ödland

	Halden und Kippen	Trümmerschutt	Ödland, sandig	Feinsandböden, steril, festgelagert	Ödland, grobsandig bis kiesig	
Laubgehölze						
Acer campestre	–	×	×	–	–	nicht zu trocken
– platanoides	–	–	×	×	×	nicht zu trocken
Alnus glutinosa	×	–	×	×	×	keine Staunässe
Betula pendula	×	×	×	×	×	keine Beschattung
Carpinus betulus	–	×	×	–	–	auch Beschattung
Corylus avellana	–	×	×	–	–	nicht zu sandig
Crataegus monogyna	–	×	–	–	–	anlehmig, trocken
Cytisus scoparius	×	×	×	–	–	weder Kalk noch Schatten
Elaeagnus angustifolia	–	×	×	–	–	auch trocken
Malus silvestris	–	–	×	–	–	für Windschutz
Pirus communis	–	–	×	–	–	für Windschutz
Populus alba	–	–	×	–	×	sehr sturmfest
– canescens	–	×	×	×	×	sehr sturmfest
– canadensis	–	–	×	–	–	nur wenn frisch
Prunus avium	–	×	–	×	×	kalkliebend, frisch
– mahaleb	–	×	–	–	–	kalkliebend, lehmig
– serotina	–	×	–	×	–	anspruchslos
– spinosa	–	×	–	–	–	sehr kalkliebend

Tab. 6. Bewährte Gehölze zur Begrünung von Berg- und Schutthalden, Kippen, Trümmern und Ödland

	Halden und Kippen	Trümmerschutt	Ödland sandig	Feinsandböden, steril, festgelagert	Ödland, grobsandig bis kiesig	
Quercus petraea	–	–	×	–	–	nicht zu trocken
– robur	–	–	–	×	×	nicht zu trocken
– rubra	–	–	×	×	–	schnellwüchsig
Rhus typhina	–	×	–	–	–	schnellwüchsig
Robinia pseudoacacia	–	×	–	×	–	nicht für kalte, nasse Böden
Rosa canina	–	×	×	–	–	warm, nicht zu trocken
– eglanteria	–	×	–	–	–	mit *Prunus spinosa* zusammen
– multiflora	–	×	–	–	–	anlehmig
– rugosa	–	×	–	–	–	nicht zu trocken
Rubus fruticosus	–	–	×	–	–	trocken und feucht
– idaeus	×	–	–	–	–	trocken oder feucht
Fagus silvatica	–	×	×	–	–	beim Austrieb pflanzen
Salix alba	–	×	–	–	–	frisch; kein Schatten
– caprea	×	×	×	–	–	trocken, sehr raschwüchsig
– daphnoides	–	×	–	–	–	frischer
– repens	–	–	×	×	×	selbst auf Flugsand
Sambucus nigra	–	×	×	–	–	anlehmig, genügend frisch
– racemosa	–	×	–	–	–	auch trocken und schattig
Sorbus aucuparia	–	–	×	×	–	auch rauhe Lagen
Spiraea salicifolia	×	–	–	–	–	anspruchslos
Tilia cordata	–	–	×	–	–	nicht zu feucht
Symphoricarpos in Sorten	–	×	–	–	–	anspruchslos
Ulmus in Sorten	–	–	–	×	×	frisch, warm
Nadelgehölze						
Picea abies	–	–	×	–	–	nur wenn anlehmig
Pinus silvestris	–	×	×	×	×	sturmfest
Larix leptolepis	–	–	×	–	–	genügend frisch

(nach Krüssmann 1958, verändert)

angelegte Still- und Fließgewässer steigern den Erlebniswert und dienen gleichzeitig ökologischen Zielen. Angebote für die Freizeitgestaltung, wie Wanderwege, Grillplätze, Kleinspielfelder und Spielplätze lassen eine Freizeitlandschaft entstehen, in der, begrenzt durch die Aktivitäten, auch ökologische Absichten verwirklicht werden können; zum Beispiel können sie als Trittsteinbiotope zum Biotopverbund beitragen.

So ist im nördlichen Ruhrgebiet am Rande der Stadt Herten eine derartige Anlage mit einer Fläche von 28 ha entstanden, bei der allerdings zum größten Teil ehemalige landwirtschaftliche Nutzflächen mit einbezogen sind.

1.1 Die Bedeutung von Repositionspflanzen bei der Regulierung von Umweltschäden

Der Begriff „Repositionspflanze" wurde von Dr. H. H. Witt, Bad Zwischenahn, geprägt, der darunter Pflanzen versteht, die „die (negativen) Folgen menschlichen Tuns aufheben oder zumindest mildern." (Reposition = Wiedereingliederung, Wiedereinrichtung.) Diese Bezeichnung trifft für alle Pflanzen zu, die zur Behebung von Umweltschäden einen besonderen Beitrag leisten können.

Da man sich erst in den letzten Jahren (seit 1990) gezielt mit der Erfassung der Pflanzen im Hinblick auf ihre Eignung bei Sanierungsmaßnahmen befaßt, liegen noch keine detaillierten Zusammenstellungen vor. Aufgrund langjähriger Erfahrungen können jedoch bestimmt Pflanzenarten dieser Kategorie zugeordnet werden.

Im Rahmen der Haldenbegrünung tragen die meisten der in den Tab. 6 aufgeführten Gehölze und Kräuter zur Bodenstabilisierung bei und zählen damit ebenso zu den Repositionspflanzen wie die zur Ufersicherung geeigneten Gehölze und Stauden. Auch die in Kap. D 1.3.3 aufgeführten Pflanzen zur Begrünung von Deponien und die in Kap. D 2.2 genannten Arten, die zur Abwasserreinigung bzw. zur Klärschlammvererdung geeignet sind, können zu dieser Kategorie gezählt werden.

So wird die Forderung erhoben, hinter jeder konventionellen Kläranlage sogenannte **Retentionsflächen** anzulegen, die, mit Repositionspflanzen bepflanzt, organische Verunreinigungen eliminieren können. Die gleiche Bedeutung kommt bei der Uferbepflanzung nährstoffbelasteter Gewässer rasch wachsenden Pflanzenarten wie *Carex gracilis*, *Carex acutiformis* oder *Carex riparia* zu (vgl. DeGa 7/93).

Das Wissen um die Notwendigkeit, Repositionspflanzen zur Reparatur von Umweltschäden zu verwenden, hat zur Gründung der Arbeitsgemeinschaft „Arge Repoplant" geführt. Durch deren Tätigkeit kann in den nächsten Jahren mit der Veröffentlichung weiterer Erkenntnisse über die Verwendung von Repositionspflanzen bei Maßnahmen der Umwelt- und Landschaftsentwicklung gerechnet werden. Auch auf diesem Gebiet findet eine internationale Zusammenarbeit statt.

1.2 Anthropogene Eingriffe in die Landschaft

Die wohl stärksten Veränderungen der Landschaft durch menschliches Eingreifen werden durch den Abbau von Rohstoffen (Kohle, Erze, Sand, Kies, Ton) und die damit verbundenen Schüttungen des Abraums verursacht. Diese Schäden in der Landschaft, verbunden mit Auswirkungen auf den Wasserhaushalt, das Kleinklima und damit auf die Vegetation und die Tierwelt, müssen weitestgehend begrenzt und ausgeglichen werden.

Auf einem neuen, künstlich erstellten Relief mit veränderten Bodenverhältnissen sollen sich neue Ökosysteme zu einer im ökologischen Sinne funktionsfähigen Landschaft entwickeln. Chancen dazu bietet die einschneidende Veränderung der Oberflächengestalt eines Abbaugebietes mit den neu entstandenen Halden der Aufschlußmassen und den sich daraus ergebenden unterschiedlichen Hanglagen bis hin zum Steilhang, mit Kuppen, Hochlagen, Tallagen und Mulden. Deren Einfluß auf die kleinklimatischen Verhältnisse wie Erwärmung, Abkühlung, Luftbewegung sowie auf das Verhalten des Oberflächenwassers sind bei der Pflanzenauswahl ebenso zu berücksichtigen wie die bei der Wiederurbarmachung bestehender Bodenverhältnisse. Häufig wird nur Rohboden in ausreichender Menge vorhanden sein, auf dem zunächst nur Pionierpflanzen angesiedelt werden können, die aufgrund ihrer Anspruchslosigkeit sogar auf diesen Böden gedeihen („Pionierwuchs").

Im Laufe der Zeit wird die Flora durch Sukzession verändert, und der Boden wird sich weiterentwickeln. Sobald sich ein Boden mit Krümelstruktur, ausreichendem Nährstoffangebot und gutem Wasserhaushalt gebildet hat, werden auf ihm artenreiche Lebensgemeinschaften entstehen können. Diese werden gemeinsam mit einer belebend wirkenden Geländegliederung des Reliefs zur Bereicherung der Landschaft im ästhetischen wie auch im ökologischen Sinne beitragen.

1.2.1 Restgruben und Baggerseen

Bedingt durch die Auskohlung müssen sogenannte Restgruben zurückbleiben. Schon bei der Ausformung der zukünftigen Gewässer ist deren spätere Entwicklung zu einem Feuchtbiotop zu berücksichtigen, das heißt, die Formung und Neigung der Böschungen, die Tiefe des Gewässers sowie die Bodenart ihrer Sohle sollten der zukünftigen Entwicklung entsprechen.

Abb. 60. Der Tagebau Fortuna mit der dahinterliegenden Rekultivierung der Glassener Mulde veranschaulicht die Veränderung einer Landschaft.

Abb. 61. Das Biotop am Rande der rekultivierten Weidenfelder Höhe veranschaulicht den Erfolg der Maßnahme.

Abb. 62. Der Kasterer See bei Frimmersdorf innerhalb einer land- und forstwirtschaftlichen Rekultivierung.

Zur Ansiedlung von Wasser- und Uferpflanzen wird auf das Kapitel B1.2.1 verwiesen.

Durch die Gewinnung von Gesteins- und Bodenmaterial im Bereich des Grundwassers (Naßbaggerung) sammelt sich das Grundwasser in den Restlöchern. Vielerorts sind diese Baggerseen zu beliebten Badestätten geworden. Die Nutzung als Badesee ist nicht unproblematisch. Das Wasser entspricht der Grundwassertemperatur und ist im Sommer an der Oberfläche bis zu 8 °C wärmer.

Nach § 823 Abs. 1 des BGB besteht eine **Verkehrssicherheitspflicht**. Wer die notwendige Sorgfalt außer acht läßt und bei Gefahrenquellen nicht die notwendigen Vorkehrungen trifft, macht sich schadensersatzpflichtig, auch bei Fahrlässigkeit. Dabei reicht das Aufstellen von Verbotsschildern bei allgemein zugänglichen Gefahrenquellen nicht aus. Falls Baggerseen zum Baden genutzt werden können, ist neben einer Umzäumung aus dem oben genannten Grunde auch die verkehrsmäßige Erschließung, die Schaffung sanitärer Einrichtungen u. v. m. erforderlich.

Eine zweite Nutzungsmöglichkeit besteht in der Ausweisung als Schutzgebiet, das heißt der Entwicklung des Baggersees zu einem Feuchtgebiet. In diesem Fall ist ein striktes Betretungsverbot für Wassersportler, Erholungssuchende und Angler unerläßlich. Allerdings kann durch die Wegeführung und einzelne Aussichtspunkte der Blick auf den See ermöglicht werden. Die Nutzung als Feuchtbiotop ermöglicht auch die Selbstreinigung von Baggerseen, die sonst

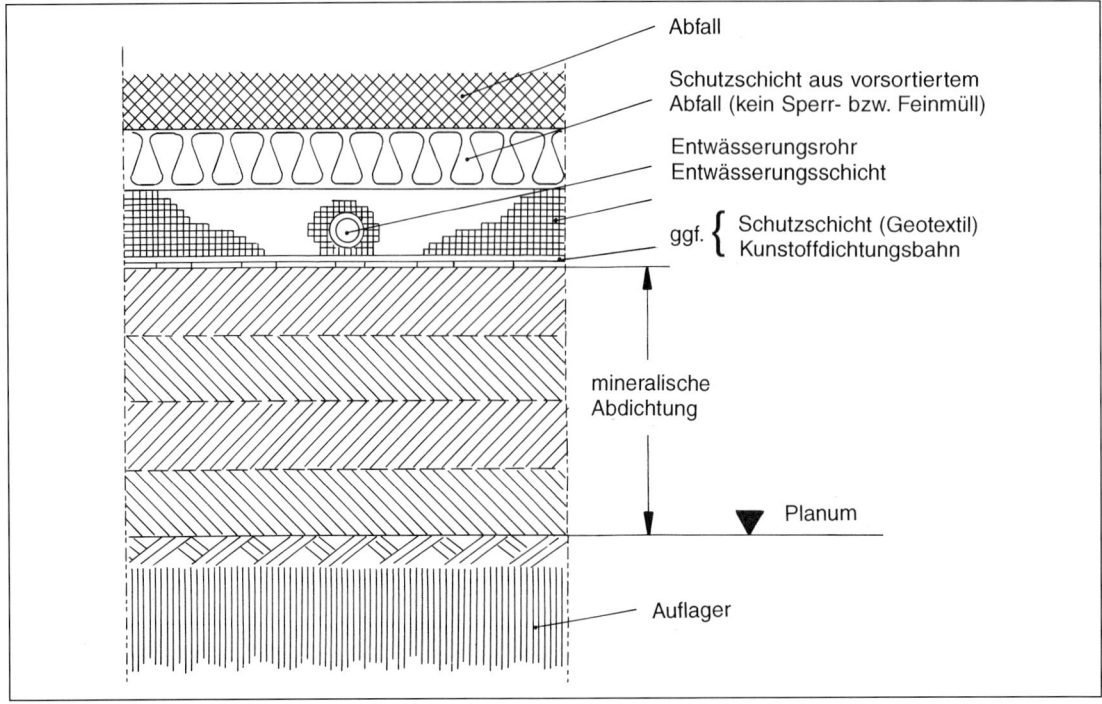

Abb. 63. Deponieabdichtungssysteme (unmaßstäblich).

oft unzureichend bleibt. Zu bedenken ist bei der Entscheidung über Nutzungsmöglichkeiten, daß alle Verschmutzungen unmittelbar in das Grundwasser gelangen.

Zur Genehmigung des Abbaus ist die Rekultivierung festzulegen. Es empfiehlt sich, die Profilierung der Böschung der späteren Nutzung anzupassen. So sind Badestrände bis zu 2 m Wassertiefe extrem flach auszuformen (max. 1:10). Bei der Nutzung als Feuchtbiotop bieten Steilböschungen bei standfestem Ufer Nistgelegenheiten, zum Beispiel für Uferschwalben. Bei nicht standfestem Ufer sollten Böschungen nicht steiler als 1:3 angelegt werden. Die Erschließung des Geländes durch Wege kann durch entsprechende Terrassierung (Anlegen von **Bermen**) erfolgen.

1.3 Probleme der Müllaufschüttungen und kontaminierter Flächen

Die Abfallbeseitigung ist durch die ständig wachsende Menge des Mülls zu einem immer größer werdenden Problem geworden. Besser als alle Programme zur ge-

fahrlosen Beseitigung von Müll sind Maßnahmen zur Müllvermeidung. Die Gesamtmenge an Haus- und Industriemüll nähert sich der Zahl von 100 Millionen t/Jahr; STOLPE u. WEIGRAN (1982) schätzen die Menge sogar auf 175 Millionen t, davon 27 Millionen t Sonderabfälle, von denen ca. 6 Millionen t Giftmüll nur auf entsprechend gesicherten Deponien gelagert werden dürfen.

Aber auch für die Lagerung von Müll, der nicht zu den Sonderabfällen zählt, gibt es Richtlinien (Vergleiche das AbfG; Abfallentsorgung durch das Abfallgesetz). Das Problem der Müllentsorgung wird deutlich, wenn man sich klarmacht, daß aus den meisten Stoffen bestimmte Substanzen (**Eluate**) ausgewaschen werden und ins Grundwasser gelangen können. Aus diesem Grunde werden die Abfallarten bestimmten **Deponieklassen** zugeordnet, die eine Belastung des Grundwassers ausschließen.

Da das Deponiesickerwasser in den meisten Fällen mit Schadstoffen hoch belastet ist, muß der Schutz des Grundwassers sichergestellt werden. Je nach Dichtungsmaterial unterscheidet man natürliche und

Abb. 64. Oberflächenabdichtung einer Deponie.

künstliche Dichtungen. Dabei geht es nicht nur um die **Basisabdichtung** der Deponie, die das Eindringen von Sickerwasser ins Grundwasser verhindern muß, sondern auch um **Deponieoberflächenabdichtungen**, die unterbinden sollen, daß Niederschlag in den Deponiekörper gelangt, um die Auslaugung von Abfallinhaltsstoffen zu vermeiden und das Niederschlagswasser abzuleiten.

1.3.1 Natürliche Deponieabdichtungen

Zu den Materialien für Deponieabdichtungen zählen mineralische Stoffe, die alle zu fordernden Eigenschaften erfüllen, die im folgenden beschrieben werden. Im allgemeinen handelt es sich um die gleichen Materialien, die auch zur Teichabdichtung Verwendung finden (vgl. Kap. D2.1). Aufgrund der Gefahren, die von den Eluaten ausgehen können, werden jedoch wesentlich höhere Anforderungen an die Materialien und deren Einbau gestellt, zumal sie auch anderen und erheblich stärkeren Belastungen ausgesetzt sein können. Vom Gesetzgeber werden folgende Anforderungen an Abdichtungen gestellt, die über eine Teichabdichtung hinausgehen:

- Beständigkeit der Stoffe gegenüber chemischen und physikalischen Beanspruchungen;
- gute Verformungseigenschaften, um eventuell auftretende Verformungen durch Sackungen des Untergrundes aufnehmen zu können;
- absolute Dichtigkeit gegenüber Eluaten;
- Beständigkeit gegenüber Einwirkungen aus Folgenutzungen und Erosionsvorgängen bei Oberflächenabdichtungen;
- ausreichende Belastbarkeit durch Verkehrs- und Bauwerkslasten;
- Hitzebeständigkeit bei der Entstehung von Reaktionswärme bei Abbauprozessen oder Deponiebränden;
- Stabilität gegenüber Deponiegasen;
- Beständigkeit gegenüber biologischen Faktoren, das heißt gegen Durchwurzelung, durch von Mikroorganismen ausgelöste biochemische Prozesse sowie gegen das Eindringen von Wühl- und Nagetieren;
- das Abdichtungssystem muß auf seine Funktionsfähigkeit hin kontrollierbar sein, zum Beispiel durch Bestimmung der Wasserbilanz.

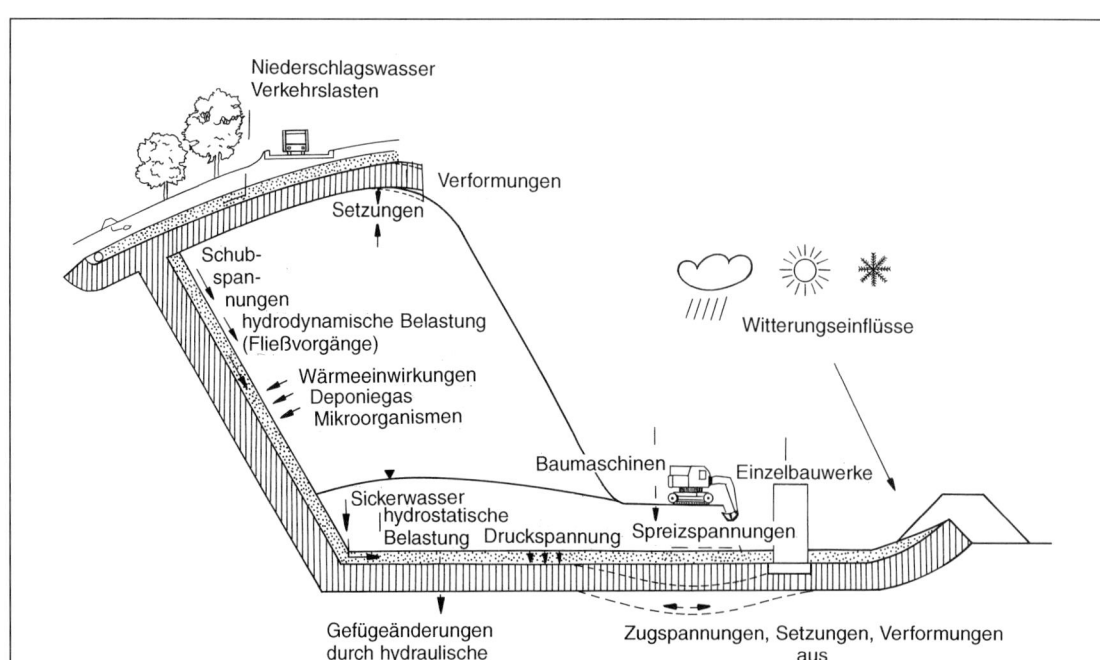

Abb. 65. Schnitt durch eine Deponie mit Oberflächenabdeckung.

Neben den Bedingungen, die das Material erfüllen muß, sind auch die Vorschriften über den Einbau der Schichten zu beachten. Außerdem muß die Eignung der Dichtungen in Eignungsprüfungen nachgewiesen werden.

1.3.2 Künstliche Dichtungen

Als nicht-mineralische (künstliche) Dichtungen kommen vorgefertigte Dichtungen, zum Beispiel Kunststoffdichtungsbahnen oder örtlich gefertigte Dichtungen, zum Beispiel aus Asphaltbeton, in Frage. Alle Anforderungen, die an die Eignung der natürlichen Dichtungsmaterialien gestellt werden (Kap. D 1.3.1), müssen auch von künstlichen Materialien erbracht werden. Es gibt einige darüber hinausgehende Eigenschaften, deren Erfüllung vorausgesetzt werden muß. Zu den besonderen physikalischen Beanspruchungsfaktoren zählt die **UV-Strahlung**, gegen die eine ausreichende Beständigkeit vor der Abdeckung der Dichtung garantiert sein muß. Gegen mechanische Beschädigungen, zum Beispiel durch scharfkantige Gegenstände, muß das Dichtungssystem aufgrund seines Aufbaues geschützt werden. Ferner stellen Pflanzen eine besondere Gefahr dar, da sie die Dichtung von oben her durchwurzeln und von unten her durchstoßen können. Aus diesen Gründen darf nicht nur die Eignung der Materialien beurteilt, sondern das Dichtungssystem muß als Ganzes gesehen werden. So sind im Hinblick auf die zuletzt genannte Gefahr von Pflanzen durchwurzelte Bodenschichten sorgfältig abzuschieben und entsprechende Drän- bzw. Schutzschichten einzubauen.

Da der Berufsstand des Garten-, Landschafts- und Sportplatzbaues in der Regel Dichtungen aus den oben genannten Materialien und aus künstlichen Dichtungsbahnen herstellt, wird zur Erstellung von Dichtungen aus Asphaltbeton auf KESSLER (1993) verwiesen.

Bei der Verwendung vorgefertigter Dichtungsbahnen aus Kunststoff- oder Bitumenbahnen ist der Aufbau des Dichtungssystems vorgegeben. Es baut sich aus folgenden Schichten auf (vgl. auch Abb. 63):

– Stütz- bzw. Feinplanungsschicht,
– Dichtung/Hauptdichtung,
– Dränschicht/Hauptdränschicht,
– Schutzschicht.

Wegen der von den Eluaten ausgehenden Gefahren für das Grundwasser ist die Eignung der Materialien und der fachgerechte Einbau in vorgeschriebenen Prüfverfahren nachzuweisen. Für die Basisabdichtungen von Deponien sind bisher folgende Werkstoffe verwendet worden: Die Polymer-Werkstoffe: ECB, PEC, HDPE, LDPE, PVC weich und Bitumen (nach DIN 1995).

Um alle möglichen Risiken auszuschließen, sind einmal alle behördlichen Vorschriften einschließlich der einschlägigen DIN-Vorgaben, zum Beispiel auch im Hinblick auf die Dicke der Materialien oder der Fügetechnik, zu beachten. Darüber hinaus kann auch – je nach der Gefährlichkeit der zu lagernden Abfälle – noch eine **Kontrolldichtung** vorgeschrieben werden, die gegenüber der Regeldichtung einen erheblichen Mehraufwand verursacht. Dafür wird zwischen der Feinplanungsschicht und Hauptdichtung eine Hilfs- und Kontrolldichtung und/oder eine Kontroll-Drän-schicht eingebaut.

1.3.3 Begrünung von Deponien

Das **Bundesnaturschutzgesetz** (BNatSchG) schreibt vor, daß keine erheblichen oder nachteiligen Beeinträchtigungen des Naturhaushaltes zurückbleiben dürfen. Die Abfallablagerung stellt nach § 5 des BNatSchG einen Eingriff in Natur und Landschaft dar. Auch der § 2 des **Abfallgesetzes** (AbfG) sieht eine Verminderung von Umweltbeeinträchtigungen vor. Demnach muß ein Ziel aller Begrünungsmaßnahmen darin bestehen, möglichst Pflanzen zu verwenden, die der Landschaft entsprechen. Außerdem werden weitere Absichten verfolgt:

– Verringerung der Sickerwassermenge im Abfallkörper, dadurch Reduzierung der Gefahr, daß Boden und Grundwasser beeinträchtigt werden;
– zusätzliche Umweltbelastungen werden verhindert, da durch die Begrünung die Verbreitung von Staub, Papier, Plastikteilen und Krankheitskeimen unterbunden wird;
– der Abfluß von Oberflächenwasser und die damit verbundene Erosion werden weitgehend unterbunden.

Doch häufig stoßen Begrünungsmaßnahmen auf mehr oder weniger unüberwindbare Schwierigkeiten. Diese ergeben sich aus der Entstehung von Deponie-gasen, der Erzeugung hoher Bodentemperaturen und dem Wassermangel.

Solange die im Deponiekörper vorhandenen Sauerstoffreserven ausreichen, verläuft die Zersetzung aller organischen Substanzen **aerob**. Dabei entstehen vorwiegend Kohlendioxid (CO_2) und Stickstoff (N_2). Nach dem Verbrauch des Sauerstoffs findet ein **anaerober** Abbau statt, bei dem zunächst – während der „sauren Gärung" – ein Deponiegas entsteht, das sich aus CO_2, N_2 und Wasserstoff (H_2) zusammensetzt. Die zweite Stufe des Abbaues, die Methangärung, führt zur Bildung eines Deponiegases, das überwiegend aus Methan, aber auch aus CO_2 und N_2 besteht. Die Phase der Methangasbildung kann bis zu 50 Jahre und länger andauern (HEBBELMANN und SCHLÜTER 1991).

Es ist erwiesen, daß an Pflanzen Schäden entstehen, wenn der Sauerstoffgehalt im Boden unter 12 bis 14 % und der CO_2-Gehalt über 5 % ansteigt (RUGE 1978, SCHACHTSCHABEL und andere 1976). **Methan** ist an sich nicht direkt pflanzenschädlich. Seine Bildung führt aber im Boden zu Sauerstoffmangel.

Sowohl beim aeroben als auch beim anaeroben Abbauprozeß entstehen beachtliche Temperaturen. Diese können bis zu 70° C ansteigen. Bei einer Temperatur von mehr als 35° C ist kein Wurzelwachstum mehr feststellbar.

Der Wassermangel auf Abfalldeponien hat mehrere Ursachen:

– Abfluß des Oberflächenwassers, bedingt durch die Höhe des Deponiekörpers;
– geringe Schichtstärke des Abdeckbodens, in dem das Niederschlagswasser gespeichert werden kann;
– entsprechend geringe Wurzeltiefe;
– hinzu kommt die starke Wasserverdunstung aufgrund der hohen Bodentemperaturen und der Sonneneinstrahlung, vor allem an Südhängen.

In der Vergangenheit ist versucht worden, die schädigenden Folgen der genannten Ursachen mit dem System der verdichteten Deponie auszuschließen. Bei verdichteten Deponien werden die Abfälle zerkleinert und schichtweise verdichtet eingebaut, um das Volumen zu reduzieren. Dabei werden Entgasungssysteme in den Deponiekörper eingebaut. Zusätzlich hat man in Versuchen getestet, inwieweit der Einfluß des Deponiegases durch den Einbau von Folien bzw. die Erstellung von Belüftungsgräben reduziert werden kann.

Da häufig nicht auszuschließen ist, daß die Böden der zu begrünenden Flächen pflanzenunverträgliche Substanzen enthalten, kann durch Breitsaat von **Test-**

pflanzen, zum Beispiel Raps, Phacelia, Roggen oder Hafer aufgrund des Wuchses bzw. des Ausfalles eine Belastung festgestellt werden. Durch chemische Analyse wird man versuchen, die dafür verantwortlichen Stoffe zu bestimmen. Vor der Ansiedlung von Pflanzen auf derartigen Böden sind die Bodenverhältnisse durch das Einbringen puffernder oder neutralisierender Stoffe sowie durch Düngung zu verbessern. Häufig begrenzt der hohe Säuregehalt die Pflanzenentwicklung. Falls dieser durch entsprechende Kalkgaben nicht neutralisiert werden kann, bleibt auch hier nur die Möglichkeit, geeigneten Boden aufzutragen.

Nur zum Teil lassen sich pflanzengiftige Substanzen kompensieren. Andernfalls muß die Fläche mit kulturfähigem Boden abgedeckt werden. Dabei muß jedoch eine Gefährdung der Pflanzen durch Gasentwicklung ausgeschlossen werden. Um Mißerfolge weitestgehend auszuschließen, sollten zunächst Testpflanzungen vorgenommen werden. Bei Böden, die durch Schwermetalle belastet sind, eignen sich ggf. folgende Pflanzenarten: *Salix caprea, Populus tremula, Betula pendula.*

Unter den oft vorherrschenden Bedingungen, die durch den Austritt von Deponiegas und dadurch verursachtem Sauerstoffmangel, hohe Bodentemperaturen sowie Wassermangel gekennzeichnet sind, ist die Auswahl geeigneter Gehölze, die zur Begrünung in Frage kommen, eher gering. Als geeignet gelten folgende Baum- und Straucharten, die aufgrund ihrer vielseitigen Eignung, z. B. auch bei der Haldenbegrünung, als Repositionspflanzen angesprochen werden können: Schwarzerle *(Alnus glutinosa)*, Grauerle *(Alnus incana)*, Hängebirke *(Betula pendula)*, Zitterpappel *(Populus tremula)*, Robinie *(Robinia pseudoacacia)*, Sanddorn *(Hippophae rhamnoides)*, Schlehe *(Prunus spinosa)*, Salweide *(Salix caprea)*, Grauweide *(Salix cinerea)*, Purpurweide *(Salix purpurea)* (s. HEBBELMANN und SCHLÜTER 1991).

Als Maßnahme gegen Wassermangel können ein bis zwei Meter starke Abdeckschichten aufgebracht werden, die möglichst eine nutzbare **Feldkapazität** (nFK) von über 80 mm besitzen sollen. Mit der Stärke der Abdeckschicht sinkt auch die Bodentemperatur in der obersten Bodenschicht, so daß Flachwurzler weniger beeinträchtigt werden.

Trotz aller genannten Maßnahmen kann bisher kein hoher Erfolg garantiert werden.

Für die Auswahl der Pflanzen, die bei entsprechenden Versuchen getestet worden sind, waren folgende Kriterien ausschlaggebend:

– eine möglichst weite Amplitude hinsichtlich der Standortansprüche,
– die Eigenschaft, Wurzelausläufer zu bilden,
– natürliches Vorkommen auf Deponien.

Mülldeponien kann man selbstverständlich auch einer Spontanvegetation überlassen. Die zur Abdeckung verwandte Bodenart wird die Zusammensetzung der Pflanzengesellschaft bestimmen.

Die aufgezeigten Schwierigkeiten, die bei der Begrünung verdichteter Deponien entstehen, sind ungleich größer, wenn **kontaminierte** (durch schädliche Stoffe verseuchte) Böden begrünt werden sollen.

Entsprechend den Angaben des Umweltbundesamtes (Jahresbericht 1981) kann man davon ausgehen, daß 5 bis 10 % der zur Zeit im Umlauf befindlichen 63 000 chemischen Stoffe zu den umweltgefährlichen Chemikalien zählen, das wären 3000 bis 6000 Substanzen. Die Reaktion dieser Stoffe, die bei ihrer Vermischung auf Lagerstätten entstehen können, erhöhen das Gefahrenpotential zusätzlich. Daher kann die Behandlung kontaminierter Flächen mit den Problemen verglichen werden, die den Deponien für Sonderabfälle entsprechen.

Über die Art der Begrünung sollte aufgrund des typischen Landschaftsbildes entschieden werden, in dem die Deponie nicht als Fremdkörper wirken darf.

Kräuter zur Begrünung von Deponien

Achillea millefolium – Gewöhnliche Wiesenschafgarbe
Centaurea jacea – Wiesenflockenblume
Centaurea scabiosa – Skabiosen-Flockenblume
Chrysanthemum leucanthemum – Wiesen-Wucherblume, Margerite
Daucus carota – Wilde Möhre
Galium mollugo – Wiesenlabkraut
Galium verum – Echtes Labkraut
Leontodon spec. – Löwenzahn
Lotus corniculatus – Hornklee
Medicago lupulina – Hopfenklee
Onobrychis viciifolia – Futter-Esparsette
Pimpinella saxifraga – Bibernelle
Plantago lanceolata – Spitzwegerich
Salvia pratensis – Wiesensalbei
Sanguisorba minor – Kleiner Wiesenknopf

Gehölzarten zur Haldenbegrünung

Acer campestre – Feldahorn
Acer platanoides – Spitzahorn
Alnus glutinosa – Schwarzerle

Betula pendula – Hängebirke
Carpinus betulus – Hainbuche
Crataegus monogyna – Weißdorn
Cytisus scoparius – Besenginster
Eleagnus angustifolia – Ölweide
Populus alba – Weißpappel
Populus canescens – Graupappel
Populus tremula – Zitterpappel
Prunus avium – Vogelkirsche
Prunus mahaleb – Steinweichsel
Prunus serotina – Späte Traubenkirsche
Prunus spinosa – Schlehe, Schwarzdorn
Robinia pseudoacacia – Robinie
Rosa canina – Hundsrose
Rosa eglanteria – Weinrose
Rubus idaeus – Himbeere
Salix caprea – Salweide

2 Renaturierungsmaßnahmen

Wie bereits ausgeführt, hat der Mensch durch Jahrhunderte hindurch „korrigierend" in die Natur eingegriffen. Erst verhältnismäßig spät, das heißt in der Mitte dieses Jahrhunderts, ist uns bewußt geworden, welche Schäden durch diese Eingriffe verursacht worden sind. Am stärksten betroffen waren Bach- und Flußläufe, Feuchtwiesen und Moore. Für uns ist es heute nicht nur eine Selbstverständlichkeit, auf derartige Maßnahmen zu verzichten, vielmehr wird seit nunmehr Jahrzehnten darauf hingewirkt, die Schäden zu beheben und die „denaturierten" Biotope wieder in einen möglichst natürlichen Zustand zu versetzen.

Darüber hinaus werden Möglichkeiten genutzt, notwendige Verfahren auf weitgehend natürliche Weise durchzuführen, wie z. B. die zunehmende Bedeutung der Pflanzenkläranlagen zeigt.

2.1 Anlage naturnaher Still- und Fließgewässer

Bei dem erschreckend hohen Rückgang natürlicher Feuchtgebiete kommt der Renaturierung von vorhandenen Gewässern ebenso große Bedeutung zu wie der Wiederbelebung oder Neuanlage von Still- und Fließgewässern. Die Restgruben der Sand- und Kiesentnahme oder von Steinbrüchen (siehe Kap. D 1.2.1) bieten sich genauso an wie Feuerlösch- oder Dorfteiche, Entwässerungsgräben oder Klärteiche. Selbst versumpfte Gräben, die in der Vergangenheit zur Entwässerung genutzt wurden, können ihren Beitrag zum Naturschutz leisten, wenn sie entsprechend ausgebaut werden.

Zur Zeit erhalten diese Maßnahmen durch Naturschutzgesetze eine rechtliche Grundlage, da gesetzlich vorgeschrieben ist, daß unvermeidbare Eingriffe in den Naturhaushalt an anderer Stelle auszugleichen sind.

Nach der erfolgten Anlage sollte der Entwicklungsprozeß zu einer beständigen Lebensgemeinschaft sich weitgehend selbst überlassen bleiben. Die charakteristischen Pflanzen und Tiere wandern großenteils von selbst zu. Um diese Entwicklung zu fördern, müssen schon bei der Planung und Ausführung die erforderlichen Voraussetzungen geschaffen werden. Wie in Kap. B 1.2 dargestellt, kommt der möglichst großen Artenvielfalt eine wichtige Bedeutung für die späteren **Selbstreinigungskräfte** der Gewässer zu. Eine der Voraussetzungen für den Artenreichtum ist die vielgestaltige Ausformung der Gewässerränder und -sohlen. Fehler, die bei der Anlage gemacht werden, lassen sich später nicht mehr oder nur durch sehr hohen Aufwand korrigieren. Oft lösen sie eine Kettenreaktion aus, durch die für das Biotop die Gefahr des **„Umkippens"** entsteht.

2.1.1 Naturnahe Stillgewässer

Der Begriff Stillgewässer umfaßt alle stehenden Gewässer vom Tümpel über den See bis hin zum Moor. Bestimmte Grundregeln sind bei der Neuanlage aller Stillgewässer zu beachten. Die Wasserqualität spielt hier eine wichtige Rolle (siehe oligotrophe, dystrophe bzw. eutrophe Gewässer).

Bei der Anlage eines Teiches in unmittelbarer Nähe von landwirtschaftlichen Nutzflächen ist der Eintrag von gelösten Nährsalzen kaum vermeidbar. Die dadurch entstehende Eutrophierung fördert das Algenwachstum mit all seinen bereits beschriebenen Folgen. Dagegen verspricht die Nutzung einer Kiesgrube am ehesten ein nährstoffarmes Wasser. Aber auch in flachen Stillgewässern, die zum Teil einen höheren Nährstoffgehalt besitzen, kann durchaus ein biologisches Gleichgewicht herrschen, wenn ein zusätzlicher Nährstoffeintrag unterbleibt.

Beim Ausheben eines Teiches richtet sich die Tiefe nach der gewünschten Gesamtwassermenge. Einem zu starken Aufheizen des Wassers im Sommer sollte durch die größere Tiefe des Gewässers entgegengewirkt werden. Wegen der Gefährdung der im Wasser

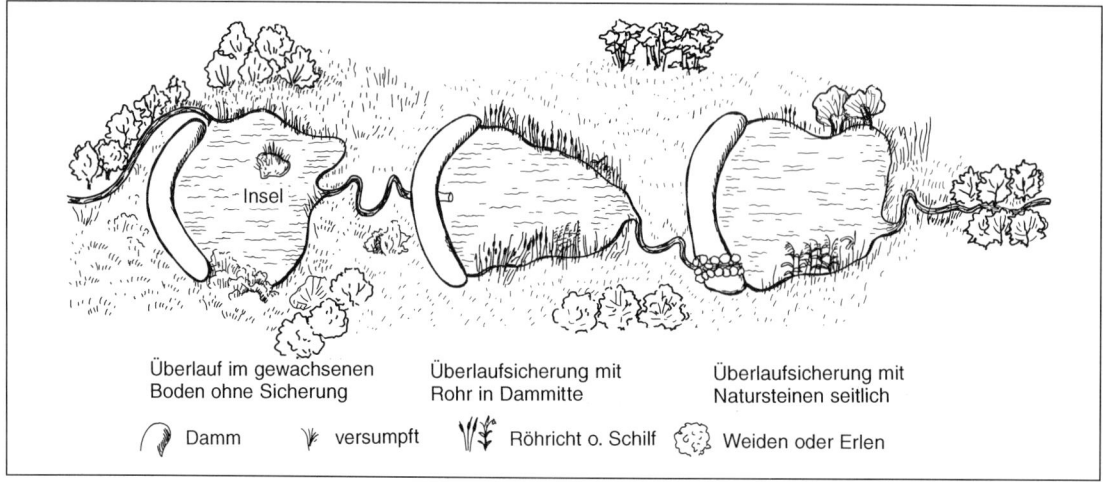

Abb. 66. Stillwasserkette im Entwässerungsgraben.

lebenden Tierarten durch Frost sollte sie nicht weniger als 1 Meter betragen. Es empfiehlt sich, die Sohle des Gewässers in unterschiedlichen Höhen zu terrassieren. Um so artenreicher wird die Vegetation wegen der unterschiedlichen Ansprüche der Pflanzen an die Wassertiefe sein. Die Eignung der Pflanzen zum Uferschutz oder für die Reinigung des Wassers (vgl. Kap. B1.2.1) sollte beachtet werden. Dabei kann die Möglichkeit der Selbstreinigung bei naturnahen Gewässern genutzt werden, indem man die Selbstansiedlung der Pflanzen durch entsprechende Ufergestaltung und Bodenvorbereitung unterstützt. In der Regel wird man auf eine **Initialpflanzung** kaum verzichten können, die sich bei richtiger Pflanzenwahl von selbst weiterentwickelt. Auch die für das Gewässer typischen Tierarten werden von selbst zuwandern und zur Bildung der Lebensgemeinschaft beitragen, wenn die dafür notwendige Biotopvernetzung gewährleistet ist.

In diesem Zusammenhang sollen die Möglichkeiten nicht unerwähnt bleiben, die Landschaft durch die Anlage weiterer Stillgewässer zu bereichern. So lassen sich durch den Aushub kolkartiger Ausbuchtungen neben einem Entwässerungsgraben regelrechte Ketten von kleineren Stillgewässern anlegen, die durch den Graben miteinander verbunden sind. Bei entsprechender Tiefe können diese Tümpel noch Wasser führen, wenn der Graben bereits ausgetrocknet ist, vor allem dann, wenn die Sohle unter dem Grundwasserstand liegt. Falls derartige Tümpel neben einem Fließgewässer angelegt werden, kann die Landschaft durch die andersartige Lebensgemeinschaft der Stillgewässer zusätzlich bereichert werden. Der Höhenunterschied wird jeweils durch einen Damm ausgeglichen. Falls ein Stillgewässer künstlich angelegt werden soll, empfiehlt sich als natürlicher Baustoff der Ton (KESSLER 1993). Inzwischen werden auch andere Materialien für den Bau naturnaher Gewässer verwandt, die aufgrund ihrer Herstellung als natürliches Bodendichtungsmittel angesprochen werden können, zum Beispiel Deposil N (Natronwasserglas) oder Dernoton (ein im Spezialverfahren aufbereiteter Ton). Die Verwendung dieser Baustoffe muß eine Belastung des Grundwassers in jedem Fall ausschließen.

Der Zielkonflikt zwischen Freizeitgestaltung und Naturschutz ist vor allem bei Gewässern zu beachten. Wasser besitzt für Menschen aller Altersstufen eine besondere Anziehungskraft. Aber gerade dort bedürfen Pflanzen und Tiere eines gezielten Schutzes. So sind Wasservögel besonders scheu und dürfen – vor allem während der Brutzeit – nicht gestört werden. Auch schließt ein intakter Schilfgürtel Bademöglichkeiten aus. Dieser Tatsache ist bereits bei der Planung Rechnung zu tragen (vgl. Kap. D5.1) Die Abbildung 117 macht deutlich, wie dieses Problem durch eine geschickte Wegeführung gelöst werden kann. Die Naturschutzzone zwischen den Kolken und dem Fußweg kann durch entsprechende Anpflanzungen zusätzlich geschützt werden. Auch die Aufstellung von Tafeln,

Abb. 67. Inseln bilden in Gewässern besonders wertvolle Refugien.

die auf das Schutzbedürfnis von Pflanze und Tier hinweisen, dient als Information, soll zur Einsicht führen und zu entsprechendem Verhalten beitragen.

Die Artenvielfalt naturnah angelegter Gewässer wird wesentlich bereichert, wenn im Randbereich Sumpfzonen vorgesehen werden. Je vielgestaltiger die Uferzone angelegt wird, um so größer wird der Artenreichtung sein. Es verbietet sich jedoch von selbst, Ufer durch künstliche Materialien wie Betonpalisaden oder Rasengittersteine zu befestigen. Eine solche Uferzone ist biologisch tot.

Bei der Gestaltung des Querprofils ist neben den biologischen Gesichtspunkten die Verhinderung der Erosion zu beachten. Das Verhältnis von der Breite zur Tiefe des Gewässers soll möglichst naturgerecht sein, um sowohl die Ufer- und Sohleerosion zu verhindern als auch wertvolle Uferbiotope entstehen zu lassen. Die Uferböschung sollte nicht steiler als 1:3 sein, möglichst noch flacher. Je vielgestaltiger die Uferzone ist, um so mehr Teil- und Kleinbiotope können sich bilden. Eine gezielte Förderung einer unregelmäßigen Abfolge von flachen Uferbänken, Steil-

ufern, Kolken oder Untiefen bietet somit auch einer größeren Anzahl von Organismen ihre spezifische ökologische Nische. Durch Erosion gefährdete Uferabschnitte (Prallufer) lassen sich zunächst durch Steinschüttungen (den profilgerechten Einbau von Bruchsteinen) sichern, die danach durch Röhricht, vor allem durch die Scharfsegge und das Rohr-Glanzgras *(Phalaris arundinacea)*, überwuchert wird. Wo möglich, ist auch ein erodierter Prallhang für entsprechende Spezialisten anzulegen.

Das Rohr-Glanzgras kann durch Einsaat zu einer kurzfristigen Begrünung führen. Die zur Sicherung des stark gefährdeten Uferfußes eingebrachte Steinschüttung wird durch die Vegetation in wenigen Jahren überwachsen. Als Endzustand wird ein Ufersaum aus Erlen angestrebt, der in unterschiedlichem Abstand vom Ufer außerdem für optimale Lichtverhältnisse sorgt und so die Verkrautung des Gewässers verhindern kann.

Die Liste der Uferpflanzen sollte durch die folgenden Pflanzen ergänzt werden, die auch als Nahrungsgrundlage vieler Insektenarten dienen:

Abb. 68. Begradigter Bachlauf.

Elodea canadensis – Wasserpest (kann aber zur
   Plage werden).
Filipendula ulmaria – Mädesüß
Lysimachia vulgaris – Gilbweiderich
Lythrum salicaria – Blut-Weiderich

2.1.2 Naturnahe Fließgewässer

Die Gewinnung zusätzlicher landwirtschaftlicher
Nutzflächen und die Schiffbarmachung haben in der
Vergangenheit zur Verrohrung und Begradigung von
Bach- und Flußläufen geführt. In ihnen finden nur
wenige Arten eine Lebensmöglichkeit, vor allem dann
nicht, wenn Sohleschalen zur Bachbettsicherung eingebaut worden sind. Ziel der Renaturierungsmaßnahmen ist es, diese Gewässer in einen möglichst naturnahen Zustand zurückzubringen. Dabei ist die Ausgestaltung des Querprofils ebenso zu berücksichtigen
wie die Längsgliederung, die sowohl unter ökologischen als auch wasserwirtschaftlichen Gesichtspunkten zu erfolgen hat. Hierbei spielt die Fließgeschwindigkeit eine wichtige Rolle. Während das Hochwasser

– vor allem wegen der Erosionsgefahr – gebremst werden muß, sollte die Fließgeschwindigkeit des Mittel-
und Niedrigwassers möglichst groß bleiben. Unter
diesen Gesichtspunkten wird der ehemals begradigte
Verlauf möglichst krümmungs- und buchtenreich geführt werden müssen. Eine künstliche Stauhaltung,
zum Beispiel durch Wehre oder Sohlschwellen, ist
keine Lösung zur Bremsung der Fließgeschwindigkeit, da mehrere Tierarten zu ihrer Arterhaltung auf
Wanderungen angewiesen sind und daran durch solche künstlichen Barrieren gehindert werden.

Auch die Sohle kann eine bremsende Wirkung aus-
üben, wenn sie entsprechend rauh angelegt wird. Das
Einbringen von Steingemischen verschiedener Korngrößen auf der Bachsohle hat außerdem den Vorteil,
daß die groben Bestandteile bestimmten Tierarten im
Leebereich (sogenannte **Totwasserräume**) regelrechte Ruhezonen anbieten können, weil sie stark brem-
send wirken. Es sollte ein ausgeglichenes Verhältnis
zwischen dem rauhen Sohlenbereich und feinem
Substrat bestehen, da einige Tierarten feine Substrate
(Ton oder Lehm), zum Beispiel als Laichgrund, benötigen. Große Steinblöcke brechen als **„Störsteine"** die
Strömung und tragen zur Anreicherung des Wassers
mit Sauerstoff bei.

Die Gewässersohle bildet den Lebensraum des
Benthos, der in diesem Bereich lebenden Tier- und
Pflanzenarten. Da das Benthos nicht nur die Nahrungsgrundlage der Fische und Wasservögel darstellt,
sondern auch einen großen Anteil an der biologischen Selbstreinigung besitzt, sollte seinem Anspruch
an den Sohlebereich entsprochen werden. Das erreicht man durch ein Steingemisch aus verschiedensten Korngrößen, das entsprechende Hohlräume bietet. Darunter muß der Boden durchlässig sein. Die
Verbindung von der Gewässersohle zum Untergrund
darf nicht unterbrochen sein, weil sich viele Bodenlebewesen bei starkem Hochwasser in diesen Bereich
zurückziehen. Mit Rücksicht auf das Benthos muß
eine Sohleräumung möglichst unterbleiben. Falls sie
unvermeidbar ist, sollte sie nur abschnittweise erfolgen, und zwar in der letzten Septemberhälfte. Später
dient der Schlamm den Amphibien als Winterruhe-
platz.

Falls eine Verrohrung eines Gewässers unumgäng-
lich ist, muß ihr Durchmesser mindestens 70 cm und
die Tiefe mindestens 25 cm betragen. Falls kleinere
Sohlschwellen eingebaut werden, die – ebenso wie
Störsteine – eine positive Wirkung haben, sollten sie
aus Einzelsteinen bestehen, um so zu keinem Hinder-

Abb. 69. Beispiel für die naturnahe Gestaltung eines Fließgewässers.

nis für die gegen die Fließrichtung wandernden Klein-lebewesen zu werden. Von der Mündung bis zur Quelle muß der Wasserlauf den tierischen Lebewesen die Wanderung ungehindert erlauben. Dabei können auch Stauteiche oder angestaute Feuchtbiotope zum Hindernis werden. Auf sie muß unter ökologischen Gesichtspunkten gegebenenfalls verzichtet werden. Ebenso wie bei Stillgewässern tragen auch bei Fließ-gewässern unterschiedliche Tiefen zur Steigerung der Artenvielfalt bei. Terrassierung (Anschüttung von Bermen) können beim naturnahen Ausbau künstlich eingebaut werden, wobei Inseln besonders wertvoll sind. Da sie weniger den Störungen durch Erholungs-suchende oder Angler ausgesetzt sind, dienen sie den Tieren als Rückzugsgebiete (Refugialräume).

2.2 Naturnahe Abwasserreinigung

Der Trinkwasserverbrauch in der BRD steigt stetig. 1980 lag der Verbrauch pro Kopf und Tag bei 140 l. Dabei ist die Tendenz der Verschmutzung unserer Ge-

wässer – auch des Grundwassers – immer noch stei-gend. Täglich werden mehr als 50 Mio. m^3 Abwasser produziert, von denen mehr als 30 Mio. ungereinigt in Gewässer gepumpt werden. Durch 50 000 chemische Stoffe und Substanzen wird die Gewässergüte in Mit-teleuropa bedroht. In diesem Zusammenhang sei nur auf Phosphate und Nitrate, auf Schwermetalle sowie auf die Belastung durch chlorierte Kohlenwasserstof-fe verwiesen. Die Trinkwasserversorgung ist in man-chen Gebieten zu einem ernsten Problem geworden.

2.2.1 Pflanzen-Kläranlagen
Aufgrund der aufgezeigten Tatbestände erhält die Möglichkeit, Abwasser durch Pflanzenkläranlagen oder Abwasserteiche zu reinigen, eine besondere Be-deutung. Durch langjährige Untersuchungen (seit 1976) liegen Ergebnisse über die Reinigungsleistung vor. Diese beruht auf dem Reinigungseffekt, der sich aus dem Zusammenwirken von physikalischen, che-mischen und biologischen Mechanismen im Boden-raum ergibt. Es kann als gesichert angenommen wer-

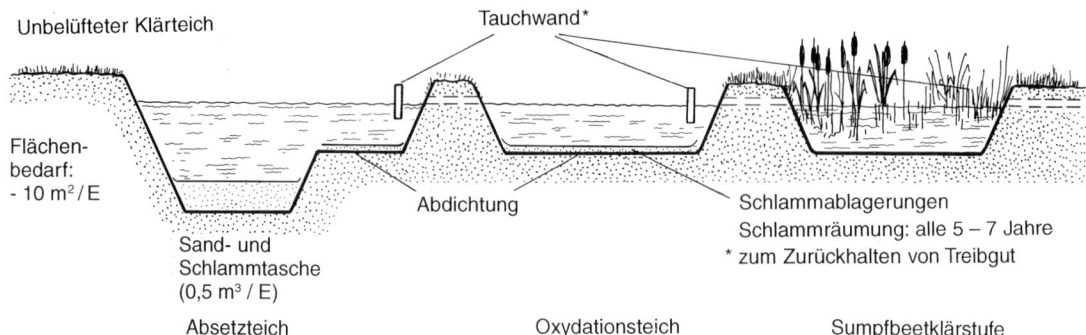

Abb. 70. Kläranlage im Querschnitt.

den, daß bestimmte Pflanzenarten (Sumpfpflanzen = **Helophyten**) die Fähigkeit besitzen, chemische Substanzen (P, N, Na, K, Ca, Mg, Pb, Cd, Zn, Cu, aber auch Phenole) aufzunehmen.

Bis heute sind unterschiedliche Systeme entwickelt worden. Zu den bekanntesten gehören die Verfahren nach R. Kickuth und K. Seidel, die sich vor allem in der Art des Substrates unterscheiden. Während in den Beeten der Schilf-Binsen-Anlage (= Krefelder System nach K. Seidel) nichtbindiges Material (Sande und Kiese) eingebaut wird, empfiehlt Kickuth die Verwendung bindiger und humoser Böden.

Eine Bewertung der verschiedenen Systeme erscheint zum heutigen Zeitpunkt verfrüht. Aufgrund der bisherigen Erfahrungen sollten folgende Grundsätze bei der Erstellung von Pflanzenkläranlagen beachtet werden:
– Gewährleistung einer möglichst störungsfreien Durchströmung des Wurzelraumes, die sowohl in horizontaler als auch in vertikaler Richtung erfolgen kann. Dabei kann das Abwasser durch Überflutung, Verrieselung bzw. durch eine Zuleitung im oberen Bereich des Beckens erfolgen (s. Abb. 72).
– Beachtung der einschlägigen Vorschriften, ohne die eine erforderliche Genehmigung nicht erteilt wird. Dazu gehören:
– Vorschaltung zur Abtrennung absetzbarer Stoffe gemäß DIN 4261 (Abb. 70),
– Abdichtung zum Untergrund,
– Einbau eines Kontrollschachtes zur Prüfung der Anlage,
– Berücksichtigung des Unfallschutzes, vor allem für Kinder.
– Pflege der Anlage. Der Entzug von belastenden Sub-

stanzen wird durch das Pflanzenwachstum bestimmt. Zur Förderung der Produktion von Pflanzenmasse kann auf das Mähen nicht verzichtet werden. Dabei sind die in Kap. C2.3.11 zum Schutz der Fauna genannten Gesichtspunkte zu berücksichtigen. Falls das Mähen im Frühjahr nicht möglich ist, führt man es im Winter bei gefrorenem Boden durch. Je nach dem Grad der Belastung wird das Mähgut dann verbrannt und entsorgt. Ferner gehört zur Wartung:
– gelegentliches Regulieren des Wasserspiegels,
– soweit notwendig, Entfernen von Schlammablagerungen in den Filterbeeten,
– Wartung der mechanischen Vorreinigung,
– gärtnerische Pflege der Gesamtanlage.
– Falls erforderlich, sollte eine Vorbehandlung des Abwassers erfolgen, und zwar durch eine Mehrkammerfaulgrube oder einen Abwasserteich.
– Ausreichende Größe der Pflanzenbestände. Dabei geht man davon aus, daß bezogen auf die Anzahl der Bewohner im Wirkungsbereich der Anlage mind. 5 m²/Person zugrundezulegen sind. Da Anlagen nur für max. 50 Einwohner erlaubt werden, bleibt der Einsatz beschränkt, z. B. für einzelne Gehöfte, kleinere Ortsteile, Berghütten, für Teilmengen des Abwassers von Campingplätzen, Erholungsheimen, Kliniken oder Firmen, die dafür ggf. ihre Flachdächer nutzen können.

Die Abb. zeigt, welche Artenvielfalt auf dem rekultivierten Gelände des Tagebaus bei Frimmersdorf (Rheinbraun) anzutreffen ist.

Abb. 71. Pflanzenkläranlage der Firma re-natur in Ruhwinkel-Wdf.

– Die richtige Pflanzenauswahl. Da der Wirkungs-
grad nicht nur durch den Boden und die Mikroor-
ganismen bestimmt wird, kommt es bei der Pflan-
zenauswahl auf die Menge der Wurzelmasse an.
Unter diesem Gesichtspunkt haben sich vor allem
folgende Pflanzen bewährt:
Carex acutiformis – Sumpfsegge
Juncus effusus – Flatterbinse
Phragmites australis (communis) – Schilf
Scirpus lacustris (Schoenoplectus lacustris) –
Seebinse
Typha latifolia – Rohrkolben
Allgemein legt man einen Pflanzenbedarf von 4–6
Stück/m² zugrunde.

Da alle genannten Arten lichtbedürftig sind, muß
auf die Anpflanzung von Bäumen verzichtet werden.
Die Pflanzen-Kläranlage erhält einen höheren ökologischen Wert, wenn eine größere Artenvielfalt bei
der Pflanzung berücksichtigt wird. Diese trägt gleichzeitig zu einer differenzierteren Reinigungswirkung
bei, wirkt der Gleichförmigkeit entgegen und kann
außerdem – bei ruhiger Lage – als Brutgebiet für ver-
schiedene Vogelarten dienen, z. B. für die Kleine und
Große Rohrdommel, den Teichrohrsänger oder die
Rohrweihe.
Neben den o. g. stärker wachsenden Bestandsbild-
nern, die zu 90 % vorgesehen werden, kommen als
Begleitarten (10 %) folgende in Frage, die zur Berei-
cherung der Artenvielfalt beitragen:
Acorus calamus – Kalmus
Alisma plantago-aquatica – Froschlöffel
Butomus umbellatus – Schwanenblume
Carex elata – Steife Segge
Eriophorum angustifolium – Schmalblättriges
    Wollgras (twi)

**Ziel der Rekultivierung ist unter anderem die Schaffung ver-
schiedener Ökosysteme, die gleichzeitig zu Naherholungsgebieten werden.**

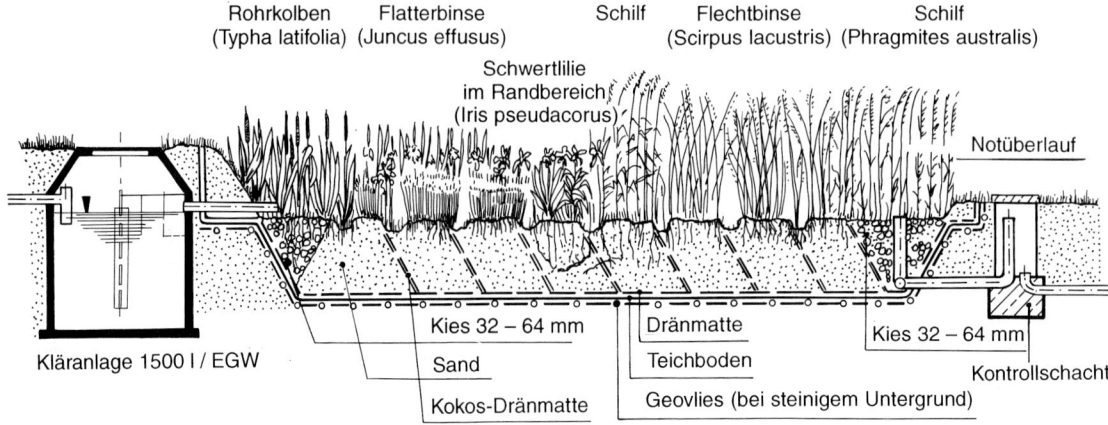

Abb. 72. Bepflanzte Sumpfbeetklärstufe (Längsschnitt).

Iris pseudacorus – Gelbe Schwertlilie
Lotus uliginosus – Sumpf-Hornklee (twi)
Juncus articulatus – Glanzfrüchtige Binse (twi)
Juncus inflexus – Blaugrüne Binse (twi)
Die mit (twi) gekennzeichneten Pflanzen sind teilweise immergrün und wirken damit auch bei niedrigen Temperaturen wasserreinigend, da ihre Stoffwechselvorgänge nicht unterbrochen werden.

2.2.2 Abwasserteiche

Kleinere Klärteichanlagen sind nicht nur in ökonomischer Hinsicht von Vorteil, auch unter ökologischen Gesichtspunkten sollten sie mehr Beachtung finden. In ihnen wird das Wasser überwiegend durch Bakterien und andere Mikroorganismen, die sich am Boden angesiedelt haben, gereinigt (vgl. Kap. B1.2). Es empfiehlt sich, die erforderliche Teichfläche auf zwei, gegebenenfalls drei Einzelteichflächen zu verteilen. Die empfohlene Tiefe liegt zwischen 0,7 und 1,2 m. Das Verhältnis der Länge zur Breite der Teichoberfläche sollte 2,5:1 und die Böschungsneigung 1:2 betragen. Zur Rückhaltung von Algen ist entweder eine Sandfilterstrecke oder eine flachere Sumpfpflanzenzone vor den Ablauf einzubauen.

Die Uferzonen derartiger Abwasserteiche können durch eine Bepflanzung mit entsprechenden Sumpfpflanzen, wie Blut-Weiderich, Mädesüß, Gilbweiderich, Scharfsegge oder Rohr-Glanzgras auch zur Bereicherung der Landschaft beitragen.

Da an der Bindung der chemischen Stoffe und Keime neben den Sumpfpflanzen und den Mikroorganismen auch das Bodensubstrat beteiligt ist und Sauerstoff zur Oxidation benötigt wird, sollte das Abwasser mit allen reinigenden Faktoren möglichst intensiv in Berührung kommen. Zu diesem Zweck erhält das Becken ein Gefälle und quer dazu verlaufende Absperrungen, so daß das Wasser mäanderartig das Substrat durchfließt.

2.3 Maßnahmen zum Schutz von Gewässern und Feuchtgebieten

Der Verlust an Feuchtgebieten aller Art hat verschiedene Ursachen. Grünland wurde in Ackerflächen umgewandelt, Bäche und Flüsse wurden begradigt, der Eintrag von Düngern und Pestiziden schädigt die Fauna und Flora.

Eine weitere Ursache ist im Abbau von Rohstoffen, vor allem im Tagebau, zu sehen. Über den abzubauenden Schichten erfolgt eine vollständige Entwässerung, die sogenannte **Sümpfung**. Diese bleibt nicht auf das eigentliche Abbaugebiet begrenzt, sondern entzieht das Wasser trichterförmig. Davon wird die Landschaft weiträumig betroffen.

Neben den unmittelbaren Auswirkungen von Sümpfungsmaßnahmen auf Feuchtbiotope, wie Teiche, Bachläufe, Sumpfgebiete, werden auch selten gewordene Ökosysteme, wie Erlenbrüche, feuchter Erlen-Eschen-Wald, wechselfeuchte Standorte und Feuchtwiesen, in Mitleidenschaft gezogen. Einige der genannten Gebiete gehören zu den artenreichsten Biotopen Mitteleuropas. So sind auf dem Ökosystem Feuchtwiese 3500 Tierarten beheimatet. Die LÖLF hat festgestellt, daß 1986 von den 210 Pflanzenarten der westfälisch-lippeschen Feuchtwiesen 106 Arten in die Rote Liste aufgenommen werden mußten (1979 waren es 84 Arten). Bei den Tierarten nahm die Gefährdung um 12 bis 16 % zu.

Auflagen des Gesetzgebers und Schutzprogramme sorgen dafür, daß Maßnahmen zur Erhaltung der gefährdeten Biotope getroffen werden. Konkrete Rekultivierungs- und Renaturierungsmaßnahmen (vgl. Kap. D1 und D2) sind nur dann erfolgreich, wenn das erforderliche Wasser zur Verfügung steht.

Folgende Maßnahmen können durchgeführt werden:
- gezielte Versickerung über Pflanzenpolder, Sickergräben und -leitungen sowie Versickerungsbecken als Randbrunnen der Abbaugebiete;
- direkte Einleitungen von Wasser durch Einstau in die Feuchtgebiete, das heißt in Bäche, Flüsse und vorhandene Gräben.

Falls der Vorrat an Sümpfungswasser dafür nicht ausreicht, wird Oberflächenwasser in Rückhaltebecken gesammelt, oder es wird Wasser aus größeren Flüssen oder Strömen herangeführt.

Für die Vernässung der Feuchtwiesen, die meist durch Dränagemaßnahmen gefährdet sind, gibt es besondere Verfahren, wie Berieselungsanlagen, Gewässerverfüllung, Abdichtung von Gewässersohlen, Rückhaltung von Grundwasser, Gewässerumleitungen und – soweit möglich – Abfangen von Dränsystemen.

In jedem Fall muß sichergestellt werden, daß der Grundwasserkontakt zu grundwasserabhängigen Pflanzenarten nicht abbricht, das heißt, der Abstand darf 0 bis 3 m – je nach Bodenart und Flora – nicht überschreiten.

Die Vielfalt der Pflanzenarten geht aus der Übersicht in Kap. B1.4 hervor; aber auch die Zahl der bedrohten Tierarten ist beachtlich.

2.3.1 Wiedervernässung von Mooren

Viele typische Pflanzen der Moore (**Nieder-, Übergangs-** und **Hochmoore**) sind in ihrem Bestand bedroht. Alleine in den Hochmooren stehen 123 Arten (58,9 %) auf der Roten Liste. Sieben sind in Deutschland bereits ausgestorben und weitere 40 Arten vom Aussterben bedroht. Neben den Pflanzen ist auch die Liste der bedrohten bzw. stark gefährdeten Tierarten der Nieder- und Hochmoore erschreckend lang. Damit gehören Moore zu den bedrohtesten Biotopen. Da diese im Gegensatz zu anderen Feuchtgebieten kaum neu entstehen können, ist ihre Erhaltung bzw. Regeneration eine besondere Verpflichtung des Naturschutzes. Bei der Bildung von Mooren muß man von einem Höhenzuwachs von ca. 2 mm/Jahr ausgehen. Indirekt kann zu ihrer Erhaltung beigetragen werden, indem auf die Verwendung von Torf und Torfprodukten sowie von gärtnerischen Erden, die vorwiegend aus Torf hergestellt werden, verzichtet wird.

Die Sukzession, durch die sich das Moor zur Heide und danach zum Birkenwald entwickelt, wird durch die Entwässerung ausgelöst, ist also eine vom Menschen verursachte (anthropogene) Vernichtung natürlicher Landschaftsteile. Eine zusätzliche Gefahr entsteht durch den Eintrag von Nährstoffen (Eutrophierung).

Der Zustand der mehr oder weniger zerstörten Moore entscheidet darüber, ob und wie eine Regenerationsmaßnahme durchführbar ist. Durch Vorentwässerung veränderte Moore, auf denen sich – je nach dem Grad der Austrocknung – mehr oder weniger Gehölze angesiedelt haben, kommen ebenso für eine Regeneration in Frage wie die durch Handtorfstich veränderten Moore, auf denen trockene und nasse Stellen ebenso wechseln wie verbuschte und offene Flächen. Dagegen ist der Aufwand, um industriell abgetorfte Moore zu schutzwürdigen Feuchtbiotopen zu entwickeln, sehr groß, während kultivierte Moore, die als solche kaum noch erkennbar sind, für eine Regenerationsmaßnahme überhaupt nicht mehr in Frage kommen. Die zuletzt genannten Flächen sollten aber die Aufgabe einer Pufferzone im noch intakten Moorgebiet übernehmen.

Bei der Regeneration beginnt man zunächst mit der Wiedervernässung durch Einstau über Entwässerungsgräben. Dabei werden die Gräben durch einen Damm aus Schwarztorf abgedichtet. Der Damm kann zusätzlich durch Holzpfähle gesichert werden. Das Abfließen des Wassers wird durch eine senkrecht in den Schwarztorfdamm eingelassene Kunststoffplatte bzw. Folie verhindert.

Diese Maßnahme ist bei Niedermooren relativ einfach durchzuführen. Bei Hochmooren tritt das Problem auf, daß nur nährstoffarmes Wasser eingeleitet werden darf, das aber nur aus Niederschlägen zur Verfügung steht. Wasser aus Kulturflächen würde zur Eutrophierung und damit zur Veränderung der Vegetation führen.

Der nächste Schritt besteht in der Beseitigung des Gehölzaufwuchses. Birken, Kiefern und Besenheide haben die Flächen erobert. Sie entziehen dem Moor das lebensnotwendige Wasser, beschatten die lichtliebenden Moorpflanzen und schaden zusätzlich durch

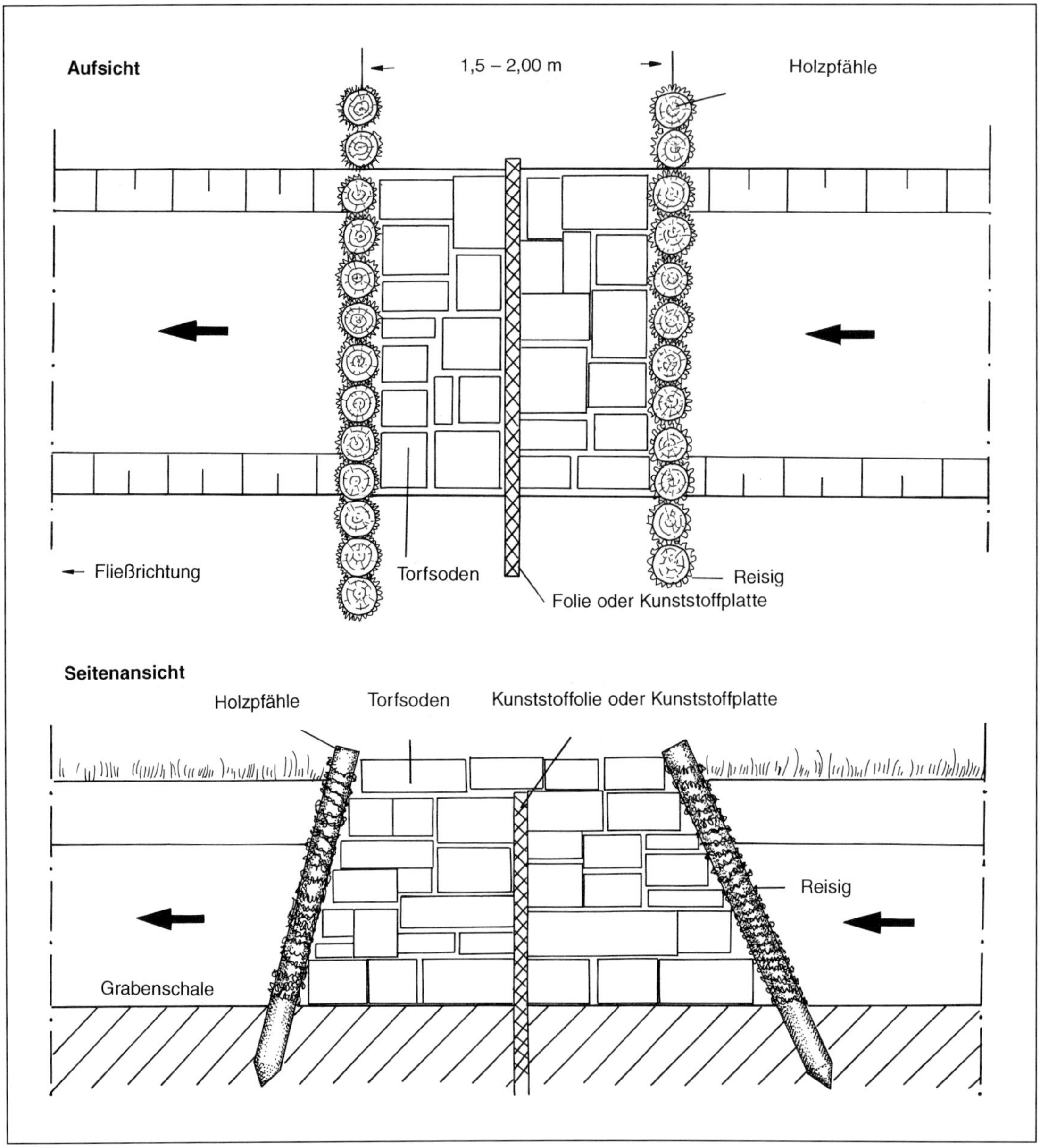

Aufsicht   ◄—   1,5 – 2,00 m   —►   Holzpfähle

◄— Fließrichtung   Torfsoden

Folie oder Kunststoffplatte

Reisig

Seitenansicht

Holzpfähle   Torfsoden   Kunststoffolie oder Kunststoffplatte

Reisig

Grabenschale

Abb. 73. Konstruktion eines Dammes zur Abdichtung von Entwässerungsgräben.

Abb. 74. Damm zur Grabenabdichtung im Hohen Venn bei Eupen.

Abb. 75. Die Ringelnatter lebt im und am Wasser und ernährt sich vorzugsweise von Amphibien, Fischen und kleinen Säugetieren.

den Laubfall. Die Beseitigung des Gehölzaufwuchses kann durch Schafbeweidung erfolgen, die gleichzeitig das Überhandnehmen des Pfeifengrases verhindert oder durch den fachgerechten Einsatz des kontrollierten Feuers. Vor allem die letzte Maßnahme muß mit den Naturschutzbehörden abgesprochen und unter Aufsicht von geschultem Personal durchgeführt werden.

Zu den weiteren Maßnahmen im Rahmen der Moorregeneration gehört das Abflachen der Torfschichten, weil dadurch die Besiedlung durch Pflanzen erleichtert wird. Außerdem werden dadurch zahlreiche Tiere gerettet, denen sonst die Entwässerungsgräben mit ihren steilen Wänden zu Todesfallen werden.

Eine zusätzliche Gefahr entsteht den Mooren durch den Tourismus. Die Trittschäden wirken sich zerstörend aus, weil durch die mechanische Einwirkung eine Veränderung der Sauerstoffverhältnisse und dadurch bedingt eine Freisetzung der Nährstoffe ausgelöst wird. Als Folge verdrängen Trittrasengesellschaften die ursprüngliche Vegetation. Falls das Gelände nicht durch Bohlenstege erschlossen wird, muß das Betreten grundsätzlich verboten werden. Auch hier können Informationstafeln an die Einsicht des Bürgers appellieren und um Verständnis für den Naturschutz werben.

2.3.2 Moore als Lebensraum

Die Unterteilung in Nieder- und Hochmoore bedeutet auch für die hier ansässige Tierwelt zwei sehr unterschiedliche Lebensräume. **Niedermoore** zeigen deutliche Parallelen und Übergänge in der Artenzusammensetzung ihrer Fauna zu der von Feuchtwiesen- und Auenstandorten. Im Gegensatz zum **Hochmoor** ist der Wasserhaushalt des Niedermoors nicht ausschließlich vom Regen abhängig, er wird zusätzlich durch Oberflächenwasser, z.T. in Form von periodischen Überflutungen, gespeist. Hierdurch ist auch im Vergleich zum Hochmoor ein wesentlich größerer Nährstoffeintrag möglich: es stellt sich entsprechend eine völlig anders gestaltete Vegetation und somit auch eine andere Tierwelt ein. Während der Lebensraum Hochmoor als relativ artenarm gilt, finden wir in den Niedermooren die Artenvielfalt der verwandten Feuchtbiotope wieder. Als traditionell stark von Menschenhand geformter Lebensraum (Entwässerung, Bewirtschaftung) würde das Moor in seiner jetzigen Form nicht bestehenbleiben, sondern einer natürlichen Sukzession unterliegen. Ähnlich wie bei den Feuchtwiesen würde auch hier eine Verbuschung einsetzen.

Um den Übergang von der Bult-Schlenken-Struktur eines natürlichen Hochmoores über Pfeifengrasstadien hin zu einem Moorbirkenwald aufzuhalten bzw. wieder rückgängig zu machen, werden in Norddeutschland seit Mitte der 70er Jahre gezielt Heidschnucken und Moorschnucken eingesetzt. Beide Arten sind Nahrungsspezialisten und fressen bevorzugt Birkensprößlinge und Pfeifengras. Somit können sich bei gleichzeitiger Wiedervernässung dieser Gebiete die charakteristischen Torfmoosarten und andere fürs Hochmoor typische Pflanzen wieder ansiedeln. Der traditionelle, kleinbäuerliche Torfabbau hat hingegen zu einer reichhaltig strukturierten Landschaft mit kleinen Stillgewässern und einer Vielzahl von **Sekundärbiotopen** geführt.

Hiervon hat vor allem die Vogelwelt profitiert. Neben so typischen Vertretern wie dem Goldregenpfeifer, dem Großen Brachvogel, dem Birkhuhn, dem Bruchwasserläufer, der Uferschnepfe, der Trauersee-schwalbe und der Krickente sind auch die besonders für Niedermoore charakteristischen Sumpfohreulen und Braunkehlchen zu nennen. Allesamt sind es Arten, die bei uns stark bedroht sind und hier Zufluchtsorte gefunden haben. Als Vertreter der Amphibien und der Reptilien sind eigentlich nur der Moorfrosch, die Bergeidechse und die Kreuzotter hervorzuheben. Beim Übergang zu Sümpfen und Auenlandschaften treten auch Ringelnatter und Sumpfschildkröte auf.

Was die wirbellosen Tiere betrifft, so beherbergt das Hochmoor in Mitteleuropa nur 100 bis 150 Arten, die jedoch teilweise sehr stark spezialisiert sind und nicht selten in hohen Individuenzahlen auftreten. Typische Insektenvertreter sind u.a. Libellen (z.B. Unterarten der Azurjungfer, der Mosaikjungfer, der Moosjungfer, der Smaragdlibelle und der Heidelibelle usw.) und Schmetterlinge (z.B. Moosbeeren-Scheckenfalter, Moosbeerenbläuling, Hochmoor-Heidelbeereule, Hochmoorgelbling usw.). Die extremen Bedingungen (Nahrungsarmut und hoher Huminsäuregehalt im Wasser) machen für viele Arten direkt angrenzende Ersatzbiotope zur Nahrungsaufnahme lebensnotwendig. Sie erklären auch die auffallend geringen Artenzahlen bei den vorrangig wasser- und bodenbewohnenden Wirbellosen. So gibt es z.B. kaum Weichtiere, Wasserasseln, Wassermilben, Muschelkrebse und bodenbewohnende Insekten. Typische Wasserbewohner des Hochmoors sind u.a. manche Wasserflöhe, Rädertiere, Larven von Zuckmückenarten und der Gestreifte Rückenschwimmer sowie der Furchenschwimmer (LUDWIG 1989).

Die größte Gefahr für unsere wenigen verbliebenen Hoch- und Niedermoore geht weiterhin auf Entwässerungsmaßnahmen zurück. Die Hochmoore werden außerdem durch zunehmende Eutrophierung (Nährstoffeintrag) in ihrer Artenzusammensetzung verändert. Diese Eutrophierung geschieht heutzutage zu einem nicht unbeträchtlichen Teil durch den Eintrag von Luftschadstoffen.

3 Ökologie im Zuge des Straßenbegleitgrüns

Das Straßenbegleitgrün ist als landschaftsprägendes Element eine Selbstverständlichkeit, deren Erhalt und Weiterentwicklung gerade jetzt eine besondere Aktualität erhält. Anlage, Erhalt, Pflege und Weiterentwicklung des Straßenbegleitgrüns sind heute keine freiwilligen Leistungen der Straßenbauverwaltungen mehr oder bleiben der Initiative von Einzelpersonen oder Gruppen überlassen. Die ökologische Einbindung der Straße in die Landschaft ist durch Gesetz festgeschrieben und Verpflichtung für den Straßenbaulastträger, meist also für den Staat!

Da die Herstellung des Straßenbegleitgrüns Aufgabe von Landschaftsplanung und Landschaftsbau ist, sollte die Fachkraft gegenüber den im ökopolitischen Raum Tätigen gleiche Wissensvoraussetzungen über diese Arbeiten mitbringen, denn bei Diskussionen über Landschaftsbaumaßnahmen soll auch sie ihre Fachkenntnisse einbringen können.

Natürlich wurde in der Vergangenheit auch Straßenbegleitgrün ohne gesetzliche Verpflichtungen geschaffen. Dies geschah aus Umweltbewußtsein und der Erkenntnis in die Notwendigkeit einer gezielten Landschaftspflege. Dabei spielten praktische Erwägungen eine Rolle wie

– das Pflanzen von Alleen zur Richtungsweisung sowie zum Spenden von Schatten;
– das Pflanzen von Obstbäumen zur Nutzung der Früchte;
– Raseneinsaat zum Halt der Böschungen und zum Nutzen der Tierhaltung;
– Pflanzung von Gehölzgruppen zur Verringerung der Rasenmäharbeiten;
– das Einbringen von Weiden in den Erdbau, um durch die Bewurzelung Boden und Wasser zu binden.

Schon Napoleon ließ, wenn auch aus militärischen Gründen, Alleen entlang von Straßen pflanzen. Alwin Seifert setzte sich als Ingenieur beim Bau der Autobahnen für die Sicherung des Mutterbodens ein, damit er auf zukünftigen Böschungsflächen für eine Bepflanzung zur Verfügung stand.

Neben der Landschaftspflege, die durch die öffentliche Hand durchgeführt wird, besteht im Rahmen des Straßenbegleitgrüns natürlich auch für Einzelpersonen oder Gruppen die Möglichkeit, bei der Landschaftspflege mitzuwirken. Sie können Planungs- und Entwicklungsprozesse begleiten, überwachen und ggf. durch Einsprüche beeinflussen. Außerdem gibt es viele Aufgaben, die der Staat aus personellen Gründen nicht durchführen kann. Daher können in privater Initiative durchgeführt werden:

– Patenschaften an Bäumen wie z.B. das Gießen der Bäume, Pflegen der Baumscheiben und das Behandeln kleiner Verletzungen;

– Mitwirkung beim Amphibien- und Biotopschutz;
– die Anlage von Refugien für Kleintiere, wie z.B. Holzhaufen für Ameisen oder Steinschüttungen aus Lavagestein für Reptilien;
– das Säubern und Entkrauten von Gewässern als Lebensraum für Amphibien.

Der Landschaftsgärtner wird im Rahmen seiner Arbeit diesen Interessengruppen gegenüberstehen und fachlich um Rat gefragt werden.

3.1 Landschaftspflegerische Begleitplanungen als Grundlage für einen umweltschonenden Straßenbau

Straßen bilden eine Grundvoraussetzung für unsere Mobilität, ohne die eine moderne Wirtschaft nicht denkbar ist. Zur Zeit dominieren jedoch im Bewußtsein der Bevölkerung die durch den Verkehr ausgelösten Umweltbelastungen, wie Landschaftsverbrauch, Lärm, Immission, Grundbeeinträchtigung der Mobilität durch Staus an Straßenverengungen und Überlastung der Straße. Diese nur schwer zu behebenden Begleitumstände erfordern gerade heute eine ökologische Integration der Straßen in Landschaft und Umwelt.

Da zum Bauwerk „Straße" nicht nur die Fahrbahn gehört, vielmehr neben den befestigten Flächen auch größere Freiflächen vorhanden sind, ist Straßenplanung und Unterhaltung nicht nur das Bauen und die Erhaltung von Verkehrswegen, sondern vornehmlich Landschaftsbau und Landschaftspflege.

3.1.1 Ziele der Landschaftspflege im Rahmen des Straßenbaues

Bei der Planung muß die vorhandene Vegetationsfläche geschont werden. Bereits beim Linienbestimmungsverfahren für die Planung einer neuen Straße wird abgewogen, welche Bereiche unbedingt zu umgehen und welche als weniger empfindliche Landschaftsbereiche das Einbringen einer Straße verkraften können.

Bei der Ausführung des Straßenbaus ist die vorhandene Vegetation, wie z.B. Bäume, die nicht im direkten Fahrbahnbereich stehen, so zu sichern, daß sie erhalten bleiben.

Durch den Straßenbau werden entstandene Freiflächen entsprechend der natürlichen potentiellen Vegetation wieder in die Landschaft eingebunden.

Bei der Pflege des Straßenbegleitgrüns soll sich die Vegetation so entwickeln, daß sie sich selbst überlassen werden kann. Eine dauerhafte gärtnerische Pflege wie beim Stadtgrün stellt eine finanzielle Belastung dar und ist auch aus landschaftspflegerischen Gründen nicht erstrebenswert. Dies betrifft aber nur die Grünflächen, die nicht im verkehrsnahen Bereich liegen, d. h. weiter entfernte Flächen wie Böschungen, Ersatz- und Ausgleichsflächen.

Grün im Nahbereich des Verkehrsraums ist so zu pflegen, daß die Sicherheit für die Verkehrsteilnehmer immer gewährleistet ist. Zu diesem Bereich gehören Mittelstreifen, Trennstreifen, Bankette und besonders die Straßenbäume. Grundsatz dieser Pflege ist die Landschaftspflege und nicht die gärtnerischen Pflegemaßnahmen, die einen überzogenen Pflegeaufwand fordern und Pflanzenbilder schaffen, die in der freien Landschaft nicht vorkommen würden.

Als berufsbezogene Aufgabe für den Landschaftsbau sind folgende Arbeitsbereiche eingeführt:
– Sicherung der vorhandenen Vegetation durch entsprechende Schutzmaßnahmen (Baumschutz);
– Ausführung vegetationstechnischer (ingenieurbiologischer) Bauweisen, wie z. B. Oberbodensicherung durch den Einbau von Flechtzäunen, Ableiten von Wasser durch Faschinenstränge, Saatanspritzungen auf Felseinschnitten;
– Ausführung von Oberbodenarbeiten;
– Ausführung von Pflanz- und Einsaatarbeiten;
– Pflege der erstellten Pflanz- und Rasenflächen;
– Anlage von Schotterrasen für grüne Einstellplätze;
– Anlage und Pflege der Vegetation von Regenrückhaltebecken;
– Anlage, Entwicklung und Betreuung von ökologisch bedeutsamen Sonderanlagen, wie Durchlässe für Amphibienwanderungen, Laich- und Ruhezonen für Amphibien, Anlage von Totholz und Steinhaufen für Reptilien, Vögel, Käfer und Insekten, Pflegemaßnahmen im Altholzbestand zur Verjüngung und Weiterentwicklung der angelegten Pflanzungen.

3.1.2 Klassifizierung der Straßen
Straßen werden in verschiedene Kategorien eingeteilt. Diese Einteilung erfolgt entsprechend ihrer Bedeutung für den Verkehr und der Zuständigkeit der Baulastträger. Die Einteilung der Straßen erfolgt in:
A Bundesautobahnen
Autobahnen sind Fernverbindungen, die nicht nur für Deutschland, sondern europaweit gelten.

Bei Autobahnen handelt es sich um mehrspurige Fahrstraßen mit mindestens zwei Richtungsfahrbah-

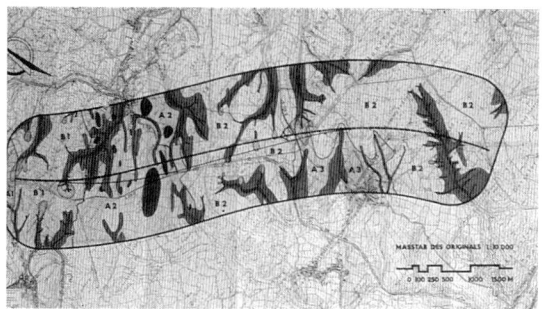

Abb. 76. Beispiel eines Landschaftspflegerischen Begleitplanes.

nen, die durch einen bepflanzten Mittelstreifen getrennt sind. Die Aufgaben des Mittelstreifens, der grundsätzlich bepflanzt wird, sind die Verkehrsleitwirkung und der Blendschutz. Die ökologische Bedeutung des Mittelstreifens ist gering. Die Autobahnen unterliegen der Bundesstraßenverwaltung und sind durch das Bundesfernstraßengesetz begründet.
B Bundesstraßen
Bundesstraßen sind Fernverbindungen, die auch durch Ortschaften führen und auf ganz Deutschland bezogen sind. In der Regel handelt es sich um zweispurige Straßen mit Kreuzungsverkehr. In Ausnahmefällen sind auch diese Straßen autobahnähnlich ausgebaut. In diesem Fall haben sie ebenfalls einen bepflanzten Mittelstreifen. Die Idealbepflanzung dieser Straßen wären Baumalleen bzw. Baumreihen. Auch für diese Straßen gilt das Bundesfernstraßengesetz.
L Landesstraßen
Landesstraßen sind Fernverbindungen innerhalb der einzelnen Bundesländer. Dies bezieht sich allerdings nur auf die gesetzliche Zuständigkeit und auf den Unterhalt. Natürlich werden diese Straßen auch Bundesland übergreifend weitergeführt; dann ändern sich aber die Zuständigkeiten.

Für die Landesstraßen ist das sog. Landesstraßengesetz, in neuerer Fassung Straßen- und Wegegesetz genannt, zuständig.
K Kreisstraßen
Kreisstraßen sind die Verkehrsverbindung innerhalb der einzelnen Kreise außerhalb von Ortschaften. Auch für diese Straßen gilt das Straßen- und Wegegesetz, also ein Landesgesetz. Der Kreis ist für die Unterhaltung der Straßen zuständig.
Kommunal- und Stadtstraßen innerhalb der Orte
Diese Straßen sind innerhalb von Ortschaften als

Wohn-, Geschäfts- und Erschließungsstraßen angelegt. Das Verkehrsgrün an diesen Straßen trägt wesentlich zur Stadtökologie bei. Es ist meistens intensiv gärtnerisch gepflegt und gestaltet. An diesen Straßen werden nicht zwingend landschaftsgerechte Gehölze gepflanzt. Es kommen auch fremdländische Gehölze in Frage, die das Stadtklima vertragen und gestalterisch zur Bereicherung des Stadtbildes beitragen.

Gerade der Stadtbereich ist auf wüchsige und auch dekorative Gehölze angewiesen, um den begrenzten Raum mit genügend vitalem und ansprechendem Grün zu füllen.

Der Straßenquerschnitt
Zur Straße gehören nicht nur die Fahrbahn und Nebenwege, wie Radwege und Fußwege, sondern auch Böschungen, die wiederum je nach Aufgabe eingeteilt werden in:
- **Einschnittböschungen**
  Hier wird in ein neben der Fahrbahn ansteigendes Gelände der Boden abgetragen. Zur Anpassung an das verbleibende Gelände wird ein Einschnitt als Böschung hergestellt.
- **Dammböschungen**
  Hier wird ein tiefer gelegenes Gelände zur Fahrbahn überbrückt. Diese Böschungen stützen den Erdkörper, der die Fahrbahn trägt.

Die Schräge der Böschung oder die Böschungsneigung werden im Verhältnis von Grundlinie zur Höhe angegeben. Da der natürliche Schüttwinkel von Bodenmaterialien 1:1,5 ist, werden die Böschungen in der Regel im Verhältnis 1:1,5 angelegt (1 m = Böschungshöhe, senkrecht gemessen, sowie 1,50 m = Grundlinie, waagerecht gemessen).

Aber auch andere Böschungsneigungen sind erwünscht und möglich. Flache, ausgezogene Böschungen sind vorgesehen, um die Straße in die Landschaft besser einzufügen und die Straße nicht als störendes Element in der Landschaft zu betonen. Diese Böschungen haben eine breitere Grundlinie. Die Neigungen liegen bei 1:2, 1:3, 1:4 und werden mit ansteigender Zahl immer flacher.

Bei Einschnitten besteht bei festem Boden (z. B. bei Fels) die Möglichkeit, die Böschung steiler als 1:1,5 anzulegen. Entsprechend den Klüftungslinien können Felseinschnitte auch senkrecht ausgeführt werden. Das Böschungsverhältnis würde in diesem Fall dann 1:0 betragen. Sind durch Böschungen Höhenunterschiede von über 10 m zu überbrücken, werden Bermen eingebaut. Bermen sind bis zu 6 m breite, waagerechte Flächen, die vor dem Ansatz der nächsten Böschung angelegt werden. Die Bermen werden aus Gründen der Stabilität des höher gelegenen Geländes erstellt.

Der Straßenlängsschnitt
Bei den Planungen sind zwei Linien von Bedeutung. Die Linie, die den Richtungsverlauf der Fahrbahn festlegt, besteht aus folgenden Elementen:

der **Geraden**, einer durchgehenden Linie von A nach B, also einer geraden Strecke;

dem **Radius**, einem Bogen, der ein Kreisausschnitt ist, und

der **Klotoide**, einer sich verengenden Kurve im Sinn der Spirale. Hinzu kommt der freie Verlauf der Straße entsprechend den örtlichen Gegebenheiten.

Die zweite wichtige planerische Linie ist die Höhenlinie, die als **Gradiente** bezeichnet wird. Diese Linie legt den optimalen Höhenverlauf der Fahrbahn fest. Bedingt durch die Gradiente entstehen zur Anpassung an das Gelände die Böschungen als Einschnitte und Dämme.

Entwässerungsanlagen als Element der Landschaft
Ein weiterer wichtiger Bestandteil der Straße sind die Entwässerungsanlagen. Das Oberflächenwasser wird in offenen Entwässerungsgräben, die zwischen Fahrbahn und Bankett liegen, der nächsten **Vorflut** zugeführt. Eine weitere Möglichkeit besteht darin, das Wasser über im oberen Bereich liegende poröse Entwässerungsrohre der nächsten Vorflut zuzuführen. Hangseitig kann das Wasser breitflächig über die Böschung zur Versickerung abgeleitet werden.

Um bei plötzlich hohem Wasseranfall durch ergiebige Regenfälle das Wasser zurückzuhalten und nicht gleich über die Vorflut abzuleiten, werden **Regenrückhaltebecken** im straßennahen Bereich angelegt. Das in teichähnlichen Anlagen gesammelte Wasser wird verzögert der Vorflut zugeführt bzw. ab einem bestimmten Wasserstand der Verdunstung überlassen. Früher hatten Regenrückhaltebecken nur diese Aufgabe. Heute haben sie eine große ökologische Bedeutung für die Landschaft, denn die naturnah ausgebildeten Regenrückhaltebecken sind eine sinnvolle Bereicherung eines oft landwirtschaftlich geprägten Umfeldes.

3.1.3 Einteilung des Straßenbegleitgrüns

Straßenbegleitgrün
Als Straßenbegleitgrün werden die Flächen außerhalb der befestigten Fahrbahnen bezeichnet, die als Böschungen, Trennstreifen oder Mittelstreifen Bestandteil des Gesamtstraßenkörpers sind.

Diese Flächen sind, wenn sie bepflanzt sind, das klassische Straßenbegleitgrün.

Ausgleichs- und Ersatzflächen
Im Zuge des Straßenbaus ist die Straßenbauverwaltung verpflichtet, für die Bodenversiegelung Ausgleichs- und Ersatzflächen zu schaffen. Diese Flächen werden als Ausgleichs- und Ersatzgrün bezeichnet, denn sie gehören nicht unmittelbar zum Bauwerk „Straße", vielmehr sind sie ein Ausgleich für verlorene Landschaft, der durch den Maßnahmenplan festgelegt wird.

3.2 Der Ablauf einer Straßenplanung

Überblick des Ablaufs von Straßenplanungen
Gesetzliche Grundlagen
Als Grundlage aller Straßenplanungen mit der erforderlichen landschaftspflegerischen Einbindung gelten folgende Gesetze, die den Zuständigkeiten entsprechend geordnet sind:
Bundesgesetze
– Das Bundesfernstraßengesetz
Es regelt den Bau und die Unterhaltung von Bundesautobahnen und Bundesstraßen. In dem Gesetz sind Verpflichtungen und Rechte des Baulastträgers festgeschrieben.
– Das Bundesnaturschutzgesetz
Dieses Gesetz regelt alle Belange des Naturschutzes, wenn noch keine entsprechenden Landesgesetze oder Kommunalverordnungen vorliegen.
– Das Bundesforstgesetz
– Das Pflanzenschutzgesetz
Landesgesetze
– Straßen- und Wegegesetz
Dieses Gesetz regelt Rechte und Verpflichtungen beim Bau und der Unterhaltung von Landes- und Kommunalstraßen.
– Gesetz zur Sicherung des Naturhaushaltes (Landschaftsgesetz)
Dieses Gesetz regelt Möglichkeiten, Einschränkungen und Verpflichtungen bei Tätigkeiten in der Landschaft.

– Das Landesforstgesetz
Es regelt den Schutz und Erhalt des Waldes, Möglichkeiten der Waldnutzung und Verpflichtungen für den Erhalt und die Fortentwicklung des Waldes.
– Gesetze zur Denkmal- und Bodendenkmalpflege
Kommunale Verordnungen
Die gravierendste Kommunalverordnung ist für alle in der Landschaft Tätigen die Baumschutzsatzung der einzelnen Kommunen und Gemeinden. In dieser Verordnung sind der Erhalt von Bäumen oder Bedingungen zum Entfernen von Bäumen geregelt.
Vorschriften und Richtlinien von Trägern öffentlich-rechtlicher Belange
Hierzu gehören der Schutz von unter- und oberirdischen Versorgungsleitungen der Elektrizitätswerke, der Versorgungs- und Entsorgungsleitungen von Wasser und Abwasser der Stadtwerke.

Die vorgenannten Gesetze werden in folgender Reihenfolge angewendet: zuerst kommen die Kommunalverordnungen, dann die Landesgesetze, und wenn bestimmte gesetzlich zu regelnde Sachverhalte durch diese Gesetze und Verordnungen nicht abgedeckt und gesichert sind, greifen erst die Bundesgesetze. Folgende Beispiele machen das deutlich: Für die Landschaftspflege greift immer das Gesetz zur Sicherung des Naturhaushalts (Landschaftsgesetz). In den neuen Bundesländern, in denen es noch keine Landschaftsgesetze gibt, wird das Bundesnaturschutzgesetz herangezogen. Wenn eine Kommunalverordnung, wie z. B. die Baumschutzsatzung, einen Baum schützt, so daß er nicht entfernt werden darf, kann nicht das Landschaftsgesetz oder das Naturschutzgesetz herangezogen werden, um den Baum doch zu entfernen, weil in diesen Gesetzen hierüber keine eindeutige Aussage gemacht wurde. Aus dem vorher Gesagten soll aufgezeigt werden, welche Bedeutung Gesetze haben und wie sie angewendet werden können.

Die Linienbestimmung. Der erste Schritt jeder Straßenplanung ist die Festlegung der Linie, d. h. die Festlegung des Straßenverlaufs in der Landschaft. Im Linienbestimmungsverfahren wird die umweltschonendste Straßentrasse gesucht.

Die Umweltverträglichkeitsstudie. Die Studie stellt positive und negative Auswirkungen einer beabsichtigten Straße auf Umwelt und Landschaft heraus.

Der landschaftspflegerische Begleitplan. Der landschaftspflegerische Begleitplan wird parallel zur Straßenplanung erstellt. In den landschaftspflegerischen Begleitplan fließen die Erkenntnisse der Umweltverträglichkeitsstudie ein. Innerhalb dieses Pla-

Aus aktuellem Anlaß der staatlichen Einheit Deutschlands von West und Ost hat das Bundesverkehrsministerium eine Richtlinie als „Merkblatt Alleen" zum besonderen Schutz von Alleen und Bäumen im Straßenbereich veröffentlicht. Im Bereich der ehemaligen DDR sind viele Alleen, die in der Zeit nach der Jahrhundertwende bis zu den dreißiger Jahren angelegt wurden, erhalten geblieben.

Die Bäume konnten sich bis 1990 voll entwickeln, sind aber nach der „Wende" durch nachzuholenden Straßenbau gefährdet. Denn schnell sollen Fahrbahnen ausgebaut, verbreitert und fehlende Versorgungsleitungen verlegt werden. Die Bäume sind von diesen Maßnahmen nicht nur im Kronenbereich und Stamm betroffen, eine besondere Gefährdung findet im Wurzelbereich statt, weil die Trassen von Versorgungsleitungen wegen fehlenden Platzes dicht an den Bäumen vorbeigeführt werden.

Um Gefährdungen für die Bäume auszuschließen und erforderliche Schutzmaßnahmen zu gewährleisten, wurde 1992 das „Merkblatt Alleen" herausgegeben. Diese Richtlinie gilt für die gesamte Bundesrepublik und für alle klassifizierten Straßen wie Bundesstraßen, Landesstraßen, Kreisstraßen und Kommunalstraßen.

Inhaltlich werden Empfehlungen für den Erhalt der Bäume und die Weiterentwicklung der Alleen gegeben und aufgezeigt, welche Möglichkeiten bestehen, Straßenplanung, Ausbaumaßnahmen und das Verlegen von Versorgungsleitungen im Bereich von Bäumen durchzuführen.

Soll z. B. bei einer mit Bäumen begrenzten Straße ein Radweg gebaut werden, so ist dieser Weg so anzulegen, daß die begrenzende Baumreihe im Trennstreifen zwischen Fahrbahn und Radweg steht.

Bei Verbreiterungen von Straßen soll mindestens eine Baumreihe stehen bleiben. Besser ist es, beide Baumreihen stehen zu lassen und die alte Fahrbahn in einen grünen Mittelstreifen mit der vorhandenen Allee umzuwandeln.

Weiter wird in dem Merkblatt geregelt, wie trotz dem Vorhandensein von Bäumen die Verkehrssicherheit gewährleistet bleibt.

Es ist vorgeschrieben, daß die Bäume zweimal jährlich auf ihre Standsicherheit zu überprüfen sind. Bäume mit Faulstellen sind zukünftig im Hinblick auf die Standsicherheit besonders zu überwachen. Standunsichere Bäume sind zu fällen. Für den entfernten Baum ist ein neues Gehölz zu setzen.

Pauschale Fällungen mit der Begründung, daß die Bäume sowieso in den kommenden Jahren abgängig sind, dürfen nicht durchgeführt werden. Jede Baumfällung ist eine Einzelmaßnahme, die einer besonderen Abwägung bedarf.

Die Beachtung des „Merkblattes Alleen" rechtfertigt auch gegenüber den Rechnungsprüfungsbehörden die erhöhten finanziellen Aufwendungen für den Erhalt und die Weiterentwicklung von Straßenbäumen. Pflege- und Erhaltungsmaßnahmen sowie aufwendigere Bauausführungen, besonders für die Verlegung von Versorgungsleitungen, müssen finanziert werden. Hier hat eine Güterabwägung zugunsten der Bäume stattgefunden.

---

nes werden ein Konfliktplan und ein Maßnahmenplan erstellt. Der Konfliktplan legt die durch den Straßenbau hervorgerufenen Beeinträchtigungen offen, der Maßnahmenplan zeigt die durch den Straßenbau eingegangenen Verpflichtungen zur Behebung der Beeinträchtigung in der Landschaft auf und bringt Vorschläge für die landschaftliche Einbindung.

Das Planfeststellungsverfahren. Gesetzlich sind für den Ausbau Verfahren geregelt, die den Ausbau einer Straße unter Beteiligung betroffener Grundstückseigentümer, Träger öffentlich-rechtlicher Belange, gesetzlicher Schutzauflagen und Abwägung der Notwendigkeit für den Bau einer Straße genehmigen. Dieses umfangreiche Verfahren wird Planfeststellungsverfahren genannt. Als Grundlage für die Entscheidung bei einem Planfeststellungsverfahren sind neben dem Bauentwurf für die Straße auch die Umweltverträglichkeitsstudie und der landschaftspflegerische Begleitplan als gleichwertige Planungsunterlagen Bestandteil.

3.2.1 Die landschaftspflegerische Ausführungsplanung

Die Planung der landschaftspflegerischen Ausführung beinhaltet nicht nur die Vorbereitung der eigentlichen Landschaftsbauarbeiten im engeren Sinn der Bepflanzungsarbeiten, ein wesentlicher Bestandteil ist auch die Sicherung von Gehölzen, Böden und Biotopen vor bzw. während der Straßenbauarbeiten. Oft sind es Arbeiten, die nicht unbedingt von einem Landschaftsbauunternehmen durchgeführt werden müssen. Hierzu gehört z. B. das Einzäunen eines zu schützenden Gehölzbestandes oder Biotops.

Landschaftspflegerische Ausführungsplanung beschränkt sich nicht zielgerichtet auf Leistungen innerhalb eines Zeitabschnitts. Leistungen im Vorfeld der Bauausführung, wie die vorsorgliche Unterpflanzung eines Waldrandes, und für die vorgesehene Weiterentwicklung landschaftspflegerischer Maßnahmen sind Bestandteil der landschaftspflegerischen Ausführungsplanung (z. B. Pflegemaßnahmen zum Erhalt einer Streuobstwiese).

Der landschaftspflegerische Ausführungsplan

Die landschaftspflegerische Ausführungsplanung ist eine Fortsetzung des landschaftspflegerischen Begleitplanes. Der landschaftspflegerische Ausführungsplan (LAP) ist die Voraussetzung für die Durchführung landschaftspflegerischer Maßnahmen. Ist im Vorfeld kein landschaftspflegerischer Begleitplan erstellt worden, muß der landschaftspflegerische Ausführungsplan auch Inhalte, die sonst im Begleitplan vorgegeben wären, planerisch berücksichtigen.

Dies ist oft bei kleineren Maßnahmen der Fall, die ohne Planfeststellungsverfahren durchgeführt werden.

In der landschaftspflegerischen Ausführungsplanung werden alle Maßnahmen des Naturschutzes und der Landschaftspflege ausführungsreif unter Berücksichtigung der vorgeschalteten Verfahren durchgeplant und dargestellt. Die landschaftspflegerischen Maßnahmen, die sich aus dem landschaftspflegerischen Begleitplan oder anderen Vorgaben ergeben, werden entsprechend ihren ökologischen oder gestalterischen Zielen ausgearbeitet. Sofern kein landschaftspflegerischer Begleitplan vorliegt, sind die erforderlichen Maßnahmen zur Beachtung der Belange von Naturschutz und Landschaftspflege auch in diesem Plan zu bearbeiten.

Die landschaftspflegerische Ausführungsplanung erstreckt sich auf alle Phasen des Baugeschehens und der weiteren Entwicklung der landschaftspflegerischen Maßnahmen. Sie dient gleichzeitig der Abstimmung bei der Baudurchführung. Die Maßnahmen sind entsprechend den jeweiligen Phasen der Bautätigkeit so zeitig zu planen, daß sie auch in andere Fachbereiche, z. B. im Erdbau oder im Brückenbau, einfließen können.

In der Übersicht des Ausführungsplanes sind folgende Maßnahmen zu unterscheiden:

– **S = Schutzmaßnahmen**
  für vorhandene Vegetation und ökologische Besonderheiten;

– **A = Ausgleichsmaßnahmen**
  Maßnahmen zum Ausgleich des Verlustes vorhandener Vegetation, wie z. B. beim Entfernen einer Streuobstwiese, die für das landschaftliche Gleichgewicht wieder hergestellt werden muß.

– **E = Ersatzmaßnahmen**
  Ersatzmaßnahmen als Ausgleich für die Versiegelung zukünftiger Fahrbahnflächen.

– **G = Gestaltungsmaßnahmen**
  Hier handelt es sich um Pflanzungen und Bauwerke, die der Landschaft ihren Charakter geben sollen.

Die landschaftspflegerische Ausführung ist in die Planungsphase und die praktische Ausführungsarbeit zu unterteilen. Die Planungsphase beinhaltet die zeichnerische Darstellung, Niederschrift der Abstimmungen und die Aufstellung eines Leistungsverzeichnisses als vorbereitende Arbeit.

Nach Abschluß dieser Planungsleistungen erfolgt dann die landschaftsgärtnerische Ausführung der im Plan vorgegebenen Arbeiten und Verpflichtungen.

Die Planungsphase beinhaltet:

– die Erstellung des Ausführungsplanes mit den erforderlichen Maßnahmenplänen;

– Abstimmung mit Genehmigungsbehörden, wie Höherer Landschaftsbehörde, Unterer Landschaftsbehörde, Unterer Wasserbehörde, Landwirtschaftsbehörden, Höherer Forstbehörde sowie Unterer Forstbehörde;

– Abstimmung im politischen Raum wie mit dem B. U. N. D. (Bund für Umwelt und Naturschutz in Deutschland) und örtlich engagierten Bürgerinitiativen;

– Abstimmung mit Eigentümern, wie den betroffenen Landwirten, Grundstückseigentümern, Waldbesitzern und vor allen Dingen mit den Kommunen;

– Abstimmung mit den Trägern öffentlicher Belange, wie Versorgungsträgern von Gas, Wasser, Elektrizität, Post, Abwasser.

– die Einschränkungen von anderen Aufsichtsbehörden, wie z. B. Luftfahrtaufsichtsämter der Regierungspräsidien.

3.2.2 Maßnahmenpläne zum landschaftspflegerischen Ausführungsplan

Da nicht alles im LAP dargestellt werden kann, werden ergänzend zu diesem Plan sog. Maßnahmenpläne aufgestellt.

Die Maßnahmenpläne werden wie folgt bezeichnet:
– LAP Oberboden,
– LAP Bepflanzungsplan,
– LAP Amphibienschutzanlagen,
– LAP Fließgewässer,
– LAP Ingenieurbiologische Maßnahmen.

Die Maßnahmenpläne sind Einzelpläne zur Darstellung der Maßnahmen, die zeichnerisch und inhaltlich den LAP als Einzelplan überfrachten würden. Weitere Maßnahmen, wie z. B. Pflegepläne oder forst- und landwirtschaftliche Angelegenheiten, könnten in weiteren Maßnahmenplänen als Ergänzung dargestellt werden.

Der LAP Bepflanzungsplan

Ein herausgehobener Plan für den Landschaftsbau ist der LAP Bepflanzungsplan. Dies ist der klassische Bepflanzungsplan, der bereits zur Zeit des Reichsautobahnbaus und noch früher als Grundlage für die landschaftliche Eingrünung genutzt wurde, und es ist der Plan, nach dem der Landschaftsgärtner arbeitet, denn nach diesem Plan werden Pflanz- und Einsaatarbeiten ausgeführt.

Inhaltlich wird im Bepflanzungsplan festgelegt, welche Flächen bepflanzt werden, welche Flächen einzusäen sind, welche Pflanzen verwendet werden und welche Pflanzabstände eingehalten werden müssen.

Bäume und Solitärgehölze werden besonders hervorgehoben. Eventuell werden auch Größenangaben der Handelsware der Gehölze hinzugefügt.

Sträucher und Massengehölze, die als Sämlinge, zweimal verpflanzte Büsche oder leichte Heister geliefert und gepflanzt werden, sind in Pflanzgruppenplänen dargestellt und zusammengefaßt.

Aus diesen Pflanzgruppenplänen ist dann die Anzahl der Gehölze auf einer bestimmten Fläche zu ersehen.

Diese Pflanzgruppenpläne werden als Standortpläne in den Bepflanzungsplan integriert. Der Pflanzgruppenplan ist also wiederum ein Detailplan des Bepflanzungsplanes. Die Pflanzgruppenpläne sind zur Arbeitsvereinfachung (Standardisierung) und zur Vereinfachung von Massenermittlung und Abrechnung von großem Vorteil.

3.3 Pflanzenauswahl

Die Bepflanzung ist das wesentliche Element für die Gestaltung und Ausstattung der Straße im Hinblick auf die landschaftliche Einbindung, die Verkehrslenkung, die ökologische Aufwertung, den bedingten Lärmschutz, die kulturhistorische Identität und vor allen Dingen auf die emotionale Wirkung. Die Auswahl der Pflanzen sollte nach folgenden Gesichtspunkten erfolgen (ökologische Kriterien):
– Verwendung standortgerechter Pflanzen;
– Verwendung von Pflanzen, die nicht durch besondere Schutz- und Pflegemaßnahmen gestützt werden müssen;
– Verwendung von Pflanzen, die kulturhistorisch bedeutsam sind und seit langem das Gesicht der Landschaft prägen. Hier sind besonders Alleen zu nennen, die vor allen Dingen in den neuen Bundesländern wie Thüringen, Mecklenburg und Brandenburg noch vorhanden sind.
– Verwendung von Pflanzen, die zwar nicht standortgerecht sind, aber durch ihre Wüchsigkeit und Anspruchslosigkeit erst eine Begrünung auf Extremflächen möglich machen, wie z. B. trockenheitsliebende Pflanzen vor Lärmschutzwänden und die vielumstrittene Pappel in ihren Hybridformen oder die Amerikanische Roteiche sowie die Scheinakazie.

Weitere Auswahlkriterien sind die Funktionen, die die verwendeten Pflanzen übernehmen sollen:
– Leitwirkung durch Alleen, Baumreihen und durch hervorgehobene Einzelgehölze und Gehölzgruppen. Hierfür werden in der Regel Hochstämme, Heister und Solitärgehölze verwendet.
– Flächige Pflanzungen, die als Gebüsch die Straße begrünen und in das Ökosystem integriert werden. Hier werden Sträucher verwendet. Als Handelsware verwendet man sog. Forstware, die als verpflanzte Büsche und Sämlinge gesetzt werden. Um diesen im Anfang niedrigen Pflanzungen eine Leitwirkung zu geben, werden in Gruppen Hochstämme und Heister der bereits verwendeten Pflanzen in die Flächen dazwischen eingestreut.
– Reihen- bzw. Streifenpflanzungen. Bei Mittelstrei-

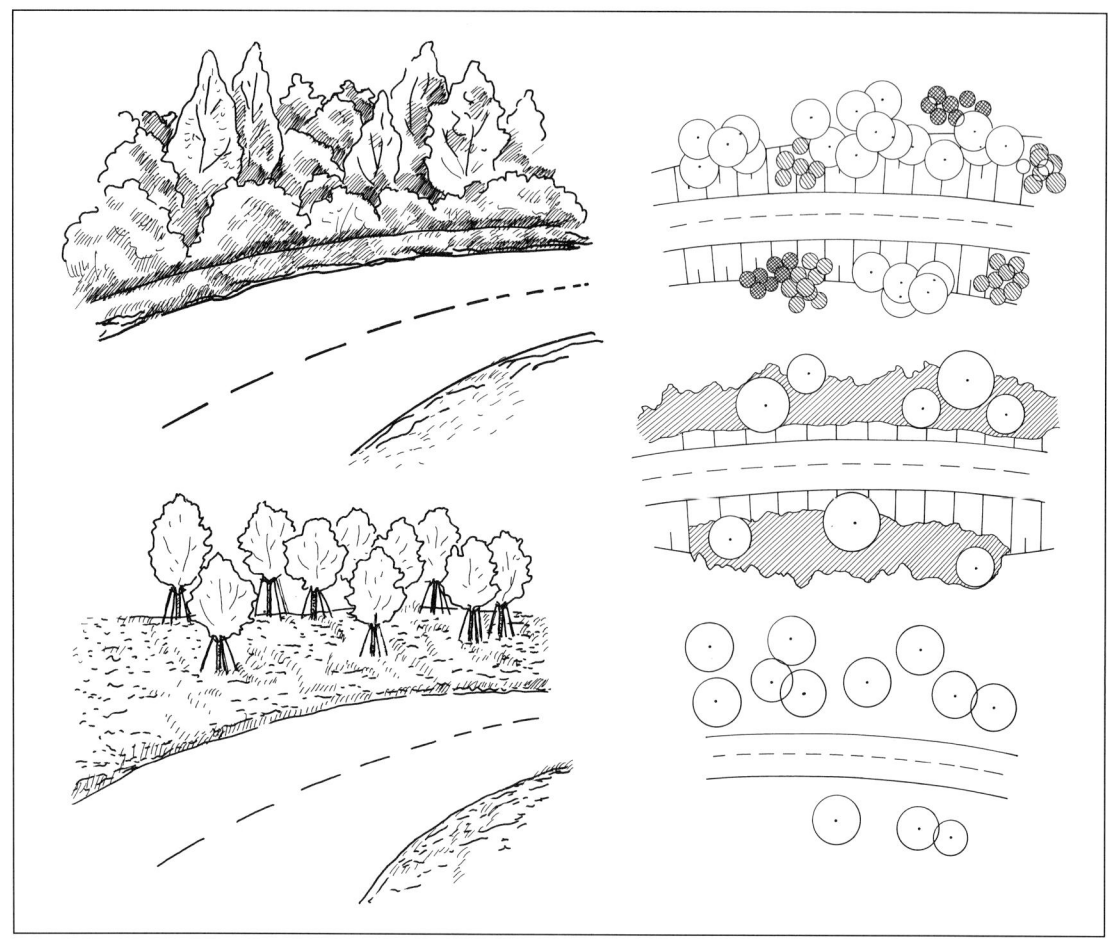

Abb. 77. Möglichkeiten der Straßenbepflanzung.

fen aller mehrspurigen Straßen werden Pflanzen in Reihenform gesetzt.

– Begrünung durch Gräser, Kräuter und Stauden. Die klassische Art ist die Raseneinsaat. Die Saatgutmischungen bestehen aus ca. acht verschiedenen Gräsersorten, die sich aus Ober- und Untergräsern zusammensetzen. Zukünftig sollen auch Kräuter und Stauden verstärkt in die Vegetation des Straßenbegleitgrüns eingebracht werden. Wildrasen und Staudenfluren sollen in Zukunft als Übergang zu Gehölzpflanzungen von den Rasenflächen oder auch als eigenständige Vegetation angelegt werden. Weiter bilden sich Wildstauden und

Wildgräser als sog. Sukzessionsvegetation von selbst.

– Pioniergehölze wie Pappel, Espe, Weide und Erle sollten nur verwendet werden, wenn die anderen Gehölze absolut nicht wachsen können.

Bei den zukünftig knappen Haushaltmitteln der öffentlichen Hand ist es nicht möglich, diese Gehölze rechtzeitig zu entfernen.

Bewährte Wildgehölze für die Straßenbepflanzung

Acer campestre	Feldahorn
Acer platanoides	Spitzahorn
Acer pseudoplatanus	Bergahorn
Amelanchier canadensis	Felsenbirne
Berberis thunbergii	Berberitze
Betula pendula	Birke
Carpinus betulus	Hainbuche
Cornus mas	Kornelkirsche
Cornus sanguinea	Hartriegel
Corylus avellana	Haselnuß
Cotoneaster divaricatus	Felsenmispel
Crataegus monogyna	Weißdorn
Crataegus prunifolia	Pflaumen-blättriger Weißdorn
Eleagnus angustifolia	Ölweide
Euonymus europaeus	Pfaffenhütchen
Fraxinus excelsior	Esche
Hippophae rhamnoides	Sanddorn
Larix kaempferi	Japanische Lärche
Ligustrum vulgare 'Atrovierens'	Liguster
Lonicera xylosteum	Heckenkirsche
Prunus avium	Vogelkirsche
Prunus padus	Traubenkirsche
Quercus robur	Stieleiche
Rhamnus frangula	Faulbaum
Ribes alpinum	Alpen-Johannisbeere
Rosa multiflora	Büschelrose
Rosa nitida	Zwergrose
Rosa pimpinellifolia	Bibernellrose
Rosa rubiginosa	Schottische Zaunrose
Rosa rugosa	Apfelrose
Rosa virginiana	Virginia-Rose
Salix purpurea	Purpurweide
Salix schraderiana	Büschelweide
Sorbus aucuparia	Eberesche
Symphoricarpos orbiculatus	Schneebeere
Tilia cordata	Winterlinde
Ulmus campestris	Feldulme
Viburnum lantana	Wolliger Schneeball
Viburnum opulus	Gemeiner Schneeball

3.3.1 Einschränkungen im Hinblick auf die Verkehrssicherheit

Das Lichtraumprofil

Dies ist der lichte Raum, der im Verkehrsbereich von Hindernissen freizuhalten ist. Für Bäume und die Begrünung bedeutet es, daß bestimmte Abstände einzuhalten sind.

Der Abstand der Bäume vom Fahrbahnrand richtet sich nach den zugelassenen Geschwindigkeiten:
- Geschwindkeit bis zu 60 km/h – seitlicher Abstand vom Fahrbahnrand 1,0 m,
- Geschwindigkeit ab 60 km/h – seitlicher Abstand vom Fahrbahnrand 3,0 m.

Für vorhandene Straßenbäume besteht zu deren Schutz eine Ausnahmeregelung. Hier darf der Abstand zum Fahrbahnrand, ohne Berücksichtigung der Geschwindigkeit, 0,5 m betragen. Bei Rad- und Gehwegen beträgt der seitliche Abstand der Bäume zum Fahrbahnrand in allen Fällen 0,25 m.

Der lichte Raum in der Höhe muß bei allen Straßen eine Höhe vom Fahrbahnrand nach oben von 4,50 m aufweisen. Bei Rad- und Gehwegen beträgt die lichte Höhe von der Fahrbahn nach oben 2,50 m.

Freizuhalten von höherem Bewuchs sind einmal die Einmündungsbereiche bei Autobahnauffahrten, zum anderen die Kreuzungsbereiche von Straßen sowie bei Innenkurven, damit die Sichtfreiheit der Verkehrsteilnehmer gewährleistet ist.

Einschränkungen der Bepflanzungen durch Versorgungsträger und Träger öffentlich-rechtlicher Belange

Baumpflanzungen und die Pflanzung größerer Gehölze müssen mit den Versorgungsträgern abgestimmt werden. Grundsätzlich ist es möglich, Bäume im Bereich von Versorgungsleitungen zu pflanzen, aber die Versorgungsträger müssen die Möglichkeit haben, ihre Versorgungsleitungen vor oder während der Pflanzarbeiten durch geeignete Maßnahmen zu schützen. Dies bedarf umfangreicher Abstimmungen im Vorfeld, um beide Interessen miteinander in Einklang zu bringen. Die Versorgungsträger, wie z.B. die Elektrizitätswerke, haben sich eigene Richtlinien zum Schutz ihrer Leitungen gegen schädigende Wurzelbildung gegeben.

3.3.2 Ausschreibung und Vergabe von Landschaftsbauarbeiten

Nachdem die erforderlichen Leistungen in einer Massenermittlung festgehalten sind, wird für den Wettbewerb durch eine Ausschreibung das Leistungsverzeichnis erstellt. Das Leistungsverzeichnis gliedert sich in zwei Teile. Der erste Teil beinhaltet die Herstellung der Bepflanzungsmaßnahme von den Erdarbeiten über die Pflanzenlieferung, die Pflanzung bis zur Fertigstellungspflege. Über diese Leistungen wird dann mit dem Landschaftsbauunternehmer ein Bauvertrag abgeschlossen. Nach Durchführung der Fertigstellungspflege – grundsätzlich eine Vegetationsperiode nach der Pflanzung – wird die Leistung abgenommen, d.h., der Auftraggeber übernimmt das Bauwerk und trägt dann die Verantwortung für die erbrachten Leistungen. Vorher muß der Auftragnehmer die festgestellten Mängel beseitigen. Da nach diesem Zeitpunkt das gewünschte Pflanzenbild noch nicht erreicht und ein erheblicher Pflegeaufwand notwendig ist, folgt eine Leistungsbeschreibung über eine zweijährige Entwicklungspflege der Pflanz- und Rasenflächen. Über diese Leistungen, für die der Unternehmer keine Gewährleistung mehr zu erbringen hat, wird dann ein gesonderter Pflegevertrag abgeschlossen.

Mit Erstellung des Leistungsverzeichnisses und Durchführung des Verdingungswesens, d. h. der Vergabe eines Auftrages an einen Unternehmer, ist dann der Planungsteil der landschaftspflegerischen Ausführung abgeschlossen.

3.4 Maßnahmen der landschaftspflegerischen Ausführung

Erst ab diesem Zeitpunkt beginnt die praktische Ausführung der Arbeiten, mit denen der Landschaftsgärtner nach außen in Erscheinung tritt.

3.4.1 Maßnahmen zur Bestandssicherung

Diese Maßnahmen sind ein hervorgehobener Bestandteil des landschaftspflegerischen Ausführungsplans nach RAS LP 4 (Richtlinie für die Anlage von Straßen, Abschnitt 4: Schutz von Bäumen und Sträuchern im Baustellenbereich) unter besonderer Hervorhebung des Schutzes von Gehölzen im Baustellenbereich.

Durch das Einzäunen sollen wertvolle Vegetationsbestände vor Schäden durch den Baustellenbetrieb geschützt werden. In diesen Bereichen darf kein Befahren durch Baustellenfahrzeuge und das Ablagern von Baumaterialien stattfinden. Je nach Schutzdauer und Gefährdungsgrad können Gittermatten, Drahtgeflecht, Stacheldraht oder Spanndrähte sowie Latten- oder Holzstangenzäune verwendet werden.

1. Alleen, Baumreihen, Gruppen- und Einzelbäume
Acer pseudoplatanus – Bergahorn
Acer platanoides – Spitzahorn
Aesculus hippocastanum
'Baumannii' – Roßkastanie
Betula pendula – Birke
Fraxinus excelsior – Esche
Quercus robur – Stieleiche
Tilia cordata – Winterlinde
Tilia cordata
'Greenspire' – Schmalkron. Winterlinde
Tilia euchlora – Krimlinde
Tilia euchlora 'Palladia' – Kaiserlinde
Tilia intermedia – Holländische Linde
Tilia platyphyllos – Sommerlinde
(Alle Linden sind nicht an Parkplätzen zu verwenden)
Obstbäume, wie z. B. Birne und Süßkirsche
2. Bäume für Straßen in der freien Landschaft mit wenig Platz
Acer campestre – Feldahorn
Carpinus betulus – Hainbuche
Sorbus aria – Gemeine Mehlbeere
Sorbus aucuparia – Eberesche
Obstbäume, wie z. B. Äpfel, Pflaumen, Sauerkirschen

Bäume für den städtischen bzw. bebauten Bereich
3. Bäume für Straßen mit ausreichend Platz – Ergänzend zu 1.
Ailanthus altissima – Götterbaum
Catalpa bignioides – Trompetenbaum
Platanus hispanica – Platane
Robinia pseudoacacia – Scheinakazie
Sophora japonica – Japanischer Schnurbaum
4. Bäume für Straßen mit wenig Platz
Acer campestre – Feldahorn
Acer platanoides
'Globosum' – Kugelahorn
Crataegus laevigata
'Pauls Scarlatt' – Rotdorn
Crataegus monogyna
'Carrierii' – Apfeldorn
Crataegus prunifolia – Pflaumendorn

Oben: Durch die Bepflanzung wird die Straßenführung vorgegeben.
Unten: Die Kletterpflanzen verdecken den Beton und wirken lärmdämpfend.

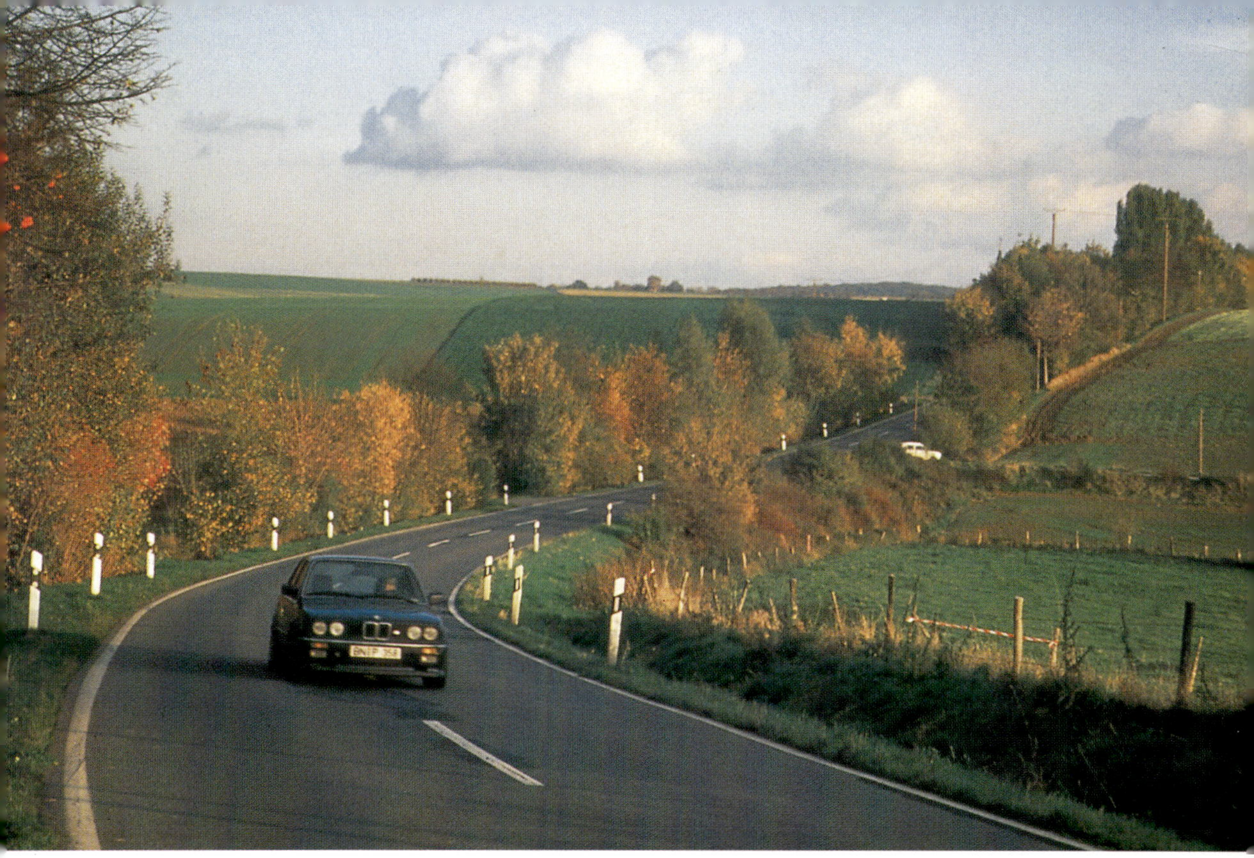

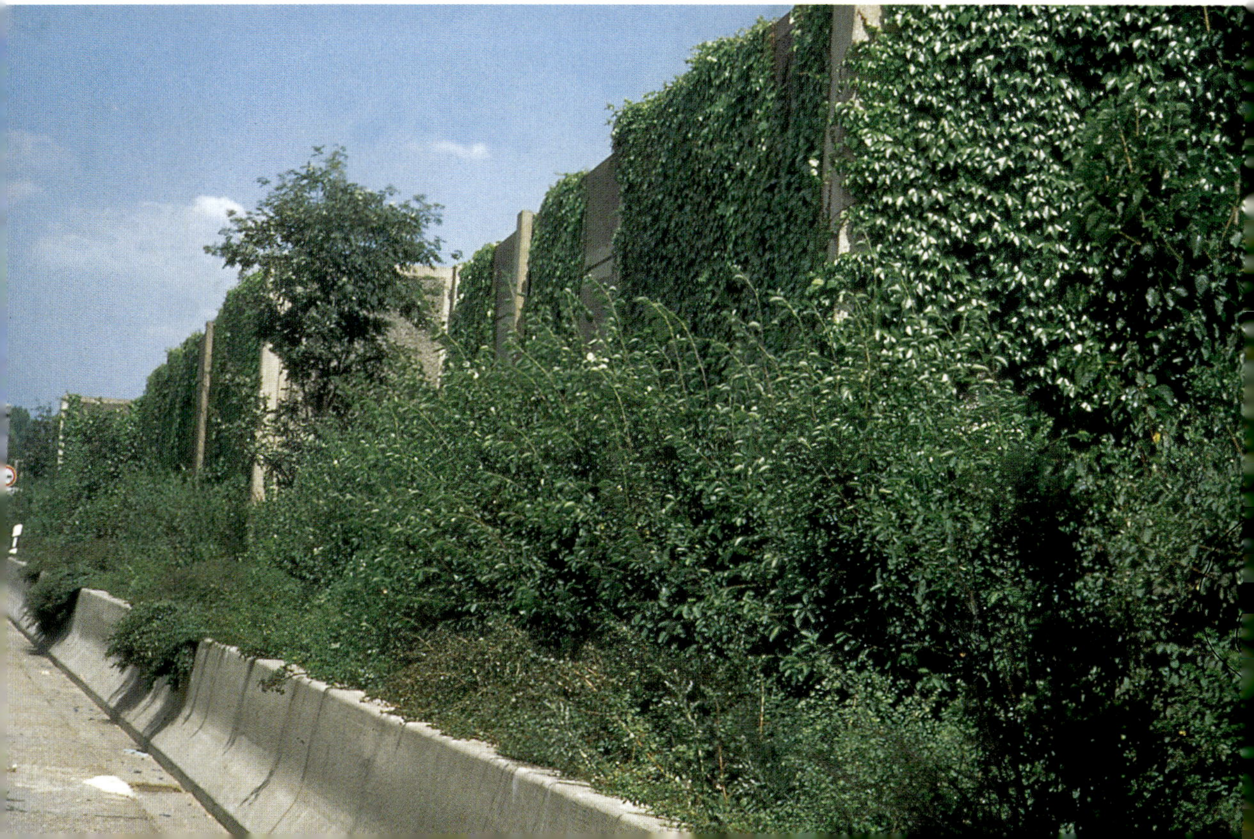

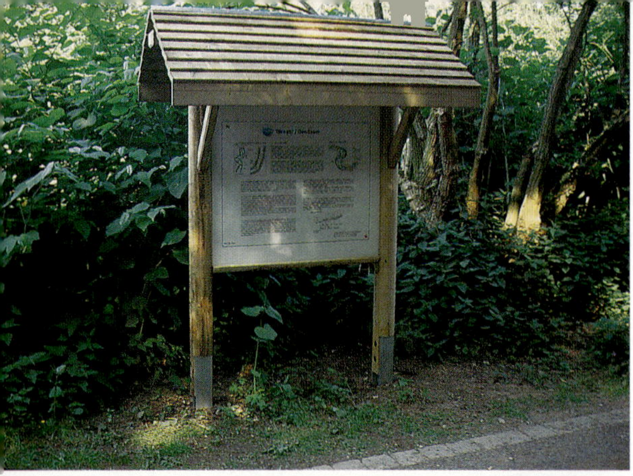
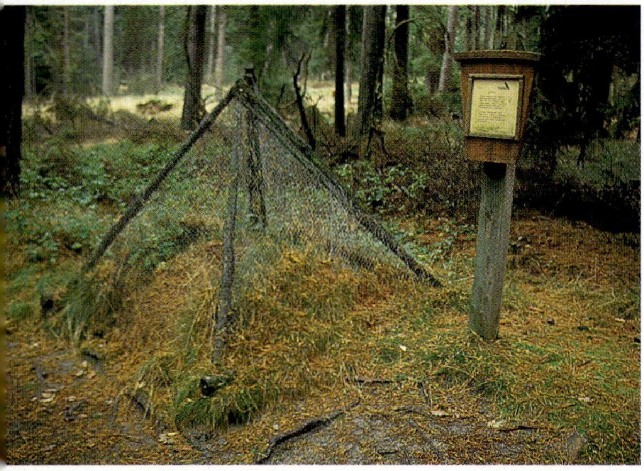
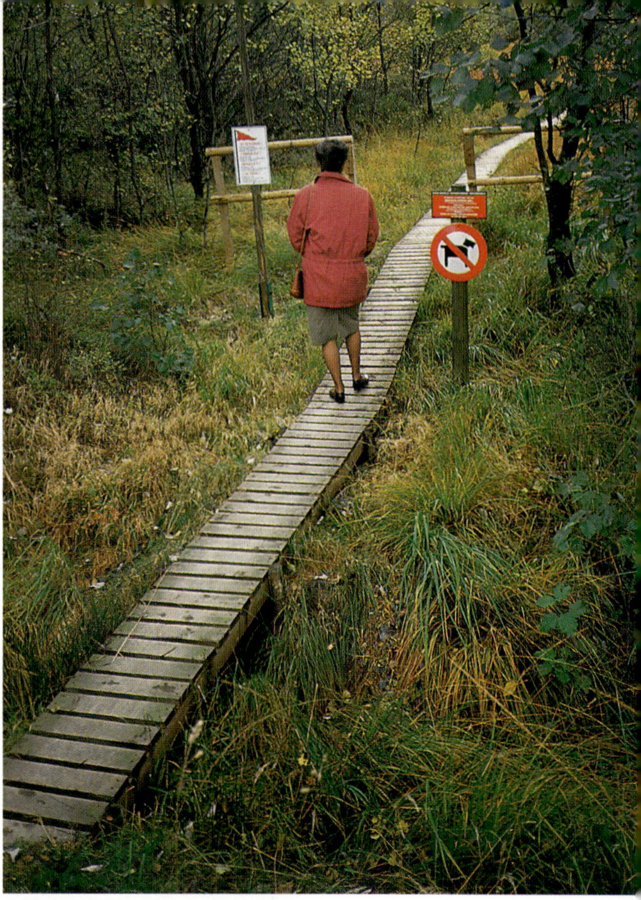
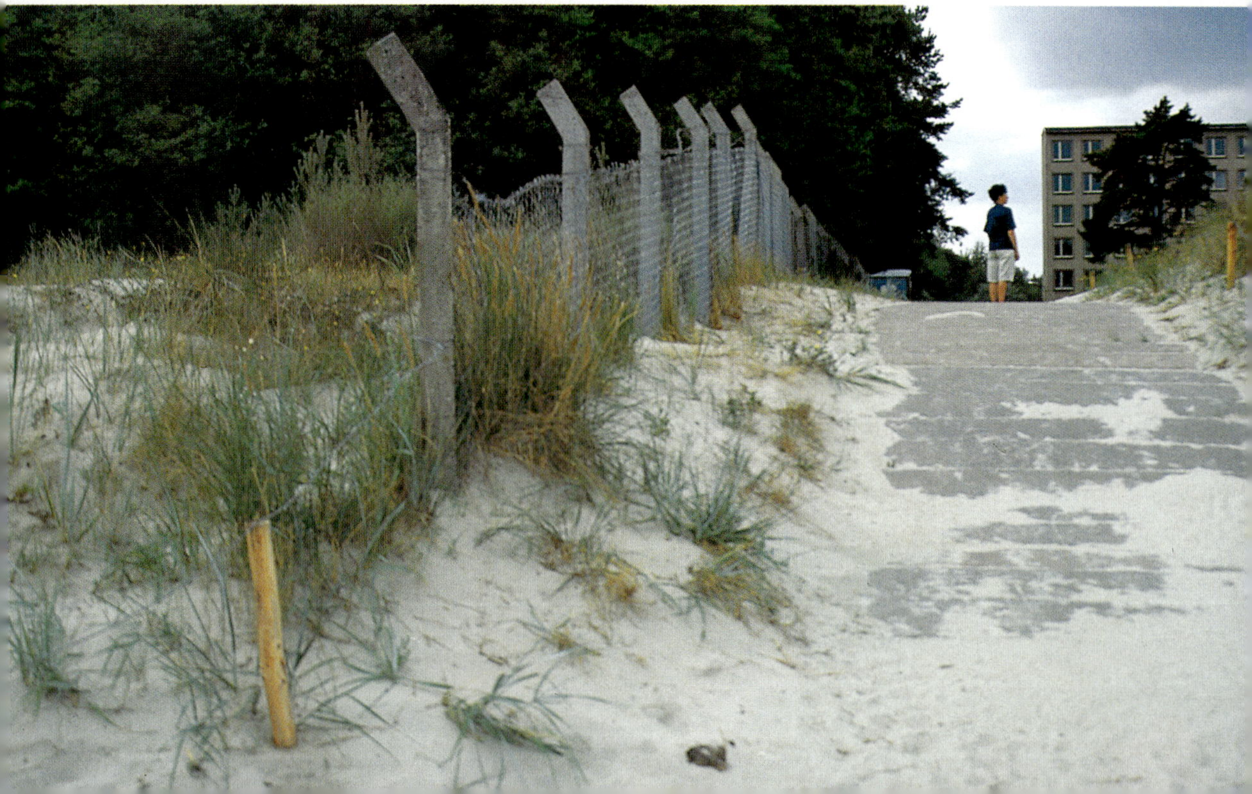

Schutzmaßnahmen für Einzelgehölze. Gehölze, besonders Bäume im Baustellenbereich, sind durch Bodenverdichtungen im Wurzelbereich, Abgrabungen, chemische Bodenverunreinigungen und mechanische Verletzungen gefährdet. Sie sind gegen Wurzel-, Stamm- und Kronenbeschädigung entsprechend der RAS P 4 zu schützen. In der Regel reicht hierfür eine Ummantelung des Baumstammes und Abgrenzung des Wurzelbereichs aus.

Schutz von wertvoller Vegetation durch Verpflanzung. Zu erhaltende Vegetationsbestände, die wegen Baumaßnahmen entfernt werden müssen, sind zu verpflanzen. Entsprechend den Pflanzenarten sind folgende Pflanzmethoden zu wählen: Soden und Plaggen für Gräser, Kräuter, Stauden, Heiden und Röhrichte. Umpflanzen von Pflanzen und Pflanzenteilen der Stauden, Wasserpflanzen, Zwiebel- und Knollengewächse. Gehölze müssen grundsätzlich mit ausreichendem Wurzelwerk verpflanzt werden.

Besonders wichtig ist für alle diese Sicherungsmaßnahmen der vorhandenen Vegetation die sorgfältige Auswahl und Vorbereitung des neuen Standortes, in den Gehölze, Kräuter und Gräser umgesiedelt werden sollen.

Aufbau eines Waldmantels. Werden geschlossene Waldbestände angeschnitten oder teilweise entfernt, so ist durch eine rechtzeitige Unterpflanzung bzw. Vorpflanzung des bestehenden Waldrandes für seine spätere Sicherheit zu sorgen, wenn er nach erfolgter Rodung freigestellt ist.

3.4.2 Die Verpflanzung von Großgehölzen

Das Umpflanzen von Bäumen und Großgehölzen wurde vor 20 Jahren sehr häufig durchgeführt. Der Grundgedanke war: Der zu entfernende Baum geht der Umgebung nicht verloren, er steht nur an anderer Stelle.

Dies war dann auch das Argument, um das Entfernen eines Baumes zu erleichtern. Großgeräte machten das Umsetzen eines Baumes mit scheinbar ausreichend gesicherten Wurzeln möglich. Die Großbaumverpflanzung ist nicht unumstritten, denn die Lebensgrundlage eines Baumes ist mit dem Grundwasser

Oben links: Eine Informationstafel zu Flora und Fauna der Erftaue bei Neuss.
Rechts: Die empfindlichen Ökosysteme des Hohen Venn werden durch Holzstege erschlossen.
Mitte rechts: Ein geschützter Ameisenhaufen mit lehrreichen Hinweisen.
Unten: Die durch Strandhafer befestigten Dünen müssen vor dem Badebetrieb geschützt werden.

Abb. 78. Großbaumverpflanzung mit dem Treemover.

und unterirdischen Wasserströmen durch tiefliegende Wurzeln gewährleistet. Diese Beziehung, die vor der Großbaumverpflanzung Grundlage der Existenz des Baumes war, kann nicht wieder hergestellt werden.

Verpflanzte Großbäume erreichen daher erst nach Jahren die ursprüngliche Vitalität wieder. Die Großbaumverpflanzung wird dennoch weiter ein Teil des Landschaftsbaus bleiben. Grundsätzlich gibt es folgende Methoden:

Treemover. Auf einem LKW ist ein hydraulischer Spaten aufgebaut, dieser Spaten sticht in einem bestimmten Radius um den Stamm einen großen Wurzelballen aus. Der Baum wird auf dem LKW innerhalb des Spatens und mit dem LKW zum vorbereiteten Pflanzloch transportiert. Dort wird der große Wurzelballen in das Loch eingesetzt, und die Restfläche wird mit Erde geschlossen.

Abb. 79. Fachgerechter Transport eines Großbaumes.

Diese Methode ist technisch perfekt und wohl auch die preiswerteste. Als Nachteil ist anzusehen, daß wichtige Wurzeln abgestochen werden, die sich nicht innerhalb der Außenmaße des Grabespatens befinden.

Dieser Nachteil kann bei folgender Methode umgangen werden.

Freigraben des Wurzelraums in Handarbeit. Bei dieser Methode wird selten ein gleichmäßiger Wurzelballen freigegeben, denn hierbei bleiben die wichtigen Wurzelbereiche für die Weiterentwicklung des Baumes erhalten. Diese Methode ist natürlich aufwendiger, weil zur Handarbeit auch noch Großgeräte zum Transport eingesetzt werden müssen. Dafür ist das zügige Anwachsen dieser umgesetzten Bäume am neuen Standort eher gewährleistet.

In den meisten Fällen ist es dennoch besser, von vornherein die größtmögliche wüchsige Baumschulware zu pflanzen, denn diese Bäume sind durch mehrmaliges Verpflanzen in der Baumschule im Wurzelbereich so entwickelt, daß sie am neuen Standort zügig weiterwachsen.

Herstellen eines Wurzelvorhanges

Wird durch den zukünftigen Ausbau von Straßen, Rad- und Gehwegen der Wurzelbereich von nahestehenden Bäumen beeinflußt, müssen diese im Wurzelbereich gesichert werden. Dies erfolgt durch die Herstellung eines Wurzelvorhangs. Vor dem betreffenden Wurzelbereich wird ein Graben ausgehoben, und die zu entfernenden Wurzeln werden abgeschnitten. Der Graben wird mit einem humosen Bodengemisch verfüllt, um eine optimale Voraussetzung für die Entwicklung der verbleibenden Wurzeln zu schaffen. Der Wurzelvorhang wird gegen das Einbrechen bei Abgrabungen durch Anbringen eines Draht- oder Jutegeflechts geschützt.

Weitere Schutzmaßnahmen im Wurzelbereich sind das Herstellen von Wurzelbrücken und das Abdecken der Wurzelbereiche zum Schutz gegen das Verdichten durch Baufahrzeuge.

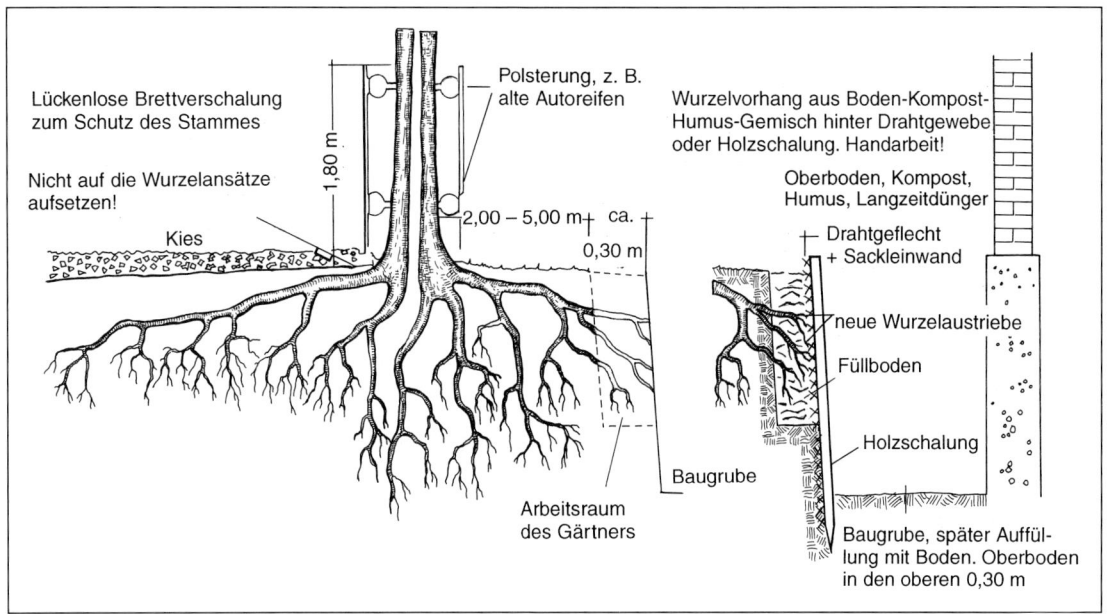

Abb. 80. Schutzmaßnahmen bei Abgrabungen im Wurzelbereich, Stammschutz.

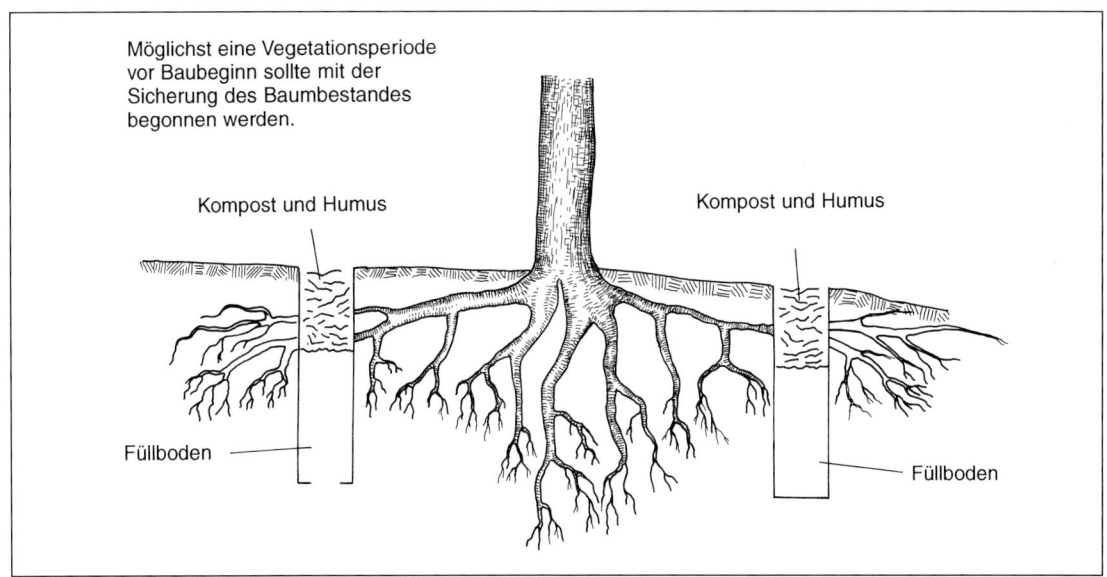

Abb. 81. Schutzmaßnahmen durch Wurzelvorhang im Baugrubenbereich.

3.4.3 Abwicklung der Oberbodenarbeiten

Der im Baustellenbereich vorkommende Oberboden ist durch geeignete Maßnahmen zu sichern und zu erhalten. Angaben zum Schutz des Bodens sind in der Bodenschutzkonzeption der Bundesregierung und in den entsprechenden Länderverordnungen aufgeführt. Weiter ist der Schutz des Oberbodens im Bundesnaturschutz- und Bundesbaugesetzbuch geregelt.

Der im Baustellenbereich gewonnene Oberboden muß meistens zwischengelagert werden. Dies geschieht in Bodenmieten. Da die meisten Baumaßnahmen länger als drei Monate dauern, werden die Oberbodenmieten eingesät und bis zur Wiederverwendung gepflegt. Bei langfristiger Lagerung soll Oberboden im Idealfall nicht höher als 1,50 m aufgeschüttet werden. Ist nicht genügend Lagerfläche vorhanden, so können diese Mieten auch höher angelegt werden. Die Oberbodenandeckung ist entsprechend dem Begrünungsziel festzulegen, Magerstandorte z. B. erhalten überhaupt keinen Oberboden, Trennstreifen sind bis zu 40 cm dick mit Oberboden anzudecken. Vor dem Andecken des Oberbodens werden, wenn erforderlich, Dränagen, Hangmulden oder ähnliches hergestellt, um Oberflächen- oder Hangwasser gezielt abzuleiten, damit der angedeckte Oberboden nicht abgeschwemmt wird. Verfestigte Flächen sowie bindige Böden (nach DIN 18915 in der Bodengruppe 6 bis 9) werden nach dem Andecken des Oberbodens aufgerissen, um sie wasser- und luftdurchlässig zu machen. Durch Aufrauhen des Unterbodens soll eine Verbindung für den Oberboden erreicht und das Abrutschen auf geneigten Flächen erschwert werden.

Hohe und steile Böschungen werden zusätzlich gesichert. Eine nachträgliche Verdichtung des Oberbodens mit Arbeitsgeräten darf nicht erfolgen. Es muß beim Einsatz von schwerem Gerät so vorgegangen werden, daß die Arbeitsgeräte nicht mehr über den eingebauten Oberboden fahren müssen.

Der Oberboden ist unmittelbar nach Fertigstellung des Erdkörpers anzudecken und anzusäen. Mietenlagerflächen werden nach Räumung der Mieten umgehend rekultiviert, sofern sie nicht einer anderen Nutzung zugeführt werden.

Vor der endgültigen Festlegung des Oberbodens durch die vorgesehenen Begrünungsmaßnahmen können zwischenzeitliche Sicherungsmaßnahmen notwendig werden. Es gibt biologische, mechanische und chemische Methoden und die Kombination aller drei Verfahren. Einige dieser Maßnahmen können Bestandteile der endgültigen Sicherung sein.

Biologische Maßnahmen. Hierher gehören neben den Maßnahmen des Lebendverbaus besonders Voranbau und Deckansaaten. Ein Voranbau als zwischenzeitlicher Bewuchs wird angewandt, wenn die Oberbodenarbeiten zu einem Zeitpunkt abgeschlossen werden, der eine endgültige Begrünung nicht erlaubt. Er hat die Aufgabe, durch rasche Begrünung und tiefgreifende Durchwurzelung Erosionen zu verhüten sowie die Fruchtbarkeit des Bodens zu erhalten oder zu verbessern.

Durch seine rasch schließende Vegetationsdecke werden unerwünschte Kräuter unterdrückt, Temperatur- und Feuchtigkeitsextreme abgeschwächt. Dadurch werden die Entwicklung der Mikroorganismen günstig beeinflußt sowie der Nährstoffhaushalt und die Bodenstruktur verbessert. Auf ärmeren Böden kann zur besseren Entwicklung des Voranbaus eine Düngung notwendig werden.

Flächendeckende Spontanbegrünungen können unter Umständen den Voranbau ersetzen, sofern die Flächen nicht mehr feinplaniert und gelockert werden müssen.

Für den Voranbau haben sich bestimmte Arten von Schmetterlingsblütlern besonders bewährt. Diese haben ein tiefgreifendes, stark verzweigtes Wurzelwerk. Sie sind schnellwüchsig und erzielen eine rasche Bodenbeschattung. Außerdem erzeugen sie reichlich Grünmasse, die sich zum Mulchen eignet und reichern den Boden mit Stickstoff an. Einige wichtige Arten sind mit ihren Bodenansprüchen, Ansaatzeiten und erforderlichen Saatgutmengen der Tabelle 7 (Seite 178) zu entnehmen.

Bei der Saatgutzusammenstellung kommt auch eine Mischung verschiedener Arten oder ein Gras-Leguminosen-Gemisch in Frage. Bei stärkeren Unterschieden in der Samenkorngröße ist die Ansaat in zwei Arbeitsgängen durchzuführen. Das klassische Beispiel des Voranbaus wird angewendet, wenn Böschungen zur Sicherung gegen Erosion ab August nicht mehr mit Rasen, sondern mit Wintergetreide, in der Regel mit Roggen, eingesät werden. Das Wintergetreide keimt schnell, bildet relativ weit verzweigte Wurzeln und sichert somit den Oberboden gegen Erdabtragung. Man kann auch hier beide Saatgutarten mischen bzw. getrennt einsäen, denn das Getreide wird nach zweimaliger Mahd in der folgenden Vegetationsperiode absterben, und das Gras übernimmt nachher den Bestand.

Die Pflanzen des Voranbaus werden in der Blüte gemäht. Wird die Fläche bepflanzt, kann das Mähgut als Mulch liegenbleiben. Gepflanzt wird ohne Umbruch des Voranbaus. Wird die Fläche durch Einsaat endgültig begrünt, empfiehlt sich in der Regel ein Umbruch, dessen Art und Bearbeitungstiefe den Gegebenheiten anzupassen ist.

Schnellkeimende Pflanzenarten, die als Ammen mit Gräsern zugleich ausgesät werden, sollen den Boden schnell festlegen und den langsamer wachsenden Arten Schutz geben. Mit Hilfe von Decksaaten ist es möglich, auch in den Sommermonaten oder im Spätherbst Ansaaten vorzunehmen. Decksaaten aus Getreide müssen gemäht werden, sobald sie im Halm stehen, alle anderen spätestens vor der Samenbildung.
Mechanische Maßnahmen. Dies sind Sicherungsmaßnahmen von kurzfristiger Dauer, z. B. Behelfsbauten aus Holz, aus Folien oder Gesteinsmaterial. Hiermit soll aufkommendes Oberflächenwasser und Regenwasser geordnet abgeleitet werden. Auch Mulchdecken können die Bodenoberfläche vor Erosion und Austrocknung schützen.
Chemische Maßnahmen. Emulsion und Dispersion als Kleber können die Erosionsgefahr des frisch aufgebrachten Oberbodens verringern.

Oberbodenarbeiten sind ein wesentlicher Anteil des Garten- und Landschaftsbaus innerhalb des Bauwerkes Straße. Leider wird auch dieser Leistungsanteil von fachfremden Firmen in Anspruch genommen, so daß bei diesen Arbeiten häufig eine Konkurrenzsituation zwischen Garten- und Landschaftsbau und Tiefbau besteht. Oberbodenarbeiten sollten deshalb nicht als gesonderte Leistung, sondern vielmehr als Leistung im Verbund mit der Herstellung der Bepflanzung in ingenieurbiologischen Sicherungsmaßnahmen angesehen werden. Dies ist grundsätzlich eine Leistung des Garten- und Landschaftsbaues.

3.5 Durchführung der Pflanzarbeiten

Voraussetzung für die Durchführung von Pflanzarbeiten ist die Aufstellung des Bepflanzungsplanes, also eines Maßnahmenplanes innerhalb des landschaftspflegerischen Ausführungsplans.

Nach Vorliegen des Bepflanzungsplanes sind die vorgesehenen Maßnahmen auf der Baustelle, die Pflanzenarten und die zu liefernden Handelsgrößen festgelegt. Innerhalb der Ausschreibung ist die vorgesehene Pflanzenlieferung in Listen erfaßt. Nach diesen Listen – in der Ausschreibung ein gesondertes Los für die Pflanzenlieferung – werden die Pflanzen vom Auftragnehmer geliefert. Die gelieferten Pflanzen sind

grundsätzlich im baustellennahen Bereich entsprechend den DIN-Vorschriften in einen gesonderten Einschlag zu verbringen. Sind die Pflanzen im Einschlag, werden sie vom Auftraggeber entsprechend den Qualitätsvorschriften abgenommen. Die Pflanzen sind auch im Einschlag zu pflegen, bei Trockenheit zu gießen und bei zu großer Sonneneinstrahlung ggf. zu schattieren. Durch eine Einzäunung sind die Pflanzen vor Wildverbiß zu schützen.

Es bestehen folgende Möglichkeiten für die Durchführung der Bepflanzung:

Pflanzung auf frisch angedeckten Oberbodenflächen

Hierfür ist keine besondere Vorbereitung erforderlich. Die Pflanzen werden entsprechend dem Bepflanzungsplan ausgelegt. Falls erforderlich, ist eine besondere Tiefenlockerung des Bodens durchzuführen. Bodenflächen, einschließlich der Pflanzscheibe, sind im Anschluß der Pflanzung gegen Verunkrautung und Verkrustung mit Untersaat wie Lupinen, Seradella, Senf oder Phacelia zu schützen. Weitere Schutzmöglichkeiten des Bodens sind das Aufbringen von Mulch.

Pflanzung auf Flächen mit gras- und krautbewachsenem Bodenabschluß

Hier handelt es sich um Pflanzflächen, die nach dem Andecken mit Oberboden mit Gras und Leguminosen eingesät sind. Oft handelt es sich um Flächen (meist Böschungsflächen), die einen mehrjährigen Kraut- oder Gräserbewuchs haben.

Dieser Gras- und Krautbewuchs hat die Aufgabe, Erosionen der Böschungen zu verhindern.

Verkrautete oder begraste Flächen, die aus ökologischen Gründen oder als Erosionsschutz schon vorab begrünt sind, werden mit Pflanzriefen versehen. Pflanzriefen sind krautfreie Streifen von 30 bis 40 cm Breite, die als Streifen parallel oder diagonal zur Böschung geführt werden. In diesen Pflanzstreifen können sich dann die Gehölze ungehindert von Kräutern und Gräsern entwickeln. Gegen Verkrautung und zur Verbesserung der Bodengare werden diese Pflanzriefen gemulcht.

Diagonal angelegte Pflanzriefen, schräg zur Böschung verlaufend, werden aus Gründen des gezielten Wasserabflusses bis zum Böschungsfuß angelegt.

Besteht die Gefahr, daß die Stabilität der Böschungen durch Pflanzstreifen in Frage gestellt wird, wird auf diesen Flächen eine Einzellochpflanzung vorge-

Tab. 7. Gräser und Schmetterlingsblütler zur vorübergehenden Erosionssicherung frisch angedeckter Oberbodenflächen auf Böschungen

Pflanzenart		Bodenansprüche	Ansaatzeit	Aussaat g/m² bei Reinanbau
Avena sativa	Hafer, Schwarzhafer	alle Bodenarten auf Moorböden	März – August	10
Bromus arvensis	Ährentrespe	basen- und nährstoffarme Sandböden	April – Sept.	2
Secales cereale	Roggen	leichte bis mittelschwere Böden	Sept. – Okt.	10
Sinapis alba	Weißer Senf	alle Böden; außer trockener Sand	Mai – August	1,5–2
Hordeum polystichum	Gerste (mehrzeilige)	frische bis feuchte, kalkhaltige Böden	März – Juli/Okt.	10

Tab. 8. Leguminosen für den Voranbau, d. h. zur vorübergehenden Begrünung später zu bepflanzender Flächen

Pflanzenart		Bodenansprüche	Ansaatzeit	Aussaat g/m² bei Reinanbau
Lupinus luteus	einjähr. Gelbe Lupine	basen- und nährstoffarme Sandböden	April – Sept.	18
Phacelia tanacetifolia	Büschelschön	sandige bis lehmige Böden	April – Sept.	10
Sinapis alba	Weißer Senf	alle Böden; außer trockener Sand	Mai – August	7
Vicia faba	Pferde- oder Saubohne	schwere, bindige Böden mit hohem Wassergehalt, jedoch frei von Staunässe	März – Juni	18
Vicia sativa	Saatwicke	frische bis feuchte, kalkhaltige Böden	April – Sept.	14

nommen. Die Krautschicht wird also nur entsprechend dem Pflanzloch entfernt.

Aus Gründen einer wirtschaftlichen Pflege sollen alle Pflanzen – vom Sämling bis zum Hochstamm – in einer Reihe stehen, damit beim Ausmähen mit Maschinen zu erkennen ist, wo Gehölze und wo zu entfernende Kräuter und Gräser stehen.

Pflanzung von Rankgehölzen an Lärmschutzwänden und Bauwerken

Bei den Rankgehölzen unterscheidet man Pflanzen, die eine Rankhilfe brauchen, von solchen, die als Selbstklimmer ohne Rankhilfe an die Bauwerke gepflanzt werden können. Besonders zu berücksichtigen ist der Lichtanspruch der zu wählenden Gehölze. Efeu z. B. berankt schattige und halbschattige Wände. Wilder Wein gedeiht jedoch nur an sonnigen und halbschattigen Wänden. Bei Wänden im Halbschatten ist zu empfehlen, Efeu und „Wilden Wein" gemischt zu pflanzen, damit durch den immergrünen Efeu die Wände auch im Winter grün sind.

Kletterpflanzen vor Mauern und Wänden sollen ein krautfreies Pflanzbeet haben, um die zukünftige Pflege zu erleichtern. Zusätzlich sollten diese Pflanzen durch Pfähle oder erhöhte Umrandungen aus Tonelementen, Plastik, Holz oder Betoneinfassungen geschützt werden. Bei der Herstellung des Pflanzbeetes ist darauf zu achten, daß genügend Kapillarität vorhanden ist. Der Boden muß so locker sein, daß die Wurzeln bis in tiefe Untergrundschichten wachsen können und im Idealfall das Grundwasser erreichen. Nur so ist ein üppiges Wachstum der Klettergehölze auf Dauer gewährleistet. Besonders wichtig ist hier die Tiefenbearbeitung und Lockerung der vorgesehenen Pflanzflächen. Die Lockerung der tiefen verfestigten Bodenschichten ist wichtiger als ein großflächiger Bodenaustausch.

Das Wässern der Pflanzen in der Landschaft

Laut VOB ist das Wässern während der Pflanzung vorgeschrieben. Das Wesentliche ist hier nicht der ausreichende Feuchtigkeitsvorrat, sondern das Einschlämmen der Wurzeln, damit besonders die feinen Haarwurzeln bei Trockenzeiten nicht vertrocknen. Nur wenn die Wurzeln ausreichend von feinkrümeliger Erde umschlossen werden, ist gewährleistet, daß die Pflanze nicht geschädigt wird. Aus diesem Grund muß sogar bei feuchten Böden und Regen gewässert werden. Bei langen Hitze- und Trockenperioden ist es in der freien Landschaft nicht möglich, so zu wässern, daß die Pflanze gegen Trockenschäden geschützt wird.

Das Setzen von Wasserpflanzen

Beim Bau naturnaher Regenrückhaltebecken und der Anlage von Feuchtgebieten müssen auch Sumpf- und Wasserpflanzen gesetzt werden.

Diese Pflanzen werden in das verschlämmte Bodensubstrat als Plaggen, in Pflanzkörben, Containern sowie als Rhizome gesetzt. Durch geeignete Maßnahmen müssen die im Wasser stehenden Pflanzen gegen Aufschwemmen gesichert werden, z. B. durch Steine oder das Setzen der Pflanzen in die Kammern von Betonfertigteilen.

Grundsätzlich ist zu beachten, an welcher Stelle unter Berücksichtigung der normalen Wasserhöhe die Pflanzen aufgrund ihrer Ansprüche zu setzen sind. Dies festzulegen ist Aufgabe des Bepflanzungsplanes, der vor Ort umgesetzt werden muß.

Wasserpflanzen werden nur in kleinen Mengen als „Initialpflanzung" verwendet, denn sie vermehren sich schnell, und es ist nicht wie bei Böschungsbepflanzungen erforderlich, mit einer übersetzten Pflanzenanzahl zu erwartende Ausfälle auszugleichen. Es

können sich so die Wasserpflanzen durchsetzen, denen die Standortbedingungen am meisten zusagen.

Begrünung durch Anspritzverfahren

Flächen, die für eine Bepflanzung nicht zugänglich sind, zu wenig Oberboden haben oder als naturbelassene Flächen begrünt werden sollen, erhalten eine Naßansaat.

Bei der Naßansaat wird unter hydraulischem Druck ein Gemisch aus Wasser, Saatgut, Haftkleber, Bodensubstrat (Humus) und Vorratsdünger auf die Fläche gespritzt.

Die gewünschte Vegetation kann durch entsprechend gewähltes Saatgut bestimmt werden. In den Anfängen der Anspritzungsarbeiten wurden Gräser, Kräuter und Gehölzsaat gemeinsam gesät. Dies hat sich rückblickend nicht bewährt, denn Gräser und Kräuter als schnellerwüchsige Pflanzen ließen den Gehölzen nicht die Möglichkeit, sich zu entwickeln. Deshalb werden heute entweder Gräser und Kräuter oder Gehölze auf die zu begrünenden Flächen angesät. Bei einer Saatanspritzung mit Gräsern und Kräutern entwickeln sich später von selbst Gehölze, die sich durch Samenanflug und Vogelausscheidungen auf den Flächen eingesamt haben. Bei Einschnittböschungen mit verwitterungsanfälligem Felsgestein wird grundsätzlich eine Naßansaat mit Gräsern und Kräutern durchgeführt, um das lose Gestein zu binden und somit Erosionen zu verhindern. Diese Anspritzverfahren werden oft angewendet, um Steinschlag vorzubeugen.

Stabiler Fels, der nicht verwitterungsanfällig ist, sollte nicht durch eine Naßansaat begrünt werden. Diese Flächen eignen sich ideal für die Entwicklung einer Sukzessionsvegetation. Außerdem werden durch solche Felseinschnitte interessante Einblicke in die örtliche Geologie gewährt.

Sukzessionsvegetation

Sukzessionsvegetation als reine Wildstauden-, Wildrasen- oder Gehölzflächen wird es nicht geben. Überall, wo Gehölzvegetation möglich ist, werden sich die Gehölze im Laufe der Zeit durchsetzen, und Gräser und Kräuter gehen zurück. Sukzessionsvegetation wird immer eine Mischung aus Gehölzen, Stauden und Gräsern sein.

Sukzessionsvegetation ist ökologisch gesehen die landschaftsgerechteste Begrünungsform, denn hier entwickeln sich Gehölze, Kräuter und Gräser entsprechend ihrer Vitalität und in einem Verhältnis zu-

Tab. 9. Möglichkeiten des Umsetzens von Wildpflanzen

Methode	Geeignete Pflanzen	Zeitpunkt der Ansiedlung	Abmessungen der Pflanzen/Pflanzenteile	Besondere Pflanzenweise	Bemerkungen
Soden, Plaggen	Wildgräser, Wildkräuter, Stauden, Heiden, Seggen, Röhricht	Vegetationsruhe, vorzugsweise im Frühjahr	Kantenlänge bis etwa 30 cm, maschinell auch größere Plaggen		Schonender Transport. Möglichst keine Zwischenlagerung, manuell gewonnene Soden bis etwa 3 Wochen und etwa 100 cm Höhe stapelbar
Ballen-pflanzen	Wildgräser, Wildkräuter, Stauden, Heiden, Seggen, Röhricht	Vegetationsruhe, vorzugsweise im Frühjahr	Durchmesser und Stärke des Ballens bei Gewinnung bis etwa 30 cm	Ballen von Schilf, Teichbinse, Wasserschwaden und Rohrkolben knapp unter Sommermittelwasser, Ballen von Seggen und Rohrglanzgras knapp über Sommermittelwasser	Bei Zwischenlagerung Ballenpflanzen einschlagen. Röhricht und Seggen bis zu 50 cm Abstand pflanzen
Rhizom-pflanzung	Seggen, Wasserschwaden, Rohrglanzgras, Schilf, Teichbinsen, Rohrkolben	März bis April	Rhizomstück mit mehreren Knoten (mindestens 1 unverletztes Internodium)	Pflanztiefe in Höhe des Sommermittelwassers in 20–30 cm tiefe Gräben; Gräben mit kiesigem Boden verfüllen	
Sprößlings-pflanzung	Schilf, Teichbinsen	März bis April	Halmsprosse bis etwa 60 cm lang	Oberer Teil des Sprößlings über Sommermittelwasser, oberste Triebspitze über Boden	In Schlamm oder Feinsand stecken, sonst Pflanzspalten oder -löcher herstellen, in Steinschüttungen Pflanzgraben. Halmsprosse im Abstand von 20–50 cm senkrecht oder schräg setzen

Tab. 9. Möglichkeiten des Umsetzens von Wildpflanzen (Fortsetzung)

Methode	Geeignete Pflanzen	Zeitpunkt der Ansiedlung	Abmessungen der Pflanzen/Pflanzenteile	Besondere Pflanzenweise	Bemerkungen
Halm-pflanzung	Schilf, Wasserschwaden, Rohrglanzgras	Anfang Mai bis Mitte Juni	Etwa 80 bis 120 cm lange, kräftige, blattarme, dicht unter der Oberfläche abgestochene Halme	Pflanztiefe etwa 10–15 cm unter Sommermittelwasser. Löcher vorstechen. Halm zu $\frac{2}{5}$ in den Boden	Unbedingt am Tage der Gewinnung leicht schräg zum Ufer geneigt setzen. Ein- oder mehrreihig zu 3–5 Stück im Abstand von 25–50 cm
Waagerech-te Halm-pflanzung	Schilf	Anfang Mai bis Mitte Juni	Möglichst lange Halme bis etwa 200 cm	Halme in grobkörnigem Boden bis 30 cm tief, in feinkörnigem Boden etwa 10–20 cm tief eingraben. Halmende unter Sommermittel-wasser. Halmspitze mit min. 3–4 Blättern oberhalb des Bodens	Halme leicht schräg zur Uferlinie eingraben. Bei Fließgewässern in Fließrichtung. Bauweise mit geringem Materialbedarf
Einbringen von Zwie-beln oder Knollen	Liliengewächse, Anemonen, Orchideen	Vegetationsruhe		Artgerechte Pflanztiefe	Entnahmeort während der Vegetationszeit markieren
Anzucht von Jung-pflanzen	Wildgräser, Wildkräuter, Stauden, Heiden, Seggen, Röhricht	Auspflanzung im Frühjahr			Je nach Art sind bei der Anzucht besondere Ansprüche zu berücksichtigen, z. B. Saatgutvorbehandlung, Keimungsbedingungen, Symbiosen

einander, wie es eine geplante Begrünung nicht erreichen würde. Voraussetzung hierfür sind natürlich samen- und wurzelfreie Flächen, auf denen sich unerwünschte Gräser und Kräuter nicht so dominierend entwickeln können, daß für die sich langsamer entwickelnden Gehölze, Gräser und Kräuter keine Wachstumsmöglichkeit mehr gegeben wird.

Magerrasen

Diese Vegetation kann nur auf „unkrautfreien" und nährstoffarmen Flächen angelegt werden. Oberböden müssen mit Sanden bzw. gekörntem Gestein (Lavagruß) so abgemagert werden, daß sich kein unerwünschter Bewuchs entwickelt.

Für die Anlage eines Magerrasens sind verwitterungsanfällige Flächen bei Felseinschnitten sowie Sandflächen naturgemäß am besten geeignet.

Vegetationsgrundlagen dieser Art kommen sehr selten vor, so daß es kaum möglich ist, einen geplanten Magerrasen zu realisieren. Man kann im Prinzip nur vorhandene Magerrasenflächen durch besondere Maßnahmen während der Bautätigkeit schützen und diese Flächen in die Landschaftsplanung integrieren.

Ein weiterer Begriff ist der des Wildrasens. Dieser Rasen ist nicht mit gewöhnlichem zu vergleichen. Wildrasen soll bis zur Entwicklung der Ähren wachsen und sich durch eigene Aussamung regenerieren. Ein Schnitt ist erst nach der Aussamung, falls erforderlich, möglich.

Wildrasen wird zwar viel gewünscht, ist aber in der Praxis kaum zu erreichen. Hier gilt das gleiche wie beim Magerrasen. Eventuell vorhandene Wildrasenflächen sind zu schützen und in die landschaftspflegerischen Planungen einzubeziehen.

Anlage von Wildstaudenflächen

Wildstaudenpflanzungen sind bis heute noch nicht planmäßig durchgeführt worden. Zukünftig werden auch diese Pflanzen durch gezielte Saat und Bepflanzung beim Straßenbegleitgrün eingebracht werden.

Praktische Erfahrungen wie bei Gehölzpflanzungen liegen jedoch nicht vor.

Der erste Schritt zur bewußten Erstellung solcher Vegetationsflächen ist die Förderung der örtlich vorhandenen Wildstauden und Wildrasenbestände. Im Prinzip ist dies lediglich die Weiterentwicklung vorhandener Sukzessionsflächen.

Wildstaudenflächen sind, wenn sie gezielt auf Flächen des Straßenbegleitgrüns angelegt werden sollen, leichter zu realisieren als Wildrasen oder Magerrasen.

Die Böden für die Anlage von Wildstaudenflächen müssen nicht krautfrei sein und brauchen auch nicht abgemagert zu werden. Entsprechend den Bodenverhältnissen und den bereits vorhandenen Pflanzen können die Stauden für die Weiterentwicklung gezielt ausgesucht werden.

Das Einbringen der Stauden erfolgt durch
– Pflanzung der Wildstauden, die als Handelsware zu kaufen sind (zur Zeit noch die erfolgversprechendste Methode);
– Einsaat von Kräutern und Wildstauden auf krautfreien Bodenflächen;
– Aufnahme von Wildstauden aus der Landschaft als Einzelstauden oder als Plaggen. Diese werden dann auf die gewünschten Flächen gepflanzt. Bei dieser Methode muß abgewogen werden, ob es gerechtfertigt ist, aus der freien Landschaft Pflanzen zu entnehmen und dort Lücken zu hinterlassen.

In der Praxis wird wie folgt verfahren: Wildrasen- und Wildstaudenflächen werden von Gehölzen freigehalten. Der eingebrachte Wildrasen und die Stauden entwickeln sich ergänzend zur Sukzession. Um das gewünschte Vegetationsbild zu erzielen, wird den Stauden durch Entfernen des Gehölzaufwuchses und von dominierenden Kräutern genügend Raum zur Entwicklung gegeben.

Reine Wildrasenflächen sollten einmal jährlich gemäht werden, während bei den Stauden abzuwägen ist, ob diese einmal jährlich oder nur mehrjährig gemäht werden sollen. Wichtig ist die gezielte Entfernung dominierender Einzelstauden und Kräuter, die die gewünschte Entwicklung unterdrücken würden. Bei Wildrasen ist das Mähgut auf jeden Fall zu entfernen, um die Rasenvegetation nicht zu ersticken und durch zuviel Humusanreicherung eine Hochstauden- und Gehölzvegetation zu fördern.

Bei Staudenflächen kann das Mähgut evtl. verbleiben, denn Humusanreicherung schadet der Entwicklung von Wildstauden nicht. Sie sind so vital, daß sie verrottende Pflanzenrückstände durchwachsen können.

3.6 Ausführung vegetationstechnischer Arbeiten und Sicherungsbauweisen

Diesen Arbeiten kommt bei der Erstellung von Straßenbegleitgrün eine besondere Bedeutung zu, da beim Bau von Straßen Böschungen häufig unvermeidbar sind. Deshalb soll im folgenden auf verschiedene Maßnahmen vertiefend eingegangen werden, wobei

Abb. 82. Sicherung des Oberbodens durch einen Flechtzaun.

die besonderen Probleme an Verkehrswegen berücksichtigt werden.

Vegetationstechnische Arbeiten zur Sicherung von Erdbauwerken sind schon lange Bestandteil der Bautechnik. Beim heutigen Umweltbewußtsein kommt dieser Baumethode nicht nur eine wirtschaftliche Bedeutung zu. Vegetationstechnische Bauwerke und Sicherungsbauweisen binden den Baukörper in die Landschaft ein und reduzieren den Landschaftsverbrauch. Durch vegetationstechnische Bauweisen sollen vor allen Dingen bei instabilen Bodenverhältnissen erosionsgefährdete Flächen gesichert werden.

Zur vegetationstechnischen Sicherungsbauweise gehört auch die Einsaat von Böschungen, die mit Oberboden angedeckt sind. Die Gras- oder Krautnarbe ist ein natürlicher Schutz gegen Erosionen.

Bei den vegetationstechnischen Bauweisen ist zu unterscheiden in Bauweisen zur vorübergehenden Stabilisierung erosionsgefährdeter Böschungen und Bodenflächen sowie in Bauweisen, die später Bestandteil der Landschaft sein werden. Kleine und einfache Stützbauwerke, die der Stabilisierung ungünstiger geologischer Verhältnisse dienen, gehören ebenfalls zu diesen Bauweisen.

3.6.1 Bauweisen zur vorübergehenden Sicherung

Diese haben den Zweck, die oberste Bodenschicht, in der Regel den Oberboden, solange zu halten, bis dauerhafte Sicherungen, z.B. Pflanzen, diese Funktion übernehmen. Zu diesen Bauweisen gehören:

- **Ableiten von Oberflächen- und Hangwasser** durch entsprechende Mulden in die Vorflut oder tiefer gelegenes Gelände, so daß über die Böschung kein gesammeltes Wasser schießt und den frisch angedeckten Oberboden nach unten schwemmt.
- **Zäune**
  Zäune werden überwiegend zur vorübergehenden Sicherung von aufgetragenem Oberboden auf Böschungen, insbesondere Böschungskegeln an Bauwerken, verwendet. Ihre Oberkante soll bündig mit dem Oberboden abschließen, damit das Wasser zielgerichtet abgeleitet werden kann.

– **Flechtzäune**

Flechtzäune werden entweder als Längs- oder Rautengeflecht in Streifen- oder Netzform hergestellt. Sie sind mit geringer horizontaler Neigung anzulegen, um dem zu erwartenden Druck durch Oberboden und anfallendes Sickerwasser besser standzuhalten. Flechtzäune werden hergestellt, indem lange Ruten von Weiden um senkrecht in den Boden geschlagene Pfähle geflochten werden.

Bei den Flechtzäunen ist folgendes zu beachten: Es gibt Weidenruten, die austriebsfähig sind und auch Wurzeln in die darunterliegenden Bodenschichten treiben. Dieser Lebendverbau bringt eine größere Stabilität in den rutschgefährdeten Bereich. Austriebsfähiges Material soll aber nur in Ausnahmefällen verwendet werden, denn der Austrieb ist so stark, daß er die eingebrachte Bepflanzung voll unterdrücken kann und zu einer Weidenmonokultur auf weiten Streckenabschnitten führt. Deshalb verwendet man Weidenruten, die nach dem Abernten aus den Kulturen längere Zeit gelagert werden und dann als Totholz nicht mehr austriebsfähig sind. Diese Ruten halten den abrutschgefährdeten Oberboden nur statisch. In den meisten Fällen reicht dies aus. Gleichzeitig können die verbliebenen Oberbodenflächen mit landschaftsgerechten Gehölzen bepflanzt werden, so daß später diese Durchwurzelung dem Boden bzw. dem ganzen Erdkörper Stabilität bringt, und man den gewünschten Pflanzenbewuchs erhält. Im Laufe der Zeit verrottet das Totholz.

Der größte Vorzug bei Verwendung dieses Materials besteht darin, daß in den Böschungsbereich keine künstlichen Stoffe eingebracht werden müssen, die als Fremdstoffe Böden und Umwelt schädigen könnten. Neben nichtaustriebfähigen Weidenruten gibt es auch Gehölzruten, die als „grünes Material" verwendet werden können, da sie, obwohl von Mutterboden umschlossen, nicht austreiben. Zu diesen Gehölzen gehören Haselnuß, Eiche, Erle oder Hainbuche. Zu schnell verrottende Weichhölzer wie Birke und Pappel sollten nicht verwendet werden.

Die Industrie bietet auch Flechtmatten bzw. lange, 20 bis 40 cm breite, Bänder an, die an lotrecht eingeschlagenen Pflöcken angenagelt oder mit Draht befestigt werden. Dieses Material sollte wegen später nicht abzusehender Umweltbelastungen nicht verwendet werden.

In bindige Böden schlägt man Holzpfähle ein, während bei felsigen Böden Stahlstäbe verwendet werden, für die vorher Bohrlöcher angebracht werden müssen.

– **Querschwellen**

Querschwellen werden aus Pfählen, Rundhölzern, Reisig, Boden, Schotter oder Steinen in **Runsen** (tiefe Ausspülungen lockerer Böden) und **Rinnen** quer zu deren Längsachse eingebaut.

Sie dienen zum Schließen von erosionsbedingten Runsen und Rinnen oder als Sohlenaufhöhung zur Reduzierung der Fließenergie von angeschnittenen Wasserhorizonten oder gesammeltem Oberflächenwasser.

Für Querstabilisierung in **Graßbauweise** (Ausgrassungen) wird anstelle von Rundhölzern nicht ausschlagsfähiges Astwerk (Graß) verwendet. Das dicht gepackte Reisig wird in Längsrichtung in die Runse oder Rinne eingebracht und mit Draht an Pflöcken auf den Boden gepreßt.

Querschwellen bewirken eine sofortige starke Oberflächen- und Tiefensicherung in der Runse. Der Materialverbrauch ist beträchtlich.

– **Faschinen**

Faschine ist wohl der bekannteste Begriff innerhalb der vegetationstechnischen Bauweisen. Irrtümlich werden auch Flechtzäune aus Ruten und Zweigen als Faschinen bezeichnet. Die Verwechslung ist erklärbar, da sich beide Bauweisen ähnlich sehen. Jedoch sind die Faschinen in zusammengefaßten Bunden eingebaut. Ihre Hauptaufgabe ist die gezielte Ableitung von Wasser. Erst in zweiter Linie dienen sie der Sicherung rutschgefährdeter Böden.

Die aus Bündeln zusammengefaßter Zweige oder Ruten bestehenden Faschinen werden meist in unterschiedlichen Abständen in den Boden eingebaut. Lange, schlanke Zweige werden mit Draht zu ca. 0,1 bis 0,3 m dicken und ca. 2,0 bis 4,0 m langen Bündeln oder Walzen zusammengefügt und an den Enden glatt abgeschnitten. Der Einbau erfolgt in Richtung der Fallinie, in die das Wasser abgeführt werden soll. Beim Verlegen mit geringer Neigung zur Horizontalen dienen sie gleichzeitig zur Sicherung des Oberbodens.

Es wird unterschieden zwischen Dränfaschinen für die Wasserableitung und Hangfaschinen für die Wasserableitung und das Festhalten des Bodens gegen Erosionen.

Die Faschinen werden bündig mit der Oberbodenabdeckung eingebaut. Restflächen werden mit Boden- bzw. mit Dränmaterial wie Schotter oder Lava verfüllt.

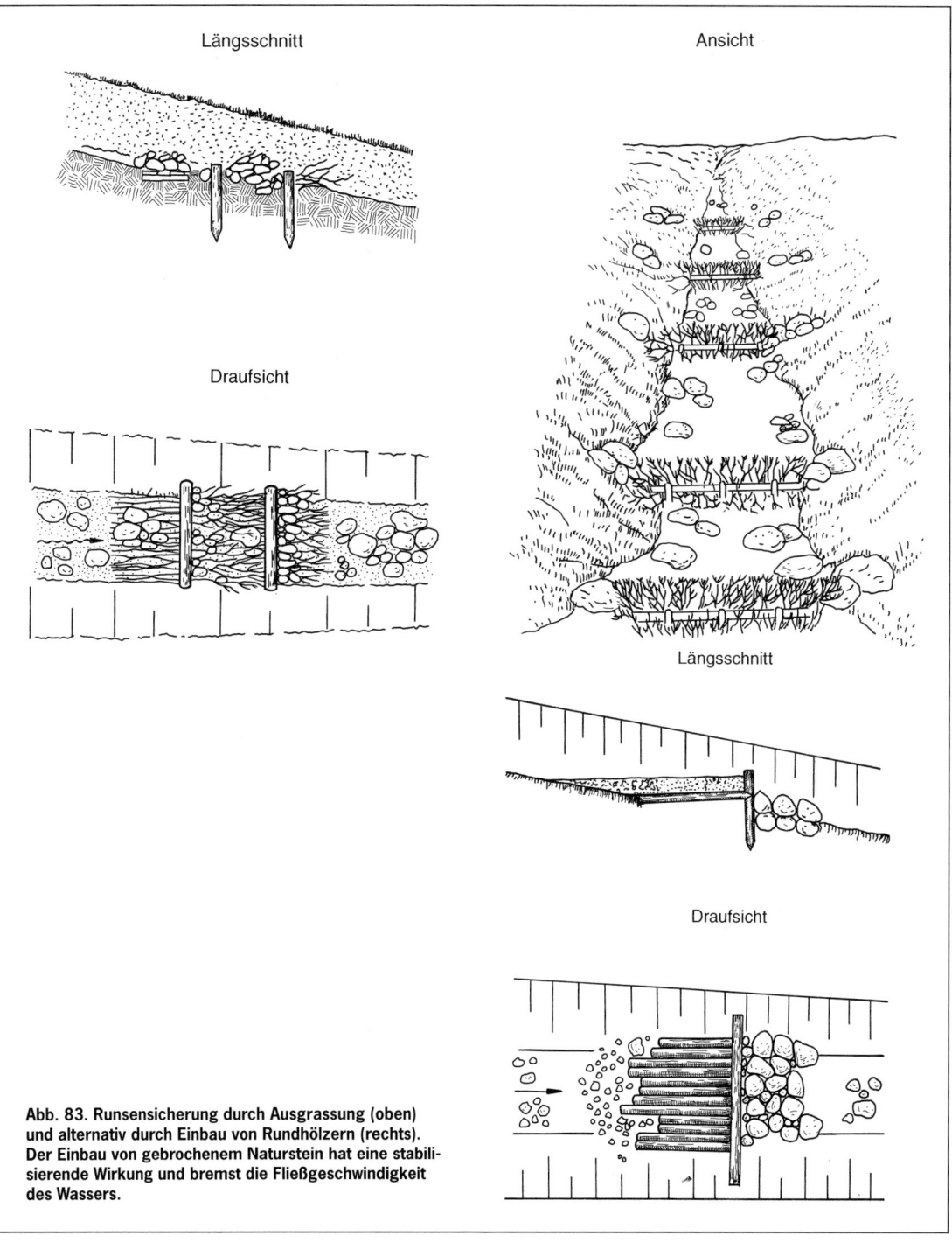

Längsschnitt

Ansicht

Draufsicht

Längsschnitt

Längsschnitt

Draufsicht

Abb. 83. Runsensicherung durch Ausgrassung (oben) und alternativ durch Einbau von Rundhölzern (rechts). Der Einbau von gebrochenem Naturstein hat eine stabilisierende Wirkung und bremst die Fließgeschwindigkeit des Wassers.

– **Einbau von Hangrosten**

Mit Hilfe von Hangrosten soll Boden gehalten werden, der zum Schließen größerer Böschungsrutsche eingebaut worden ist. Weitere Erosionen und Rutsche sollen dabei verhindert werden.

Der Hangrost besteht aus kreuzweise miteinander verbundenen dicken Kant- oder Rundhölzern. Als dreidimensionaler Körper wird er auch zur Auffüllung von Ab- und Ausbruchstellen oder zur Sicherung steiler Flächen, die sich nicht weiter abflachen lassen, verwendet. Je nach Hangneigung kann er als flache Auflage bis hin zur steilen Abstützung unter Anpassung an örtliche Gegebenheiten hergestellt werden.

– **Herstellung einer Buschmatratze**

Der Einbau von Buschmatratzen ist eine Leichtbauweise, wenn auf Böschungen größere Erosionen entstanden sind und man aus Gründen der Stabilität keine Böden oder Steine verwenden kann. Dann werden diese Runsen und Auskolkungen mit Zweiglagen aus austriebsfähigen Weiden aufgefüllt, mit Draht überspannt und zusammengedrückt, so daß das Böschungsprofil wieder hergestellt ist. Die Hohlräume werden mit Oberboden oder leichten Baustoffen wie Lava und Boden aufgefüllt. Bedingt durch den explosionsartigen Austrieb der Weiden, verbunden mit einer starken Wurzelbildung, entsteht ein vegetativer Körper, der leicht ist und trotzdem die Böschungseinbrüche stabilisiert.

Diese Methode ist für Böschungen geeignet, die in labilen Böden hergestellt werden sollen und bautechnisch nicht zu stabilisieren sind. Eine spätere Bepflanzung dieser Flächen ist nicht möglich und auch nicht erforderlich, denn der nachfolgende Weidenaustrieb bietet eine ausreichende Begrünung.

– **Oberflächensicherung mit Bindemitteln**

Zur vorübergehenden Befestigung von lockeren Bodenflächen (Oberboden oder Unterboden) gegen Wind- und Wassererosion eignen sich biochemische Bindemittel sowie synthetische Haft- und Klebestoffe, die in biologischer und physiologischer Hinsicht unbedenklich sein müssen. Hierzu zählen Algenate (Algensubstrat zur Belebung mit Mikroorganismen) sowie Kunststoffdispersionen und -emulsionen, die in wäßriger Lösung bei gefährdeten Flächen aufgebracht werden. Durch Verdunstung und Einwirkung von Sauerstoff verkleben die wirksamen Substanzen mit Bodenpartikeln zu einem netzartigen, luftdurchlässigen Schutzüberzug, dessen Wirksamkeit jedoch zeitlich begrenzt ist.

Die Ausbringung dieser Bindemittel erfolgt hydraulisch unter beachtlichem Wasserdruck, um die Bindemittel zu transportieren und auf den Boden zu drücken.

Im Prinzip ist dies mit der Herstellung einer Naßansaat zu vergleichen, bei der nur zusätzlich und ergänzend Saatgut von Gräsern, Kräutern und Gehölzen hinzugegeben wird. Die entstehenden Gras- bzw. Krautnarben bieten ebenso wie bei der Raseneinsaat einen Schutz gegen Erosionen.

Gehölz- und Rasensaatgut sollten nicht gemischt werden, denn der schneller keimende Rasen unterbindet die erhoffte Entwicklung von Gehölzen. Der gewünschte Gehölzbewuchs stellt sich allerdings ohnehin im Folgejahr durch Sukzession ein.

– **Einbau von Rasensoden**

Rasensoden gehören zu den bekannten und althergebrachten Mitteln zur Sicherung rutschgefährdeter Böden. Im Straßenbau werden sie auf Banketten, kleineren rutschgefährdeten Böschungsteilen und geneigten Trennstreifen verwendet, um in der Breite anfallendes Oberflächenwasser aufzunehmen und somit die Erosion des darunter befindlichen Bodens zu verhindern.

– **Vernagelung mit Holzpfählen**

Rutschgefährdete Böschungsteile können durch das Einschlagen einer Pfahlreihe bis in den darunterliegenden festen Boden gesichert werden. Die Pfahlreihe braucht nicht mit der Oberkante des Böschungsprofils abzuschließen, überstehende Pfahlteile bieten zusätzliche Sicherheit.

3.6.2 Bauweisen zur dauerhaften Sicherung von Erdbauwerken

Bauweisen zur dauerhaften Sicherung sind ein landschaftsprägendes Element und daher auch als Gestaltungsmaßnahme anzusehen. Bei dieser Bauweise wird Naturstein in Verbindung mit Vegetation eingesetzt.

– **Böschungspflaster aus bearbeiteten Natursteinen**

Böschungspflaster dienen zur Stabilisierung von Erdböschungen gegen Oberflächenerosion und auch zur Ufersicherung an Gewässern. Das Pflaster aus Natursteinen wird aus witterungsbeständigen Bruchsteinen mit Kantenlängen von mindestens 15 cm hergestellt. Die Steine werden, falls erforderlich, behauen und in einem Verbund, der die Steine gegenseitig abstützt, auf eine ca. 25 cm Bettung aus grobkörnigem Boden verlegt.

Zur Einbindung in die Landschaft soll Böschungspflaster mit Pflanzen kombiniert werden. Hierzu eignet sich eine Begrünung durch Steckholz, Rhizome (Wurzelschnittlinge) und Ansaat von Gräsern und Kräutern.

Böschungen unter Brücken sollten, wenn möglich, auch immer durch Natursteinpflaster gesichert werden. Wenn diese Flächen vom Regen nicht erreicht werden können, ist das Einbringen von Steckhölzern oder Einsaat nicht sinnvoll.

– **Sicherung mit Betonformsteinen**
Dieses Material sollte nur verwendet werden, wenn die Verwendung von Naturstein aus statischen und bautechnischen Gründen nicht möglich ist. Sollen diese Steine trotzdem verwendet werden, ist darauf zu achten, daß genügend Kammern und Hohlräume nach dem Aufbau vorhanden sind, um ein Bodensubstrat für Vegetation einbauen zu können.

Abb. 84. Trockenmauern aus Bruchsteinen, gleichzeitig ein Lebensraum für Reptilien und Pflanzen.

– **Sicherung mit unbearbeiteten Natursteinen**
In flächiger Lage können unbearbeitete Natursteine als Schüttgut eingebracht werden, in deren Hohlräumen dann Boden als Grundlage für eine Begrünung Platz findet. Diese Bauweise wird auf Flächen angewandt, die in der Oberfläche so stabil sein müssen, daß sie befahren werden können oder zeitweise Überschwemmungen unbeschadet überstehen.

Der Einbau des unbearbeiteten Natursteins erfolgt als Steinsatz, Steinlage oder Steinschüttung.

– **Schutznetze**
Um den Sicherheitsanforderungen im Straßenbau voll zu genügen, ist es erforderlich, Felseinschnitte in Höhen ab 3 m gegen Steinschlag zu sichern. Da auf frisch hergestellten Felseinschnitten noch keine Vegetation vorhanden ist, die abbröckelnde Felsteile festhalten, ist es erforderlich, diese Flächen mechanisch zu sichern. Die Sicherung erfolgt durch Schutznetze, die über die zu sichernden Böschungsteile gezogen werden. Boden- und Gesteinsabgänge werden durch das Schutznetz festgehalten und können nicht auf die Straße fallen. Als Schutznetze werden verzinkte Drahtgeflechte verwendet, die an Stahlstäben befestigt sind. Durch die Drahtmaschen kann sich dann ungestört von Erosionen eine Vegetation bilden. Als Initialzündung für den folgenden Bewuchs ist eine Saateinspritzung zu empfehlen.

Aufgrund neuerer Erkenntnisse der Geologie und Heimatkunde sollten diese Felseinschnitte und Klüftungen nur gesichert, auf eine vegetationsfördernde Maßnahme aber verzichtet werden. Die einsetzende Sukzessionsvegetation bringt meistens bessere Ergebnisse als das gezielte Einbringen von Saaten. Außerdem sind freiliegende Felseinschnitte eine Bereicherung für das Landschaftsbild und sollten nicht, wenn ausreichend Stabilität vorhanden ist, durch Grün verdeckt und kaschiert werden. Denn auch diese Landschaftsteile sind als Grundlage und Weiterentwicklung der Fauna, z. B. als Refugien für Reptilien (Eidechsen), ein wichtiger Bestandteil der Landschaft.

3.6.3 Kleinere Stützbauwerke und Futtermauern

Diese Sicherungsbauwerke haben neben der praktischen Bedeutung auch einen großen Einfluß auf das Aussehen des Landschaftsbildes. Hiermit können innerhalb großflächig gestalteter Landschaftsteile Abwechslung und Strukturen geschaffen werden, die erst die Identität des Bauwerks Straße schaffen können. Hier besteht noch die Möglichkeit, individuell zu gestalten. Da es sich dabei häufig um kleinere Maßnahmen handelt, wird dieser Bereich des Tiefbaus gern dem Landschaftsbau überlassen.

– **Palisaden**
Als Palisaden bezeichnet man die in einer Reihe nebeneinander eingebauten Pfähle, die zur Abstützung kleinerer Böschungsteile am Böschungsfuß verwendet werden. Durch Palisaden können auch die Wurzelbereiche zu schonender Einzelbäume gegen Bodenüberfüllung gesichert werden.

In Runsen und Rinnen werden sie zur Auffüllung

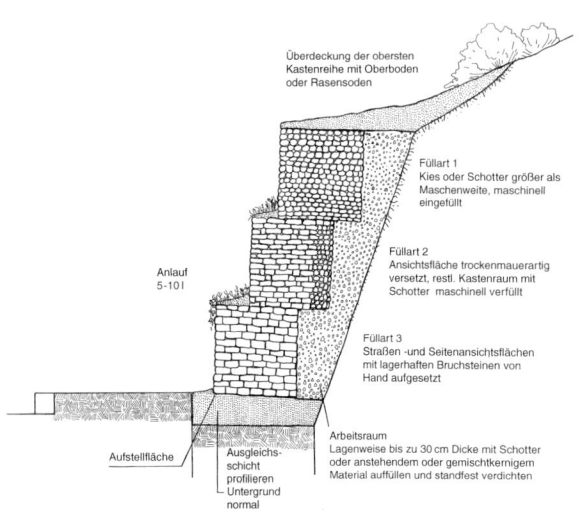

Überdeckung der obersten
Kastenreihe mit Oberboden
oder Rasensoden

Füllart 1
Kies oder Schotter größer als
Maschenweite, maschinell
eingefüllt

Füllart 2
Ansichtsfläche trockenmauerartig
versetzt, restl. Kastenraum mit
Schotter maschinell verfüllt

Anlauf
5-10 l

Füllart 3
Straßen -und Seitenansichtsflächen
mit lagerhaften Bruchsteinen von
Hand aufgesetzt

Arbeitsraum
Lagenweise bis zu 30 cm Dicke mit Schotter
oder anstehendem oder gemischtkernigem
Material auffüllen und standfest verdichten

Aufstellfläche   Ausgleichs-
schicht
profilieren
Untergrund
normal
verdichten

Abb. 85. Sicherung einer Einschnittböschung durch Drahtschotterkästen.

Abb. 86. Drahtschotterkästen als Hangsicherung.

verwendet, denn hinter ihnen können Ablagerungen von Böden durchgeführt werden.

– **Trockenmauern**
Trockenmauern sind ein altes Kulturgut und seit
jeher schon Bestandteil der Gartengestaltung gewesen. Sie gehören zum handwerklichen Arbeitsbe-
reich des Landschaftsbauers, zumal hierfür Naturstein verwendet wird.
Mit Trockenmauern können anstehende Böden
und Fels, die aufgrund ihres inneren Zusammen-
haltes Böschungen in der Neigung steiler als 1:1
zulassen, gegen Verwitterung und Erosionen schützen. Diese Mauern bezeichnet man dann als Futtermauern. Die Dicke der Mauer sollte in Abhängigkeit von der jeweiligen Höhe den Wert D = 0,45 +
0,25 H in Metern nicht unterschreiten.
Das Fundament der Trockenmauern wird nicht aus
Beton erstellt, sondern aus anstehendem Material,
das frostsicher in den anstehenden Boden einzubauen ist. Lehmiger Untergrund muß frostsicher
(0,80 m tief) ausgeschachtet werden. Dann kommt
stabiles Material wie Fels oder Schotter in die Aus-
schachtung und wird verdichtet. Darauf wird die
Trockenmauer erstellt.
Der Sinn der Trockenmauern besteht darin, daß sie
leichte Geländebewegungen mitmachen und nicht
statisch starr sind. Geringere Absackungen beeinflussen die Standfestigkeit einer Trockenmauer
nicht. Trockenmauern bilden auch die Voraussetzungen für die Entwicklung von Amphibien, Kerb-
tieren und seltenen Pflanzen.

– **Drahtschotterkästen**
Drahtschotterkästen sind rechteckige Körbe aus
Draht, in die anstehendes Gesteinsmaterial verfüllt
wird. Sie werden zur Sicherung rutschgefährdeter
Böschungseinschnitte in gebirgigen Landschaften
verwendet. Gleichzeitig kann durch Drahtschotterkästen die Entwicklung einer Vegetation gefördert
werden. Hierzu besteht die Möglichkeit durch Einbringen von Saatgut mit Oberboden, von Steckhölzern und Sämlingspflanzen.

– **Blockschichtungen aus Naturstein**
Blockschichtungen sind Futtermauern aus lagerhaften Gesteinsblöcken, die im Verband auf vorbe-
reiteter Auflagerfläche erstellt werden. Der Verbund der Blöcke ist lose, auch wenn Mörtel zur
gleichmäßigen Lagerung mitverwendet wird.
Mit Blockschichtungen können anstehende Böden
und Fels, die aufgrund ihres inneren Zusammen-
halts Böschungsneigungen steiler als 1:1 zulassen,
gegen Verwitterung und Erosion geschützt werden.
Blockschichtung kommt dort zur Anwendung, wo

geeignete verwitterungsbeständige Gesteinsblöcke ohne großen Aufwand in der näheren Umgebung gewonnen werden können. Auch mit dieser Bauweise ist eine Individualisierung von Landschaftsteilen möglich. Gleichzeitig werden Refugien für Reptilien und Käfer geschaffen. Seltene Pflanzen, die auf Magerstandorten gedeihen, werden sich hier entwickeln. Eine Begrünung im üblichen Stil mit kräftigem Pflanzenwuchs ist hier nicht angebracht.

– **Krainerwände**
Krainerwände sind Stützkonstruktionen aus aufeinandergelagerten Holzstämmen, die ein räumlich geschlossenes Gitter bilden mit einem verdichteten Erdkörper, der den größten Teil des Gesamtquerschnitts ausmacht und dessen Außenseite begrünt werden kann.

Abb. 87. Krainerwand aus Holzstämmen.

Die Industrie bietet entsprechende Betonformteile an, um nach dem gleichen System Raumgitterwände zu schaffen. In diesen Betonformteilen sind ausreichend Kammern vorhanden, um Böden als Grundlage für eine Vegetation aufzunehmen.

– **Einfache bewehrte Bodensysteme**
Einfache bewehrte Bodensysteme sind Verbundsysteme aus einem Schüttboden und Bewehrungslagen aus Holz, Geotextilien oder Kunststoffen. Der Landschaftsbauer sollte natürliche Baustoffe für die Herstellung von Bewehrungssystemen bevorzugen, die sich bei einer endgültigen Bodenstabilisierung neutral verhalten bzw. bei Verwendung von austriebsfähigen Hölzern (z. B. Weide) zu einer Begrünung beitragen.

Sicherungsbauweisen sind wiederum ein Spezialgebiet des Landschaftsbaus, meistens haben sich kleinere Betriebe auf diese Arbeiten spezialisiert, so daß sie dafür gern von Tiefbaufirmen herangezogen werden. Es handelt sich um ein Arbeitsgebiet, das noch nicht so stark dem Wettbewerb ausgesetzt ist wie die Arbeitsfelder, bei denen Massenproduktion vorherrscht.

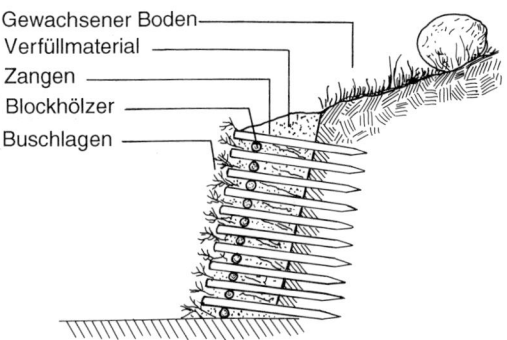

Gewachsener Boden
Verfüllmaterial
Zangen
Blockhölzer
Buschlagen

Abb. 88. Einfaches bewehrtes Bodensystem mit Blockhölzern, Buschlagen und Geotextilien.

3.7 Landschaftsgerechte Pflege der straßenbegleitenden Vegetationsflächen

Bei der Durchführung landschaftsgärtnerischer Pflegearbeiten werden unterschieden:
– **Die Entwicklungspflege**
Dies ist die Pflege, die nach Abnahme der gärtnerischen Baumaßnahme, also nach der Fertigstel-

lungspflege, vom Unternehmer durchgeführt wird. Das Ziel dieser Arbeiten besteht darin, die Pflanzflächen in einen Zustand zu bringen, der es erlaubt, die Gehölze über einen längeren Zeitraum sich selbst zu überlassen. Der strauchartige Gehölzbewuchs soll soweit in sich geschlossen sein, daß die Gehölze nicht mehr durch die Konkurrenz von unerwünschten Wildkräutern in ihrer Entwicklung behindert werden. Bäume sollen soweit Fuß gefaßt haben, daß sie als Jungbäume während der Folgejahre keinen Pflegeaufwand erfordern.

In der Regel ist eine zweijährige Entwicklungspflege vorgesehen, in der die Gehölze von konkurrierenden Wildkräutern freigehalten, bei Trockenheit gegossen und zur Entwicklung mit gezielten Düngergaben versehen werden. Da Rasen- und Gehölzflächen eine Einheit bilden, werden im Rahmen dieser Pflegeleistungen die Rasenflächen zweimal jährlich geschnitten.

Diese Pflegeleistungen der Entwicklungspflege sind ein Bestandteil des Bauwerks Straße und werden deshalb durch Unternehmer ausgeführt.

– **Erhaltungspflege**
Die erforderlichen Arbeiten der Erhaltungspflege werden größtenteils durch eigenes Personal der Straßenbauverwaltung durchgeführt. An Unternehmen werden nur gezielt bestimmte Einzelleistungen übertragen, wie z. B. die Baumpflege, das Auslichten älterer Gehölzbestände oder das Abtragen zu hoch gewachsener Bankette, um den Wasserablauf von der Fahrbahn weiter zu gewährleisten.

Die Erhaltungspflege durch das straßenbauverwaltungseigene Personal beschränkt sich auf das Mähen der Rasenflächen, den Rückschnitt von Gehölzen zum Freihalten von Sichtfeldern und kleinere Sanierungsmaßnahmen an Straßenbäumen.

Die vorgenannten Ausführungen sollen Verständnis dafür wecken, daß es trotz vieler fachlicher Erkenntnisse nicht möglich ist, das Straßenbegleitgrün so intensiv zu pflegen, daß Fehlentwicklungen verhindert und Weiterentwicklungen durchgeführt werden können.

Anders ist es bei der Grünflächenpflege im Zusammenhang mit Stadtstraßen. Hier werden die Pflegearbeiten nach gärtnerischen Gesichtspunkten durchgeführt. Oft ist das Straßenbegleitgrün eine willkommene Erweiterung vorhandener Grünflächen und Parkanlagen und die Verbindung zwischen den einzelnen Grünanlagen. Bei den Pflegearbeiten in der Landschaft stehen an erster Stelle Sicherheit, bautechnische Gesichtspunkte und Ergänzung des Landschaftsbildes als Ziele der Pflegearbeiten. Die Pflegearbeiten in diesem Bereich können nur vom Gesamtbild und nicht im Detail gesehen werden. Der Rückschnitt von Gehölzen mit Handgerät unter Berücksichtigung des Habitus des Einzelgehölzes ist sicher wünschenswert, kann aber im Hinblick auf die anfallende Menge der Pflegeleistungen nicht eingehalten werden. Gehölze können nur flächenmäßig abgesetzt werden. Hier ist dann das richtige Maß zwischen Kahlschlag und angemessener Landschaftspflege zu finden.

3.7.1 Pflegearbeiten an Ausgleichs- und Ersatzflächen

Ausgleichs- und Ersatzflächen gehören nicht zum unmittelbaren Straßenbegleitgrün. Es sind Flächen, die außerhalb des eigentlichen Straßenkörpers liegen, aber von der Straßenbauverwaltung unterhalten werden müssen, weil sie Voraussetzung für die Genehmigung des Ausbaus einer Straße gewesen sind. Da dieses Grün nicht im unmittelbaren Verkehrsbereich liegt, brauchen hier auch keine Pflegeleistungen nach Gesichtspunkten der Verkehrssicherheit durchgeführt zu werden. In der Regel handelt es sich um Aufforstungsflächen, Streuobstwiesen oder gezielte Baumpflanzungen. In der Regel sind diese Flächen so angelegt, daß nach der Entwicklungspflege in den Folgejahren keine Arbeiten erforderlich sind. Streuobstwiesen und angelegte Waldflächen sind nicht nach Ertragsgesichtspunkten angelegt, so daß aus ökologischen Gründen ein Sich-selbst-Überlassen der Flächen bereits bei der Planung berücksichtigt wurde. Diese Flächen sollen das Ökodefizit in der Landschaft verringern und haben weder wirtschaftliche noch Gestaltungsfunktionen. Im Idealfall werden diese Flächen von interessierten Trägern des Naturschutzes in Forstverwaltungen oder interessierten Kommunen übernommen. Auch diese Grundsätze sollte der im Landschaftsbau Tätige kennen, um seine wirtschaftlichen Möglichkeiten richtig einzuordnen.

3.7.2 Maßnahmen zur Erhaltung und Weiterentwicklung des Straßenbegleitgrüns

Überwachungs- und Pflegemaßnahmen an Straßenbäumen

Nicht nur praktische Arbeiten an den Straßenbäumen dienen deren Erhalt, vielmehr ist es erforderlich, sie regelmäßig auf ihre Verkehrs- und Standsicherheit zu überprüfen und fortlaufend zu überwachen. Für die Überwachung der Straßenbäume hat sich die Straßenbauverwaltung eine Richtlinie für den Erhalt des Bestandes dieser Bäume gegeben („Baumverfügung). Die Untersuchung der Bäume muß zweimal jährlich, und zwar im Herbst nach dem Laubfall und Ende Mai/Anfang Juni durchgeführt werden. Diese ersten Überprüfungen erfolgen durch die Mitarbeiter im Außendienst (Straßenwärter). Bei der Durchsicht wird

– die Baumkrone aus angemessener Entfernung kontrolliert. Trockene Äste, Faulstellen, Fehlentwicklungen und Pilzbefall werden, wenn vorhanden, festgestellt.

– Der Stamm wird auf Beschädigungen und Faulstellen untersucht. Besonderes Augenmerk ist hier auf den Stammfuß zu legen, er ist deshalb von Gras, Stockausschlägen und Anfüllungen frei zu machen.
– Kleinere Ast- und Rindenschäden sollen sofort behoben werden.
– Alle größeren Schäden sind in einer vorgefertigten Liste zu erfassen.
– Das **Lichtraumprofil** ist bei dieser Kontrolle zu prüfen. Für das Erhalten der vorhandenen Straßenbäume gelten beim Lichtraumprofil folgende Abmessungen: Der Baumstamm darf nicht näher als 0,50 m am Fahrbahnrand stehen, der nach unten sich ausweitende Stammfuß darf bis zu 0,30 m an den Fahrbahnrand heranreichen. In der Höhe muß das Lichtraumprofil von der Fahrbahndecke 4,5 m betragen. Tiefer herunterhängende Äste sind abzuschneiden.
Hat der im Außendienst Tätige das subjektive Gefühl, daß dieser Baum aus Gründen der Sicherheit zu entfernen ist, wird der zuständige Gartenbauingenieur zur Beurteilung herangezogen. Sollte auch dieser zu der Erkenntnis kommen, daß der Baum nicht mehr standsicher ist und entfernt werden muß, darf immer noch nicht die Fällung des Baumes veranlaßt werden. Für eine evtl. Fällung sind Genehmigungen der unteren Landschaftsbehörde bzw. der Kommune einzuholen, deren Baumschutzsatzung für dieses Gebiet zuständig ist. Auch diese Behörden werden den zu fällenden Baum in Augenschein nehmen und feststellen, ob eine Baumfällung wirklich erforderlich ist. In diesem Fall greifen als Landesgesetz das Gesetz zur Sicherung des Naturhaushalts (Landschaftsgesetz) oder eine kommunale Verordnung, die Baumschutzsatzung.
Erst nach diesen theoretischen, nach außen hin nicht sichtbaren Arbeiten, beginnt die praktische Arbeit für die Pflege der Bäume. Die Baumpflege wird vorrangig nach folgenden Gesichtspunkten durchgeführt:
– Fällung von standgefährdeten Bäumen bei gleichzeitiger Pflanzung eines Ersatzbaumes, aufgrund der Auflagen des Landschaftsschutzgesetzes bzw. der **Baumschutzsatzung.**
– Freischneiden des Lichtraumprofiles. Diese Arbeiten sollten im Sommer durchgeführt werden, wenn die Bäume noch im voll belaubten Zustand sind, denn nur dann ist aus größerer Entfernung das Trockenholz zu erkennen. Dies gilt auch für das notwendige Entfernen zu tief ausladender Äste, die

durch das Gewicht des Laubes, besonders bei Regen, nach unten gedrückt werden.
– Das Ausschneiden von Faul- und Schadstellen am Stamm, am Stammfuß und im unteren Kronenbereich. Diese Arbeiten sind notwendig, um das Ausmaß der Fäulnis zu erkennen und durch entsprechende Wundbehandlung und Glätten von zerfaserten Holz- und Rindenteilen weiterer Fäulnis und weiterem Bakterienbefall entgegenzutreten. Faulstellen im Bereich des Stammfußes sind so auszuführen, daß Wasser ablaufen kann und keine Nässestauungen entstehen. Hierbei ist es erforderlich, das Umfeld des Stammfußes frei zu machen und durch Kiesregolen das Wasser gezielt abzuleiten.

Besondere Hinweise für Schnittarbeiten an Straßenbäumen

– Ahorn und Birke sind Bäume mit einem besonders starken Saftstrom, weil diese Bäume in kurzer Zeit sehr viel Laub entwickeln. Die Schnittstellen bluten so stark, daß der Saft auf den Boden tropft. Dies passiert auch bei Schnittstellen, die im Januar entstanden sind. Die angeschnittenen Leitungsbahnen haben bis zum Frühjahr, der Zeit des Saftanstiegs, noch keinen Wundverschluß gebildet.
Diese Bäume sollten, bevor sich das Laub wieder zurückbildet bzw. kurz nach dem Laubfall, bis spätestens Dezember geschnitten werden, um das starke Austreten des Saftes aus der Schnittwunde zu verhindern. Die Nährstoffe bleiben dem Baum dadurch erhalten.
– Bei den anderen Baumarten können die Schnittarbeiten ohne Bedenken bis zum 28. Februar durchgeführt werden. Der 28. Februar ist durch das Landschaftsgesetz vorgeschrieben. Durch die Schnittarbeiten soll die Brut von Vögeln nicht gefährdet werden.
– Behandlung der Schnittstellen mit einem Wundverschlußmittel.
Bei der Verwendung der zahlreichen Wundbehandlungsmittel ist zu beachten, daß sie sorgfältig auf die saubere Schnittstelle aufgetragen werden müssen. Unsachgemäß verwendete Wundverschlußmittel leisten Fäulnis und Pilzbefall Vorschub. Eine Anwendung der Wundverschlußmittel im Sinne einer Hygiene, wie sie im medizinischen Bereich üblich ist, ist jedoch nicht durchführbar. Daher ist zu überlegen, ob man nicht auf die Anwendung von Wundbehandlungsmitteln verzichten soll. Optisch werden wohl die Schnittstellen kaschiert, und es

wird der Eindruck einer fachlich sorgfältigen Arbeit erweckt. In der Realität ist dies aber häufig nicht der Fall. Von Baum zu Baum müßten Pinsel und Behälter gewechselt werden, um keine Pilzsporen und Krankheitserreger zu übertragen.

Wichtig ist immer der saubere glatte Schnitt, damit sich an zerfaserten Holzteilen keine Pilze und Fäulnisherde entwickeln können. Das Entfernen von Bodentrieben ist für den Erhalt des Baumes im Wurzelbereich wichtig.

Durchführen baumpflegerischer bzw. baumchirurgischer Pflegemaßnahmen

Faulstellenbehandlung am Stammfuß, am Stamm und im unteren Kronenbereich sind nach den Gesichtspunkten der Baumchirurgie angemessene Maßnahmen. Geht es aber darum, Kronenbereiche durch Stahlseile zu sichern oder ausgehöhlte Faulbereiche am Stamm durch Stahlstäbe zu stabilisieren, sollte über den Sinn einer solch überzogenen Maßnahme nachgedacht werden. In der freien Landschaft ist solch ein Aufwand meistens nicht gerechtfertigt, es sei denn, es handelt sich um **Kulturdenkmale** wie z. B. die Linde am Wegkreuz. Abgängige Straßenbäume sollte man entfernen und an gleicher Stelle einen neuen Baum pflanzen.

Baumpflege am jungen Baum

Am jungen Baum (bis zu ca. 15 Jahre) ist es wichtig, durch geeignete Schnittmaßnahmen den Kronenaufbau so zu fördern, daß der spätere Baum nicht wegen einer instabilen Baumkrone entfernt werden muß.

Der Kronenschnitt soll unter dem Gesichtspunkt eines durchgehenden Leittriebs durchgeführt werden. Gleichzeitig ist durch rechtzeitiges Aufasten dafür zu sorgen, daß die Krone in einer Höhe beginnt, durch die ein Lichtraumprofil in der Höhe von 4,50 m gewährleistet ist.

Pflegearbeiten an den Gehölzflächen

Als ständige Pflegearbeiten werden Rückschnitte durchgeführt, um die Sichtfelder für die Verkehrsteilnehmer freizuhalten.

Sporadisch werden Rückschnitte bei zu groß gewordenen Sträuchern im Mittelstreifen der Autobahnen und auf Trennstreifen zwischen Fahrbahn und Radwegen durchgeführt. Diese Rückschnittarbeiten sollen zeitversetzt stattfinden, um nicht weite Streckenabschnitte des Bewuchses zu entblößen. Auf Mittelstreifen und Trennstreifen werden oft stark wach-

sende Gehölze als Sämlingsware gesetzt, die sich auf diesen extremen Standorten durchsetzen konnten. Nach einem Zeitraum von fünf bis sieben Jahren sind sie so groß geworden, daß sie in den Verkehrsraum wachsen und die Sicht behindern. Dann ist es Zeit, die Gehölze auf den Stock zu setzen, d. h., zwischen 20 bis 30 cm über dem Boden abzuschneiden, so daß sie sich mit neuen Trieben von unten wieder entwickeln können. Rückschnitt auf halbe Höhe würde nur zu Krüppelwuchs führen. Die Pflanzen hätten nicht genügend Vitalität, weil die starken Austriebe auf einer schwachen Unterlage nur um so schneller in die Höhe wachsen würden. Um die Holzteile der Äste an Ort und Stelle zu lassen, werden diese Teile gehäckselt und in die umgebenden Böschungen geblasen. Der Eintrag des Häcksels in das Unterholz kann allerdings nicht kritiklos betrachtet werden, denn bei zuviel Häcksel in einer Stärke ab 20 cm wird die zugedeckte Krautschicht abgetötet und der Lebensraum für Pflanzen und Tiere eingeschränkt.

Hierbei handelt es sich um einen Wirtschaftskreislauf. Das Straßenbegleitgrün ist wohl Bestandteil der Landschaft, gehört aber zum Wirtschaftsraum Straße. Somit ist abzuwägen, welche Belastungen ein Verbrennen oder Silieren der Holzreste oder ein Verbringen des Holzes auf Kippen der Umwelt bringen würden. Weiter ist zu bedenken, was in der Praxis durchführbar ist, denn bei solchen Maßnahmen fallen große Massen an, die nicht einfach zu entsorgen sind.

Verjüngungs- und Auslichtungsarbeiten an Altholzbeständen auf Böschungen, Autobahnkreuzen und im straßennahen Bereich

Der erste Teil der Pflegearbeiten bei diesen Gehölzflächen besteht aus dem Entfernen der sog. Pioniergehölze, wie Pappeln, Erlen, Weiden sowie den Austrieben von Weiden, die bei vegetationstechnischen Maßnahmen verwendet wurden. Pioniergehölze sind Bäume und Sträucher, die sich schneller entwickelt haben als die gewünschten Landschaftsgehölze. Sie wurden gepflanzt, um das Bauwerk Straße schneller einzugrünen und als **Ammenpflanzen** den gewünschten Gehölzen Schutz in ihrer Entwicklung zu geben. Nun sind diese Gehölze überständig und nicht mehr standsicher. Deshalb müssen sie entfernt werden. Die entstehenden Freiflächen werden für die Entwicklung der gewünschten Gehölze dringend benötigt.

Auslichtungsmaßnahmen an älteren Gehölzbeständen werden durchgeführt, um den Bestand der Gehölzfläche für die Zukunft zu sichern. Um überhaupt einen Bewuchs zu erreichen, wurden die Gehölze als kleine Sämlingsware oder zweimal verpflanzte Büsche recht dicht gepflanzt, um für die Entwicklung der Gehölzgruppen ein vegetatives Kleinklima zu schaffen. Jetzt müssen zu dicht stehende Pflanzen entfernt werden. In der Regel werden zwischen 25 und 50 % der einzelnen Großgehölze auf den Stock gesetzt, so daß sich die restlichen Sträucher dafür optimaler und standfester durch den erhaltenen Platz für das Breitenwachstum entwickeln können. Auslichtungsarbeiten sind auch nach landschaftsgestalterischen Gesichtspunkten möglich. Hier werden Gehölze flächenweise auf den Stock gesetzt. Gewünschte Einzelgehölze bzw. Gehölzgruppen werden aus dem Bestand ausgesucht und können sich, nachdem genügend Freiraum für sie vorhanden ist, als markante Landschaftsgehölze entwickeln.

Auch hier muß vor Beginn der Arbeiten ein Konzept aufgestellt werden, das den gesamten Straßenraum berücksichtigt. Dies ist besonders für landschaftsgestalterische Maßnahmen erforderlich, wenn markante Gehölzgruppen, Bäume oder Ausblicke in die Landschaft geschaffen werden sollen.

3.7.3 Schädlinge und Pflanzenkrankheiten

Schädlingsbekämpfung und die Behandlung von Pflanzenkrankheiten sollten beim Straßenbegleitgrün eigentlich nicht im Vordergrund stehen.

Das Pflanzenschutzgesetz, ein Bundesgesetz, verpflichtet aber die Straßenbauverwaltung, bei bestimmten Schädlingen und Pflanzenkrankheiten einzugreifen. Vorsorgliche Schädlingsbekämpfung durch Anwendung von Spritzmitteln wird nicht mehr durchgeführt.

Genehmigungsverfahren von Pflanzenschutzämtern, Landschafts- und Wasserbehörden und im politischen Raum lassen ein schnelles Eingreifen mit chemischen Mitteln gegen Pflanzenschädlinge nicht zu und scheinen auch, wie sich in der Vergangenheit gezeigt hat, überhaupt nicht notwendig zu sein. Die Auflagen des Pflanzenschutzgesetzes werden in den folgenden Fällen durch Entfernen und Vernichten geschädigter Gehölze erfüllt.

– **Feuerbrand an Rosaceae**
 Der Feuerbrand ist eine Bakterieninfektion, die durch Schädigung der Leitungsbahnen den Saftstrom stoppt, so daß die Gehölze kurzfristig eingehen und vertrocknen. Um den Übertritt der Bakterien auf andere Gehölze der gleichen Pflanzenfamilie zu verhindern, müssen diese Gehölze gerodet und durch Verbrennen vernichtet werden.

– **Obstwildlinge als Wirtspflanzen für schädigende Insekten**, die benachbarte Obstplantagen und Obstbäume in Privatgärten beeinträchtigen könnten.
 Hier tritt der Fall ein, daß zwei Gesetzte sich widersprechen. Das Pflanzenschutzgesetz verlangt ein Entfernen oder Behandeln der Gehölze mit Pflanzenschutzmitteln, um Schaden von den Obstplantagen und Obstbäumen in Privatgärten zu verhindern, während das Landschaftsschutzgesetz den Bestand von Obstwildlingen unter Schutz stellt und zum Schutz der Fauna die Anwendung von chemischen Giften verbietet.

In den folgenden Fällen ist strittig, ob man vorsorglich durch den Einsatz mit Pflanzenschutzmitteln tätig werden soll:

– **Schmetterlingsraupen**
 Da es sich bei Straßenbepflanzungen um lange, linienförmige, gleichartige Gehölzpflanzungen handelt, kann es vorkommen, daß weite Strecken von einem Schädling so stark befallen werden (z. B. der Befall von Gehölzen durch die Goldafterraupe), daß man um den Erhalt des Gehölzbestandes fürchten muß. Früher wurden diese Schädlinge mit chemischen Mitteln bekämpft, meist mit geringem Erfolg. Die in dichten Gespinsten lebenden Raupen waren durch das Spritzmittel nicht zu erreichen und wurden mit der Zeit sogar resistent. Da aber diese Schädlinge verschiedene Entwicklungsstadien durchlaufen, können sie sich ohnehin nicht dauerhaft auf den Gehölzen halten. Sie entwickeln sich zu Schmetterlingen und verlassen dann ihren Wirtsbereich. Sollten die Gehölze wirklich durch die gefräßigen Raupen voll entlaubt sein, hilft sich die Natur selbst; es folgt ein zweiter, wenn auch schwächerer Austrieb.
 Durch Raupen kahlgefressene Einzelgehölze oder ganze Gehölzgruppen gehen nicht ein, selbst wenn sie von Raupen kahlgefressen werden sollten. Auch in diesen Fällen ist es nicht erforderlich, mit chemischen Mitteln gegen die Schädlinge vorzugehen.

– **Weißfäule an Buchen**
 Buchen sind an Bruchstellen und Verletzungen besonders im Kronenbereich durch den Weißfäulepilz gefährdet. Dieser Pilz geht ins tiefe Kernholz und gefährdet somit die Stabilität starker Äste und damit der Baumkronen. Ist dieser Pilz erkannt,

muß sofort gehandelt werden. Die betroffenen Äste werden abgeschnitten, der Baum ist auf seine Standsicherheit zu überprüfen.

3.8 Ökologische Aufwertung straßeneigener Vegetationsflächen

Ergänzend zur landschaftspflegerischen Eingrünung besteht die Möglichkeit, mit gezielten Maßnahmen Flächen des Straßenbegleitgrüns ökologisch aufzuwerten.

3.8.1 Obstgehölze statt normaler Landschaftsgehölze

Das Pflanzen von Obstbäumen entlang der Straßen war früher eine wirtschaftliche Notwendigkeit, um auch aus diesen Flächen Nutzen zu ziehen. Diese Bäume waren in landwirtschaftlich geprägten Gegenden ein wichtiger Faktor des Nebenerwerbs. Die Bäume wurden gepflegt, um den größtmöglichen Nutzen zu haben. Aufgrund des Überangebots an Obst und der hohen Lohnkosten ging das Pflanzen von Obstbäumen immer weiter zurück. Aus Gründen der Immissionen, denen die Bäume an Straßen ausgesetzt sind, sollten deren Früchte heute auch nicht mehr gegessen werden.

Über den ökologischen Wert der Obstbäume war man sich bis in die 60er Jahre nicht im klaren. Obstbäume konnten, ohne daß vorher eine Genehmigung bei den zuständigen Landschaftsbehörden eingeholt wurde, gefällt werden, denn viele Gründe sprachen gegen den Erhalt dieser Bäume. Es waren besonders Sicherheitsbedenken, die gegen das auf die Fahrbahn fallende Obst vorgebracht wurden. Obstbäume bilden auch keine hohen Kronen und waren deshalb nicht geeignet, das erforderliche Lichtraumprofil in Höhe von 4,50 m zu gewährleisten.

In den zurückliegenden zehn Jahren ist aber ein Gesinnungswandel eingetreten. Man ist sich des hohen ökologischen Wertes von Obstbäumen als Straßenbegleitgrün bewußt und will zukünftig noch bestehende Obstalleen erhalten. Der ökologische Wert der Obstbäume überwiegt die Sicherheitsbedenken, zumal die Beeinträchtigung durch herabfallendes Obst gering ist. Heute werden Obstbäume nicht mehr nach dem Nutzen bewertet, sondern als Bestandteile einer Kulturlandschaft und als Wirtspflanzen für Insekten und Vögel.

Bei der Zusammenstellung einer Pflanzenliste für Eingrünungsmaßnahmen sollten deshalb häufig Obstgehölze als Wildlingsform berücksichtigt werden. Obstgehölze werden überwiegend bei der Anlage von Streuobstwiesen verwendet. Streuobstwiesen können Flächen des Ausgleichsgrüns oder Restflächen in Zusammenhang mit einer Straßenbaumaßnahme sein.

In Baumschulen zieht man heute wieder alte Obstsorten heran, denn diese sind besonders für die Verwendung in der Landschaft geeignet.

Die klassischen Obstbäume für das Straßenbegleitgrün sind Apfel, Birne, Pflaume und Kirsche. Der Birne sollte bei Straßen mit einem breiteren Querschnitt der Vorzug gegeben werden, denn sie sind die vitalsten Obstbäume, die Größen erreichen, wie sie sonst nur Linden, Eichen und Ahorn aufweisen. Apfel, Kirsche und Pflaume sollte man innerhalb der geschlossenen Streuobstwiesen verwenden. Benachbarte Grundstücksbesitzer sollte man bitten, auf ihren Wiesen oder Weiden zusätzlich Obstbäume zu pflanzen, um die Landschaft zu bereichern. Diese Bäume müssen natürlich gegen das weidende Vieh durch geeignete Schutzmaßnahmen gesichert werden. Der Straßenbaulastträger zahlt den betroffenen Grundstückseigentümern hierfür eine Entschädigung.

3.8.2 Herstellung besonderer Biotopstrukturen und Habitatselemente

Innerhalb des Straßenbegleitgrüns und der Ausgleichsflächen besteht die Möglichkeit, durch Schaffung besonderer Strukturen und Elemente einer Vielzahl von Pflanzen und Tieren Lebensgrundlagen zu geben. Das größte Hindernis des Biotop- und Artenschutzes ist die trennende Wirkung von Straßen. Aber auch hier besteht die Möglichkeit, durch gezielte Planungen diese Trennwirkungen zu mildern und zu überwinden. Das gravierendste Beispiel erleben wir bei den Laichwanderungen von Amphibien. Krötenwanderungen können so stark sein, daß die Straße nicht nur zum Krötenschutz, sondern auch aus Gründen der Verkehrssicherheit gesperrt werden muß.

Der **Amphibienschutz** ist wohl die bedeutendste Maßnahme des Biotopschutzes innerhalb des Straßenbaus.

Um Erfahrung und Hilfe für den Amphibienschutz zu geben, hat der Bundesminister für Verkehr, Abteilung Straßenbau, ein „Merkblatt zum Amphibienschutz an Straßen" herausgegeben. Diese Richtlinie verpflichtet den Straßenbaulastträger, sein besonderes Augenmerk auf den Amphibienschutz, besonders im Hinblick auf **Krötenwanderungen**, zu legen.

Abb. 89. Einmündung des Fangzaunes in den Krötentunnel.

Abb. 90. Krötendurchlässe im Versuch.

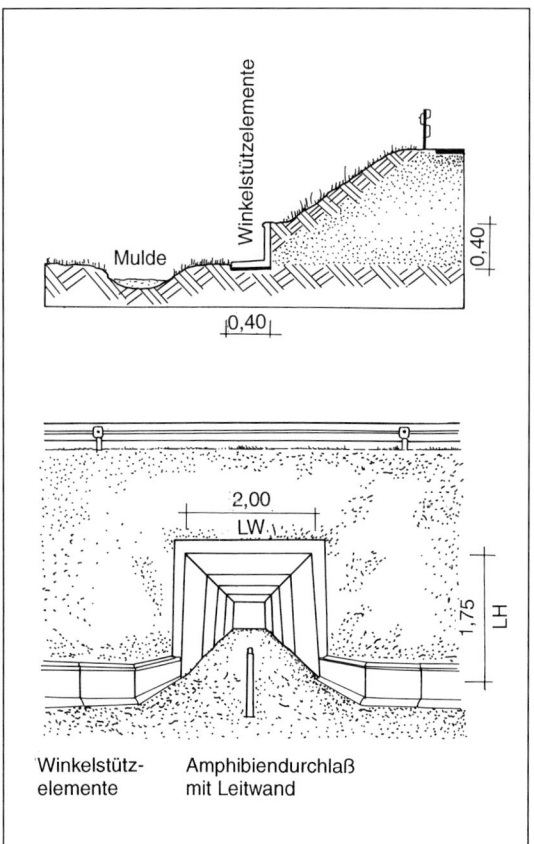

Abb. 91. Amphibienleiteinrichtungen.

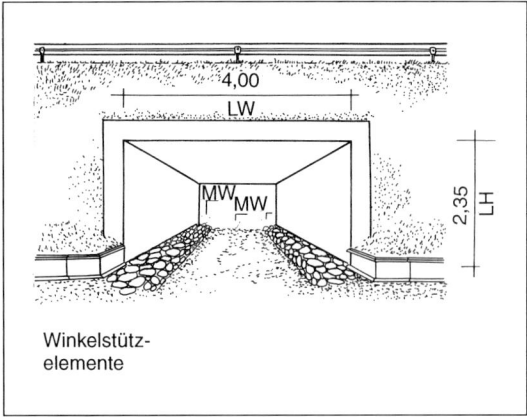

Abb. 92. Schematische Darstellung eines Krötendurchlasses.

Oft sind die **Laichplätze** und die Lebensräume von Kröten durch eine Straße getrennt. Bei jeder Wanderung der Kröten in die Laichgebiete verlassen die Amphibien ihren angestammten Lebensraum, um in benachbarte Gewässer zu gelangen. Amphibien, die in einem bestimmten Gewässer geboren wurden, gehen grundsätzlich dorthin zurück, um ihren eigenen Laich abzulegen. Die Straßenbauverwaltung versucht, den Wanderungsbewegungen entgegenzukommen, indem unter der Fahrbahn Tunnel für die Kröten geschaffen werden, damit sie gefahrlos Straßen überwinden können. Um die Kröten zu diesem Durchlaß hinzuführen, werden Fangzäune entlang dem Einzugsgebiet aufgestellt, um die Amphibien gezielt an den Durchlaß heranzuführen.

Es gibt verschiedene Möglichkeiten, solche Durchlässe anzulegen. Der Idealfall ist gegeben, wenn die trennende Straße höher als das Einzugs- bzw. Wandergebiet liegt; dann kann die Fahrbahn regelrecht untertunnelt werden, so daß die Kröten durch diesen Tunnel wandern können. Bei Straßen, die auf gleicher Höhe mit dem Wandergebiet liegen, ist die Herstellung eines Krötentunnels nicht möglich. Hier können nur an der Stelle, an der die Amphibien über die Straße geführt werden sollen, Rinnen bis zu 60 cm Tiefe und 40 cm Breite angelegt werden. Die Fahrbahn wird dann mit Gitterrosten oder Betonfertigteilen abgedeckt. Durch diese Rinnen können die Kröten gefahrlos den Straßenraum passieren. Auch hier ist es nötig, die Amphibien mit einem Fangzaun gezielt zu der Durchlaßstelle zu leiten.

Trotz der Krötendurchlässe müssen zur Zeit der Amphibienwanderungen viele freiwillige Helfer aus den regionalen Naturschutzorganisationen mithelfen.

Falls durch den Bau einer Straße Lebensraum und Laichgewässer getrennt werden, kann das Laichgewässer auf die Seite des Lebensraums verlegt werden. Wandernde Kröten werden am Fangzaun abgefangen und so an der Wanderung gehindert. In den ersten Jahren wird die Population zwar zurückgehen, aber entsprechend der Größe des neuen Lebensraums mit dem naheliegenden Laichgewässer wird dies durch nachfolgende Populationen wieder ausgeglichen. Solche Maßnahmen sind jedoch nicht unumstritten.

Die Ausführung von Amphibienschutzmaßnahmen sind ein Bestandteil landschaftspflegerischer Begleit- und Ausführungspläne.

Ersatzlaichgewässer in Verbindung mit dauerhaften Sperreinrichtungen werden angelegt, wenn das Ursprungslaichgewässer nicht mehr nutzbar ist. In diesem Fall müssen die Leitzäune dauerhaft angelegt sein und auf ihre Funktionsfähigkeit hin gepflegt werden. Allgemein gilt der Grundsatz, Amphibien soweit wie möglich in ihrem Lebensraum zu belassen, denn sie erfüllen dort eine bestimmte, meist unersetzbare ökologische Funktion. Eine Umsiedlung aus ihrem angestammten Lebensraum ist nur gerechtfertigt, wenn andere Hilfsmaßnahmen nicht in Frage kommen.

Durch die Anlage von **Trockenmauern** wird besonders Reptilien neuer Lebensraum geschaffen. Weiter sind Trockenmauern Lebensraum für Käfer und bestimmte Pflanzen (z. B. Sedumarten).

Durch das Einbringen von **Steinhaufen** aus Naturstein auf waagerechten oder leicht geneigten Flächen des Straßenbegleitgrüns wird für Reptilien ebenfalls eine Lebensgrundlage geschaffen. Als Material sollte hierfür ein Eruptivgestein (z. B. Lava) verwendet werden. Dieses Gestein mit vielen Luftlöchern und Einschlüssen erwärmt sich schnell und stärker als Festgestein, wie z. B. Granit. Die Gesteinserwärmung fördert die Entwicklung von Eidechsen und anderen Reptilien. Steinhaufen, die aus diesen Gründen angelegt werden, sollten nicht im Schatten großer Bäume liegen, sondern der Sonneneinstrahlung ausgesetzt sein.

Durch die Ablagerung von Reisighaufen, Totholz- und Stubbenhaufen wird eine zusätzliche Lebensgrundlage für viele Tiere geschaffen. Holz und Reisig fallen bei jeder Bau- oder Pflegemaßnahme an. Diese Maßnahmen sind besonders für die ökologische Aufwertung von Ausgleichs- und Ersatzflächen geeignet.

Abbruchkanten und **Steilwände** sollten, wenn sie bautechnisch nicht gesichert werden müssen, erhalten bleiben. Diese Steilwände sind oft Nistgelegenheiten vieler Vogelarten. Das Einbringen von **Nist**- und **Brutmöglichkeiten** für Vögel ist eine weitere Möglichkeit, das Straßenbegleitgrün als Lebensraum zu aktivieren.

Die vorher genannten Möglichkeiten zur ökologischen Aufwertung dürfen nicht als Einzelmaßnahme gesehen werden. Den angesprochenen Steinhaufen sollte man als Teil des Ökosystems begreifen, selbst wenn darauf auch nach Jahren noch keine Eidechsen zu finden sind. Sicher wird er für andere Pflanzen oder Tiere, die man dort gar nicht erwartet hat, eine wertvolle Lebensgrundlage bilden.

Bei der landschaftspflegerischen Begleitplanung sollte ein besonderes Augenmerk darauf gelegt werden, die Trennwirkung von Lebensräumen auszuglei-

chen (Biotopverbund). Außer den besprochenen Krötentunnel gibt es Tierdurchlässe für den Wildwechsel in Form von Tunnel unter der Fahrbahn oder Brücken über den Fahrbahnen.

Werden zusammenhängende Landschaftsteile durch eine Straße getrennt, besteht die Möglichkeit, **Grünbrücken** zu schaffen. Grünbrücken sind breit angelegte Brückenbauwerke bis zu 15 m Breite, die bewachsen sind und die Aufgabe haben, einen ökologischen Austausch zu gewährleisten. Diese Brücken können mit Fuß-, Rad- oder leichten Verkehrswegen kombiniert werden.

Das Schaffen von **Tierdurchlässen** für den Wildwechsel ist eine klassische Maßnahme des ökologischen Landschaftsbaus. Auch diese Flächen werden nach landschaftsgärtnerischen oder forstlichen Gesichtspunkten bepflanzt, ohne vorhandene Vegetation zu zerstören.

Auf **Flächen ohne humosen Oberboden**, wie z. B. Kies und Sandflächen, Felsflächen an Böschungseinschnitten, versumpften Flächen, Moorteilen und Lehmflächen, hat sich oft eine Magervegetation gebildet. Diese Flächen sollten nicht durch Übereifer mit aufwendigen Bepflanzungsmaßnahmen von Gehölzen verändert werden.

Durch die Baumaßnahme entstandene **Sumpfflächen** oder **Staugewässer** sollten nicht durch Trockenlegen für eine Gehölzverpflanzung „repariert" werden. Auch diese Feucht- und Naßflächen tragen zur ökologischen Bereicherung bei.

Bei **Ruderalfluren, Altgrasbeständen, Zwergstrauchheiden**, Flächen also mit niedriger Vegetation, ist es wichtig, durch geeignete Pflegemaßnahmen für ihren weiteren Bestand zu sorgen.

3.9 Die naturnahe Gestaltung von Regenrückhaltebecken

Naturnah ausgestalteten Rückhaltebecken kommt eine besondere ökologische Bedeutung zu. Sie liegen meist nicht weit entfernt von der Straße, gehören daher zum Straßenbegleitgrün, und sind keine Ausgleichs- und Ersatzflächen, denn Regenrückhaltebecken sind für den Ausbau der Straße notwendig.

Die Aufgabe dieser Rückhaltebecken besteht darin, bei starkem Regen das Oberflächenwasser von der versiegelten Fahrbahn zu sammeln, vor der überforderten Vorflut zurückzuhalten und ihr zeitverzögert zuzuführen. Die ersten nach bautechnischen Gesichtspunkten ausgeführten Regenrückhaltebecken

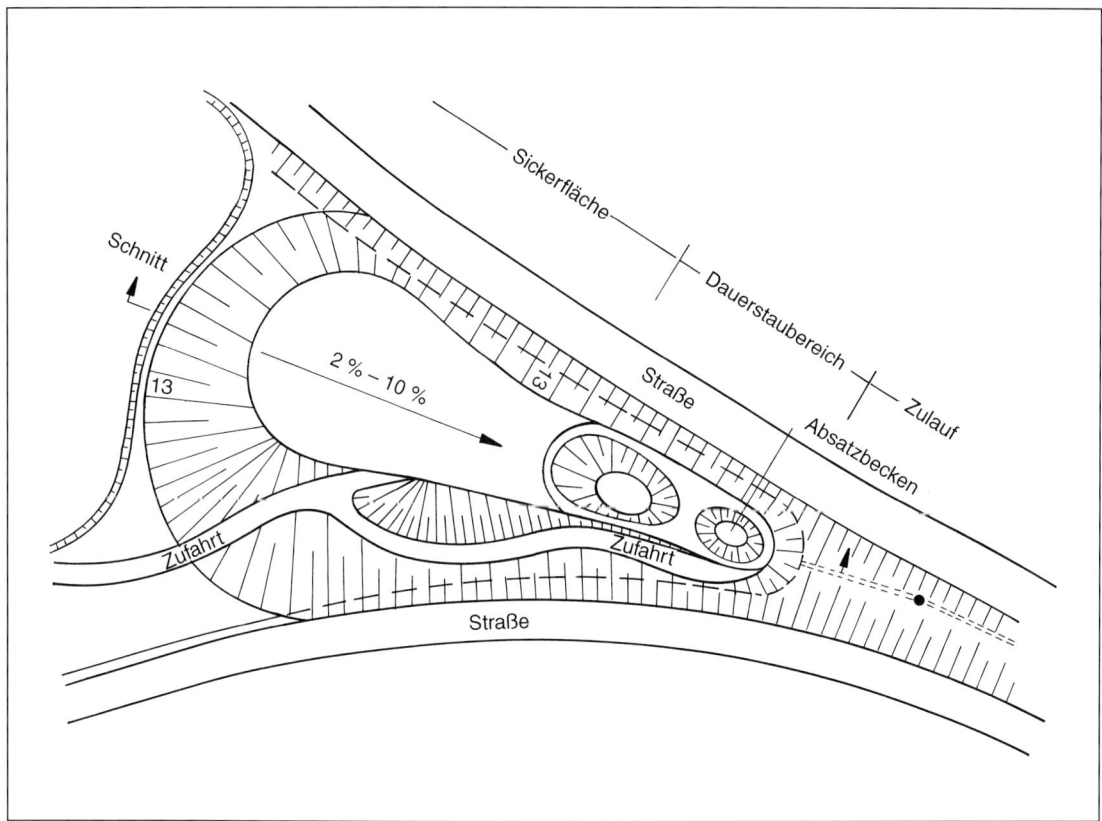

Abb. 93. Lageplan eines Regenrückhaltebeckens in Erdbauweise.

waren Betonbecken, deren Größe nach der anfallenden Wassermenge der zu entwässernden Straße berechnet war. Für diese Becken wurde nur der notwendige Platzbedarf neben der Fahrbahn in Anspruch genommen. Diese reinen Wasserbehälter hatten keinerlei ökologischen Nutzen.

Die heute errichteten Regenrückhaltebecken sind naturnah gebaut, d.h., sie werden wie Teiche in Erdbauweise mit Uferzonen und daran anschließender Bepflanzung erstellt. Sie stellen innerhalb der Landschaft ein eigenständiges Biotop dar.

Regenrückhaltebecken sind nach dem Prinzip von Zulauf und Ablauf des Wassers konstruiert. Eine bestimmte Wassermenge wird im Teich gesammelt und zeitverzögert abgegeben. Ein Teil des Wassers bleibt dem Teich auf Dauer erhalten. Auf diesem Pegel ist am Ablauf ein Benzin- und Ölabscheider eingebaut, der Schadstoffe aufnimmt und sammelt, so daß unbe-

lastetes Wasser in die Vorflut abgegeben werden kann.

Regenrückhaltebecken sind in eine Landschaftsfläche, die ein Vielfaches der Teichfläche enthält, eingebunden. Diese Flächen sind intensiv bepflanzt und zum Becken hin mit Rasenflächen gestaltet, die Uferzonen sind mit Sumpf- und Wasserpflanzen begrünt. Die Landschaftsbehörden fordern deshalb bei der Begutachtung von Plänen für die Anlage von Regenrückhaltebecken immer ausreichende Flächen, auf denen Bepflanzungsmaßnahmen durchgeführt werden können.

Die konstruktive Gestaltung von Regenrückhaltebecken hängt von den örtlichen Bedingungen, insbesondere vom Flächenangebot und -bedarf, von den Höhen- und Geländeverhältnissen ab. Bei den Erdbecken wird unterschieden zwischen

– **Naßbecken**, diese Becken haben einen ständigen Wasserspiegel wie ein Teich oder

Zusammenstellung von Wasserpflanzen, Gräsern, Stauden und Gehölzen für die Bepflanzung von Regenrückhaltebecken, Teichen, Sumpf- und Feuchtgebieten (Nomenklatur nach OBERDORFER 1990)

Unterwasserbereich
Fließende Gewässer

Ceratophyllum demersum	Rauhes Hornblatt
Polygonum amphibium	Wasser-Knöterich

Stehende oder langsam fließende Gewässer

Callitriche palustris	Sumpf-Wasserstern
Mentha aquatica	Wasser-Minze
Nasturtium officinale	Brunnenkresse
Nuphar lutea	Gelbe Teichrose
Nymphaea alba	Weiße Seerose
Potamogeton spec.	Laichkraut
Veronica beccabunga	Bachbungen-Ehrenpreis

Wasserwechselbereich
Kräuter

Alisma plantago-aquatica	Froschlöffel
Angelica archangelica	Arznei-Engelwurz
Angelica sylvestris	Wald-Engelwurz
Anthriscus sylvestris	Wiesen-Kerbel
Caltha palustris	Sumpfdotterblume
Callitriche palustris	Wasser-Stern
Cirsiumtrivulare	Bach-Kratzdistel
Equisetum fluviatile	Schlamm-Schachtelhalm
Eupatorium cannabium	Wasserdost
Filipendula ulmaria	Mädesüß
Glechoma hederacea	Gundelrebe
Glyceria maxima	Wasserschwaden
Hydrocharis morsus-ranae	Froschbiß
Iris pseudacorus	Gelbe Schwertlilie
Lamium maculatum	Gefleckte Taubnessel
Lychnis flos-cuculi	Kuckucks-Lichtnelke
Lythrum salicaria	Blut-Weiderich
Mentha aquatica	Wasser-Minze
Myosotis palustris	Sumpf-Vergißmeinnicht
Nuphar lutea	Gelbe Teichrose
Polygonum amphibium	Wasser-Knöterich
Potentilla anserina	Gänse-Fingerkraut
Potentilla reptans	Kriechendes Fingerkraut
Ranunculus acris	Scharfer Hahnenfuß
Sagittaria sagittifolia	Gewöhnliches Pfeilkraut

Scirpus lacustris	Seebinse
Sparganium emersum	Einfacher Igelkolben
Sparganium erectum	Ästiger Igelkolben
Trollius europaeus	Trollblume
Typha angustifolia	Schmalblättr. Rohrkolben
Typha latifolia	Breitblättr. Rohrkolben
Valeriana dioica	Sumpf-Baldrian

Gräser

Agrostis stolonifera	Weißes Straußgras
Carex caespitosa	Rasen-Segge
Carex elata	Steife Segge
Dactylis glomerata	Wiesen-Knauelgras
Festuca arundinacea	Rohr-Schwingel
Festuca rubra	Roter Schwingel
Holcus lanatus	Wolliges Honiggras
Phalaris arundinacea	Rohr-Glanzgras
Phragmites communis	Schilf
Poa palustris	Sumpf-Rispengras

Überwasserbereich
Weichholzaue

Alnus incana	Grau-Erle
Salix alba	Silber-Weide
Salix eleagnos	Lavendel-Weide
Salix fragilis	Bruch-Weide
Salix purpurea	Purpur-Weide
Salix triandra	Mandel-Weide
Salix viminalis	Korb-Weide
Rasensaat	
z. B. Gräsermischung RSM 9	

Hartholzaue

Alnus glutinosa	Schwarz-Erle
Carpinus betulus	Hainbuche
Cornus sanguinea	Hartriegel
Corylus avellana	Hasel
Euonymus europaeus	Pfaffenkäppchen
Fraxinus excelsior	Gewöhnliche Esche
Lonicera xylosteum	Rote Heckenkirsche
Quercus robur	Stieleiche
Prunus padus	Traubenkirsche
Rhamnus frangula	Faulbaum
Rosa canina	Hunds-Rose
Tilia cordata	Winter-Linde
Ulmus minor	Feld-Ulme
Viburnum opulus	Gewöhnlicher Schneeball

– **Trockenbecken**, diese Becken sind nur im Belastungsfall mit Wasser gefüllt.

Als Standort für Regenrückhaltebecken sind Geländemulden mit einem natürlich dichten Untergrund gut geeignet. Werden sie auf einem wasserdurchlässigen Untergrund angelegt, so muß dieser Untergrund durch Folie oder Ton wasserundurchlässig gemacht werden, denn das belastete Oberflächenwasser von der Straße darf nicht durch Versickerung in tiefere Bodenschichten, insbesondere in das Grundwasser, gelangen.

Da Regenrückhaltebecken einer ständigen Kontrolle und Wartung unterliegen, müssen diese durch geeignete Wirtschaftswege zugänglich sein. Für Unbefugte sollen die Regenrückhaltebecken nicht zugänglich sein. Deshalb sind diese Anlagen eingezäunt und mit einem Tor für die Belange des Wirtschaftsbetriebes versehen. Wegen der Abgeschlossenheit dieser intensiv gestalteten Landschaftsflächen können sich hier ungestört Tiere und Pflanzen entwickeln.

Mit der Gestaltung von Regenrückhaltebecken besteht ergänzend zu Gehölzen und Kräutern auch die Möglichkeit, Sumpf- und Wasserpflanzen im Zuge von Straßenbaumaßnahmen in die Landschaft einzubringen.

3.10 Park- und Rastplätze als Nebenanlage von Straßen

Park- und Rastplätze werden nicht nur als reine Zweckanlagen in der Landschaft gesehen, sondern auch als Chance, durch geeignete Bepflanzungsmaßnahmen diese Teile der Landschaft ökologisch zu bereichern.

Die größten Rastanlagen sind die **Parkplätze**, verbunden mit Versorgungsstationen (Tankstelle, Restauration) an den Bundesautobahnen. Bei diesen Rastanlagen wird Grunderwerb über den eigentlichen Flächenbedarf hinaus betrieben, um dem Autofahrer ausreichend parkähnlichen Erholungsraum anbieten zu können. Ziel ist, schattige Picknickplätze und Rastplätze anzubieten. Deshalb werden zusammenhängende Parkflächen mit Pflanzinseln vorgesehen, in denen sich große Bäume entwickeln können. Die Bepflanzung soll so erfolgen, daß die Autobahn nicht mehr zu sehen ist, aber interessante Ausblicke in die Landschaft erhalten bleiben. Auch auf diesen Grünflächen kann nur eine Pflege nach landschaftspflegerischen Gesichtspunkten durchgeführt werden, d.h. zweimaliges Mähen der Wiesen und sporadischer

Abb. 94. Wenig pflegeaufwendige naturnahe Sitzgruppe.

Rückschnitt der Gehölze. Ein großes Problem ist die Verunreinigung der Parkplätze, so daß hier ein kaum zu bewältigender Pflegeaufwand besteht. Weiter muß bei diesen Flächen die Sicherheit berücksichtigt werden. Eine lockere, hainartige Bepflanzung mit einzelnen Großbäumen ist daher unübersichtlichem Gebüsch vorzuziehen.

Fahrgemeinschaftenparkplätze

An Einfallstraßen vor Großstädten werden Parkplätze angelegt, die das Umsteigen von Autofahrern mehrerer Kraftfahrzeuge in ein Fahrzeug ermöglichen.

Auch diese Parkplätze sollen mit lockerem Baumbestand überstellt sein, damit die Gesamtanlage in der Landschaft wie ein Hain wirkt und die Autos gegen Sonne und Immissionen durch das Laubdach geschützt werden. Bei diesen Parkplätzen ist ebenso darauf zu achten, daß durch die Bepflanzung Übersichtlichkeit und Sicherheit nicht verlorengehen. Es empfiehlt sich, etwa ein Drittel der vorgesehenen Parkplätze als Schotterrasenplätze anzulegen. Denn seltener benutzte Parkplätze sollten in der Zeit, in der sie leerstehen, wenigstens optisch wie eine Grünanlage wirken.

Parkplätze an Straßen

Soweit es möglich ist, sollte man an Rastflächen und Aussichtsplätzen dem Autofahrer die Möglichkeit geben, abseits der Fahrbahn anzuhalten und eine Ruhepause einzulegen. Auch diese Plätze werden zur Straße abgepflanzt, wobei der Ausblick in die Landschaft erhalten bleiben soll.

Bei den Rastplätzen besteht wegen der zusammenhängenden großen Flächen die Möglichkeit, Teile davon ökologisch aufzuwerten, wie es im Kapitel C besprochen wurde. Gerade auf solchen Flächen können Naturschutzgruppen tätig werden, denn diese Anlagen sind leicht zugänglich, und alle Arbeiten können im verkehrssicheren Raum ausgeführt werden.

Vorhandene Vegetationsstrukturen sollten in diese Flächen erweitert werden, wie z. B. die Fortsetzung eines Waldbestandes bei einem waldnahe gelegenen Rastplatz. Ökologische Fehlentwicklungen, wie z. B. die Monokultur eines Fichtenwaldes, sollten natürlich nicht auf den Parkplatz übertragen werden. Die meisten Laubwaldarten sind ökologisch wertvoller. Obstgehölze sind als Vegetation für einen Parkplatz nicht geeignet, es sei denn in entfernteren Landschaftsbereichen oder als Ergänzung bereits vorhandener Vegetation.

Um eine schnelle Schattenentwicklung auf den Parkplätzen zu ermöglichen, können hier auch vereinzelt schnellwachsende Pioniergehölze wie Pappeln und Weiden gepflanzt werden, in deren Schutz sich dann Eiche, Hainbuche und Ahorn entwickeln können. Diese schnellwachsenden Gehölze müssen, wenn sie ihre Funktion erfüllt haben, zugunsten der Dauergehölze (Ahorn, Eiche und Hainbuche) entfernt werden.

Sollen auf Parkplätzen zur schnelleren Eingrünung und Schattenwirkung Großgehölze gepflanzt werden, ist zu überprüfen, ob das notwendigerweise große Baumloch nicht die Wirkung einer Dränage hat. Aus der umliegenden, stark verdichteten Fläche könnte alles Wasser in diesem Loch zusammenlaufen, so daß der gepflanzte Baum buchstäblich ertrinken müßte. Dies bezieht sich auf die Baumpflanzung innerhalb befestigter Parkflächen. Bei einer Großbaumverpflanzung innerhalb dieser Flächen ist deshalb auf ausreichenden Wasserabfluß in den Untergrund zu achten.

3.11 Lärmschutz durch Pflanzen

Lärmschutz ist eine Kombination zwischen bautechnisch und vegetativ durchgeführten Maßnahmen. Die Bautechnik soll den Verkehrslärm mindern bzw. ganz ausschalten, während die Vegetation (Bepflanzung) diese technischen Maßnahmen in die Landschaft einbindet. Pflanzen haben also nicht nur die Aufgabe, den Verkehrslärm zu mildern oder abzufangen, sie tragen auch zur ökologischen Bereicherung bei. Lärm

kann nur wirksam durch massive Schutzwände wie Erdwälle, Beton-, Glas- und Kunststoffplatten gebunden werden.

Bei bewachsenen Lärmschutzwänden ist allerdings die Reflexion des Schalls bedeutend geringer. Der Widerhall von Lärm ist durch die berankten Wände stark herabgesetzt. Dies ist nicht nur von Nutzen für die dahinterliegenden Wohngebiete, sondern auch für den Lärmpegel auf der Straße.

Es gibt folgende Möglichkeiten, Lärmschutzmaßnahmen durchzuführen:
- **Herstellung eines Lärmschutzwalles**
  Bei ausreichender Grundstücksfläche werden Lärmschutzwälle als Erdbauwerke aufgeworfen. Die Wälle haben Höhen von 3 bis 10 m und schützen dahinterliegende Wohngebiete. Diese Wälle sind im Verhältnis 1:1,5 profiliert und haben eine waagerecht abgeflachte Kuppe in der Breite zwischen 1,0 und 2,0 m. Die Bepflanzung erfolgt landschaftsgerecht, allerdings sollten Immergrüne und Nadelgehölze wie Eiben in die Bepflanzung eingestreut sein. Wichtig ist, daß die Bepflanzung entsprechend der Wüchsigkeit der einzelnen Pflanzenarten so abgestuft zusammenwachsen kann, daß ein Vorfeld gegen den Lärm entstehen kann. Zusätzlich leisten die Pflanzen auch noch einen Immissionsschutz gegen verkehrsbedingte Abgase und andere belastende Stoffe.
- **Die Wall-Wand-Kombination**
  Sind große Höhen zu überbrücken und ist ausreichend Grundfläche vorhanden, so wird als Erdbauwerk ein Lärmschutzwall geschüttet, auf den eine 2 bis 4 m hohe Lärmschutzwand aus Betonfertigteilen gesetzt werden kann. Die Bepflanzung des Walls erfolgt nach den vorgenannten Gesichtspunkten, während die Wand mit Rankgehölzen bepflanzt wird.
- **Lärmschutz durch mit Gehölzen berankte Wände**
  aus Betonfertigteilen oder schallabsorbierenden Kunststoff- bzw. Metallelementen
  Ist nicht genügend Grundfläche für ein Erdbauwerk vorhanden, wird als Lärmschutzmaßnahme eine senkrecht aufgestellte Wand aus Betonfertigteilen oder schallabsorbierenden Elementen aufgestellt. Ergänzend werden diese Wände mit Rankgehölzen bepflanzt, so daß später nur noch die berankte Wand zu sehen ist.
- **Steilwälle in Erdbauweise** als Kombination mit vegetationstechnischen Maßnahmen
  Um steile Erdbauwerke zu errichten, muß der Erd-

Tab. 11. Zusammenstellung von Gehölzen zur Begrünung von Extremstandorten, Trenn- und Mittelstreifen, Lärmschutzwände und Stützmauern, Lärmschutzwänden und Trögen (Nomenklatur nach OBERDORFER 1990)

1 = Verwendung auf Mittel- und Trennstreifen
2 = Verwendung vor Lärmschutzwänden
3 = Verwendung auf Lärmschutzteilwällen und Trögen

Baum- und Straucharten		1	2	3
Acer campestre	Feldahorn	×	×	
Amelanchier lamarckii	Felsenbirne		×	
Caragana arborescens	Erbenstrauch	×	×	
Colutea arborescens	Blasenstrauch	×	×	
Cotoneaster spec.	Zwergmispel			×
Euonymus europaeus	Pfaffenkäppchen	×	×	
Rhamnus frangula	Faulbaum	×	×	
Ligustrum vulgare	Rainweide		×	×
Ligustrum vulgare 'Lodense'	Rainweide	×	×	
Lonicera tatarica	Tartarische Heckenkirsche	×	×	×
Lonicera xylosteum	Rote Heckenkirsche	×	×	×
Lonicera xylosteum 'Claveys Dwarf'	Heckenkirsche			×
Lycium halimifolium	Bocksdorn	×	×	×
Prunus spinosa	Schlehe	×	×	
Quercus robur	Stieleiche			×
Ribes alpinum	Berg-Johannisbeere	×	×	×
Ribes aureum	Gold-Johannisbeere	×	×	
Rosa canina	Hunds-Rose			×
Rosa multiflora	Büschel-Rose			×
Rosa rubiginosa	Wein-Rose		×	×
Rosa rugosa	Kartoffel-Rose	×	×	×
Rosa rugosa-Sorten	Kriechrosen			×
Rosa virginiana	Virginische Rose	×	×	×
Rubus fruticosus	Brombeere			×
Salix aurita	Ohr-Weide		×	
Salix caprea 'mas'	Salweide		×	×
Salix purpurea 'Nana'	Kugel-Weide			×
Sambucus racemosus	Trauben-Holunder		×	
Sorbaria sorbifolia	Fieder-Spierstrauch			×
Sorbus intermedia	Schwedische Vogelbeere		×	
Symphoricarpos × *chenaultii* 'Hancock'	Purpurbeere		×	×
Symphoricarpos racemosus	Schneebeere		×	
Ulums minor	Feld-Ulme	×	×	
Viburnum lantana	Wolliger Schneeball		×	×
Viburnum opulus	Gewöhnlicher Schneeball	×	×	

Tab. 12. Bewährte Rankgehölze für die Begrünung von Lärmschutzwänden und Stützmauern (Nomenklatur nach OBERDORFER 1990)

1 = Verwendung auf Mittel- und Trennstreifen
2 = Verwendung vor Lärmschutzwänden
3 = Verwendung auf Lärmschutzteilwällen und Trögen

Baum- und Straucharten		1	2	3
Rank-, Schling- und Kletterpflanzen				
Clematis vitalba	Gewöhnliche Waldrebe		×	×
Fallopia aubertii	Schling-Knöterich		×	×
Hedera helix	Efeu		×	×
Humulus lupulus	Hopfen		×	×
Lonicera caprifolium	Jelängerjelieber		×	×
Lonicera heckrottii	Duft-Geißblatt		×	×
Parthenocyssus quinquefolia	Gewöhnlicher Wein		×	
Parthenocyssus quinquefolia 'Engelmanni'	Mauerwein		×	
Parthenocyssus tricuspidata 'Veitchii'	Kletterwein		×	

körper durch ein Weidengeflecht gesichert werden. Das Weidengeflecht besteht aus austriebsfähigem Material, so daß sich mit der Zeit ein verwurzelter, senkrechter Vegetationskörper entwickelt. Der Pflegeaufwand an diesen Lärmschutzwällen ist beträchtlich, denn alle zwei bis drei Jahre müssen die Weiden zurückgeschnitten werden, um die Stabilität des Bauwerks zu gewährleisten.

– **Lärmschutzwände mit Kammersystemen** für die Aufnahme von Oberboden bzw. Pflanzsubstrat
Die Anlagen müssen eine zusätzliche Bewässerungsmöglichkeit haben. Dies geschieht meistens durch eingebaute Rohre, aus denen dann den Gehölzen sporadisch Wasser zugeführt wird. Kammersysteme sind sehr pflegeaufwendig. Bei einem Versagen der Bewässerungstechnik ist mit dem Totalausfall der Pflanzen zu rechnen. Deshalb werden diese Anlagen nur im städtischen Bereich installiert, um das Stadtbild zu verbessern.

Lärmschutzwände sind also eine Möglichkeit, durch Verwendung von Rankgehölzen das Vegetationsbild in der Landschaft zu bereichern.

Bei den Rankgehölzen unterscheidet man zwischen Selbstklimmern und Rankgehölzen, die einer Stützung in Form von Rankgittern und Rankgerüsten bedürfen.

Bei den Selbstklimmern ist die Auswahl nicht sehr groß. Bewährt haben sich Wilder Wein, Efeu und Kletterhortensie. Der Wilde Wein wird an sonnige Wände gepflanzt, während der Efeu mit schattigen bis

absonnigen Wände Vorlieb nimmt. Die Kletterhortensie gedeiht an schattigen sowie an halbschattigen Wänden.

Der Schling-Knöterich, *Fallopia aubertii*, ist ideal für eine schnelle Begrünung von Wänden, er braucht aber ein Stützgerüst und ist kein Rankgehölz auf Dauer. Knöterich ist deshalb ein Pioniergehölz unter den Rankern und sollte nicht ausschließlich gepflanzt werden, sondern als Leitwirkung einzelne Wandabschnitte schnell begrünen, während sich an den anderen Wandabschnitten *Clematis, Lonicera* und *Akebia* entwickeln können.

Das Pflanzen von Rankgehölzen erfordert wegen des extremen Bodenstandorts eine besonders sorgfältige Vorbereitung. Oft sind vor Lärmschutzwänden Kiesregolen zur Entwässerung angelegt worden. Beim Pflanzen müssen diese Kiesregolen ausgehoben werden, um Platz für ein Wurzelsubstrat zu schaffen. Es ist sinnvoll, in diesen Fällen den Boden in geschlitzte Körbe zu füllen, diese in den Bereich der Kiesregole einzugraben und dann die Pflanze in den Korb zu setzen. Bei der Herstellung von Pflanzlöchern ist darauf zu achten, daß ausreichend Kapillarität gewährleistet ist, denn die Wasserversorgung muß gesichert sein. Nur dadurch ist eine üppige Entwicklung möglich, denn Rankgehölze brauchen dazu Wasser nötiger als Nährstoffe.

Rankgehölze erfordern einen größeren Pflegeaufwand als normale Landschaftsgehölze. Während der Entwicklung sind sie an den Rankeinrichtungen festzuheften und gegen Vertrocknen ausreichend zu wässern. Da bei der Pflanzung mit besonders hohen Ausfällen zu rechnen ist, werden bedeutend mehr Gehölze gepflanzt, als für eine komplette Begrünung eigentlich nötig wären. Ausfälle sollen durch die Überzahl der gesetzten Pflanzen ausgeglichen werden.

Viele Lärmschutzanlagen sind eine Kombination aus den verschiedenen Möglichkeiten. Bei der berankten Lärmschutzwand z.B. ist es möglich und wünschenswert, daß durch die Schaffung von Bankbeeten vor der Lärmschutzwand das Pflanzen schlankwachsender Gehölze ermöglicht wird.

Eine Pflanzung von Rankgehölzen mildert zur Fahrbahnseite hin Strahlungsreflexion, Materialaufheizung, erhöhte Verdunstung sowie die Reflexion von Lärm und fördert die landschaftliche Einbindung. Sollte zur Anliegerseite ausreichend Platz vorhanden sein, können ergänzend zu den Rank- und Kletterpflanzen schmalwüchsige Straucharten gepflanzt werden.

Durch Rankgehölze können auch tiefer liegende Stützmauern, Brückenteile und Lärmschutzelemente begrünt werden. Rankgehölze können zusätzlich zu ihrem Wachstum nach oben auch hängend nach unten wachsen.

Abb. 95. Hinweisschilder dienen nicht nur dem Verbot; sie können auch zur Sensibilisierung für die schützenswerte Natur beitragen.

4 Landschaftspflegerische Maßnahmen an Freizeitanlagen

4.1 Arten und Zielsetzung der Freizeitanlagen

Der Begriff „Freizeitgesellschaft" ist keine Erfindung dieses Jahrzehnts. Seit der stetigen Verkürzung der Arbeitszeit gewinnt er immer mehr an Bedeutung. Untersuchungen haben ergeben, daß sich annähernd 20 % der Bevölkerung für Aktivitäten in der näheren Umgebung entscheiden. Dieses teilt sich auf in Spazierengehen, Baden und Schwimmen im Freien, Ballspielen und Leichtathletik sowie Camping. Es werden also Einrichtungen benötigt, die diesen Freizeitansprüchen gerecht werden sollen. Neben den rein körperlichen Aktivitäten für den Ausgleichssport sucht der Benutzer dieser Flächen gleichzeitig die Naturnähe. Den Spaziergänger und Wanderer ziehen am stärksten landschaftlich reizvolle Gebiete an. Aufgrund ihrer Flora und Fauna reagieren diese aber empfindlicher auf Störungen durch den Menschen.

Somit entsteht häufig ein Konflikt zwischen dem Bedürfnis nach Freizeitgestaltung und Naturerleben auf der einen und dem **Naturschutz** auf der anderen Seite. Vor allem in Großstadtnähe ist der Druck auf die Naturlandschaft besonders groß. Eine besondere Gefahr stellt das Sammeln von Pflanzen bzw. Pflanzenteilen dar, sei es aus Liebhaberei oder aus kommerziellen Gründen. Bei nicht wenigen Pflanzenarten trägt das Sammeln zum Aussterben bei. Erfahrungsgemäß reichen Verbote alleine aber nicht aus, um derartige Mißstände auszuschließen. Hier müssen verschiedene Maßnahmen greifen. Das Beispiel der Nationalparks in den USA zeigt, daß das Eingreifen von Forstbediensteten und die Ahndung von Verstößen durchaus wirkungsvolle Maßnahmen darstellen können. Zusätzlich sollten aber immer vorbeugende Maßnahmen ergriffen werden.

Bei der Wegeführung sollten schützenswerte Biotope weiträumig umgangen werden. Gegebenenfalls muß die Benutzung einzelner Fußwege während bestimmter Zeiten untersagt werden. Wichtige Refugien für Bodenbrüter sind einzuzäunen und durch dichte Gehölzgürtel abzuschirmen. Zur Sicherung solcher Gebiete kann auf **Wildschutzzäune** nicht verzichtet werden. Für die Wahl der Gehölze sind in erster Linie pflanzensoziologische Gesichtspunkte ausschlagebend, aber auch die Undurchdringlichkeit der Anpflanzung sowie deren Fähigkeit zur Verjüngung sind wichtige Aspekte.

Nicht nur die Wegeführung trägt zur Lenkung der Waldbesucher bei, auch der Zustand der Wege, ihre Begehbarkeit oder die optische Abgrenzung durch Holzbarrieren oder Findlinge. Erfahrungsgemäß wird eine geschickte Wegebegrenzung von den meisten Menschen respektiert.

Zusätzlich können zwischen den Wegen und zu schützenden Flächen Gräben, Sumpfflächen oder Dornengebüsche (Brombeeren oder Wildrosen) angelegt werden. Dagegen sollten die Wege möglichst bequem und bei jedem Wetter begehbar sein. Falls Wanderwege überhaupt befestigt werden müssen, vor allem deshalb, weil sie auch von Forstfahrzeugen benutzt werden, scheiden naturfremde Baustoffe wie Schwarzdeckenmaterialien oder Beton aus. Im Hinblick auf den Wasserhaushalt, die Bodenorganismen und die Wurzelmasse der Bäume dürfen Wege nicht versiegelt werden. Bei der Verwendung von Gesteinsmaterialien, zum Beispiel für wassergebundene Wegedecken, sollte auf örtlich vorkommende Materialien zurückgegriffen werden. Treppen werden aus natürlichen Baustoffen, zum Beispiel aus Holz (Knüppelstufen), erstellt. Die größte Bedeutung kommt jedoch der Wegeführung zu, durch die der Besucher von Ruhezonen ferngehalten werden soll.

Die Pflege der Flächen besteht in der Reparatur bzw. Erneuerung der Sicherungsanlagen (zum Beispiel der Wildschutzzäune), der Ausbesserung der Wege und der Pflege der Schutzpflanzungen, den forstwirtschaftlichen Pflegemaßnahmen wie Waldrand- und Bestandspflege, gegebenenfalls der Bekämpfung von Schädlingen oder der Verjüngung durch Nachpflanzung.

4.1.1 Campingplätze

Die statistischen Angaben über die Anzahl der Camper und über die Übernachtungen in Wohnwagen und Zelten machen das Problem deutlich, das sich aus dieser Art der Freizeitsiedlung ergibt.

Zunächst muß zwischen den verschiedenen Arten von Campingplätzen unterschieden werden. Bei den „Dauercampern" haben wir es mit einer Freizeitsiedlung zu tun, auf der Familien ihren Wohnwagen für längere Zeit abstellen. Diesen Plätzen stehen Ferien- und Durchgangsplätze gegenüber. Darüber hinaus gibt es Zeltmöglichkeiten, die in der Regel sehr einfach ausgestattet sind. Wichtig sind grundsätzliche Überlegungen zur Anlage und Ausstattung von Campingplätzen. Bei der Wahl der Fläche ist auf möglichst ebenes Gelände von einer Mindestgröße nicht unter 0,5 ha zu achten. Dabei soll der Untergrund standfest, gut zu entwässern und durch Wege und Ver- bzw. Entsorgungsleitungen gut erschließbar sein. Im Interesse der Benutzer sollen auch die klimatischen und kleinklimatischen Verhältnisse die Benutzung ermöglichen. Natürlich dürfen gesetzliche Bestimmungen (Bundesbaugesetz und das Naturschutz- sowie das Forstgesetz) der Ausweisung der Fläche nicht entgegenstehen. Auf Anschluß an die Trinkwasserleitung, die Kanalisation (zumindest mit biologischer Klärstufe), geregelte Müllabfuhr, an das elektrische Netz und das Telefonnetz kann nicht verzichtet werden. Darüber hinaus werden heute Waschräume, Toiletten, ein Kiosk oder Schankbetrieb erwartet. Neben einem Parkplatz ist auch ein Verwaltungsgebäude einzuplanen. Eine Umzäunung des Geländes ist erforderlich.

Man unterscheidet in Naherholungsgebieten folgende Einzelflächen: Zeltstandflächen, Spielwiesen, Gehölzpflanzflächen. Zur Betreibung gehören die Verkehrserschließung, d.h. die Anbindung an das übergeordnete Straßennetz und das innere Wegenetz, Abstellflächen für Wohnwagen (2,5 x 6 m) und für Zelte (4,0 x 4,5 m). Diese sollten aus trittfestem Rasen und für stark strapazierte Flächen, gegebenenfalls auch für die Fahrwege, aus Schotterrasen erstellt werden (s. Kapitel C2.3.3). Für den Erbauer und Betreiber von Campingplätzen sind Vorüberlegungen, die die Bepflanzung betreffen, unverzichtbar. Nicht nur eine Randpflanzung zum Schutz gegen Wind und Immissionen von möglichst 5 m Breite sollte angelegt werden. Ebenso wichtig ist die Gliederung des Platzes durch Gehölzstreifen, die nicht unter 3 m Breite liegen sollten. Selbstverständlich sollten die Sträucher ebenso wie die Bäume standortgerecht sein. Bei der Wahl der Bäume und deren Standort ist die Schattenwirkung zu berücksichtigen. Wegen der Lichtbedürftigkeit des Schotterrasens sind Bäume mit lockerem Kronenaufbau zu bevorzugen. Durch die Wahl des richtigen Standortes muß verhindert werden, daß der Schatten störend wirkt.

Abb. 96. Baumgruppen bieten den gewünschten Schatten und binden den Campingplatz in die Landschaft ein.

4.1.2 Badegewässer und Badestrände

Die Problematik zwischen dem Bedürfnis nach sportlicher Betätigung und Erholung auf der einen und dem Naturschutz auf der anderen Seite zeigt sich besonders deutlich an Badeständen und -seen. Gerade die Grenzbereiche der Landschaften an See- und Flußufer sind es, in denen wir häufig eine große Artenvielfalt an Pflanzen und Tieren vorfinden können. Gleichzeitig halten sich dort Wassersportler, Angler und Touristen auf. Alle diese Aktivitäten bilden eine Gefahr für die Flora und Fauna dieses Bereiches. Deshalb muß zunächst die Erschließung unter Berücksichtigung der möglichen Folgen bedacht werden. Die starke Trittbelastung des Bodens führt zu Verdichtungen und damit unweigerlich zum Verlust bestimmter Pflanzen- und Tierarten. Dem kann durch die Wegeführung alleine nicht ausreichend entgegengewirkt werden. Zumindest sollte eine optische Abgrenzung, eventuell durch kleinere Findlinge oder Rundhölzer, die Wegeführung markieren.

Bei extremer Gefährdung besonders sensibler Gebiete werden Schutzzäune nicht vermeidbar sein, da sich Wanderer manchmal neue Pfade suchen und damit die Zerstörung ausweiten. So können Pflanzen auf den Dünen ihre Befestigungsfunktion nicht übernehmen, wenn die Bildung eines dichten Bestandes durch das Betreten der Dünen gestört wird.

Für Angler und Wassersportler sollten nur begrenzte Ufergebiete freigegeben und entsprechend ausgewiesen werden, denn die Tierwelt benötigt zur Nahrungsaufnahme und zur Aufzucht des Nachwuchses ein bestimmtes Maß an Ungestörtheit. Störungen können auch vom Wasser her erfolgen, z. B. durch Surfer, Bootsfahrer oder Schwimmer. Die Zahl der Wassersportler nimmt stetig zu. Eine Absperrung durch Bojen oder schwimmende Taue mit Hilfe von Korkblöcken ist dabei am wirkungsvollsten. Zusätzlich sollten auch Hinweistafeln aufgestellt werden. Die Nutzung von Baggerseen wird in Kap. D 1.2 behandelt.

Abb. 97. Bojenketten sorgen am Eutiner See dafür, daß der Badebetrieb nicht ausufert.

4.1.3 Wintersportgebiete, Sport in Berglagen

Die im vorigen Kapitel beschriebenen mechanischen Schäden, die durch Trittbelastungen hervorgerufen werden, sind auch im Bergland festzustellen. Hinzu kommt, daß die über den Schnee hinausragenden Spitzen junger Bäume abgefahren werden. Wird durch das starke Befahren von Hanglagen die Rasennarbe zerstört und die Bodenoberfläche verdichtet, kann das Regenwasser nicht mehr eindringen. Als Folge tritt **Bodenerosion** ein.

Im Winter müssen die Tiere sehr sparsam mit ihrem Energiehaushalt umgehen. Die Flucht vor Wintersportlern kann ihre letzten Reserven aufzehren und durchaus zum Tode führen. Durch den massiven Autoverkehr in den Wintersportgebieten wird die Luft besonders stark durch Abgase belastet. Aufgrund der Luftverhältnisse entsteht hier häufig eine Art „Tunnelwirkung", der die Pflanzen nicht gewachsen sind, d. h., im Bereich der Fahrbahnen und angrenzenden Flächen ist die Schadstoffkonzentration besonders hoch.

Die Gefahren für die Natur gehen in den Berglagen nicht nur vom Wintersport aus. Auch im Sommer strömen unzählige Erholungssuchende in die Berge. Letztlich werden nur eine eingeschränkte Nutzung und das Schützen existenzbedrohter Gebiete sowie entsprechende Verbote helfen, bestimmte Biotope zu retten.

Bei der Freigabe und Ausweisung der genannten Flächen sollten die unter Kapitel D 5.1 genannten Hinweise berücksichtigt werden. Die Pflegemaßnahmen beschränken sich auf die Erhaltung und gegebenenfalls den Ersatz der notwendigen Schutzeinrichtungen, d. h. der Absperrungen und Zäune, der Hinweistafeln, befestigten Wegen und der Schutzhütten.

4.1.4 Naturparks und Naturlehrpfade

Zielsetzung und Konzeption naturkundlicher Lehranlagen und Lehrpfade

Zerstörungen in und an der Natur sind nicht selten eine Folge zunehmender Naturentfremdung. Vielen

Bürgern fehlt nicht nur die Kenntnis natürlicher Zusammenhänge, häufig ist eine erschreckende Beziehungslosigkeit zur Natur feststellbar. Dem entgegenzuwirken stellt eine besondere bildungspolitische Aufgabe dar. Wie sollen zukünftige Generationen unsere natürliche Umwelt schützen, wenn sie diese nicht mehr kennen? Die Anlage von Naturlehrpfaden und ähnlichem muß daher auch unter pädagogischen Gesichtspunkten erfolgen. Der in diesem Zusammenhang verwandte Begriff „Naturpark" darf nicht mit dem Naturschutzpark verwechselt werden. Naturpark im hier verstandenen Sinne sind landschaftlich reizvolle Gebiete, die durch die Wegeführung für Besucher erschlossen worden sind. Dabei kann es sich durchaus gleichzeitig um einen Naturschutzpark handeln. In diesem Fall sollten jedoch die im folgenden aufzuzeigenden Schutzmaßnahmen, zum Beispiel durch die Wegeführung, beachtet werden.

Abb. 98. Abbildungen mit Erläuterungen fördern das Naturverständnis.

Abb. 99. Ein Informationsstand am Beginn eines Landschaftslehrpfades in Neuss/Rhein.

Ein erklärtes Ziel der Naturlehrpfade besteht in der Vermittlung von Pflanzen- und Tierkenntnissen, vor allem wenn es sich um gefährdete Pflanzen und Tiere handelt. Sie alleine reichen jedoch nicht aus, um Zusammenhänge im Naturhaushalt nachvollziehen zu können. Der Besucher solcher Einrichtungen sollte motiviert werden, sich über ökologische Zusammenhänge zu informieren. Durch eine ansprechende und überzeugende Information sollte gleichzeitig versucht werden, den Konflikt zwischen Naturschutz und Nutzung der Natur durch Erholungssuchende zu entschärfen.

Maßnahmen der Realisierung

Die Festlegung des Wegenetzes erfolgt unter den genannten Gesichtspunkten. Die beabsichtigten Informationen müssen an Ort und Stelle nachvollziehbar sein. Dabei ist der Schutz empfindlicher Lebensräume zu berücksichtigen. An den Informationstafeln sollten auch größere Gruppen durch Verbreiterung der Wege Platz finden. Auf Parkplätze an den Zugängen kann nicht verzichtet werden. Bereits an diesen sollten Übersichtstafeln über den Verlauf der Route, die Themenbereiche sowie zum Beispiel über die klimatischen und bodenkundlichen Gegebenheiten informieren oder auf Verhaltensweisen zum Schutz von Lebensräumen hinweisen.

Die einzelnen Themenbereiche, zum Beispiel „Der Eichen-Hainbuchenwald", „Die Biozönose des Stillgewässers" oder auch „Ruderalflur in der Stadt", werden auf Tafeln mit ihrer Abhängigkeit von den abiotischen und anthropogenen Faktoren dargestellt. Kleinere Tafeln (Etikette) weisen auf die Pflanzen hin, die der jeweiligen Pflanzengesellschaft angehören.

In den meisten Fällen wird es sich um eine natürliche Vegetation handeln, die als Naturpark oder Naturlehrpfad ausgewiesen wird. Die Pflegemaßnahmen werden sich auf die Erhaltung der Vegetation beschränken, auf den Schutz und gegebenenfalls Ersatz der Hinweistafeln sowie auf die gute Begehbarkeit der Wege.

5 Golfanlagen

5.1 Entwicklung und Bedeutung der Golfanlagen

Der Golfsport zählt in Deutschland, im Gegensatz zu den angloamerikanischen Ländern, noch nicht zu den populären Breitensportarten, da private und öffentliche Golfplätze fehlen. In den letzten drei bis vier Jahren ist die Zahl der Clubs und ihrer Mitglieder jährlich um mehr als 10 % gestiegen; der Golfsport weist damit die größte Zuwachsrate im Sportbereich auf. Seriöse Prognosen weisen einen Bedarf von mehr als 300 Plätzen für die nächsten zehn Jahre aus. Dies ist für die Landschaft, die Landschaftsgestaltung und den Garten- und Landschaftsbau eine wichtige Entwicklung. Trotz des starken allgemeinen Interesses stößt die Planung neuer Anlagen auf viele Widerstände, basierend auf vorgefaßten Meinungen zu den vermeintlich negativen Folgen „Landschaftsverbrauch", „Umweltzerstörung", „Entzug von Erholungsflächen" usw. Bei Durchführung eines korrekten Genehmigungsverfahrens mit Prüfung der Umweltverträglichkeit und der sensiblen, ökologischen Golfplatzplanung mit landschaftspflegerischem Begleitplan sind Neuanlagen in einer ausgeräumten Landschaft durchaus ein ökologischer Gewinn und ein hervorragender Puffer zwischen Schutzgebieten und der angrenzenden Landschaft.

Golf und Naturschutz

Kein Widerspruch, sondern eine Chance ist heute die Verbindung von Golf und Naturschutz. Der Natur- und Umweltschutz ist zum übergeordneten gesellschaftlichen Ziel geworden. Diese Entwicklung hat auch auf die Standortentscheidung, Planung und Ausführung neuer Golfanlagen beachtlichen Einfluß.

Naturschutzgebiete, ökologisch sensible oder landschaftlich stark strukturierte Bereiche, naturnahe Waldflächen, geschützte Landschaftsbestandteile oder Naturdenkmäler scheiden heute für die Anlage von Golfanlagen aus, sie sind „Tabu-Flächen", da der Eingriff erheblich und nachteilig für den Naturhaushalt und das Landschaftsbild ist. Zudem hat sich das Verhältnis der Spieler zu der Golfanlage gewandelt. Das Naturverständnis ist gewachsen, die sterilen, bis in die letzte Ecke gepflegten Plätze, beim Neubau mit umfangreichen Erdbewegungen nach amerikanischem Vorbild verbunden, sind nicht mehr das erklär-

Abb. 100. Naturnah angelegte Gewässer und Waldsäume bilden keine Ausnahme auf Golfplätzen.

te Ziel, sondern abwechslungs- und erlebnisreiche, naturnah angelegte, landschaftlich schöne Anlagen (sog. „Golf Links") mit Vegetations- und Wasserflächen. Sogar Wildwuchs-Sukzessionsflächen sind bei diesen Anlagen unverzichtbar, ja sogar integraler Bestandteil der ökologischen und landschaftlichen Ausgestaltung des Geländes und der Biotopvernetzung mit der angrenzenden Landschaft.

Drei wesentliche Aussagen verdeutlichen die Zielsetzungen:

– Golfplätze schaffen neuen Lebensraum für die heimische Pflanzen- und Tierwelt und dienen der Biotopvernetzung.

– Golfplätze reichern ausgeräumte Fluren mit gliedernden Biotopen an und werten so die Kulturlandschaft auf.

– Golfplätze verringern gegenüber intensiver landwirtschaftlicher Nutzung den Eintrag von Dünger- und Schädlingsbekämpfungsmitteln in Boden und Grundwasser.

Die neue Planungsphilosophie betreibt aktive Land-schaftsentwicklung durch flächenhafte Nutzungsextensivierung und durch Schaffung von Biotop-Verbundsystemen vielfältiger Art,

– **Trittsteinbiotope** über ca. 1 ha Ausdehnung,

– **Korridorbiotope**, langgestreckte, kleinflächige Schutzgebiete, Hecken, Wasserläufe, wegebegleitende Pflanzungen, die der Verbindung von Lebensräumen dienen.

Mit der Anlage von Goldplätzen kann so – bei sensiblem Umgang mit landschaftsprägenden Strukturen, mit einer genauen Aufnahme und Auswertung standortlicher Gegebenheiten und Kenntnis der natürlichen Abläufe – Lebensraum für die heimische Fauna und Flora zurückgewonnen werden. So wird z. B. eine ökologische Wertsteigerung eines bisher landwirtschaftlich genutzten Landschaftsraumes durch den Bau einer Golfanlage nur dann eintreten, wenn konsequent alle landschaftstypischen Strukturen, die naturhaushaltlichen Daten erfaßt, der Bestand bewertet und Biotopbereiche gesichert werden und ausreichende Flächen für Ausgleichsmaßnahmen und

Abb. 101. Die Wege auf Golfplätzen werden von Stauden gesäumt.

Abb. 102. Natürliche Strauchvegetation – Golfanlage Killarney.

Flächen für die Naturentwicklung zur Verfügung stehen. Auf einer solchen Grundlage kann der erfahrene, ökologisch denkende Planer die Richtung einer Golfplatzentwicklung steuern und bereits in der Planung Schäden durch eine überlegte Ausführung und Festlegung von Wegen, Zufahrten, Lagerplätzen, durch Reduzierung der Bodenbewegungen und Eingriffe vermeiden.

5.2 Golfplatzarten

Allgemeines

Beim Golfspielen geht es darum „einen Ball durch einen Schlag oder aufeinanderfolgende Schläge, in Übereinstimmung mit den Regeln, vom Abschlag in das Loch zu spielen" (Deutscher Golfverband). Diese „amtliche" Erklärung läßt nicht die Vielfalt möglicher Anlagen erahnen, auf denen dieses Spiel ausgeübt werden kann. Von der Anlage und Bespielbarkeit gleicht kein Platz dem anderen, da sich der gute Planer intensiv mit der vorgegebenen Landschaft, beispielsweise mit dem Bestand, der Topographie, den Gefällen usw. auseinandersetzen und aus diesen Vorgaben eine möglichst **unverwechselbare** Gestaltung entwickeln muß. Jeder einzelne Platz stellt den Golfer vor völlig neue Aufgaben, fordert mehr oder weniger intensiv sein Können. Ob diese Landschaft großartig und beeindruckend wie z. B. bei Alpenplätzen ist oder nicht, hat auf das Spiel absolut keinen Einfluß. In Schottland und Irland gibt es in den Dünen Golfplätze, die flach sind und eher langweilig anmuten. Trotzdem erwarten den Golfer auf allen Bahnen unzählige tückische Fallen und Hindernisse.

Neben dem 18-Löcher-Standard-Platz gibt es weitere Golfplatzarten, die in der Folge kurz beschrieben werden. Die in dieser Beschreibung vorkommenden Elemente eines Golfplatzes (z. B. Abschlag, Grün, Hindernis u. ä.) werden im Abschnitt 5.4 genauer beschrieben.

Die folgenden, unter landschaftlich-ökologischen Gesichtspunkten betrachtet wichtigsten Gestaltungselemente hat der Landschaftsgärtner bei allen Golfanlagen zu berücksichtigen:
– Bodenmodellierungen, auf den Landschaftstyp abgestimmt;
– strukturierte Pflanzungen entsprechend der potentiellen natürlichen Vegetation;
– Rasen- und Wiesenflächen unterschiedlicher Struktur und Pflegeintensität;
– naturnahe Wasserflächen.

Übungsanlagen

Sie sind ein wichtiger Bestandteil jeder Golfanlage, da auf diesen Flächen nicht nur die Anfänger beginnen, sondern alle Golfer ihr spielerisches Können überprüfen, Fehler korrigieren oder schwierige Schläge gezielt üben können.

Unterschieden wird in:
– **Übungswiese – Driving Range**
  Ebene Fläche von ca. 80 x 250 m zum Üben von kurzen bis weiten Schlägen.
– **Übungsgrün – Putting Green**
  Eine Fläche von ca. 1000 m^2 mit mehreren Übungslöchern (mindestens 9 Stück) – zum Trainieren des Einlochens.
– **Annäherungsgrün – Pitching Green**
  Das Annäherungsgrün, mindestens 300 m^2 groß mit ca. 2000 m^2 Umfeld, ist wie ein normales Grün modelliert. Aus unterschiedlichen Entfernungen um dieses Grün können nun Annäherungsschläge geübt werden. Ein Sandhindernis (Bunker) soll auch die komplizierten Übungsschläge aus der Sandfläche ermöglichen.
– **Übungszentrum – Golfodrom**
  Eine multifunktionale Übungsanlage besteht aus den zuvor beschriebenen drei Arten von Übungsflächen. Zur Vervollständigung und Verbesserung des Übungsbetriebes und der Golfschulung sind um eine zentrale Übungswiese weitere Hindernisse sowie unterschiedliche Schräglagen auf Flächen mit unterschiedlich hohem Gras (Fairway, Semirough, Rough) angeordnet, um so alle Spielsituationen, simulieren und üben zu können.
– **Kurzplatz**
  Für Anfänger, eilige Golfer und Senioren, aber auch bei geringem Flächenangebot, sind Kurzplätze mit drei bis neun Bahnen und verkürzter Bahnlänge von 80 bis 400 m denkbar. Als öffentliche Plätze mit geringerem Ausbaustandard und deutlich niedrigeren Pflegekosten besteht an vielen Stellen Bedarf für diese Anlagenart.
– **9-Löcher-Platz**
  9-Löcher-Golfanlagen sind in vielen Fällen aus Grundstücks- und Finanzierungsproblemen der Beginn eines Golfclubs. Endziel sollte jedoch eine 18-Löcher-Anlage sein mit 60 bis 100 ha Fläche. In der Planung der Bahnen und der Infrastruktur sollte die spätere Erweiterung möglichst berücksichtigt werden. Bei optimalem Geländezuschnitt kann eine 9-Löcher-Anlage auf minimal 30–35 ha erstellt werden.

– **18-Löcher-Platz**
Der „Standardplatz" einer Golfanlage hat 18 Löcher und Spielbahnen mit einer Länge von ca. 125 bis 520 m. Die Gesamtlänge aller Spielbahnen sollte bei 5900 bis 6500 m liegen und einen Standard von PAR 72 haben. Das heißt, ein Spitzenspieler kann mit 72 Schlägen den Platz durchspielen. Ausschlaggebend für einen interessanten Platz ist aber nicht unbedingt exakt die Einhaltung dieser Werte, sondern zum Beispiel der Standort, die landschaftliche Umgebung, eine reizvolle Landschaftsentwicklung, eine durchdachte Anordnung und Detailplanung der Bahnen mit Hindernissen, Wasserläufen, Bunkern, Vegetation, aber auch naturnahe Zwischenzonen und Aufforstungen innerhalb der Anlage.

5.3 Ökologische Verträglichkeit von Golfanlagen als Bedingung für deren Genehmigung

Standortwahl
Die Lage eines Golfplatzgeländes in bezug auf seine Stadtnähe, die Verkehrsanbindung, den Anschluß an Ver- und Entsorgung und evtl. vorhandene nutzbare Gebäude, vor allem aber die Qualität des landschaftlichen Umfeldes – Topographie, vorhandene Vegetation, Bodenverhältnisse, Wasserflächen u. ä. – haben einen wesentlichen Einfluß auf die Attraktivität und Akzeptanz einer Golfanlage. Der ideale Standort ist selten zu finden, stets sind Auswahlkriterien gegeneinander aufzurechnen.

Auch die Morphologie oder Oberflächengestalt spielt bei der Bewertung des Standortes eine nicht unerhebliche Rolle, zumindest kann die Oberflächengestalt mit wenig Dynamik zu erheblichen zusätzlichen Kosten durch später notwendig werdende, umfangreiche Bodenbewegungen und Anpflanzungen führen. Neben den völlig flachen, ausgeräumten Flächen sind auch solche mit starken Höhenunterschieden, steilen Tälern und Kuppen nur schlecht geeignet.

Die Bodenbeschaffenheit sollte bei der Standortbewertung nicht nur „oberflächlich", sondern auch in die Tiefe gehend geprüft werden. Stehen keine geologischen Karten und Schnitte zur Verfügung, sollten einige Schürfgräben hergestellt werden, um den Untergrund, die Wasserdurchlässigkeit und die Struktur bis mindestens 2 bis 3 m Tiefe zu prüfen.

Leichte sandige Böden sind ideal für eine Anlage, da sie auch bei schlechter Witterung bespielbar bleibt, allerdings wird die Beregnung aufwendiger.

Schwere, lehmige und tonige Böden sind nur bedingt geeignet, da Abmagerungen auf den Spielbahnen sehr aufwendig sind.

Stauwassergefährdete Böden oder solche mit extrem hohem Grundwasserstand scheiden aus. Die Standortanalyse, die mit intensiver Geländebegehung verbunden ist, sollte die möglichen Konflikte, die Umweltverträglichkeit in bezug auf Naturhaushalt, Morphologie, Geologie, Wasserhaushalt, Geländeklima, Vegetation und Bodenbeschaffenheit, bereits beurteilen und bewerten. Nur wenn eine positive Einschätzung erkennbar ist, sollte die weitere Planung betrieben werden.

Flächenbedarf und Flächenverfügbarkeit
Die Flächengröße eines Geländes ist keine Festzahl und bestimmt nicht die Eignung eines Geländes. Wegen landschaftspflegerischer und ökologischer Gesichtspunkte geht man in einzelnen Bundesländern bereits bei der Genehmigung von Golfanlagen von Mindestgrößen als unteren Grenzwerten aus, um den angestrebten ökologischen Gewinn zu sichern und fordert ausreichend Ausgleichs- und Ersatzflächen unter Berücksichtigung des Arten- und Biotopschutzes. Demzufolge wird in Zukunft die Größe einer 18-Löcher-Anlage auf ca. 70–100 ha steigen.

In Deutschland gibt es wegen der zahlreichen landesspezifischen Unterschiede und Bewertungen kein einheitliches Genehmigungsverfahren. Die jeweilig zuständige Bauaufsichtsbehörde prüft mit dem Regierungspräsidenten (Höhere Landschaftsbehörde und Höhere Wasserbehörde) die Umweltverträglichkeit im Hinblick auf den vorliegenden Gebietsentwicklungsplan vor Einleitung einer Flächennutzungsplanänderung und des Bebauungsplanverfahrens.

Umweltverträglichkeitsstudie und Landschaftspflegerischer Begleitplan
Da die Anlage von Golfplätzen in der Bevölkerung nicht unumstritten ist, soll in diesem Zusammenhang ausführlicher auf das Genehmigungsverfahren eingegangen werden.

So kommt im Rahmen der Änderung des Flächennutzungsplanes und der Aufstellung des Bebauungsplanes der Umweltverträglichkeitsstudie (UVS) eine besondere Rolle zu, die den Eingriff in Natur und Landschaft bewertet, die zusätzlichen ökologischen Belastungen prüft und Hinweise für den Ausgleich

OSTSEE

Brodtener Steilufer

UFER - WANDERWEG

FEUCH

OSTSEE - BLICK

WEIDEFL
DAUERGR
MIT EINZ
GEHÖLZ
UND TÜ

LAUBMISCHWALD

AUFFORSTUNG

OSTSEE -
BLICK

AUSFLUGSLOKAL
HERMANNSHÖHE

Froschtumpel

stucken

Vier -

LEGENDE :

GRÜN - GREEN

ABSCHLAG - TEE

SPIELBAHN
FAIRWAY

EINZELBÄUME

AUFFORSTUNG

VORH. WALDFLÄCHE
ODER PFLANZUNG

HOCHSTAUDENSÄUME
SCHNITT ALLE 3 JAHRE

STEG

GEBÄUDE

STREUWIESEN
ROUGH

GEWÄSSER -
FEUCHTBIOTOPE

Abb. 103.
Lageplan eines
Golfplatzes.

des Eingriffs beim Bau der Golfanlage durch landschaftsgerechte, ökologisch sinnvolle Maßnahmen gibt. Auf der Grundlage des UVS untersucht der Landschaftspflegerische Begleitplan (LPB), der begleitend mit dem Bebauungsplan erstellt und mit allen Trägern öffentlicher Belange und vor allem mit den anerkannten Naturschutzverbänden, dem Landschaftsbeirat u. ä. abgestimmt wird, den Eingriff bzw. die Konflikte genauer und beschreibt die vorgesehenen Ausgleichsmaßnahmen. Dazu gehört eine Flächenbilanzierung des Bestandes mit Vorbelastung durch landwirtschaftlich intensive Nutzung mit ihren Folgen, die Verarmung biotischer Faktoren, die Düngung und der Einsatz chemischer Mittel in großem Umfang, Grundwasserbelastung, Verarmung des Landschaftsbildes.

Vergleichend wird eine Flächenbilanzierung der Planung mit den vorhandenen Eingriffs- und Ausgleichsflächen aufgestellt.

Negativ zu berücksichtigen sind
– Bau von Gebäuden und verkehrstechnischen Anlagen, Zufahrten, Wege und Parkplätze,
– Sandbunker als Spielhindernis,
– Düngung der Greens, Abschläge und Spielbahnen, Biozidanwendung auf den Greens,
– Herstellung von Gewässern,
– Reliefveränderungen.

Als Ausgleichsflächen sind anzurechnen:
– Aufforstungsflächen,
– naturnahe Wasserflächen mit Ufervegetation,
– Sukzessionsflächen,
– Hardroughs mit ein- bis zweimaligem Schnitt pro Jahr,
– Flächen für die Naturentwicklung, im allgemeinen 30 % der Gesamtfläche.

Genehmigungen nach anderen Fachgesetzen
Die wasserrechtliche Genehmigung ist nach dem Wasserhaushaltsgesetz, unabhängig von einer möglichen Baugenehmigung, erforderlich für die Anlage von größeren Gewässern, Entnahme von Wasser aus dem Untergrund, für die Einleitung von Überschußwasser aus diesen Wasserflächen oder Drainagen über Versickerungsflächen in den Untergrund. Die Genehmigung ist aber auch erforderlich für die Erstellung von Grundwasserbrunnen zur Beregnung der Greens und Fairways.

Eine forstrechtliche Genehmigung ist dann erforderlich, wenn auf der geplanten Golfplatzfläche Wald nach dem Bundeswaldgesetz vorhanden ist, der auch nur teilweise entfernt werden soll. In diesem Fall ist eine Umwandlungsgenehmigung zu beantragen.

5.4 Planung, Funktion und Ausbau von Einzelflächen

Elemente einer Golfanlage
Gegenüber vielen anderen Sportanlagen, die DIN-gerechte oder nach internationalen Regeln genormte Spielfelder benötigen, sind Golfanlagen weitgehend variabel. Jeder Golfplatz sollte entsprechend seiner landschaftlichen Lage, seiner Topographie und auf der Grundlage des Vorhandenen seine eigene Charakteristik besitzen; unter Einbeziehung von Eigenarten der Landschaft, der Lage und der vorhandenen Vegetation. Jeder Golfplatz sollte einen eigenen Charakter und eine Unverwechselbarkeit bereits durch die Planung erhalten. Die Bahnen können mit beliebigen Längen aneinandergereiht sein, wobei sich gewisse Spannungsverhältnisse von kurzen zu langen Bahnen in der Planung und Nutzung bewährt haben (Staffelung der Schwierigkeiten).

Die Golfbahnen bestehen aus Abschlägen, Spielbahnen (Fairways) und Grüns (Greens) mit den jeweiligen natürlichen oder künstlichen Spielhindernissen, wie Bodenwellen, Wasserflächen, Bächen, Pflanzungen, Einzelbäumen u. ä. In Abhängigkeit von vorgegebenen Längenintervallen, die sich aus der Schlagweite und Anzahl der zum Einlochen des Balles benötigten Schläge ergeben, werden sie als PAR 3-, PAR 4- oder PAR 5-Löcher eingeteilt.

Wie bereits erwähnt, soll die Pflanzenauswahl für Golfanlagen soweit wie möglich unter ökologischen und landschaftsgestalterischen Gesichtspunkten erfolgen, auf der Grundlage der potentiellen natürlichen Vegetation. Dazu bilden die Vegetationskarten der jeweiligen Landschaft eine wertvolle Grundlage. Allen im folgenden gegebenen Hinweisen auf bestimmte Pflanzenarten kommt somit nur eine exemplarische Bedeutung zu.

Die Rasengräser spielen bei Golfanlagen eine besondere Rolle. Die Zusammensetzung der Rasenmischungen hängt von den Eigenschaften der Rasengräser ab, zum Beispiel von der Schnitt- bzw. Tiefschnittverträglichkeit bei Abschlägen und Greens, wobei die Rasenmischung der Abschläge auch eine gewisse Trittverträglichkeit besitzen muß und die Rasengräser der Fairways außerdem trockenresistent sein sollten. Nach den Richtlinien der Forschungsgesellschaft Landschaftsentwicklung-Landschaftsbau e. V. (FLL)

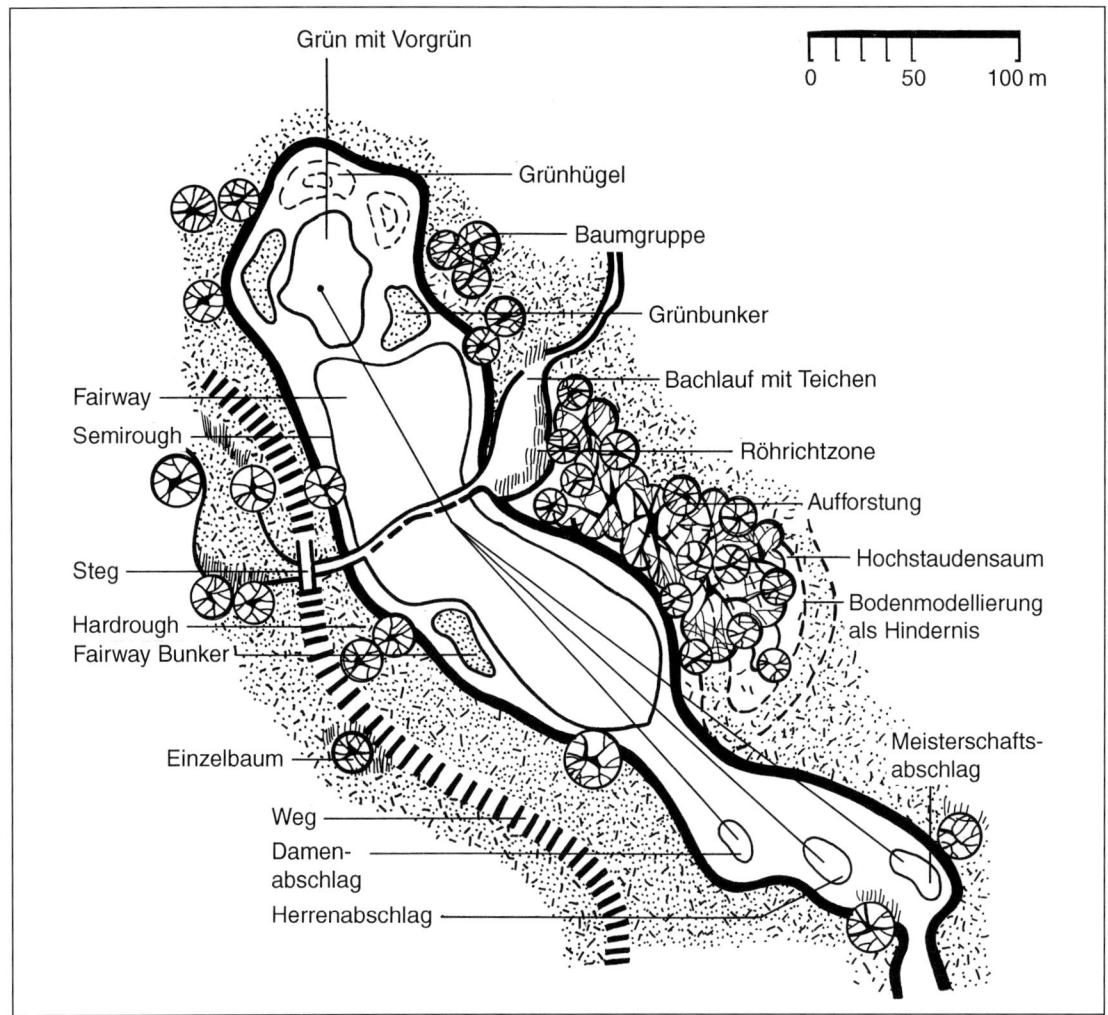

Abb. 104. Elemente einer Golfbahn.

„Bau von Golfplätzen", Ausgabe 1990, sind folgende Mischungen zu empfehlen:

Grün (Green) – Variante 1

  8 % *Agrostis capillaris* 'Highland'
  7 % *Agrostis stolonifera* 'Prominent'
45 % *Festuca rubra commutata* 'Banner'
40 % *Festuca rubra trichophylla* 'Estica'

Grün (Green) – Variante 2

15 % *Agrostis capillaris* 'Highland'
45 % *Festuca rubra commutata* 'Banner'
40 % *Festuca rubra trichophylla* 'Estica'

Vorgrün (Collar)

10 % *Agrostis capillaris* 'Highland'
15 % *Festuca rubra commutata* 'Banner'
20 % *Festuca rubra rubra* 'Pernille'
20 % *Festuca rubra trichophylla* 'Estica'
15 % *Poa pratensis* 'Ikone'
20 % *Poa pratensis* 'Nutop'

Spielbahn (Fairway)

  5 % *Agrostis capillaris* 'Highland'
15 % *Festuca rubra rubra* 'Pernille'
20 % *Festuca rubra trichophylla* 'Estica'

15 % *Lolium perenne* 'Flair'
15 % *Lolium perenne* 'Perfect'
15 % *Poa pratensis* 'Ikone'
15 % *Poa pratensis* 'Nutop'

Abschlag (Tee)
20 % *Festuca rubra rubra* 'Pernille'
20 % *Festuca rubra trichophylla* 'Estica'
15 % *Lolium perenne* 'Flair'
15 % *Lolium perenne* 'Perfect'
15 % *Poa pratensis* 'Compact'
15 % *Poa pratensis* 'Ikone'

Halb-Rauhes (Semi-Rough)
 5 % *Agrostis capillaris* 'Highland'
15 % *Festuca ovina* 'Bornito'
30 % *Festuca rubra rubra* 'Rapid'
30 % *Festuca rubra trichophylla* 'Estica'
 5 % *Lolium perenne* 'Perfect'
10 % *Poa pratensis* 'Compact'
 5 % *Poa pratensis* 'Ikone'

Als Fernziel für die Roughs gilt die Ansiedlung der dort heimischen Pflanzenarten, die den Vegetationskarten zu entnehmen sind. Häufig wird sich aber erst nach einer gewissen Zeitspanne die gewünschte Artenzusammensetzung einstellen. Vorher kann auf eine Erstbegrünung nicht verzichtet werden. Für deren Zusammensetzung gilt einmal, daß möglichst viele der dort heimischen Arten berücksichtigt werden, zum anderen muß dabei auf konkurrenzstarke Gräser und Kräuter verzichtet werden. Gewisse Schwierigkeiten entstehen in der Regel bei der Beschaffung des Saatgutes.

Abschläge

Am Beginn der Spielbahn liegt der in der Größe nicht festgelegte, ca. 10 x 20 m große Abschlag, eine um etwa 75 cm erhöhte, planierte, mit Rasentragschicht abgemagerte Rasenfläche, von dem der 1. Abschlag ausgeführt wird. Die Fläche sollte sich dem umgebenden Geländebereich profilgerecht anpassen. Die Abschläge erhalten wie die Greens eine automatische Beregnung mit Unterflurregnern. Die Schnitthöhe liegt bei 12 mm, die Schnitthäufigkeit bei zwei- bis dreimal wöchentlich. Zur Spielbahn hin sollen sie ca. 2 % ansteigen.

Spielbahnen

Die Spielbahnen haben eine Länge von 100 bis 500 m und eine Breite von 30 bis 50 m. Sie sollen sich harmonisch in das Umfeld einpassen. Aus Gründen des Landschaftsschutzes ist es wichtig, mit möglichst we-

nig Erdbewegungen das vorhandene Gelände für die Spielbahnen vorzubereiten.

Im Verlauf der Spielbahnen können Einzelbäume, Buschgruppen, Wasserflächen und Sandbunker gewünschte und geplante Spielhindernisse darstellen. Die Rasendecke der Spielbahnen muß bei einer Schnitthöhe von etwa 20 mm einen dichten, strapazierfähigen, im Wuchs homogenen Pflanzenbestand aufweisen. Plätze in trockenen Lagen und durchlässigem Untergrund werden mit Versenkregnern bestückt. Der Schnitt erfolgt ein- bis zweimal wöchentlich.

Folgende Wildstaudenarten eignen sich aufgrund ihrer Schnittverträglichkeit den vorgenannten Rasenmischungen für Fairways, vor allem aber für Semiroughs, beigemengt zu werden:

Ajuga reptans –	Kriechender Günsel
Bellis perennis –	Gänseblümchen
Campanula rotundifolia –	Rundblättrige Glockenblume
Cardamine pratensis –	Wiesenschaumkraut
Dianthus deltoides –	Heidenelke
Hieracium aurantiacum –	Orangerotes Habichtskraut
Lotus corniculatus –	Gemeiner Hornklee
Lysimachia nummularia –	Pfennigkraut
Mentha pulegium –	Poleiminze
Plantago lanceolata –	Spitzwegerich
Plantago major –	Großer Wegerich
Potentilla anserina –	Gänsefingerkraut
Prunella vulgaris –	Gemeine Braunelle
Trifolium repens –	Weißklee
Veronica filiformis –	Faden-Ehrenpreis

Grün (Green)

Ziel und Abschluß der Golfbahn ist das ca. 400 bis 600 m² große Green mit markiertem Loch, die sogenannte Fahnenposition. Sie wird regelmäßig vom Greenkeeper umgesteckt, um die Übernutzung einzelner Flächen zu vermeiden. Ein Vorgrün für Annäherungsschläge umgibt mit ca. 2,5 m Breite das Grün. Zur Erschwernis des Spiels können Grüns gestuft, mit Wellen, Stufen oder partiell auch mit starkem Gefälle gebaut werden, so daß sie auch im schwierigen Gelände der vorhandenen Topographie angepaßt werden können.

Alle Greens sind an einer gesteuerten, fest installierten Beregnungsanlage angeschlossen. Der extreme Kurzschnittrasen mit 4 mm und der Aufbau der Ra-

Abb. 105. Grün mit naturbelassenem Umfeld.

sentragschicht – entsprechend einer vorgegebenen Körnungslinie mit max. 10 % Oberboden, 90 % Sand, Kies, Lavaschlacke – erfordern bei Trockenheit tägliche Bewässerung. Normalerweise werden vier Versenkregner nach genauer Berechnung um das Grün eingebaut und von einer Zeituhr gesteuert. Die genaue Mischung und Kornverteilung der Rasentragschicht sollte von einem Erdbaulabor den örtlichen Verhältnissen angepaßt werden.

Green-Einsaat
Vor Jahren bereits wurde von der Pennsylvanian State University die Sorte *Agrostis stolonifera* 'Penncross' entwickelt. Auf Spitzenplätzen hat sich diese Rasensorte für die Greens unter Verzicht auf Rasenmischungen weltweit durchgesetzt. Sie ist kurzschnittverträglich bis 3 mm und absolut dicht. Ansaat 5 g/m². Sicher ist bei diesen extremen Kurzschnittflächen ein gekonntes Pflegemanagement erforderlich. Einschränkend sollte man berücksichtigen, daß bei Plätzen in alpinen Gegenden die Sorte 'Penncross' nicht angewendet werden sollte. Neu ist eine Sorte *Agrostis*

stolonifera 'Providence', eine Verbesserung von 'Penncross' seit ca. 1993.

Rauhes – Rough – Semirough – Hardrough
Rauhflächen sind Bereiche mit wiesenähnlichen Vegetationsstrukturen, unterschiedlich hohem Grasbewuchs am Rand der Spielbahnen und über den ganzen Platz verteilt mit geringer Schnitthäufigkeit.

Das Semirough wird als schmaler, etwa 2 bis 3 m breiter Streifen beidseitig der Spielbahn alle 14 Tage bis auf 3 cm Höhe geschnitten. Angrenzend liegt das eigentliche großflächige Rough, das ein- bis zweimal jährlich auf etwa 8 bis 12 cm Höhe zurückgeschnitten wird.

Das Hardrough mit Hochstauden wird wiesenähnlich genutzt und nur einmal jährlich gemäht. Auf ökologisch geplanten und gepflegten Plätzen sollte das Hardrough überwiegend in Randzonen der Gehölze ca. 5 bis 8 m breit nur alle drei Jahre geschnitten werden. Das Schnittgut ist bei allen Roughflächen zu sammeln und abzutransportieren, um eine Düngung dieser Flächen zu verhindern.

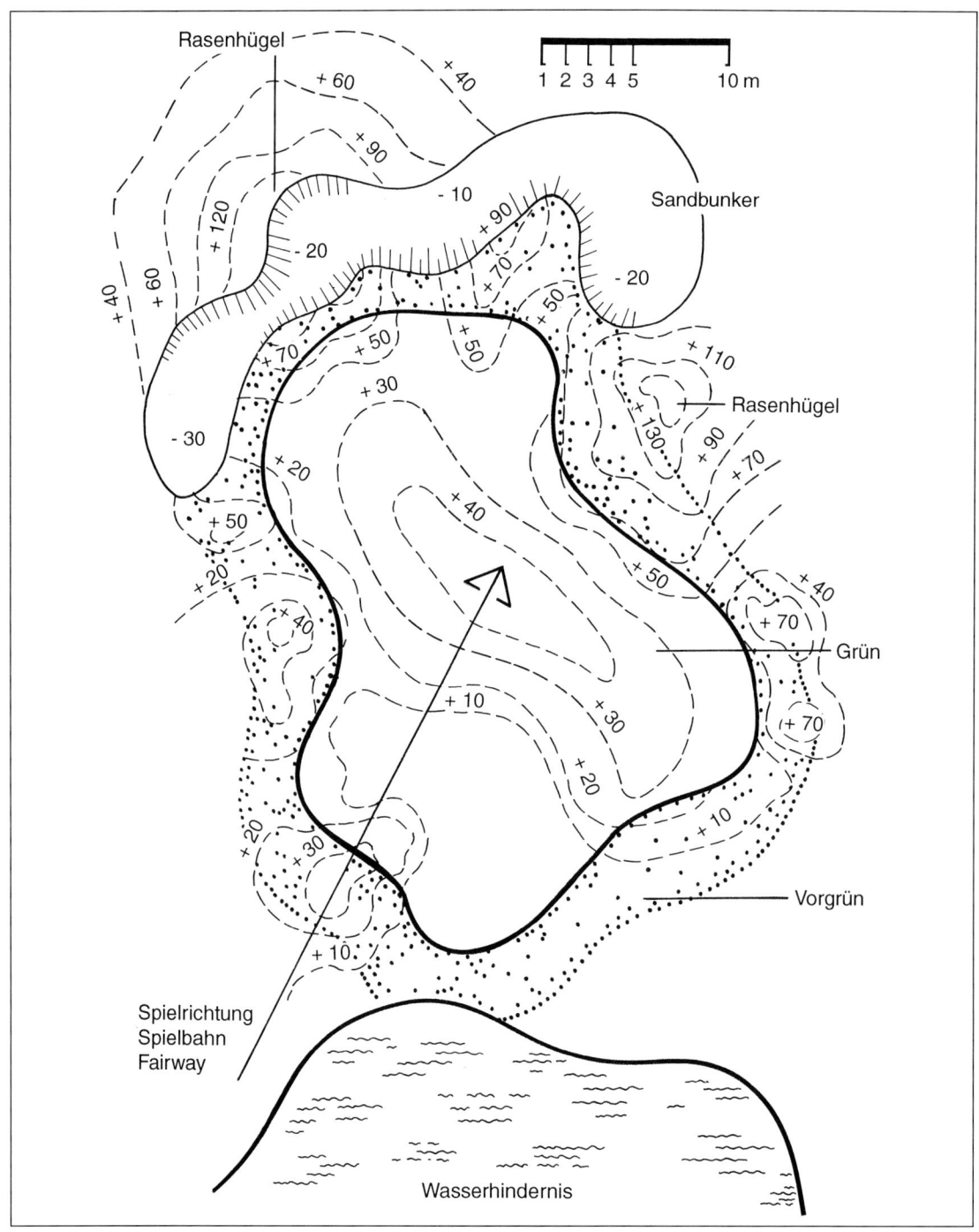

Abb. 106. Gründetail.

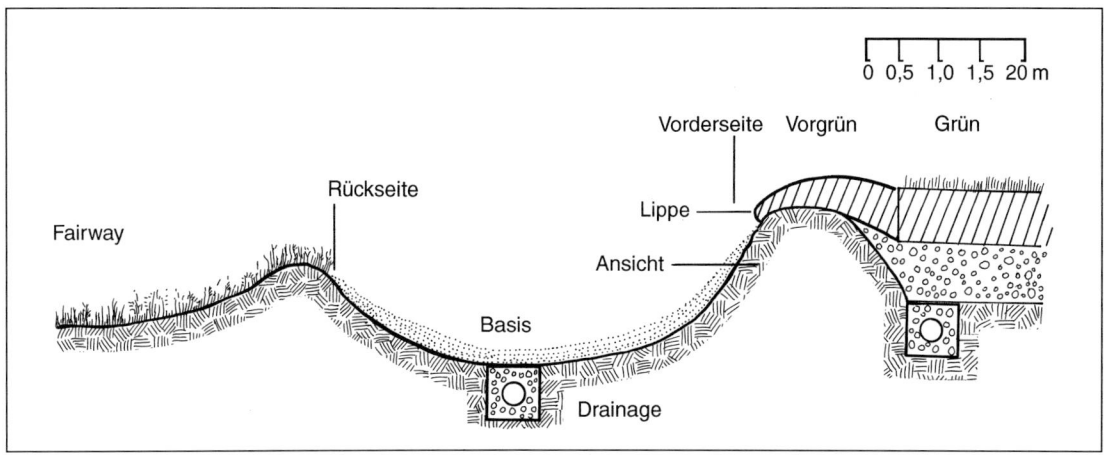

Abb. 107. Schnitt durch einen Grünbunker.

Als Anregung für eine Pflanzenauswahl zur Begrünung der Rauhflächen wird auf die Pflanzenlisten im allgemeinen Teil des Buches verwiesen, z. B. auf die Vegetation des Gehölzrandes, der Waldlichtung oder des Halbtrockenrasens.

Hindernisse

Hindernisse sollen das Spiel zusätzlich zur Bahnlage reizvoll und schwierig gestalten. An strategisch wichtigen Punkten werden sie zur Steigerung des Schwierigkeitsgrades des Spiels angeordnet. Es können natürlich vorhandene Hindernisse wie Täler, Einzelbäume, Pflanzungen, Teiche, Bäche, Rasenmulden, Abbruchkanten u. ä. sein oder geplante, angelegte Hindernisse wie Wasserflächen, Erdmodellierungen und Sandmulden, sogenannte „Bunker" mit variabler Tiefe. Letztere haben jedoch den Nachteil, in einigen Landschaften als Fremdkörper zu wirken, besonders wenn sie sehr großflächig geplant werden.

Sie können allerdings an südexponierten Randbereichen, die eine kleine Geländekante aufweisen, Lebensraum für sandbewohnende Insekten bieten. Um die Möglichkeit der Kleinbiotopentwicklung zu nutzen, sind die Randbereiche von der ständigen Pflege (z. B. Harken des Sandes) auszunehmen.

Wasserflächen

Vorhandene oder künstlich angelegte Teiche und Bäche sind auf Golfanlagen spielstrategische Hindernisse und belebende Landschaftselemente. Sie sind aber vor allem wichtige Feuchtbiotopzonen und sollten deshalb nur teilweise an die Spielbahnen angrenzen. Uferzonen mit naturnahen Übergängen in Kraut- und Strauchzone sollten überwiegen.

Die Anlage sollte unter Beachtung folgender Kriterien erfolgen:
– Die Wasserflächen sollen möglichst sonnig liegen, nur einzelne Bäume und Strauchpflanzungen auf der Nordseite sind angebracht.
– Zumindest eine Uferseite, bevorzugt die sonnenexponierte, soll als Flachwasserzone unterschiedlich breit ausgebildet sein.
– Auf Teilflächen muß die Wassertiefe 1,50 bis 2,00 m erreichen (Überwinterungsräume für Amphibien).
– Verschiedene, meist flache Böschungsprofile, stockwerkartig gestuft, d. h. mit unterschiedlicher Wassertiefe.
– Pflanzenfreie Uferbereiche mit Kiessandschüttung in Teilflächen.
– Bereiche unterschiedlicher Sohlensubstrate, jedoch ohne Humusstoffe, von fein bis grob.
– Wechselfeuchte Übergangszonen.

Abdichtung. Sind keine natürlichen Teiche oder Bäche vorhanden, müssen die Wasserflächen abgedichtet werden.

Je nach Größe der Wasserflächen, nach Art des Untergrundes und nach den verfügbaren Mitteln können die Abdichtungen naturnäher oder sehr technisch gewählt werden. Kritischer Bereich ist bei allen Abdichtungen die **Uferübergangszone**. Hier ist sorgfältig im Detail zu arbeiten, um einen ästhetischen und naturnah wirkenden Übergang zu erzielen.

Alle Abdichtungen sind zum Schutz, zur naturhafteren Einbindung und zur Entwicklung der Wasserflora und -fauna mit Substrat mind. 30 cm stark anzudecken, wobei kein Oberboden, sondern anstehende kiesige bis bindige Rohböden unterschiedlicher Struktur auf die Abdichtung eingebaut werden sollten.

Natürliche Baustoffe. Bei Verwendung von natürlichen Baustoffen lassen sich im wesentlichen drei Bauverfahren zur Herstellung ausreichend wasserundurchlässiger Bodenabdichtungen unterscheiden:

1. Verdichtung des anstehenden Baugrundes bei steinfreien Lehm- oder Tonböden (selten möglich).
2. Einarbeitung von quellfähigen Dichtungsstoffen in einen lehmigen, bündigen Baugrund durch Ausstreuen und Einfräsen von z. B. Bentonitpulver,

Abb. 108. Anlage eines Fließgewässers auf dem Golfplatz Hummelbachaue bei Neuss.

Abb. 109. Wasserläufe, naturnah angelegt, bereichern Golfanlagen in ästhetischer und ökologischer Hinsicht.

Dernotonpulver, Wasserglas (z. B. Deposil N). Je nach Struktur des Baugrundes sind bis zu 20 kg Dichtungspulver in die oberen 20 cm einzuarbeiten und zu verdichten; Böschungsneigung nicht stärker als 1:4.

3. Einbau zusätzlicher, 20 bis 40 cm starker Dichtungsschichten aus angeliefertem Ton, Lehm oder Dernotonvlies, einer Kombination von quellfähigem Bentonit, das zwischen zwei Geovliesbahnen eingebunden ist und mit Feuchtigkeit aufquillt. In 4 m breiten Bahnen geliefert, wird es mit einem Dernotonquellmittel überlappend verbunden. Bei allen natürlichen Abdichtungen, die nicht wurzelfest sind, empfiehlt sich vor Auftrag der ca. 40 cm starken Substrat- und Schutzschicht, die Flachwasserzone bis ca. 1,5 m Tiefe mit einer Wurzelschutzfolie abzudecken, die die Durchwurzelung verhindert.

Technische Hilfsmittel. Bei den Technischen Abdichtungsmöglichkeiten stehen die unterschiedlichen Folien oder Asphaltdichtungen zur Verfügung.

Folien. Die Folien mit einer Stärke von mindestens 1,5 mm werden in Bahnen angeliefert, zunächst vor Ort gemessen, auf steinfreiem Untergrund verlegt und vor Ort verklebt (Flächen bis ca. 2000 m^2 werden im Werk unter Vakuum geschweißt) oder verschweißt. Sie müssen elastisch, korrosionsbeständig, UV-fest, hoch dehnfähig, wurzelfest und frostbeständig sein.

Asphaltdichtungen mit einer Bitumentragschicht von 8 bis 10 cm und einer Asphaltmastixdichtung von 2 bis 3 cm, die heiß eingebracht werden, sind nur im kleineren Umfang für den landschaftlichen Golfplatz geeignet. Gegen Durchwurzelung ist der Mastixdichtung Praeventol B beizufügen.

Verdunstung und Wasserverlust. Sowohl durch die Saugspannung der angrenzenden Erde im Uferbereich als auch durch normale Verdunstung können Wasserverluste entstehen, die bei längerer Trockenheit bis zu 2 cm/Tag betragen. Durch eine Grundwasserpumpe mit Schwimmerschaltung muß für eine Möglichkeit gesorgt werden, den Verlust aus dem Grundwasser auszugleichen.

Ufer-, Sumpf- und Wasserpflanzen. In der Natur bilden sich Pflanzengesellschaften im Ufer- und Landungsbereich von stehenden und schwach fließenden Gewässern in Abhängigkeit von der jeweiligen Wassertiefe. Der Wasserspiegel eines natürlichen Teiches oder Sees ist meist der Grundwasserspiegel im angrenzenden Erdreich, der sich durch die Kapillarität nur geringfügig ändert.

Bei künstlich angelegten Wasserflächen ist diese Abhängigkeit nicht gegeben, so daß pflanzensoziologische Zusammenhänge nur im unmittelbaren Uferbereich (Saugspannung des Erdreiches) berücksichtigt werden können. Außer der Wassertiefe spielen für das optimale Gedeihen der verschiedenen Pflanzenarten, die in der Natur Pflanzengesellschaften bilden, auch andere Faktoren eine entscheidende Rolle, wie die Bodenbeschaffenheit, klimatische Bedingungen sowie der Nährstoff- und Basengehalt des Wassers. – Weitere Gesichtspunkte zur Anlage naturnaher Wasserflächen sind dem Kap. C 2.1 zu entnehmen.

Die dort aufgeführten Pflanzenarten können Anregungen für die Bepflanzung der Gewässer geben. Gute Erfolge hat man durch eine Initialpflanzung mit sogenannten Bestandsbildnern und Begleitarten erreicht. Hierbei ist die Wuchs- und Verdrängungskraft der Bestandsbildner zu berücksichtigen. Als Beispiel kommen die Arten der folgenden Listen in Frage, falls ihre Verwendung pflanzensoziologisch vertretbar ist.

In diesem Zusammenhang ist auf die Gefahr des Eintrages von Stickstoff, Phosphor oder Pestiziden hinzuweisen. Auch im Hinblick auf die Grundwasserbelastung ist diese Gefahr durch entsprechende Zuordnung der Teilflächen und den gezielten Einsatz dieser Stoffe auszuschließen. Ein Abstand von 10 bis 50 m zur Ausbringung der genannten Mittel ist unbedingt einzuhalten. Die Pflanzen können mit weiten Abständen (2 bis 3 m) oder in einzelnen Gruppen mit Abständen bis zu 5 m gepflanzt werden. Durch ihren starken Wuchs schließen sich die Lücken in wenigen Jahren.

Bestandsbildner

Carex acutiformis –	Sumpfsegge
Carex gracilis –	Spitzsegge
Carex riparia –	Ufersegge
Eleocharis palustris –	Gemeines Sumpfried
Phragmites communis –	Schilfrohr
Scirpus lacustris –	Sumpfbinse
Sparganium simplex –	Igelkolben

Begleitarten

Butomus umbellatus –	Schwanenblume
Iris pseudacorus –	Sumpfschwertlilie
Myosotis palustris –	Sumpfvergißmeinnicht
Sagittaria sagittifolia –	Pfeilkraut

Im Wasserbereich (vor den Uferpflanzgürteln)

Nuphar luteum –	Gelbe Teichrose

Hochstaudenflure in angrenzenden feuchten Wiesenbereichen

Angelica sylvestris –	Wald-Engelwurz
Eupatorium cannabinum –	Wasserdost
Filipendula ulmaria –	Mädesüß
Lysimachia vulgaris –	Gelbweiderich
Lythrum salicaria –	Blutweiderich
Petasites hybridus –	Pestwurz
Valeriana officinalis –	Baldrian

Pflanzungen

Intensive landschaftsgestalterische Pflanzungen wurden bei Golfanlagen erst erforderlich, nachdem diese fast nur noch in ausgeräumten Landschaften genehmigt werden. Ältere Plätze lebten von der Substanz an Bäumen, Wald und reizvollen Landschaftselementen bevorzugter Standorte.

So sollen Einzelbäume und Gehölzpflanzungen auf Golfplätzen mehrere Funktionen erfüllen und sind dazu bei richtiger Wahl, Pflanzung und Pflege auch in der Lage.

Der landschaftsästhetische Aspekt

– Bäume und Gehölzpflanzungen gliedern und strukturieren die weitläufigen Rasenflächen. Angestrebt wird eine kleinräumige Gliederung („Kammerung") der meist offenen Flächen durch unterschiedlich hohe Vegetationseinheiten.
– Durch gezielte Auswahl der Gehölzpflanzung und Einzelbäume kann jede Bahn eine eigene, unverwechselbare Ausstrahlung bekommen.
– Durch die Auswahl vorwiegend heimischer Pflanzen kann der Platz in die Landschaft eingebunden werden.

Der spielstrategische Aspekt

Für den Golfspieler hat bei der Planung auf dem Platz die spielstrategische, golfarchitektonische Funktion Vorrang, doch läßt sich dies problemlos mit den landschaftlichen Belangen verbinden.

– Ausgesuchte Solitärbäume, an golftechnisch richtiger Stelle plaziert, können eine Spielbahn durch „Absicherung" des Knickpunktes oder durch „Verteidigung" des Grüns als Hindernis interessanter machen.
– Bäume und Pflanzungen können durch Kenntlichmachung des Spielbahnverlaufs die Spiellinie des Golfers positiv beeinflussen.
– Bäume können verirrte Bälle zurückhalten, die drohen, die Bahn zu verlassen.

Der schützende Aspekt

– Durch überlegte, gestaffelte Gehölzpflanzungen wird der Schutz gegen verirrte Bälle zwischen den Spielbahnen zu öffentlichen Wegen und Straßen gewährleistet.
– Durch Windschutzpflanzungen wird das Kleinklima verbessert, der Wind ausgekämmt und die Austrocknung vermindert.

Der ökologische Aspekt

Für die Landschaftsgestalter haben die ökologischen Funktionen von Gehölzpflanzen auf dem Golfplatz Vorrang.

– Strukturierende, raumbildende Pflanzungen zur Schaffung von neuen Biotoptypen.
– Verbesserung des Lebensraumangebotes für Fauna und Flora.
– Nist- und Nährgehölze für Vögel, Insekten und alle Kleintierarten.
– Sicherung vorhandener empfindlicher Lebensräume innerhalb der Anlage durch Schutzpflanzungen gegen Störungen.
– Schutz und Sicherung von Biotopstandorten; Steinhänge, Uferbereiche, Hangkanten u. ä.
– Steigerung der standorttypischen Artenvielfalt in der Kraut-, Strauch- und Baumzone.

Die Art der Pflanzung kann im Gelände unterschiedlich und vielfältig sein.

– Anpflanzungen von großen Solitärbäumen an markanten Stellen, Kuppen, Umlenkpunkten u. a.
– Anpflanzung von Baumgruppen in oder am Rande der Spielbahn.
– Aufforstungen mit Jungpflanzen und einzelnen Leitbäumen in Reihen; angestrebte Flächengröße je ca. 1 ha.
– Streuobstwiese mit alten Obstsorten.
– Heckenstrukturen in Form von Wallhecken, leicht erhöht, mit Böschung auf der Südseite, als Korridorbiotope ebenfalls mit Jungpflanzen und Einzelbäumen bepflanzt.

Auswahl der Pflanzenarten

Die Pflanzen sollen wegen der besonderen Stabilität dieser natürlichen Vegetationselemente ausschließlich dem bodenständigen Artenspektrum entsprechen.

Vor Aufstellen der Bepflanzungskonzeption und des Pflanzplanes ist in der Karte der potentiellen natürlichen Vegetation die entsprechende Pflanzengesellschaft des Planungsbereiches nachzusehen und die Pflanzenauswahl auf diese Pflanzengesellschaft auszurichten. Dies ist ein wichtiger Schritt für eine ökologisch sinnvolle Planung.

Zu einer schnelleren Besiedelung der Gehölzrandflächen, Biotopentwicklungsflächen, Teich- und Bachränder empfiehlt es sich, nicht nur Bäume und Sträucher, sondern auch Wildstauden der Krautschicht als Initialpflanzung einzubringen. Zahlreiche Staudengärtnereien haben heute bereits eine breite Palette von Wildstauden für die Landschaft vorrätig.

Weil ein Golfplatz – besonders im Rough – eine gewisse Schutzfunktion infolge schwächerer Publikumsfrequenz ausübt, bietet sich die verstärkte Verwendung von Arten der Roten Liste an. Aber auch hier gilt der Grundsatz, daß Pflanzen nur dann zu bevorzugen sind, wenn sie zur heimischen Flora, d.h. an diesen Standort, gehören. Die Zahl der gefährdeten Pflanzen nimmt jährlich zu. Wenn auch nur in begrenztem Umfang, so kann hier dennoch – bei entsprechenden Voraussetzungen – ein Refugium für solche Pflanzen geschaffen werden. In diesem Zusammenhang ist darüber nachzudenken, inwieweit einzelne Flächen durch Wildgatter oder Knotengeflechtzäune geschützt werden sollten, auch wenn die Flächen normalerweise den Spaziergängern zur Verfügung stehen sollten.

Flächen für naturhafte Entwicklung

Innerhalb der Golfanlage, vorwiegend aber in den Randzonen, sollten neben den Pflanzungen und Aufforstungen, soweit dies möglich ist, auch Flächen für die natürliche Entwicklung zur Bereicherung der Artenvielfalt vorgesehen werden. Die Einzelflächen sollten dabei möglichst nicht unter 1 ha liegen. Gedacht ist an Sukzessionsflächen, aufgegebene Abbauflächen von Kies, Ton u.ä., Rohbodenflächen, von denen der Oberboden abgetragen ist oder wechselfeuchte Stellen, die an lehmigen Standorten durch leichtes Verdichten mit Maschinen geschaffen werden können. Diese Flächen lassen in Verbindung mit vereinzelt eingebrachten Pflanzungen von Gehölzen eine Steigerung der Artenvielfalt von Flora und Fauna erwarten. Das Einbringen von Stubben, Reisigriegeln, Laub- und Totholzhaufen oder Ziegelschutt aus anderen Baumaßnahmen könnte die ökologische Ausgleichsfunktion erheblich erhöhen. Der Zaunkönig und andere Vögel hätten zusätzliche Nistplätze, Blindschleichen und Käfer Winterquartiere in den Laubhaufen. Als Insektennahrung stünden Holunder, Weidenarten, Wildrosen, Schlehen u.ä. zur Verfügung, eingestreute Himbeeren und Brombeeren könnten zur Bereicherung der Schmetterlingsfauna führen.

Beregnungseinrichtungen und Entwässerung

Während extensiv gepflegte Roughflächen bestenfalls am Anfang der Bepflanzung, später jedoch nicht mehr zu bewässern sind, ist eine regelmäßige Bewässerung der Spielrasenflächen unabdingbar. Zur Sicherung einer sportgerechten Bespielbarkeit müssen die hier fehlenden Niederschlagsmengen durch zusätzliche künstliche Bewässerung ausgeglichen werden. In abgestuften Mengen sollten auf trockenen Standorten Abschläge mit 200 l/m^2/Jahr bis zu den Greens mit 300 bis 400 l/m^2/Jahr versorgt werden

Auf dem Markt sind unterschiedliche, zum Teil speziell für Golfplätze entwickelte Beregnungssysteme erhältlich. Eine Wasserversorgung über das örtliche Rohrnetz ist nicht nur aus finanziellen Gründen, sondern auch im Hinblick auf den Ressourcenverbrauch abzulehnen, denn Trinkwasser wird zu einem immer knapper werdenden Nahrungsmittel.

Die Wasserentnahme erfolgt daher entweder aus offenen Gewässern, aus Speicherbecken oder über Grundwasserbrunnen. In allen Fällen ist die Genehmigung der Unteren Wasserschutzbehörde einzuholen.

Entwässerung

Entwässerungen durch Dränagen oder Einläufe auf Golfplätzen sind abhängig von den jeweiligen Boden- und Wasserverhältnissen. Bei ausreichend durchlässigen Böden kann auf eine Entwässerung verzichtet werden.

Die Entwässerung bei Golfplätzen mit bindigen bis feuchten Böden sollte sich auf die Grüns, Vorgrüns und Abschläge beschränken. Die Entwässerung der Spielbahn sollte mit natürlichem Seitengefälle oder gezielt zu Versickerungsmulden außerhalb des Spielbereiches erfolgen; es können so zusätzlich wechselfeuchte Biotopflächen entstehen. Meist sind Feuchtstellen im Gelände nur oberflächlich verdichtet, so daß mit einer Tiefenlockerung oder einer Sickergrube mit Steinschlagfüllung solche Probleme beseitigt werden können.

Bei den Grüns, Vorgrüns und Abschlägen ist die Entwässerung den örtlichen Gegebenheiten und Notwendigkeiten anzupassen und festzulegen. Stauende Nässe in den Aufbauten der gesamten Spielelemente bei jeder Witterung müssen ausgeschlossen werden. Entsprechend sind undurchlässige Schichten in den oberen Horizonten zu entfernen, Dränschichten,

Dränschlitze oder Dränrohrleitungen einzubauen und jeweils möglichst im Umfeld über Sickergruben oder Sickerschächte dem Grundwasser zuzuführen. Eine Einleitung der Dränwässer in die Kanalisation sollte nur im äußersten Notfall vorgesehen werden.

Die **Dachentwässerung** von Clubhaus, Wirtschaftsgebäude oder Abschlaghütten u. ä. sollte den im Gelände vorhandenen Wasserflächen zugeführt werden, um Verdunstungsverluste auszugleichen. Offene Rohrauslässe sind mit Froschklappen zu sichern.

Zusätzliche Einrichtungen

Öffentliche Wege

Die Auffassung, daß Golfplätze für Außenstehende nicht zugänglich sind, Erholungsuchenden also Flächen entzogen würden, ist weit verbreitet, aber falsch. Solange der Spaziergänger die Wege benutzt, keine Spielbahn kreuzt oder sich nicht ungebührlich benimmt, kann er die „neue Landschaft" einer Golfanlage miterleben und nutzen. Häufig führen Wanderwege mit wassergebundener Wegedecke, ohne Randbegrenzung topographisch in die Landschaft eingefügt, durch die Golfanlage, teilweise sogar mit Aussichtspunkten und Wetterschutzdach aufgewertet. Sind diese Wege angepaßt an den Spielbetrieb und durchdacht geführt sowie Schutzpflanzungen an möglichen Problemstellen eingebracht, ist die Gefahr, durch verirrte Bälle getroffen zu werden, äußerst gering.

Parkplätze

Parkplätze sollten sich zurückhaltend in die Gesamtanlage einfügen, intensiv bepflanzt und, die Bodenverhältnisse beachtend, so einfach und harmlos wie möglich ausgebaut werden. Da sie nur bei guter Witterung stark frequentiert werden, ist es erforderlich, nur einen geringen Teil, ca. 20 %, mit Allwetterbelag zu befestigen. Für die übrigen Stellplätze reicht eine Schotterrasenanlage aus. Zur Ermittlung des Bedarfs rechnet man pro sechs Mitglieder einen Stellplatz. Für eine 18-Löcher-Anlage mit etwa 700 Mitgliedern wären also ca. 120 Stellplätze erforderlich.

5.5 Pflegemaßnahmen unter spieltechnischen und ökologischen Gesichtspunkten

Nimmt man das ökologisch orientierte Planungskonzept bei heutigen Golfanlagen ernst, ergeben sich in Übergangszonen konkurrierende Ansprüche. Die Spieler stellen hohe Ansprüche an die Qualität der Spielbahnen, Greens und Abschläge, wünschen sich die Spielbahnen doppelt breit und die Roughs wöchentlich geschnitten, damit die verschlagenen Bälle besser zu finden sind. Aus sportlicher Sicht sind einige Teile der Anlage intensiv zu pflegen – Greens, Abschläge, Spielbahnen. Dagegen sind die Übungsflächen, Roughs und Hardroughs sensibel zu behandeln. Zwischen den beiden Forderungen, der ökologisch begründbaren und der spieltechnischen, ist ein Kompromiß zu finden, der nicht einseitig zu Lasten der Ökologie gehen darf.

Grundvoraussetzung für eine optimale Funktion und gutes Aussehen eines Golfplatzes ist die sachgemäße Pflege. Je höher die Belastung und der Anspruch an die Rasenflächen, Greens und Abschläge, je unnatürlicher der Standort durch die Abmagerung der Rasentragschicht, desto intensiver sind die Pflegemaßnahmen durch Schnitt, Aerifizieren, Absanden u. ä.

Nur geschultes Personal, Greenkeeper mit guter Ausbildung, kann eine erforderliche belästigungsfreie und witterungsabhängige Grünflächenpflege in ein flexibles Pflegeprogramm umsetzen.

Der sicherste Weg, eine langfristige, geplante Biotopentwicklung und ökologische Pflege zu sichern, ist die Festschreibung der Maßnahmen im Landschaftspflegerischen Begleitplan als Anhang zur Baugenehmigung. Diese Festlegungen stellen an den Greenkeeper als Pflegeverantwortlichen hohe Ansprüche. Der Greenkeeper muß in seinem Aufgabenbereich entsprechend geschult werden, um die ökologischen Forderungen mit erfüllen zu können.

Neben dem Rasenschnitt und der intensiven Pflege der Greens müssen dem Greenkeeper weitere Aufgaben übertragen werden:

– Aufbau und Entwicklung mehrstufiger, an der potentiellen, natürlichen Vegetation orientierter Gehölzbestände. Vorgegeben durch die Anpflanzung bei der Anlage durch kenntnisreiche Planer.

– Anlage standortbezogener Rasenflächen von der Feuchtwiese bis zum Trockenrasen in Randbereichen, ebenfalls vorgegeben und erfaßt durch den Planer.

– Fachgerechte Betreuung der naturnahen Wasserflächen, z. B. im Herbst Mahd der Rohrkolben und stark wuchernder Wasserpflanzen.

– Extensive Pflege, mehr Überwachung der Sukzessionsflächen.

Entwicklung von Ökosystemen

Bei der Anlage des Golfplatzes sind die Ökosysteme angedacht und grob vorgegeben. Entwickeln müssen sie sich über Jahre hinweg von selbst. Die Pflege der Ökosysteme kann deshalb nur extensiv sein und sich oftmals nur auf das Beobachten oder das Herausschneiden unerwünschter Pflanzenarten, z. B. Weiden, Birken oder Brennesseln, beschränken. Nur die fachgerechte Pflege eines umfassend ausgebildeten Greenkeepers und eines aufgeschlossenen Clubvorstandes kann die Entwicklung und den Bestand einer Anlage sichern.

Pflegemaßnahmen

Die Pflege des Grasbewuchses, besonders der intensiv bespielten Bahnelemente, bedeutet Mäharbeit in regelmäßigen Zeitintervallen. Grüns, Vorgrüns, Spielbahnen und Abschläge erfüllen für das Golfspiel unterschiedliche Funktionen. Unterschiedlich sind deshalb die Grasansaaten, die Schnitthäufigkeit und Schnitthöhe. Eine strikte Begrenzung auf die golftechnisch unbedingt erforderlichen Bahnelemente mit häufigem Schnitt ist notwendig und im Landschaftspflegerischen Begleitplan festzuschreiben. Die an die Spielbahn angrenzenden Grasland-Roughs sollten von der intensiven Pflege weitgehend ausgenommen und vorwiegend in Richtung Hardrough gepflegt werden. Durch eine Absetzung der Düngung und Reduzierung der Schnitthäufigkeit kann im Laufe der Zeit sicherlich eine Entwicklung der Spielbahnen und Semiroughs zu Magerrasenstandorten erfolgen, wodurch der Wildkräuteranteil zunehmen wird.

Pflegemaßnahmen sind als Eingriffe in die Natur nicht verallgemeinerbar. Für jeden Golfplatz ergeben sich aus seiner Geländeformation, seiner klimatischen Lage, den Bodenverhältnissen und dem Vegetationsbestand sowie aus dem spieltechnischen Anspruch des Clubs an die Qualität des Platzes standortspezifische Pflegeaufwendungen, die mit dem erfahrenen Planer, dem Greenkeeper und externen Beratern für Düngung u. ä. festgelegt werden müssen.

Mähen

Der regelmäßige Rasenschnitt bei gleichmäßiger Höhe ist die wesentliche Voraussetzung zur Erzielung einer dichten Narbenbildung, die intensive Bestockung wird angeregt und die spieltechnisch notwendige Narbendichte verbessert. Kaum ein anderes Spiel wird so stark von der Rasenqualität beeinflußt wie das Golfspiel. Abgeleitet von der Regel-Schnitthöhe = $\frac{1}{3}$

der Aufwuchshöhe, ergeben sich folgende Schnittfrequenzen in der Vegetationszeit:

– Grüns:
  Schnitthöhe auf 4–5 mm 1 x täglich
– Vorgrüns:
  Schnitthöhe auf 7 mm 2–3 x wöchentlich
– Abschläge:
  Schnitthöhe auf 15–20 mm 2–3 x wöchentlich
– Spielbahnen:
  Schnitthöhe auf 20 mm 1–2 x wöchentlich
– Rauhes:
  Schnitthöhe auf 80–120 mm 1–2 x jährlich
– Wildkrautwiesen: 1 x jährlich, ggf. 2 x jährlich
– Hochstaudensäume: alle 3 Jahre.

Für die Pflege von Grüns, Abschlägen und Spielbahnen sind spezielle Spindelmäher im Einsatz.

Für die Säuberungsschnitte der Roughs und Hardroughs werden Sichel-, Balken- oder Schlegelmäher verwendet.

Zur Förderung der Schnittqualität sollte die Fahrrichtung, also das Schnittmuster, regelmäßig geändert werden, damit die Blätter besser erfaßt werden können.

Düngung

Im Rahmen der Grünlandpflege des Golfplatzes ist besonders für den Grasbewuchs der intensiv bespielten Bahnelemente, der Grüns, Vorgrüns und Abschlagsplätze, eine Nährstoffversorgung durch Düngung notwendig. In Abhängigkeit von spieltechnischem Anspruch, Schnitthöhe und Belastung kann es je nach Vorbelastung und gewünschter Entwicklung für die Düngung unterschiedliche Intensitätsstufen geben.

Eine intensive Düngung ist hier auf den Grüns, Vorgrüns und Abschlägen erforderlich. Für die Spielbahnen ist bei zuvor landwirtschaftlich genutzter Fläche eine ausreichende Grunddüngung vorhanden. Allerdings ist im ersten Jahr nach der Anlage eine Startdüngung sinnvoll. Nach der Bewertung von Bodenproben kann nach Jahren eine gezielte Düngung mit Langzeitdüngern erforderlich werden.

Dem Nährstoffbedarf der intensiv geschnittenen und gepflegten Flächen ist mit der Düngung so zu begegnen, daß die Gräser zwar optimal versorgt werden, der Dünger aber nicht ungenutzt in tiefere Bodenschichten oder das Grundwasser ausgewaschen wird. Der verantwortungsbewußte Greenkeeper wird eine Stickstoffdüngung grundsätzlich nach der N_{min}-Methode vornehmen. Durch den Einsatz von Steinmehl und Bodenhilfsstoffen, z. B. auch Algenextrakte, sind bei gleichzeitiger Reduzierung der Düngermengen gute Erfolge erzielt worden, die sich auch in einer stärkeren Resistenz der Pflanzen zeigten.

Bei der Verwendung von IB-Harnstoff (= Isodur) ist die Nitratkonzentration im Sickerwasser bei sandigem Aufbau nur noch ca. 4 bis 5 mg/l Sickerwasser. Damit ist diese Menge Nitrat fast so gering, wie sie auch bei ungedüngten Parzellen durch im Boden befindliche biologische Abbauprozesse entsteht. Dieser Langzeitdünger gibt seine Nährstoffe abhängig von Wärme und Feuchtigkeit nach und nach ab. Damit erfolgt die Nährstofffreisetzung parallel zum Pflanzenwachstum, was auch von diesen Faktoren beeinflußt wird. Im weiteren Verlauf wird der freiwerdende Stickstoff von Bodenlebewesen in eine pflanzenverfügbare Form umgewandelt. Ein verbleibender organischer Rest wird von ihnen zu pflanzennutzbarer Kohlensäure und Wasser abgebaut. Eine Auswaschung von Nitrat ist bei diesen Düngerformen kaum mehr möglich.

Nährstoffbedarf

Der wesentliche Wachstumsfaktor ist Stickstoff (N) und stellt im Rasenbereich die Basis für alle Mengenberechnungen dar.

Als Oberbereich der N-Menge gelten folgende Werte:
- Grüns   bis 35 g N/m²/jährlich
- Vorgrüns + Abschläge   bis 20 g N/m²/jährlich
- Bahnen   bis 8 g N/m²/jährlich.

Die Menge der anderen Nährstoffe läßt sich leicht errechnen, wenn man für die Berechnung der Reinnährstoffe das optimale Verhältnis von 1:0,3:0,4 zugrunde legt. Auf dieser Grundlage wird der Greenkeeper einen entsprechenden Düngeplan aufstellen. Zuvor sollte der vorhandene Nährstoffvorrat im Boden ermittelt werden.

Aerifizieren

Neben dem Mähen und Bewässern ist die Belüftung wichtigste Pflegemaßnahme auf Grüns, Vorgrüns, Abschlägen und stark belasteten Flächen der Spielbahnen. Durch den Spielbetrieb, mehr noch durch das tägliche Befahren mit Pflegemaschinen, werden die oberen 6 cm der Rasentragschicht (RTS), in denen sich mehr als 90 % der Wurzelmasse befinden, mechanisch verdichtet. Für einen optimalen Graswuchs sind eine gut funktionierende Wasserversickerung sowie die Zufuhr sauerstoffreicher Luft für den Gasaus-

Regel-Düngeempfehlung auf Basis Isodur-Langzeitdünger

Grüns

März	40 g/m²	Rasen-Floranid 20+5+8+2
Mai	40 g/m²	Floranid Master 16+5+10+5
Juni/Juli	40 g/m²	Floranid Master
August	40 g/m²	Floranid Master
Oktober	30 g/m²	Floranid Master

Vorgrüns/Abschläge

März	40 g/m²	Rasen-Floranid
Mai/Juni	40 g/m²	Rasen-Floranid
August	40 g/m²	Rasen-Floranid

Bahnen, neu angelegt

April/Mai	30 g/m²	Floranid Permanent 15+9+15+2
August	30 g/m²	Floranid Permanent

tausch im Boden erforderlich. Durch eine Hohlstachelmaschine (Aerifiziergerät) werden Erdkerne 6 bis 8 cm tief und 6 bis 8 mm im Durchmesser ausgestochen, die Rasendecke so mit ca. 800 Löchern pro m² durchlöchert und bis zum Wurzelhorizont belüftet. Diese Arbeit ist zweimal jährlich, im Frühjahr und Spätsommer, bei feuchter Rasentragschicht durchzuführen.

Vertikutieren

Zwischen den Gräsern bildet sich oberhalb der Bodenoberfläche aus abgestorbenen Wurzeln, Ausläufern und Rasenschnitt, besonders auf abgemagerten Grünaufbauten, ein Rasenfilz von 6 bis 10 mm. Er verhindert die Wasserversickerung, den Gasaustausch, behindert das Wurzeltiefenwachstum und fördert Pilzerkrankungen. Mit speziellen Vertikutiergeräten, bei denen Schneidemesser auf einer Walze befestigt sind, wird der Boden 1 bis 2 cm tief geschlitzt und der Rasenfilz zerstört. Diese Maßnahme sollte zweimal im Jahr, im April und September, auf den Grüns erfolgen.

Absanden – Topdressing

In Verbindung mit den zuvor beschriebenen mechanischen Lockerungs- und Lüftungsmaßnahmen wird zur Verbesserung der Rasentextur das sogenannte Topdressing (Absanden) vorgenommen. Mit Spezialgeräten (Topdresser) werden 1 bis 3 l/m² scharfer gewaschener Flußsand, Körnung 0 bis 2 mm, durch Einbürsten und Abschleppen in die Filzschicht und die entstandenen Hohlräume geharkt.

Vor dem Topdressing hat sich der Einsatz des Grummers bewährt, der eine Schlitzung der obersten Rasennarbe von 1 mm Tiefe verursacht.

Pflanzenschutz- und Pflanzenbehandlungsmittel

Der Einsatz von chemischen Pflanzenschutzmitteln sollte nur im Ausnahmefall mit großer Sorgfalt und auf ein Minimum in der Konzentration reduziert erfolgen. Der Einsatz von Fungiziden erfolgt nur auf den Grüns, Vorgrüns und den Abschlägen zur Behandlung pilzlicher Schädlinge, insbesondere des Schneeschimmels, der sich im Herbst und Winter bei feuchter Witterung einstellen kann. Durch den Einsatz von Tauwedeln kann dem Befall vorgebeugt werden. Durch regelmäßige Beobachtung kann beim ersten Auftreten eine rasche, kleinflächige Behandlung mit einem zugelassenen Mittel wie Comfuval FL erfolgen.

Die **Unkrautbeseitigung** sollte bei geringem Auftreten unbedingt durch Herausschneiden erfolgen. Großflächige Verunkrautungen sind mit einem Selektivherbizid Anfang Mai zu behandeln.

Auf Spielbahnen, Roughs und Pflanzflächen sind keine chemischen Mittel einzusetzen, da diese im wesentlichen naturnah und standortgerecht angelegt werden und Wildkräuter erwünscht sind.

Nachsaat und Ausbesserung mit Rasensoden

Die stark benutzten Flächen, Abschläge, Vorgrüns und Grüns, müssen während der gesamten Saison eine möglichst optimal bespielbare Rasennarbe haben. Nachsaat und auch das Ausbessern mit Soden müssen während der Spielsaison regelmäßig in Abhängigkeit von der Platzbeschaffenheit durchgeführt werden. Es empfiehlt sich, im Gelände einen kleinen Sodengarten zu bewirtschaften, in dem Grün-, Vorgrün- und Abschlagrasen in gleicher Pflegeintensität und Schnitthöhe wie auf dem Platz vorgehalten und gepflegt werden.

Wasserflächenpflege

Die Pflege der Gewässer beschränkt sich darauf, durch entsprechende Geländemodellierung einen Eintrag von Stickstoff und damit eine erhöhte Eutrophierung zu verhindern.

Röhrichte sind hier in Abständen von mehreren Jahren zu mähen, zur Erhaltung wichtiger Lebensstätten für Wasservögel und Insekten. Eine erforderliche Mahd sollte erst ab Mitte September und dann nur abschnittsweise erfolgen, damit die Tiere Rückzugsräume behalten. Das Mähgut ist abzufahren.

Schlußbetrachtung (Der Greenkeeper)

Die Attraktivität, die ökologische Qualität und die gute Bespielbarkeit eines Golfplatzes hängen nicht nur von der Planung und Anlage, sondern verstärkt von der Ausbildung, dem Engagement und dem Einfühlungsvermögen des Greenkeepers in natürliche Vorgänge ab. Er muß ständig die spieltechnischen, ökonomischen, ästhetischen und ökologischen Anforderungen an die Pflege erkennen und umsetzen.

Dieser neue Berufszweig des Landschaftsgärtners, vertieft durch spezielle Greenkeeperkenntnisse, bietet dem interessierten Fachmann viele Möglichkeiten, selbst Verantwortung zu übernehmen, Entscheidungen zu treffen, eigene Ideen einzubringen und direkt umzusetzen. Die finanzielle Ausstattung dieser Greenkeeperstellen ist hoch angesiedelt.

Ein guter Golfplatz ist jeweils nur so gut wie seine Pflege. Zwar soll ein Platz zum Spielen und nicht nur zur Pflege angelegt werden, doch ist es wichtig, daß der Greenkeeper bei der Erstellung der Golfanlage möglichst begleitend dabei ist, auf spätere Pflegeprobleme hinweist, aber auch die ganzen Bodenverhältnisse, Bewässerungen, Entwässerungen u.ä. kennenlernt, damit er später reagieren und seine Entscheidungen fundierter treffen kann. Der Greenkeeper leitet die gesamte Pflege und Entwicklung des Golfplatzes und wird auf einer 18-Löcher-Anlage unterstützt von drei bis fünf Mitarbeitern.

Die heute angebotene Grundausbildung für Greenkeeper und ständige Fortbildungskurse sind Grundlage für die Leitung eines Golfplatzes.

E Natur- und Landschaftsschutz

1 Organisationen, Rechts- und Verfahrensfragen im Naturschutz und in der Landschaftspflege

Das allgemeine Ziel der Gesetzgebung zum Schutz und zur Entwicklung unserer natürlichen Umwelt besteht darin, diese in ihrem Bestand zu erhalten und – wo immer möglich – zu fördern. Dazu sind rechtliche Grundlagen erforderlich, damit die heute noch vorhandene Vielfalt, Eigenart und Schönheit von Natur und Landschaft erhalten bleiben. Ministerien und zugeordnete Behörden nehmen die Belange des Naturschutzes wahr. Außerdem befassen sich wissenschaftliche Institutionen und private Organisationen mit den Fragen und Problemen des Naturschutzes und der Landschaftspflege und bieten ihre Beratung an.

Die Gesetzgebung kann ebensowenig wie das Bemühen um den Naturschutz im allgemeinen auf einen einzelnen Staat beschränkt bleiben. Die Verbreitung von Umweltgiften und deren Auswirkung bleibt nicht einmal auf einen Kontinent begrenzt, sie ist weltumspannend. Auch die Tier- und Pflanzenwelt kann durch nationale Gesetzgebungen allein nicht wirkungsvoll geschützt werden.

1.1 Internationale Einrichtungen und Abkommen zum Schutz der Natur und Umwelt

Der Erhaltung gefährdeter Tier- und Pflanzenarten dient das Gesetz zum **Washingtoner Artenschutzabkommen**, zu dessen Einhaltung sich bis heute 115 Staaten verpflichtet haben. Die EG-Länder haben die Vorschriften des Washingtoner Abkommens zum Schutz der bedrohten Lebewesen ins EG-Recht übernommen. Darüber hinaus befaßt sich die EG mit allen sich weltweit ausbreitenden Umweltproblemen, insbesondere mit Klimafragen, z. B. dem Ozonloch und damit mit der FCKW-Regulierung und der Energie-

problematik. Sie verpflichtet die Mitgliedstaaten, die vorgegebenen Ziele zu erreichen. Dabei können diese den Weg zur Umsetzung der Richtlinien frei wählen. Jedoch steht der Kommission das Recht zur Prüfung der Umsetzung bzw. der Anwendung, bei Nichterfüllung der Mahnung und letztlich der Klage vor dem Europäischen Gerichtshof in Luxemburg zu, dessen Urteil die Mitgliedstaaten Folge zu leisten haben. Die Zahl der Klagen (1100 im Jahre 1990) zeigt die Bedeutung, die der EG im Bereich des Umweltschutzes zuerkannt wird.

Auch die **EG-Richtlinien**, die den Umweltschutz betreffen, durchlaufen die nebenstehenden Instanzen.

Über die Einhaltung der Vereinbarung auf der Grundlage des Washingtoner Artenschutzabkommens hinaus beteiligt sich die Bundesrepublik Deutschland an der Arbeit weiterer internationaler Einrichtungen, z. B. am Umweltprogramm der **UNESCO** und des **Europarates**. Dabei ist sie internationalen Übereinkommen beigetreten, z. B. denen zur Kontrolle des internationalen Handels mit gefährdeten Arten und Pflanzen, zum Schutz wandernder Tierarten oder zur Erhaltung der Feuchtgebiete von internationaler Bedeutung.

Aber auch auf nichtstaatlicher Ebene besteht eine internationale Zusammenarbeit, z. B. mit der Internationalen Naturschutzunion (**IUCN**), der Weltstiftung für Naturschutz (**WWF**) und dem Internationalen Rat für Vogelschutz (**IRV**).

1.2 Gesetzliche Regelungen in der BRD

Das **Bundesnaturschutzgesetz** bildet den rechtlichen Rahmen, der durch die **Naturschutz-** bzw. **Landschaftsschutzgesetze der Länder** ausgefüllt wird. Zu den Verordnungen, die von den Ländern verabschiedet werden, zählen die Vorschriften
– zu den Verfahren bei der Landschaftsplanung,
– zu Eingriffen in Natur und Landschaft,
– zum Schutz, zur Pflege und zur Entwicklung und

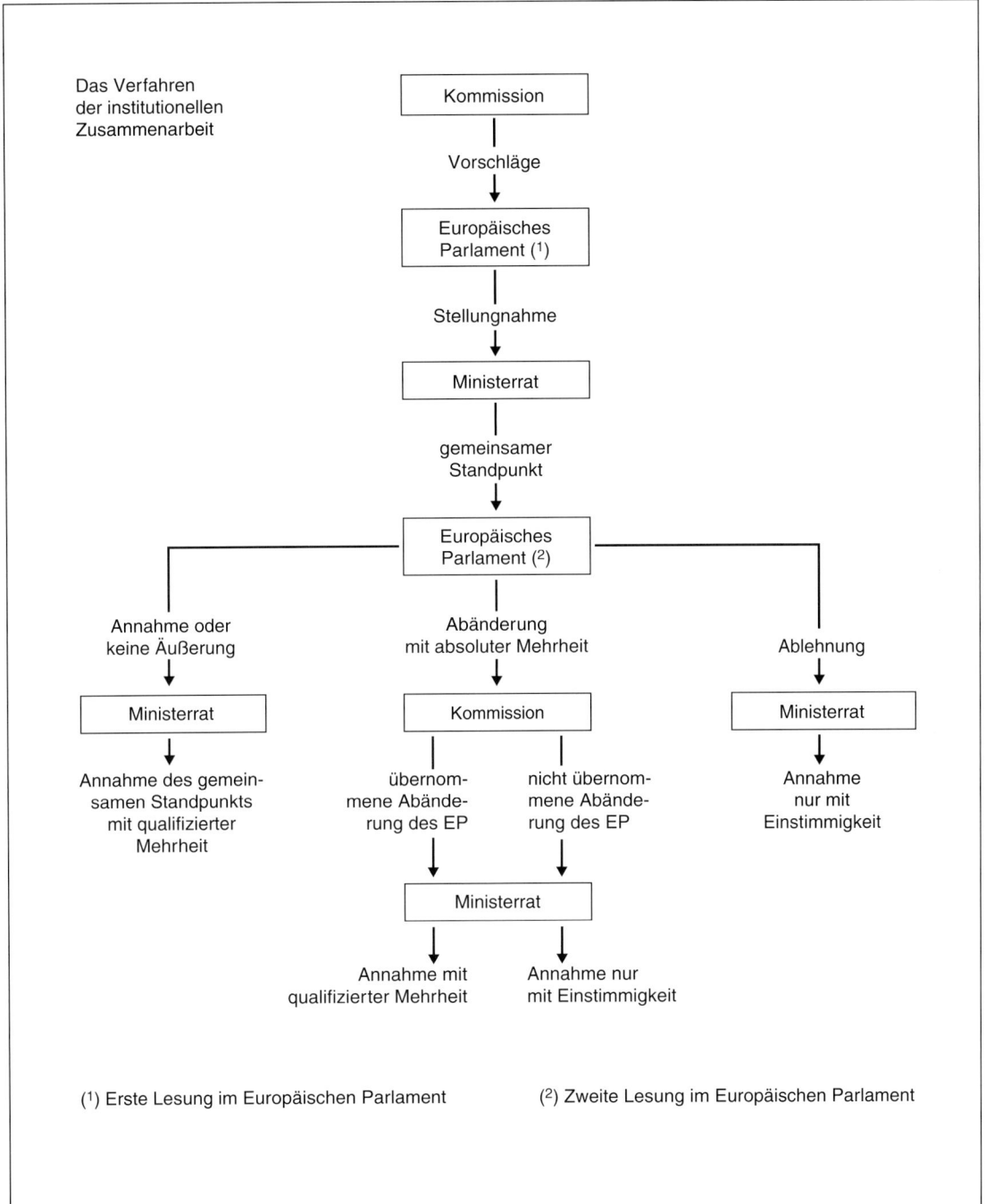

Abb. 110. Das Verfahren der institutionellen Zusammenarbeit.

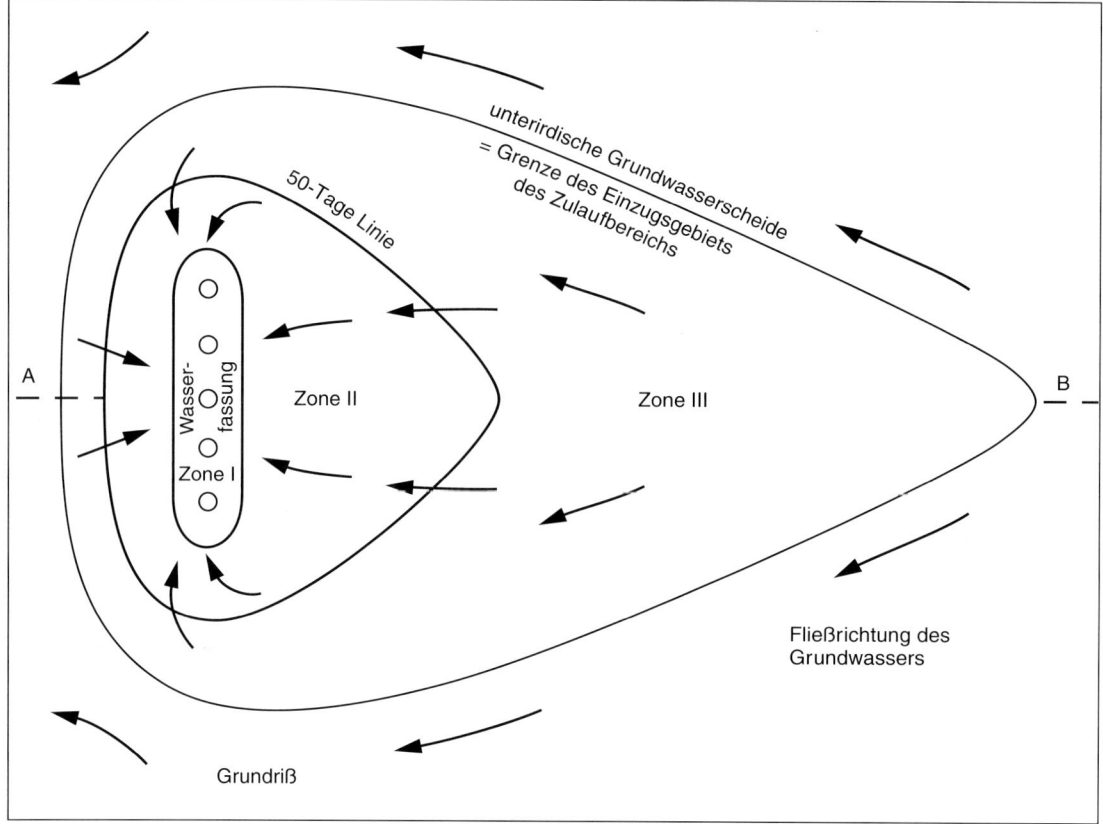

Abb. 111. Schematischer Grundriß eines Wasserschutzgebietes.

Wiederherstellung bestimmter Teile von Natur und Landschaft,
– zum Schutz und zur Pflege wildlebender Tiere und Pflanzen, ihrer Lebensräume und -bedingungen.
Im folgenden sollen gesetzliche Regelungen, die in diesem Zusammenhang von besonderer Bedeutung sind, im einzelnen behandelt werden: Die Verwirklichung der allgemeinen Ziele des Naturschutzes ist ohne **Gewässerschutz** nicht denkbar. Dabei beschränkt sich der Gewässerschutz nicht nur auf die Oberflächengewässer mit den Küstengewässern, sondern bezieht das Grundwasser mit ein. Dadurch überschneiden sich gesetzliche Bestimmungen zum Schutz der Gewässer mit denen des Naturschutzes, spielt doch die Sicherung von Gewässern bei der Festlegung von Naturschutzgebieten eine besondere Rolle, und zwar sowohl im Hinblick auf erhaltenswerte Feuchtbiotope als auch auf die Ausweisung von **Was-**

serschutzgebieten. Allein die Fläche der Wasserschutzgebiete beträgt seit 1988 13,3 % der Gesamtfläche der BRD. Das entspricht annähernd der Fläche des Landes Nordrhein-Westfalen bezogen auf das Gebiet aller alten Bundesländer.

Die Anforderungen an die Trinkwasserqualität haben weitere Auflagen für Wasserschutzgebiete erforderlich gemacht. Diese unterscheiden grundsätzlich mehrere Schutzzonen:

Zone I ist der sogenannte Fassungsbereich, in dem keinerlei Flächennutzung stattfindet;

Zone II ist die engere Schutzzone; sie umfaßt ein Gebiet, in dem das Wasser mindestens 50 Tage benötigt, um das Fassungsgebiet (Zone I) zu erreichen;

Zone III ist die weitere Schutzzone. Sie umfaßt das gesamte Wassereinzugsgebiet. Falls dieses Gebiet eine Entfernung von 2 km bis zum

Fassungsgebiet überschreitet, erfolgt eine Unterteilung in die Zone IIIa und IIIb.

Für die Zonen II und III gibt es bestimmte Beschränkungen. Zu denen zählen unter anderen:
– die Einschränkung oder das absolute Verbot der Anwendung von Pflanzenschutzmitteln,
– das Verbot der Ausbringung von Düngemitteln auf erosionsgefährdeten Flächen,
– das Verbot der Ausbringung von Gülle, Jauche, Klärschlamm,
– die zeitliche Beschränkung der Ausbringung von Stallmist.

Das **Düngemittelgesetz** sieht ebenso wie das **Pflanzenschutzgesetz** vor, daß die Ausbringung von Düngern und Pflanzenschutzmitteln nur nach „guter fachlicher Praxis" zu erfolgen hat. Darunter ist zu verstehen, daß die Anwendung in Übereinstimmung mit den geltenden Rechtsvorschriften der Grundsätze des integrierten Pflanzenschutzes stattfindet. Darüber hinaus werden durch die **Düngemittelverordnung** bestimmte Düngemittel definiert und zugelassen. Dadurch wird der Gehalt an unerwünschten Mengen und Stoffen (z. B. Schwermetallen) ausgeschlossen und der besondere Schutz des Naturhaushaltes angestrebt.

Die Zulassung der Pflanzenschutzmittel erfolgt durch die **Biologische Bundesanstalt** für Land- und Forstwirtschaft. Entsprechende Anwendungsverbote und -beschränkungen sind in der Pflanzenschutz-Anwendungsverordnung geregelt; die zentrale Rechtsgrundlage für den Pflanzenschutz in der BRD bildet das Pflanzenschutzgesetz (PflSchG).

Besondere Auflagen gelten nach dem Bundesnaturschutzgesetz (BNatSchG) und den jeweiligen Ländergesetzen für die **Landschaftsschutz-** und **Naturschutzgebiete**. Während für Naturschutzgebiete strengere Schutzbestimmungen gelten, wird auch die Flächennutzung der Landschaftsschutzgebiete eingeschränkt. So können – je nach dem beabsichtigten Schutzzweck – folgende Maßnahmen verboten sein:
– Umwandlung von Wald zu Nutzflächen anderer Art,
– Durchführung von Kahlschlägen,
– Aufforstungen von Brachen, Grenzertrags- und Grünflächen,
– Beseitigung von Gebüschen, Feldgehölzen, Hecken, Einzelgehölzen,
– Errichtung baulicher Anlagen,
– Herstellung und Veränderung von Gewässern,
– Neuanlage von Entwässerungseinrichtungen (Vorfluter, Dränagen) u. a. m.

Darüber hinaus gibt es für Naturschutzgebiete weitere Einschränkungen. So ist grundsätzlich untersagt:
– Bodenbestandteile zu entnehmen,
– Aufschüttungen vorzunehmen, z. B. mit Bauschutt oder Füllsand,
– Entwässerungsmaßnahmen durchzuführen,
– Straßen oder Wege anzulegen,
– Gebäude zu errichten oder zu verändern.

Die immer noch zunehmenden Abfallmengen bei nur schwer vermehrbaren Deponiekapazitäten machen die Abfallwirtschaft zu einem Schwerpunkt der Länderpolitik. Nicht nur die Beseitigung der Sonderabfälle erfordert besondere Maßnahmen, auch die Entsorgung der organischen Abfälle wird an vielen Standorten zum Problem. Durch die Aufbereitung organischer Abfälle (z. B. Kompostierung) kann der Berufsstand des Garten- und Landschaftsbaues einen Beitrag zur Entlastung der Deponien leisten.

1.3 Ziele und Verfahren der Gesetzgebung

Die zahlreichen nichtstaatlichen Organisationen zeigen deutlich, daß Natur- und Landschaftspflege als lebenswichtige Aufgaben anerkannt werden, die vom einzelnen Bürger, von gesellschaftlichen Gruppen und vom Staat wahrgenommen werden. In Deutschland kann man die Bestrebungen zum Schutz von Natur und Landschaft bis zum Jahre 1930 zurückverfolgen. Die private Naturschutzbewegung begann ungefähr im Jahre 1970.

Alle im folgenden angesprochenen Ziele lassen sich den Hauptzielen zuordnen, die das Bundesnaturschutzgesetz aus dem Jahre 1976 nennt:
– Sicherung der Leistungsfähigkeit des Naturhaushaltes,
– Sicherung der Nutzungsfähigkeit der Naturgüter,
– Sicherung der Tier- und Pflanzenwelt,
– Sicherung der Vielfalt, Eigenart und Schönheit von Natur und Landschaft.

Dabei wird die Nutzung von Natur und Landschaft nicht ausgeschlossen, solange
– dabei die „Leistungsfähigkeit des Naturhaushaltes" – etwa die Selbstreinigungskraft natürlicher Gewässer, die ständige natürliche Bodenfruchtbarkeit bewahrt wird,
– die Tier- und Pflanzenwelt in der Kulturlandschaft und selbst in Industriegebieten noch Raum findet,
– Vielfalt, Eigenart und Schönheit der Landschaft, etwa auch in Städten und Verdichtungsräumen, beständig gesichert bleiben.

Dabei dienen Natur und Landschaft als Lebensgrundlage des Menschen und als Voraussetzung für seine Erholung. Obwohl die Mehrheit der Bürger die Notwendigkeit erkannt hat, daß der Schutz unserer natürlichen Umwelt vorrangiges Ziel sein muß und die Gesetzgebung dieser Forderung – nicht zuletzt auch aufgrund der Verankerung im Grundgesetz (Art. 75) – nachkommt, sind Eingriffe in die Natur und ein ständiger Landschaftsverbrauch unvermeidbar. So führen die Notwendigkeit der Bebauung und die Erweiterung des Straßennetzes zum Verlust von täglich 120 ha Land. Der dadurch entstehende Schaden muß auf das Mindestmaß begrenzt bleiben. Dafür sind die verschiedenen Behörden und zugeordneten Gremien verantwortlich.

Die Wahrnehmung derartiger Aufgaben auf staatlicher Ebene obliegt dem Bundesministerium für Umwelt, Naturschutz und Reaktorsicherheit (BMU). Entsprechende Organe gibt es auf allen Verwaltungsebenen, an denen die Beteiligung der Bürger in den entsprechenden Beiräten sichergestellt ist (vgl. das Organisationsschema, Seite 235).

Während bisher noch der Begriff Naturschutzbehörde verwandt wurde, hat sich inzwischen der Begriff Landschaftsbehörde durchgesetzt. Die Namensänderung läßt erkennen, daß das Schwergewicht der Aufgaben nicht auf einzelne Naturschutzaufgaben beschränkt bleibt, sondern alle die Landschaft betreffenden Anliegen umfaßt.

Aus gutem Grunde hat man allen Verwaltungsebenen Beiräte zugeordnet, um das Mitwirkungsrecht der Bürger sicherzustellen, die in völliger Unabhängigkeit von ihren Rechten Gebrauch machen können und somit ein wichtiges Element bei der Entscheidungsfindung darstellen. Die Mitglieder der Beiräte setzen sich aus Vertretern folgender Gremien zusammen:
– aus den im Bereich der jeweiligen Landschaftsbehörde wirkenden Vereinigungen, die sich satzungsgemäß den Belangen der Landschaftspflege, des Naturschutzes, des Gewässerschutzes, der Erholung in der freien Landschaft oder der Heimatpflege widmen,
– aus Vertretern der Vereinigung der Landwirtschaft, Forstwirtschaft, des Gartenbaues, der Jagd, der Fischerei und der Imkerei,
– den Sachverständigen für Landschaftspflege und Naturschutz.
Ferner sind in einzelnen Bundesländern wissenschaftliche Institutionen eingerichtet worden, wie die LÖLF (Landesanstalt für Ökologie, Landschaftsent-

wicklung und Forstplanung) in Nordrhein-Westfalen oder die Akademie für Naturschutz und Landschaftspflege in Bayern, die u. a. folgende Aufgaben wahrnehmen:
– Erarbeitung von wissenschaftlichen Grundlagen für die Landschaftsplanung,
– die Erstellung von Fachbeiträgen für die Landes- und Gebietsentwicklungspläne,
– die Erfassung und wissenschaftliche Betreuung von geschützten Flächen und Landschaftsteilen,
– die Beobachtung der Veränderungen in der Tier- und Pflanzenwelt,
– die fachliche Betreuung und Schulung der in der Landschaftspflege tätigen Dienstkräfte und ehrenamtlichen Mitarbeiter.

1.4 Genehmigungsverfahren

Wie bereits in Kap. E 1.3 erwähnt, sind Eingriffe in die Natur unvermeidbar. Als Eingriff versteht der Gesetzgeber jede Veränderung der Gestalt oder Nutzung von Grundflächen, die die Leistungsfähigkeit des Naturhaushaltes oder das Landschaftsbild erheblich oder nachhaltig beeinträchtigen können (§ 4 LG NW). Dabei gelten z. B. folgende Maßnahmen als Eingriffe:
– Aufschüttungen ab 2 m Höhe und mit einer Grundfläche von mehr als 400 m^2
– der Ausbau von Gewässern,
– die Umwandlung von Wald,
– die Beseitigung von Hecken, soweit sie prägende Bestandteile der Landschaft sind (Erdwälle für den Lärmschutz an Straßen- und Schienenwegen gelten dagegen nicht als Eingriff).
Vermeidbare Beeinträchtigungen von Natur und Landschaft sind grundsätzlich zu unterlassen.

Bevor ein als unvermeidbar geltender Eingriff genehmigt wird, findet eine Überprüfung statt, in der die Unbedenklichkeit im Hinblick auf die in Kap. E 1.3 aufgeführten Ziele der Landschaftsschutzgesetze festgestellt wird. Dabei sind bestimmte Verfahren zu berücksichtigen.

Die Aufsicht über die Einhaltung aller vorgeschriebenen Genehmigungsverfahren haben die Länder den Regierungspräsidenten übertragen. Diese haben die notwendige Abstimmung zwischen den verschiedenen Verwaltungszweigen herzustellen und sind zugleich Widerspruchsinstanz und Aufsichtsbehörde gegenüber den örtlichen Verwaltungen. Durch die **Untere Landschaftsbehörde** wird eine erste Überprüfung der zu genehmigenden Maßnahmen durch-

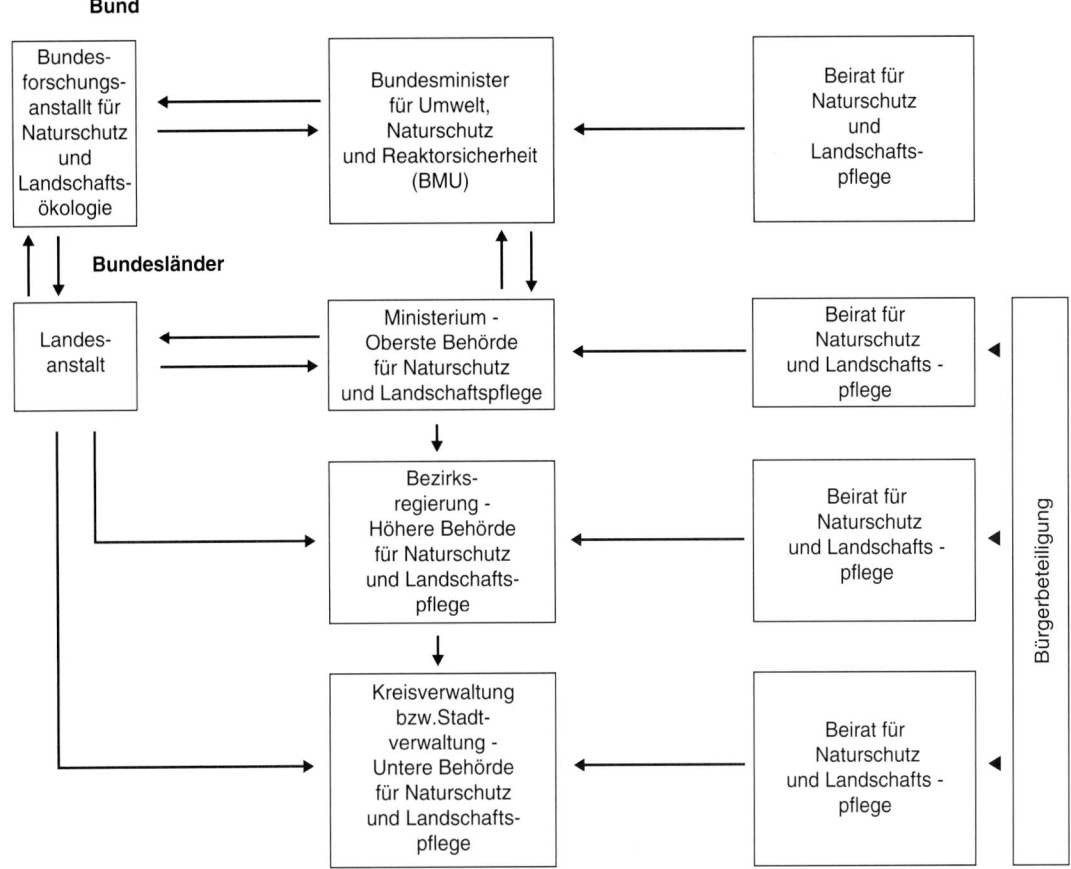

Abb. 112. Organisationsschema der zuständigen Behörden.

geführt. In den verschiedenen Fachdezernaten des Regierungspräsidenten, z. B. für Wasser oder Landschaft, findet eine weitere Überprüfung statt. Dabei werden die Bürger ebenso beteiligt wie bei der Unteren Landschaftsbehörde (vgl. das Organisationsschema, oben) und Stellungnahmen der betroffenen Kommunen sowie der Verbände und Träger öffentlicher Belange, z. B. von Stromversorgungsunternehmen, eingeholt.

Es findet ein sogenanntes **Planfeststellungsverfahren** statt, bei dem zunächst die Untere, dann die **Höhere Landschaftsbehörde** eingeschaltet und der **Gebietsentwicklungsplan** berücksichtigt werden. Als Grundlage des Planfeststellungsverfahrens ist eine **Umweltverträglichkeitsstudie (UVS)** zu erstellen. Durch sie wird u. a. sichergestellt, daß durch die ge-

plante Maßnahme, z. B. Bau eines Golfplatzes, gegen keines der in Kap. E 1.3 genannten Ziele verstoßen wird. Eine Variantenuntersuchung zeigt die verträglichste, ggf. sogar die sogenannte Nullösung auf, bei der keinerlei Beeinträchtigung zu erwarten ist.

Mit der UVS ist ein **Landschaftspflegerischer Begleitplan (LPB)** durch den Planungsträger zu erstellen, dem folgende Planungsstufen zugrundeliegen:
- Erfassung und Bewertung des vorhandenen Potentials,
- Darstellung der Art und des Umfangs des Eingriffs,
- Maßnahmen zur Verminderung bzw. zum Ausgleich bzw. zum Ersatz der Eingriffsfolgen.

Grundlage für den Maßnahmenplan bildet die Bilanz zwischen Eingriff und Ausgleich. In ihm werden die Ersatz- und Ausgleichsmaßnahmen dargestellt und

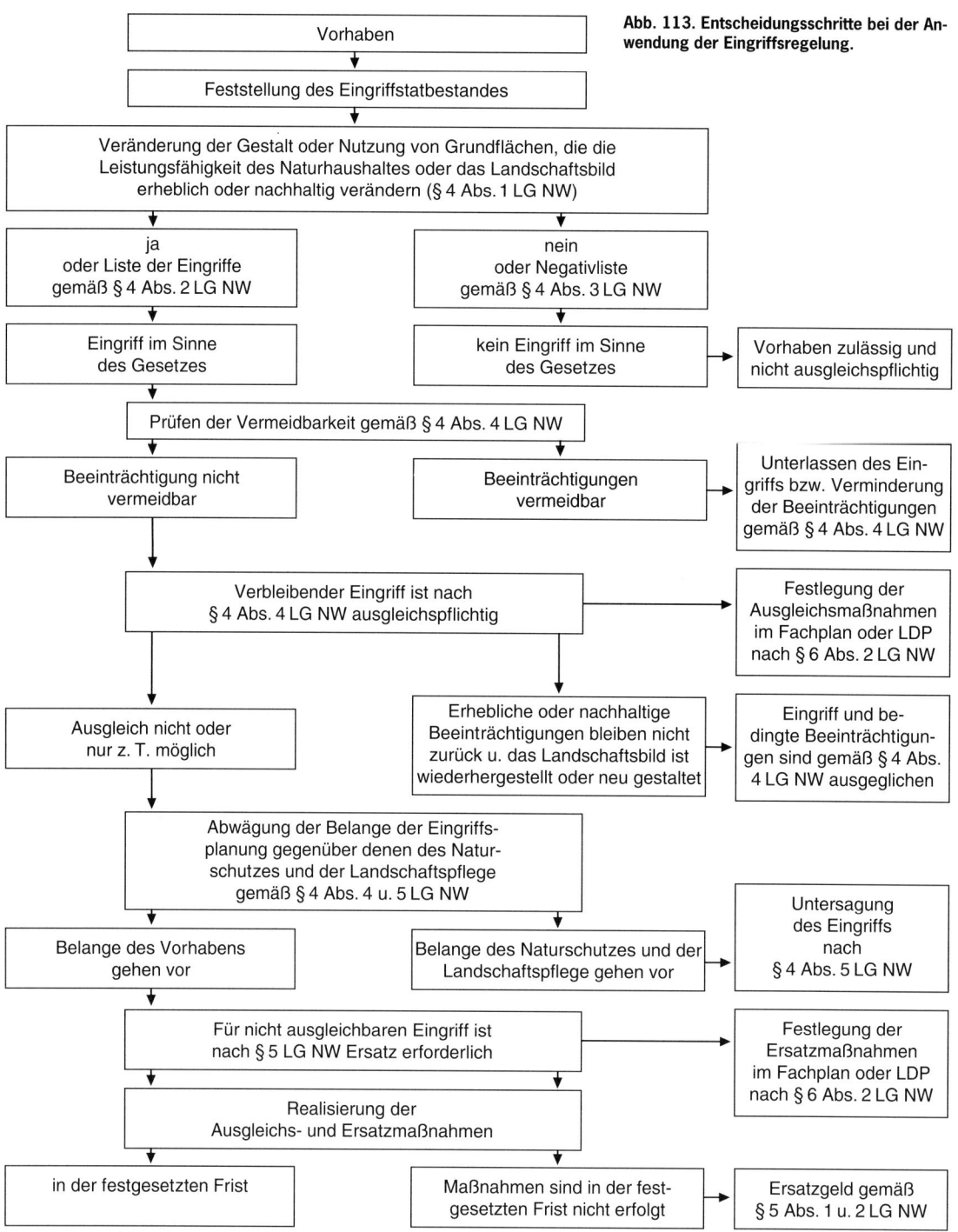

Abb. 113. Entscheidungsschritte bei der Anwendung der Eingriffsregelung.

die landschaftsgerechte Wiederherstellung bzw. Neugestaltung des Landschaftsbildes aufgezeigt.

Eine **Ausgleichsmaßnahme** ist dann gegeben, wenn eine unvermeidbare Beeinträchtigung durch Maßnahmen des Naturschutzes und der Landschaftspflege ausgeglichen werden kann, so daß keine nachhaltige Beeinträchtigung zurückbleibt und das Landschaftsbild landschaftsgerecht wiederhergestellt oder neu gestaltet werden kann.

Ausgleichsmaßnahmen haben grundsätzlich den Vorrang vor **Ersatzmaßnahmen**. Nur falls sie nicht durchführbar sind, kann die zuständige Behörde den Verursacher verpflichten, Maßnahmen an deren Stelle im Bereich der Kommune durchzuführen, die die durch den Eingriff gestörten Funktionen des Naturhaushaltes oder der Landschaft wiederherstellen (Ersatzmaßnahme). Unter Umständen kann eine Ersatzmaßnahme auch finanziell abgegolten werden. Allerdings ist diese Regelung unter Naturschützern umstritten und sollte auch nur im äußersten Falle Anwendung finden. In Bayern ist diese Regelung nicht möglich.

Alle sie betreffenden Angelegenheiten regeln die Kommunen (bzw. bei Gemeinden deren Kreise) in eigener Verantwortung. Dabei wird die Durchführbarkeit aufgrund der **Bauleitplanung** (Bebauungsplan, Flächennutzungsplan) beurteilt. Soweit für Kreise oder kreisfreie Städte ein **Landschaftsplan** erstellt worden ist, werden bei Genehmigungsverfahren Schutz, Pflege und Entwicklung der im Geltungsbereich liegenden Flächen und Teile von Natur und Landschaft berücksichtigt. Im Landschaftsplan werden nicht nur alle besonders geschützten Teile von Natur und Landschaft erfaßt und bewertet, sondern aufgrund von Analysen des Naturhaushaltes und der Erfassung der natürlichen Lebensräume mit ihren Wechselbeziehungen Festlegungen für die spätere Nutzung der Flächen getroffen. Dabei werden die im Landschaftsplan festgelegten Entwicklungsziele berücksichtigt, d. h. die dazu erforderlichen Entwicklungs-, Pflege- und Erschließungsmaßnahmen in Einklang gebracht. Dabei geht man von der Zweckbestimmung der Flächen aus, d. h. ihrer Erhaltung, ggf. sogar einer ökologischen Aufwertung durch Anreicherung bzw. Wiederherstellung.

Diese Ziele sollen nicht nur von allen in der freien Landschaft wirkenden Behörden beachtet werden, sondern auch von nicht öffentlichen Einrichtungen und privaten Eigentümern. Die Erfassung der Pflanzenarten und wildlebenden Tiere der einzelnen Land-schaftsräume in den Landschaftsplänen kann als Grundlage für naturnah zu gestaltende Flächen, ggf. der Ersatz- und Ausgleichsflächen, dienen und somit wertvolle Hinweise für die Verwendung der Pflanzen geben.

Die Genehmigung von Baumaßnahmen im Rahmen des Planfeststellungsverfahrens wird durch Güterabwägung getroffen, auf die nicht näher eingegangen werden kann, da hierbei eine Fülle von Gesichtspunkten und Zwängen zu berücksichtigen ist.

2 Maßnahmen und Möglichkeiten des Biotop- und Artenschutzes

Ganz allgemein ist das Ziel des Natur- und Landschaftsschutzes, das aufgrund der Ausräumung der Landschaft erforderlich ist, bereits formuliert worden. Eine konkrete Verwirklichung ist nur durch den Erhalt und – soweit die Möglichkeit besteht – durch die Wiederherstellung von einzelnen Biotopen möglich.

2.1 Biotopverbundsysteme als Ziel der Landschaftsgestaltung und -pflege

Auf die Verwendung von Pflanzen der Roten Liste ist bereits mehrfach verwiesen worden. Letztlich ist der Rückgang einer Pflanzenart immer ein Hinweis, daß die Standortverhältnisse nicht mehr in Ordnung sind. Ein sinnvoller Artenschutz setzt demnach den Biotopschutz voraus. Darauf zielen auch die gesetzlichen Bestimmungen hin. Darüber hinaus kann eine sinnvolle Landschaftsplanung zum Artenschutz beitragen, indem durch **Biotopvernetzungen** der notwendige Lebensraum als Populationsvoraussetzung geschaffen wird. Unter dem Begriff **„Biotopverbund"** versteht man, daß Biotope räumlich aneinanderstoßen. Bis zum Beginn der Agrarreform (JEDICKE 1990) kann man in Mitteleuropa von einem natürlichen Biotopverbund sprechen. Dieser kann uns heute Vorbild für die anzustrebenden Maßnahmen sein.

Wo bestehende Verhältnisse dieses Ziel ausschließen, sollte eine Biotopvernetzung die räumliche Annäherung von **Ökosystemen** anstreben, um zur Arterhaltung bestimmter Lebewesen über den sogenannten „Trittsteineffekt" beizutragen.

In diesem Zusammenhang sind zwei Begriffe zu klären: **Trittsteinbiotope** und **linienhafte Korridore**. Die Zerstörung des Biotopverbundes seit ca. 150 Jahren und die Zerstückelung der Landschaft durch Straßen, Zersiedlung oder landwirtschaftliche Monokulturen führt zur Verinselung einzelner Habitate. Wie bereits in Kap. B1.2.2 dargestellt, sind bestimmte Tierarten, z. B. Amphibien, auf einen Ortswechsel angewiesen, wenn die Art überleben soll. Dazu sind zumindest funktionale Beziehungssysteme zu schaffen, die eine Biotopvernetzung gewährleisten können. Einzelne Biotope müssen räumlich so eng beieinander liegen, daß die Entfernung von Tierarten oder z. B. auch von Pflanzenpollen und -samen überbrückt werden kann. Dazu können Trittsteinbiotope ebenso beitragen wie linienhafte Korridore, die – vergleichbar mit aneinanderstoßenden Knicks – eine korridorartige Verbindung zwischen großflächigen Lebensräumen herstellen können.

Die **Kernbereiche** der Naturschutzgebiete, das sind großflächige, zusammenhängende Landschaftsteile mit gesunden Lebensräumen, werden durch Korridore, z. B. Flußauen, miteinander verbunden. Sogenannte **Netzknoten**, das sind typische Natur- oder Kulturbiotope, z. B. Feucht- und Bergwiesen, bilden Knotenpunkte, die die Entfernungen zwischen den Kernbereichen überbrücken. Ein feingliedriges Netz aus einzelnen natürlichen oder naturnahen Biotopen, wie **Ackerrandstreifen, Grasrainen, Waldrändern, Hecken** als Linien- und Saumbiotope, bieten einen Rückzugsraum, in dem sich wieder natürliche Lebensgrundlagen entwickeln können. Naturnah angelegte Landschaftsteile, wie Bachläufe, Wiesen und Windschutzhecken, erhalten in diesem Rahmen eine bedeutende Funktion.

Naturnahe Lebensräume gehen nicht nur zahlenmäßig zurück, durch den Landschaftsverbrauch werden sie auch immer kleiner. Wenn zusätzlich die Abstände zwischen den einzelnen Biotopen zunehmen, wächst die Gefahr, daß die Populationen der Tier- und Pflanzenarten zurückgehen.

An die einzelnen Elemente des Biotopverbundsystems stellt der Naturschutz folgende Bedingungen:
– Die Mindestgröße großflächiger Lebensräume muß 100 ha betragen.
– Für die **Trittsteinbiotope** zwischen den großflächigen Lebensräumen gilt die Forderung, daß sie eine vorübergehende Besiedelung als Zwischenstation ermöglichen. Außerdem ist wünschenswert, daß sie Spezialstandorte für bestimmte Individuen bieten, wie zum Beispiel Lesesteinhaufen für Reptilien oder Feldgehölzgruppen für bestimmte Vogelarten.
– Für **Korridore** als Verbindung zwischen den zuvor

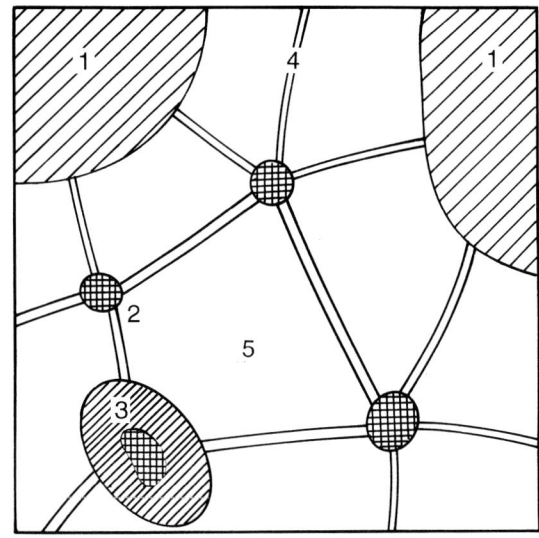

1 Kernbereiche
2 Trittsteinbiotope
3 renaturierte Fläche
4 korridorartige Verbindungen
5 Nutzungsextensivierung

Abb. 114. Das Prinzip des Biotopverbundes.

genannten Biotopen gilt die Forderung, daß sie möglichst engmaschig sein sollen.
– Als vierte Säule des Biotopverbundes dient die **Nutzungsextensivierung** (JEDICKE 1990). Der biologische Landbau, der auf den Einsatz von Pestiziden und mineralischen Dünger verzichtet, kommt dieser Forderung entgegen.

Wenn auch die Schaffung von Biotopverbundsystemen auf die freie Landschaft bezogen wird, so darf man die Bedeutung, die der **Vernetzung** von Kleinbiotopen in der Stadt zukommt, nicht unterschätzen. So fällt z. B. die extensiven Dachbegrünung, der Entstehung von Spontanvegetation, der Umwandlung von Rasenflächen in artenreiche Wiesen eine wesentliche Aufgabe zu (vgl. Kap. C 2).

2.2 Besondere Möglichkeiten des Artenschutzes

Auf die Notwendigkeit, bestimmte vom Aussterben bedrohte Pflanzen- und Tierarten zu bewahren, ist bereits mehrfach hingewiesen worden. Zu lange ist der Mensch in der Vergangenheit gedanken- und bedenkenlos mit der Natur umgegangen. Die Zahlen belegen das erschreckende Ausmaß der Folgen. So wurden insgesamt 30,8 % der Farn- und Blütenpflanzen in der BRD in die Rote Liste aufgenommen; 45 % aller Wirbeltier-Arten (BECKMANN 1984) sind bereits ausgestorben. Die Zahl der gefährdeten Tierarten ist bei weitem größer.

Der Gesetzgeber stellt alle Zuwiderhandlungen gegen bestehende Gesetze zum Schutz der Pflanzen und Tiere und deren Lebensräume unter Strafe. Gesetze und deren Überwachung alleine reichen nicht aus, damit die Bilanz der überlebenden Arten in Zukunft positiver ausfällt. Es muß eine Überlebensstrategie für alle Arten von Lebewesen entwickelt werden, vor allem für die akut gefährdeten. Ganz allgemein ist in den vorausgegangenen Kapiteln auf Möglichkeiten verwiesen worden, die Artenvielfalt zu erhalten und möglichst zu fördern.

Die Rote Liste unterscheidet nach dem Grad der Gefährdung:
1. Arten, die ausgerottet und verschollen sind,
2. stark gefährdete Arten,
3. gefährdete Arten,
4. potentiell gefährdete Arten.
Unter den drei letztgenannten Kategorien finden wir Gattungen und Arten, die uns in den bereits beschriebenen Biotopen begegnet sind. Neben dem direkten Schutz der Arten oder ihrer Habitate lassen sich zahlreiche Pflanzenarten ansiedeln, zumal diese von Baumschulen und Staudenbetrieben kultiviert werden. Zu ihnen gehören so bekannte Arten wie die Eibe, die Stechpalme bzw. die meisten der im folgenden beschriebenen Stauden. Wo immer sich die Möglichkeit bietet, diese Pflanzen zu verwenden, sollte dann nicht darauf verzichtet werden, wenn es die soziologischen Gegebenheiten des Standortes erlauben.

Falls die Entfernung der durch Spontanvegetation zu begrünenden Flächen zu den notwendigen Kontaktbiotopen zu groß ist oder falls die letzteren einen zu geringen Artenreichtum aufweisen, kann eine Ansiedlung regionaltypischer Pflanzen durch das Auftragen von Oberboden ehemaliger landwirtschaftlicher Nutzflächen erreicht werden. Falls dieser nicht durch den langzeitigen Einsatz von Herbiziden belastet ist, können sich auf 1 m^2 Ackerland bis zu 100 000 Samenkörner befinden (KAULE 1991). Auch die Verwendung von Saatgut, das den Boden von Heuschobern bedeckt, entspricht in der Regel der gebietsspezifischen Flora.

Grundsätzlich sollten vor der künstlichen Ansied-

lung gefährdeter Arten die Standortfaktoren reguliert werden, die zum Aussterben der Art geführt haben. Die im Sinne des Naturschutzes zu berücksichtigenden Gesichtspunkte bei der Wiedereinführung gefährdeter Arten können bei der Schaffung naturnaher Biotope großzügiger gesehen werden als in der freien Landschaft.

2.2.1 Standortverhältnisse der für naturnahe Pflanzungen geeigneten Stauden und Gehölze

Die im folgenden beschriebenen Stauden sind den Lebensbereichen zugeordnet, durch die Rückschlüsse auf die Standortverhältnisse möglich sind (HANSEN/STAHL 1987).

1. Gehölz – Flächen im Schatten von Einzelbäumen, Strauchgruppen, aber auch im Wald – Vertreter:

Hepatica nobilis (Leberblümchen), in krautreichen Buchen- und Eichenwäldern auf mäßig trockenen, meist kalkhaltigen, humosen Lehmböden.

Galanthus nivalis (Schneeglöckchen), heute meist in Gärten vorkommend. Sein natürlicher Standort ist der Auenwald oder der feuchte Laub-Mischwald, auf nährstoffreichen, humosen, tiefgründigen, lockeren Ton- und Lehmböden. Es gilt als Bienenblume. Seine Samen werden durch Ameisen verbreitet, denen der Nährkörper der Samen als Nahrung dient (geschützt).

Convallaria majalis (Maiglöckchen), in Eichen-Buchen-Wäldern auf mäßig trockenen, mäßig nährstoffreichen, sauer humosen Lehm- und Steinböden (geschützt).

Aruncus dioicus (Geißbart), in Schluchtwäldern, an schattigen Steilhängen auf frischen, nährstoff- und basenreichen Lehmböden in luftfeuchter Lage (geschützt).

Phyllitis scolopendrium (Hirschzunge), in Schluchtwäldern, an schattigen Mauern und Felsen, meist auf kalkhaltigen, humosen Fels- und Steinböden (geschützt).

Lilium martagon (Türkenbund), seltener vorkommend, in Laub- und Nadelwäldern, auf frischen, nährstoffreichen, humosen, tiefgründigen Lehm- und Tonböden; Tagfalterblume (geschützt).

Polygonatum multiflorum (Vielblütiger Weißwurz), in krautreichen Buchen-, Eichen- und Nadelmischwäldern auf frischen, lockeren Lehmböden, giftig.

Oxalis acetosella (Wald-Sauerklee), ist in krautreichen Nadelmischwäldern, Buchen- und Eichenmischwäldern, auf frischen, mäßig nährstoffreichen, lockeren und mehr oder weniger sauren, humosen Lehmböden stark verbreitet.

Lathyrus vernus (Frühlings-Platterbse), häufiger in Buchen- und Nadelmischwäldern, auch in Eichenmischwäldern, auf frischen, nährstoff- und basenreichen, lockeren, humosen, vorwiegend tiefgründigen Ton- und Lehmböden. Wirtspflanze für Hummeln.

Corydalis cava (Hohler Lerchensporn), in krautreichen Buchen- und Eichenmischwäldern sowie Auenwäldern, aber auch in Wein- und Obstgärten, auf frischen, meist nährstoffreichen, tiefgründigen, humosen Lehmböden. Bienenweide.

Lamiastrum galeobdolon (Goldnessel), äußerst wüchsiger Bodendecker in krautreichen Laub- und Nadelmischwäldern sowie in Auenwäldern auf frischen, nährstoffreichen, humosen, lockeren Lehmböden (pH-Wert 6–7); Bienenweide; auch am Gehölzrand wachsend.

Matteuccia struthiopteris (Straußfarn), in schattigen Schluchten auf feuchten Standorten (geschützt).

Osmunda regalis (Königsfarn), auf absonnigen, feuchten, anmoorigen Böden (geschützt).

Polystichum setiferum (Weicher Schildfarn), in schattigen, feuchten Lagen (geschützt).

Asarum europaeum (Haselwurz), auf frischen, lehmigen Böden, kalkliebend (geschützt).

Luzula forsteri (Forsters Hainsimse), in Eichen-Buchenwäldern auf mäßig trockenen und nährstoffarmen, lehmigen Böden (geschützt).

Helleborus niger (Christrose), in subalpinen Buchenmischwäldern auf frischen, nährstoffreichen, meist kalkhaltigen, humosen Stein- und Lehmböden (geschützt).

2. Gehölzrand (vgl. Waldsaumstauden), Pflanzen, die im Schutz und wechselndem Schatten von Baumkronen leben:

Dictamnus albus (Diptam), auf warmen, trockenen, humosen Böden, wärmeliebend (geschützt).

Muscari botryoides (Traubenhyazinthe), auf humosen, tiefgründigen, lockeren Lehmböden; auch auf Magerrasen (geschützt).

Anemone sylvestris (Großes Windröschen), offener Gehölzrand, auf mäßig trockenem, lehmhaltigem, basenreichem Boden (geschützt).

Aquilegia vulgaris (Akelei), in krautreichen Eichen- und Buchenmischwäldern, auch in Wiesen, auf mäßig trockenen, nährstoffreichen, humosen, lockeren Lehmböden (geschützt).

Leucojum vernum (Märzenbecher), auf feuchten, nährstoffreichen Böden (geschützt).

Primula vulgaris (Stengellose Primel), auf kalkfreien, frischen, lehmigen, humosen Böden (geschützt); ebenso wie

Narcissus pseudonarcissus (Gelbe Narzisse), auch auf Beeten.

Lysimachia vulgaris (Gewöhnlicher Felberich), in Erlenbruch- und Auenwäldern, auf Moorwiesen, auf sicker- und staunassen humosen, sowohl sandigen als auch tiefgründigen Lehm- und Tonböden; ausläufertreibend.

Lysimachia punctata (Goldfelberich), ebenso wie *L. vulgaris* auf feuchten Lehm- und Tonböden, stammt aus SO-Europa und Kleinasien; ist in Mitteleuropa verwildert.

Polygonatum odoratum (Salomonssiegel), in lichten Kiefernwäldern und an Eichenwaldrändern auf mäßig trockenen, meist kalkhaltigen, humosen, lockeren, steinigen Lehm- und Lößböden, auch auf Sandböden; Hummelblume; giftig.

Zu den Pflanzen, die in Mitteleuropa nicht heimisch sind, aber durch Verwilderung eine gewisse Verbreitung gefunden haben und sich zur Ansiedlung eignen, gehören die *Epimedium*-Arten sowie auch *Omphalodes verna*.

Epimedium alpinum (Elfenblume), auf trockenen und zeitweise besonnten Standorten; guter Flächendecker.

Omphalodes verna (Frühlings-Gedenkemein), vorwiegend in Parkanlagen, auch in Auenwäldern verwildert; sowohl im Gehölz als auch am Gehölzrand gedeihend, auf trockenen bis frischen Böden; verträgt keinen Laubfall.

Symphytum officinale (Gewöhnlicher Beinwell), vorwiegend auf feuchten Standorten am Rande von Auen- und Bruchwäldern, bevorzugt nährstoff- und basenreiche, humose; sowohl sandige als auch Lehm- und Tonböden; Tiefwurzler, Arzneipflanze.

Digitalis purpurea (Roter Fingerhut), ist im Gegensatz zu *Digitalis grandiflora* (geschützt) sehr kurzlebig, d. h., er gehört eher zu den biennen Pflanzen. Beide Arten treten gesellig vor allem auf Waldlichtungen auf, auf kalkarmen, locker humosen, steinigen Böden. Sie dienen als Hummelweide. *D. purpurea* ist stark giftig und wird zur Arzneigewinnung verwendet.

Lithospermum purpurocaeruleum (Blauroter Steinsame), in lichten Eichen-Hainbuchen- oder Buchenmischwäldern auf mäßig trockenen, nährstoffreichen, humosen, meist steinigen Lehm-, Ton- oder Lößböden.

Astrantia major (Große Sterndolde), an Waldsäumen von Auen-, Schlucht- und Nadelmischwäldern auf frischen, nährstoffreichen, humosen, lokkeren Lehmböden; auch im Hochgebirge auf Bergwiesen.

Lilium bulbiferum (Feuerlilie), auf frischen, nährstoffreichen Lehmböden, auch in Bergwiesen vorkommend; Tagfalterblume (geschützt).

Campanula persicifolia (Pfirsichblättrige Glockenblume), sowohl in krautreichen Eichenmischwäldern als auch in Kiefern- und Tannenwäldern auf sommerwarmen, mäßig trockenen, kalkreichen, meist sandig-steinigen Lehm- und Tonböden.

3. Freiflächen – bei den nach unterschiedlichen Bodenverhältnissen zu unterscheiden ist:

Armeria maritima ssp. *elongata* (Gemeine Grasnelke), in Trockenrasen, auf kalkarmen, humosen Sandböden (geschützt).

Trollius europaeus (Trollblume), auf frischen, feuchten, nährstoffreichen Lehmböden (geschützt).

Veronica spicata (Ähriger Ehrenpreis), auf steppenheideartigen Blumenmatten (geschützt).

Aster amellus (Bergaster), auf sommerwarmen, mäßig trockenen, mehr kalkreichen, lockeren Böden (geschützt).

Antennaria dioica (Gewöhnliches Katzenpfötchen), in Silikat-Magerrasen, auf kalkarmen, sandigen Lehmböden (geschützt).

Pulsatilla vulgaris (Küchenschelle), auf sonnigen Matten zwischen Gesteinen (geschützt).

Veronica teucrium (Großer Ehrenpreis), auf steppenheideartigen Blumenwiesen (geschützt).

Filipendula vulgaris (Spierstaude, Mädesüß), in Halbtrockenrasen, Gebüschsäumen, basenreichen, humosen Lehmböden (geschützt).

Centaurea nigrescens (Schwärzliche Flockenblume), in Halbtrockenrasen, an Wegrainen, auf nährstoffreichen, humosen Lehmböden (geschützt).

Adonis vernalis (Adonisröschen), auf steppenheideähnlichen Blumenmatten, trockenen, meist kalkreichen, humosen Böden.

Carlina acaulis (Silberdistel), in sonnigen Magerrasen, auf trockenen, basenreichen, tiefgründigen Lehmböden (geschützt).

Iris sibirica (Sibirische Schwertlilie), in Moorwiesen oder Gräben auf wechselfeuchten, humosen Ton- und Schlickböden (geschützt).

Primula auricula (Alpen-Aurikel), in Felsspalten und Steinrasen, auch in Moorwiesen der Alpen, auf frischen, meist kalkhaltigen, sowohl humosen als

auch steinigen Böden; Licht- und Halbschattenpflanze; gedeiht auch im Lebensbereich 4 (geschützt).

Arnica montana (Bergwohlverleih), in Silikat-Magerrasen auf frischen, nährstoff- und kalkarmen, humosen Lehmböden, auch auf Humusböden; düngerfeindlich (geschützt).

Thymus serpyllum (Sandthymian), in Sandrasen, auf Dünen, auf trockenen, kalkarmen Sandböden (geschützt).

Dianthus deltoides (Heidenelke), in Silikat-Magerrasen auf trockenen, kalkarmen Sand-, steinigen Lehm- oder Torfböden (geschützt).

Geranium rotundifolium (Rundblättriger Storchschnabel), in sonnigen, lückenhaften Unkrautfluren, an Mauern, Wegen, auf steinigen oder sandigen Lehmböden; wärmeliebend.

4. Steinanlagen – ein Sonderbereich, unter dem sowohl Steingartenstauden als auch an einzelne Steine gebundene Arten zu finden sind:

Alyssum montanum (Bergsteinkraut), in felsigen Steppenrasen, auf warmen, trockenen, flachgründigen Steinböden (geschützt).

Hieracium amplexicaule (Stengelumfassendes Habichtskraut), auf vorzugsweise kalkhaltigem Gestein (geschützt).

Arabis alpina (Alpen-Gänsekresse), in Steinschuttfluren, auch an beschatteten Felsen, bevorzugt kalkhaltige, wenig humose Böden (geschützt).

Saponaria officinalis (Gewöhnliches Seifenkraut), vor allem auf Kiesbänken (an Dämmen und Flußufern), auch an Wegen und Schuttplätzen, auf mäßig trockenen, nährstoffreichen, rohen und bindigen Stein- und Sandböden; Nachtfalterblume, Heilpflanze.

Saponaria ocymoides (Kleines Seifenkraut), auf Kalkschuttfluren, bevorzugt trockenwarme, meist humusarme Geröll- und Kiesböden.

Dianthus carthusianorum (Karthäusernelke), in Kalkmagerrasen, an sonnigen Hängen, auf trockenen, meist kalkreichen, humosen, steinigen Lehmböden.

Dianthus deltoides (Heidenelke), in Silikat-Magerrasen, an Böschungen, auch in Sandrasen, auf trockenen, kalkarmen, humosen, steinigen Lehmböden (geschützt).

Dianthus sylvestris (Steinnelke), auf warmen, basenreichen, humosen, meist flachgründigen Steinböden, in den Alpen bis in 1800 m Höhe. Alle drei Nelkenarten sind Tagfalterblumen.

Aster alpinus (Alpenaster), in sonnigen Steinrasen, auf frischen, meist kalkhaltigen, humosen, flachgründigen, steinigen Ton- und Lehmböden (geschützt).

Dryas octopetala (Silberwurz), in Kalkmagerrasen der alpinen Stufe, auch an felsigen Hängen und auf Kiesbänken der Flußufer; auf mäßig trockenen, wenig humosen, flachgründigen Stein- und Felsböden; Pionierpflanze.

Gypsophila repens (Kriechendes Schleierkraut), tritt auf Kalkschutt der alpinen Stufe oder auf kalkhaltigen Kiesbänken der Gebirgsflüsse auf, wächst flächendeckend.

Veronica prostrata (Liegender Ehrenpreis), in sonnigen Steppen- und Trockenrasen, auf meist kalkhaltigen, humosen, flachgründigen Sand-, Kies- oder Steinböden.

Globularia-Arten (Kugelblume). Alle drei Arten treten in Kalkmagerrasen an steinigen Hängen auf. Während *G. punctata* (Gewöhnliche Kugelblume, geschützt) flachgründige Stein- und Kiesböden bevorzugt, treten *G. cordifolia* (Herzblättrige Kugelblume) und *G. nudicaulis* (Nacktstengelige Kugelblume) vorwiegend auf steinigen Ton- und Lehmböden auf.

5. Beet – dieser Lebensbereich wird nur der Vollständigkeit halber erwähnt. Zu diesem Standort zählen Stauden, von denen es meist zahlreiche Züchtungen gibt, die sich nicht unbedingt für die Anpflanzung an natürlichen oder naturnahen Standorten eignen.

6. Wasser (vgl. auch Kap. D 3.1):

Hottonia palustris (Wasserfeder), in mäßig nährstoffreichen, meist kalkarmen Gewässern, auch im wandernden Schatten (geschützt).

Hydrocharis morsus-ranae (Froschbiß), auch in langsam fließenden, nährstoff- und basenreichen Gewässern, auch im Halbschatten (geschützt).

Nuphar lutea (Gelbe Teichrose), in wenig nährstoffreichen, tiefen Gewässern (geschützt).

Nymphaea alba (Seerose), auf nährstoffreichen, schlammhaltigen Böden (geschützt).

Ranunculus aquatilis (Wasser-Hahnenfuß), in stehenden oder langsam fließenden, meist flachen, nährstoffreichen, kalkarmen Gewässern.

Nymphoides peltata (Seekanne), wie *Ranunculus aquatilis* in stehenden bzw. langsam fließenden, flachen, nährstoffreichen, häufig eutrophen Gewässern in wintermilden Lagen.

7. Wasserrand (vgl. auch Kap. D 3.1):

Calla palustris (Schlangenwurz), auf nassen, zeitweise überschwemmten, mäßig nährstoff- und basenreichen Torfschlammböden (geschützt).

Juncus pygmaeus (Zwergbinse), auf feuchten, nährstoffarmen Sandböden (geschützt).

Butomus umbellatus (Schwanenblume), auch in langsam fließenden Gewässern, basen- und nährstoffreich (geschützt).

Hippuris vulgaris (Tannenwedel), Standort wie *Butomus umbellatus* (geschützt).

Iris pseudacorus (Gelbe Schwertlilie), in Wald- und Wiesensümpfen, an Gräben und Ufern, auf meist überschwemmten nährstoffreichen Sumpf-Humusböden (geschützt).

Menyanthes trifoliata (Fieberklee), in flachen Mooren und Verlandungssümpfen bzw. auf nassen, mäßig nährstoffreichen, kalkarmen Torfschlammböden, Pionierpflanze.

Caltha palustris (Sumpfdotterblume), in Sumpfwiesen, Bruch- und Auenwäldern, auf nährstoff- und basenreichen Sumpfhumus- und humosen Lehm- und Tonböden.

8. Sonderstandorte
(siehe Standortbeschreibungen):

Gentiana asclepiadea (Schwalbenwurz-Enzian), in präalpinen Moorwiesen, subalpinen Berg-Mischwäldern, auf frischen, wechselfeuchten, kalkhaltigen, humosen Lehmböden (geschützt).

Zu den Vertretern der Sonderstandorte zählen die Gattungen und Arten der Familie **Orchidaceae**, die ohne Ausnahme geschützt sind. Sie kommen in verschiedenen Lebensgemeinschaften vor, d. h. ebenso im Wald, wie zum Beispiel das Rote Waldvögelein *(Cephalanthera rubra)*, wie in Feuchtgebieten, z. B. die Gattung der Knabenkräuter *(Orchis)*, aber auch auf Steppenheiden, z. B. die Insektenorchis-Arten *(Ophrys)*. Orchideen reagieren sehr empfindlich auf alle Umweltveränderungen, vor allem auch auf zusätzliche Düngung. Die meisten Arten verdanken ihr Überleben der Ausweisung bestimmter Gebiete als Naturschutzgebiete oder Naturdenkmale. Dasselbe gilt auch für weitere Pflanzenarten, die größtenteils ausgestorben wären, wenn sie nicht in entsprechenden Reservaten geschützt bzw. bei naturnahen Anlagen berücksichtigt würden. Das gilt unter anderen für die folgenden Arten:

Cyclamen purpurascens und *C. europaeum* (Alpenveilchen)

Leontopodium alpinum (Edelweiß)

Gladiolus palustris (Sumpfgladiole, Sumpfsiegwurz)

Drosera (Sonnentau, alle Arten)
Rhodothamnus chamaecistus (Zwerg-Alpenrose)

Gehölze, die auf der Roten Liste stehen:
Populus nigra (Schwarzpappel), in Auenwäldern, an Altwassern, auch als Feldgehölz oder Parkbaum, auf feuchten bis wechselnassen, nährstoff- und basenreichen, gut durchlüfteten, humosen, tiefgründigen Sand- und Lehmböden.
Salix repens (Kriechweide), in Moorwiesen, feuchten Magerrasen oder Heiden, auf nährstoffarmen, mäßig sauren Torf- oder humosen Tonböden.
Cornus mas (Kornelkirsche), kommt in der Ebene, hauptsächlich in Auenwäldern, aber auch auf kalkhaltigen, trockenen Böden höherer Lagen, nicht selten an Südhängen bzw. auf felsigen Standorten vor. Sie bevorzugt reife, alkalische Böden (pH-Wert über 7,4) und ist aufgrund ihrer Rauchverträglichkeit auch für das Stadtklima geeignet. Wegen ihrer frühen Blüte ist sie eine wertvolle Bienenweide; ihre Früchte dienen als Winternahrung für Vögel.
Daphne mezereum (Seidelbast), kommt sowohl in krautreichen Buchen-, Eichen-, Hainbuchen- als auch in Nadelmischwäldern vor. Er bevorzugt nährstoff- und basenreiche, humose Lehmböden und wächst im Schatten und Halbschatten.
Daphne cneorum (Heideröschen), vor allem in lichten Kiefernwäldern, aber auch in Halbtrockenrasen, an Waldrändern auf mehr trockenen, mageren, mäßig sauren Böden vorkommend.
Hippophae rhamnoides (Sanddorn), in präalpinen Flußschotter-Auen, in lichten Kiefern-Trockenwäldern, an Ufern auf wechselfeuchten, basenreichen, humus- und feinerdearmen Kies- und Sandböden. Als Bodenbefestiger, vor allem auf Dünen, geeignet.
Salix caprea (Salweide), gehört nicht zu den geschützten Pflanzen, gilt aber als stark gefährdet. Sie kommt an Waldrändern, auf Waldschlägen, in Kiesgruben und Steinbrüchen auf frischen, nährstoffreichen Lehm- und Rohböden vor. Sie gilt als Bodenbefestiger und dient als Bienenweide.
Die Standorte weiterer Gehölze der Roten Liste sind bereits in voraufgegangenen Kapiteln behandelt worden und sollten bei der Verwendung soweit wie möglich berücksichtigt werden. Dabei handelt es sich um folgende Gehölze:
Taxus baccata, Pinus mugo, Ilex aquifolium, Juniperus communis, Rhododendron hirsutum und *Rh. ferrugineum, Arctostaphyllos urva-ursi, Empetrum nigrum.*

2.3 Maßnahmen der Landschafts- und Biotoppflege

Der Begriff „**Landschaftspflege**" beschränkt sich nicht nur auf einzelne Pflegemaßnahmen, die im folgenden behandelt werden sollen, vielmehr umfaßt Landschaftspflege alle Maßnahmen, die der Erhaltung der Landschaft insgesamt dienen. Die folgenden beschriebenen Arbeiten sind also lediglich ein Teil der Landschaftspflege.

Da alle Pflanzungen eine Entwicklung durchlaufen, ist bei der Pflege zwischen der **Anfangs-** und **Dauerpflege** zu unterscheiden. Die Unterschiede lassen sich am Beispiel von Schutzpflanzungen aufzeigen.

Zur Anfangspflege gehören das Nachpflanzen von Fehlstellen, der Schutz vor Beschädigungen, z. B. durch Wildverbiß, die Beseitigung von unerwünschtem Aufwuchs durch Hacken, Fräsen bzw. durch Ausmähen oder Mulchen, aber auch durch Untersaat, falls die Wasserversorgung ausreicht.

Zur Dauerpflege, die einen vielschichtigen, ungleichartigen Aufbau zum Ziel hat, gehören gezielt durchzuführende **Pflegehiebe**. Durch diese soll sowohl der Artenreichtum als auch das Gleichgewicht der Arten untereinander erhalten bzw. angestrebt werden sowie die Freistellung vitaler und langlebiger Arten. Auch im Hinblick auf seine Wirkung als **Windschutz** muß der Aufbau der Pflanzung reguliert werden. Als letztes ist die Verjüngung des Bestandes anzustreben, die gegebenenfalls als Stockschnitt erfolgt.

Ganz allgemein unterstützt die Pflege die Entwicklung und Erhaltung der Pflanzung unter Berücksichtigung der angestrebten Ziele:
– **Stufigkeit** des Aufbaues, d. h. Zonen mit Kräutern, Sträuchern, Bäumen 1. und 2. Ordnung;
– die **Vielfalt** (Mischung);
– Berücksichtigung der Ansprüche einzelner Pflanzen, z. B. der Lichtansprüche, auch unter Berücksichtigung der späteren Entwicklung;
– Erhaltung und Berücksichtigung des natürlichen Habitus;
– Erhalt der Pflanzung durch ständige Verjüngung, ggf. Ersatz durch Nachpflanzung.
Sieht man einmal von einigen wenigen Rasengesellschaften auf extremen, in der Regel nährstoffarmen Standorten ab, so verlangt die Mehrzahl der Wiesen und natürlichen Rasengesellschaften Pflege. Diese kann als Beweidung bzw. durch ein- oder zweimaligen Schnitt erfolgen. Andernfalls besteht die Gefahr der Verbuschung, oder die Wiesenpflanzen leiden un-

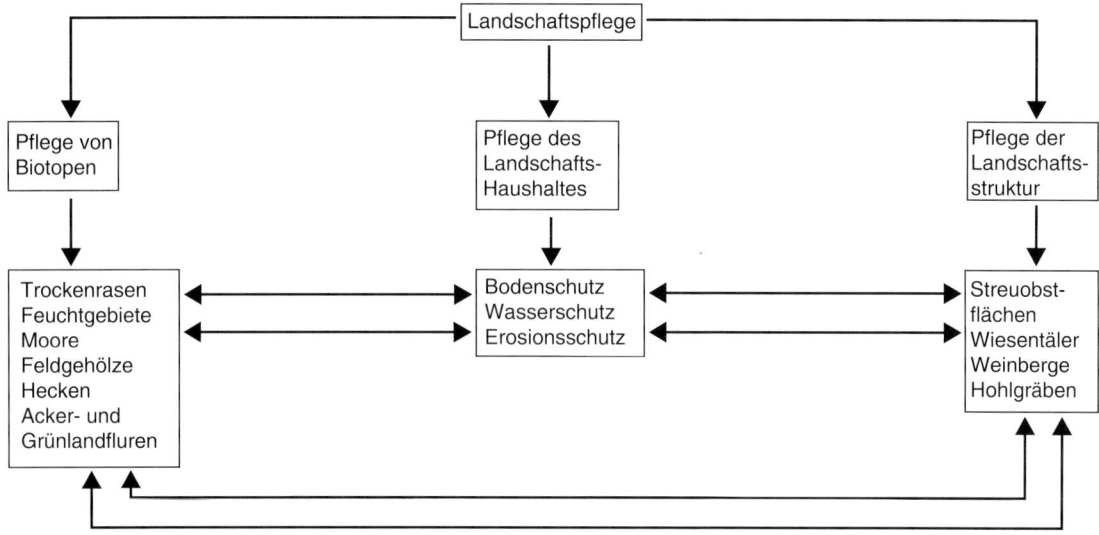

Abb. 115. Funktionsschema Landschaftspflege.

ter Licht- und Sauerstoffmangel, wenn die abgestorbene Pflanzenmasse nicht in bestimmten Abständen beseitigt wird. In der Folge wird die empfindliche und meist lichthungrige Gras- und Kräuternarbe von Fäulnispilzen befallen und stirbt ab. Allerdings muß vorher die Frage entschieden sein, ob die Fläche nicht bewußt sich selbst überlassen bleiben soll, damit sich z. B. Brachflächen durch natürliche Sukzession zu einer standortgerechten und stabilen Pflanzengesellschaft entwickeln können. In diesem Fall ist zu entscheiden, ob nicht durch gezielte Aushiebe der Verbuschung eine „kontrollierte" Sukzession erfolgen kann, die unter Umständen der Tier- und Pflanzenwelt zugute kommt.

Eine sachgerechte Beweidung setzt entsprechende Kenntnisse beim Schäfer voraus. Die Anzahl der Weide- oder Mähgänge bei natürlichen und naturnahen Wiesen richtet sich zunächst nach dem Wachstum der Pflanzen; dabei unterscheidet man **Fett-** und **Mager-wiesen**. Neben der Höhe der Pflanzen spielt vor allem auch die Samenreife eine entscheidende Rolle. Die Artenvielfalt bleibt auf Dauer nur dann erhalten, wenn die Aussaat vor allem der ein- und zweijährigen Pflanzen nicht durch zu frühes Mähen verhindert wird. Außerdem ist die Brutzeit von Bodenbrütern und die Entwicklung von Jungtieren zu berücksichtigen.

Allgemein werden **einschürige** Wiesen Mitte Juli und zweischürige Wiesen Mitte Juni und Mitte Sep-

tember, immer unter Einbeziehung der zuvor genannten Gesichtspunkte, gemäht.

Beim Mähen, das vor allem auf den Flächen unvermeidbar ist, die durch **Verbuschung** in ihrem Bestand gefährdet werden, stellt sich die Frage, ob das Mähgut abtransportiert oder als Mulchmaterial verwendet werden soll. Durch den Abtransport wird der Nährstoffvorrat im Boden laufend reduziert. Bei den häufig überversorgten Böden kann eine Vermagerung des Bodens sinnvoll sein. Aber auch auf anderen Standorten – ausgenommen **Trockenbiotope** und **Magerstandorte** – ist eine Entfernung des Mähgutes zum Schutz und zur Vitalisierung der Gras- und Kräuternarbe erforderlich. Falls Arten gefördert werden sollen, die mit wenig Nährstoffen auskommen, muß das Mähgut entfernt werden.

Bei geringer Bestandesdichte der Gehölze ist eine manuelle Entfernung des Aufwuchses möglich, z. B. auf Heideflächen. Hier kann zur Vermeidung der Verbuschung auch kontrolliert abgebrannt werden. Dies darf jedoch nur von geschultem Personal durchgeführt werden. Am sichersten läßt sich das Abbrennen bei gefrorenem Boden und trockener Streuauflage durchführen. Dabei darf nie der gesamte Bestand auf einmal abgeflammt werden, um die dort überwinternden Tiere nicht zu schädigen.

Neben den genannten Pflegemaßnahmen, die dem Biotop direkt gelten, ist auch eine ständige Überwa-

Abb. 116. Aufbau einer Wiese mit vielfältigem Angebot an Nahrung und Lebensstätten für Tiere.

chung der Außeneinflüsse erforderlich. Hier hat der Naturschutzhelfer und Landschaftswart einen Schwerpunkt seiner Tätigkeit zu sehen. Er wird darüber wachen, daß schutzwürdige Flächen nicht durch den Eintrag von Dünger, das Absenken des Grundwasserspiegels, Müllablagerungen oder rücksichtsloses Freizeitverhalten beeinträchtigt werden.

3 Möglichkeiten zum Schutz von Natur und Landschaft

Die Zahl der vom Aussterben bedrohten Pflanzen- und Tierarten ist alarmierend. Wie bereits ausgeführt, drohen Natur und Landschaft als Lebensgrundlage und ökologische Ausgleichsflächen, die gleichzeitig dem Menschen als Erholungsraum dienen, verlorenzugehen. Deshalb wurden schon in der Vergangenheit Flächen von besonderer Bedeutung unter Schutz gestellt. Das Reichsnaturschutzgesetz trat bereits 1935

in Kraft. Die EG-Kommission hat sich dieses Problems angenommen und 1988 einen Entwurf unterbreitet, der die Erhaltung natürlicher und naturnaher Lebensräume auf dem europäischen Hoheitsgebiet vorsieht. Um das ökologische Existenzminimum für zahlreiche Pflanzen- und Tierarten zu sichern, ist die Forderung, mindestens 10 % der Gesamtfläche eines Landes zum „**Vorranggebiet**" für den Naturschutz zu erklären, als eine Forderung des absoluten Minimums zu betrachten. Selbst von dieser Größenordnung sind die meisten Länder noch weit entfernt. Deshalb verfolgen die Länder Programme, die Zahl der unter Schutz zu stellenden Flächen auszudehnen. Dabei steht sicherlich die Erhaltung von Lebensstätten bedrohter Tiere und Pflanzen im Vordergrund. Darüber hinaus können aber auch Landschaftsteile wegen der Vielfalt bestimmter Arten und Ökosysteme oder aufgrund ihrer Eigenart oder Seltenheit unter Schutz gestellt werden. So wird zur Zeit unter anderem der Schutz von Gewässerauen, Feuchtwiesen, Quellen und Küstengebieten in die Programme der Länder aufgenommen. Soweit noch nicht geschehen, sollen auch bedrohte Kulturflächen, z. B. Streuobstwiesen, unter Schutz gestellt werden. Ein weiterer Gesichtspunkt für den Schutz von Landschaftsteilen ergibt sich aus wissenschaftlichen, naturgeschichtlichen oder landeskundlichen Gründen.

Besondere Gefahren für die unter Schutz zu stellenden Gebiete können von der landwirtschaftlichen Nutzung, verbunden mit Entwässerung, Eutrophierung von Gewässern durch Düngung und von dem steigenden Fremdenverkehrsaufkommen ausgehen. Letzteres trifft in besonderem Maße für Uferzonen und die Bergwelt zu (vgl. Kap. D 4.1). In diesen Fällen erhalten Vorranggebiete die Funktion einer **Pufferzone**, durch die alle von außen kommenden Belastungen abgefangen werden sollen. Zu diesem Zweck sind intensive Nutzungsformen auf diesen Flächen weitestgehend zu reduzieren und alle möglichen Renaturierungsmaßnahmen durchzuführen.

Abgesehen von den erforderlichen Sicherungs- und Schutz- sowie Entwicklungs- und Steuerungsmaßnahmen werden Naturschutzgebiete sich selbst überlassen. Bei den sogenannten **Naturwaldzellen** gehört es zum Programm, diese aus der forstwirtschaftlichen Bewirtschaftung herauszunehmen, um so Erkenntnisse über Verjüngung, Ertragszuwachs oder den Einfluß von Schädlingen gewinnen zu können.

Jedoch kann man nicht sämtliche Flächen ihrer eigenen Entwicklung überlassen. Der Endzustand wäre

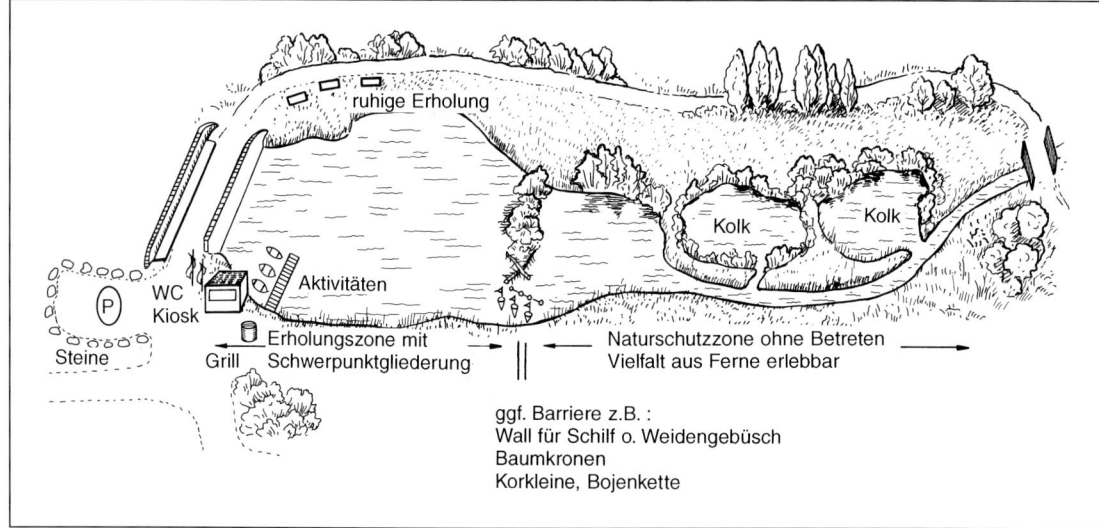

ruhige Erholung

Kolk

Kolk

Steine

P

WC
Kiosk

Grill

Aktivitäten

Erholungszone mit
Schwerpunktgliederung

Naturschutzzone ohne Betreten
Vielfalt aus Ferne erlebbar

ggf. Barriere z.B. :
Wall für Schilf o. Weidengebüsch
Baumkronen
Korkleine, Bojenkette

Abb. 117. Trennung von Erholungs- und Naturschutzzonen an einer Talsperre.

in der Regel der Wald (vgl. Kap. B1.4.2). Falls sich der Gehölzanflug in norddeutschen Heidegebieten als Kulturlandschaft ungehindert entwickeln könnte, würde die Heide in wenigen Jahrzehnten vom Wald verdrängt. Dem wirkt die Weidewirtschaft entgegen, durch die gleichzeitig eine Verjüngung der Besenheide erreicht wird.

Falls Naturschutzgebiete für die Bevölkerung zugänglich bleiben sollen, muß noch konsequenter als in den voraufgegangenen Kapiteln beschrieben der Schutz von Fauna und Flora sichergestellt werden. Fußwege sind weiträumig um die Lebensstätten von Kriechtieren, seltenen Pflanzenarten bzw. um Brutplätze herumzuführen. Auf undurchdringliche Abpflanzungen oder die Erstellung von Schutzzäunen kann dabei häufig ebenso wenig verzichtet werden wie auf die zeitliche Begrenzung der Nutzung von Fußwegen. Begleitend dazu sollte der Bürger durch Hinweistafeln über den Sinn der erforderlichen Maßnahmen aufgeklärt werden.

Falls am Rande von Naturschutzgebieten bzw. einzelner Biotope Beobachtungsstationen eingerichtet werden, kann das unkontrollierte und störende Betreten dieser Flächen leichter verhindert werden.

Alle erforderlichen Pflegemaßnahmen müssen mit Sachkenntnis und Verantwortung durchgeführt werden. So kann der Tritt von Schafen Schäden an einzelnen Pflanzen hervorrufen, z.B. an Orchideen und Torfmoosen, bei sehr intensiver Beweidung sogar an der Besenheide. Vor allem sind Hanglagen und trokkene, leichte Böden bei Überweidung erosionsgefährdet.

Dabei gilt der Vogelwelt eine besondere Aufmerksamkeit. Vor allem sind die Gelege von Bodenbrütern gefährdet. Beweidungspläne sind deshalb in Zusammenarbeit mit den für den Naturschutz zuständigen Behörden zu erstellen. Falls keine Weidewirtschaft betrieben werden kann, können landschaftspflegerische Maßnahmen, wie das Entbuschen oder Mähen, zum Erhalt von Biotopen notwendig werden.

3.1 Erhaltung natürlicher Ressourcen

Im weitesten Sinne des Wortes kann man unter dem Begriff „Ressource" neben den Reserven an Materialien alle natürlichen Produktions- bzw. Hilfsmittel verstehen, also auch Grund und Boden. Damit ist die Forderung nach einem allgemeinen Schutz von Ressourcen auch ein Appell an die auf nationaler und internationaler Ebene verantwortlichen Politiker, durch Gesetzgebung und Kontrollmaßnahmen deren Erhalt zu sichern.

Im folgenden sollen über das bisher dazu Ausgeführte hinausgehende Möglichkeiten aufgezeigt werden, wie im Einzelfall die Verringerung (Ausbeutung) von Naturprodukten verhindert werden kann.

Nicht nur Torf ist ersetzbar!

Für die Verwendung von Torf bei zahlreichen vegetationstechnischen Maßnahmen gibt es verschiedene Gründe. Neben der Versorgung des Bodens mit Humus als Bakteriennahrung wirkt er sich günstig auf den Wasser-Luft-Haushalt des Bodens aus. Bei extremen Bodenarten scheint er unersetzbar zu sein. Außerdem läßt sich durch Torf der pH-Wert senken. Für viele Kulturpflanzen und für die vegetative Vermehrung galt es bisher als das geeignetste Substrat.

Torf ist das Endprodukt der Hochmoorbildung. Mit dem Abbau werden unweigerlich Hochmoore zerstört. Wenn man bedenkt, daß ein Moor in einem Jahr nur um 2 mm wächst, kann man ermessen, welcher Schaden mit der Gewinnung von Torf angerichtet wird.

Falls die Struktur extremer Bodenarten, d. h. stark bindiger Böden (Tonböden) oder nichtbindiger Böden (Sandböden) zu verbessern ist, bieten sich alternative Materialien an. Als mineralische Bodenkomponente kommen Lava, Bims und Sand in Frage, als organische Stoffe sind zur Zeit Rindenprodukte, Holzfaserstoffe, Kokosabfälle, Laub, zerkleinertes Stroh und Reisspelzen verfügbar. Dabei werden Rindenprodukte in der Regel zunächst kompostiert. Als Holzfaserstoffe werden zerfasertes Holz, meist Säge-Restholz, aber auch Papierholz, häufig Fichte, verwandt. Gegenüber Torf zeichnen sie sich durch einen relativ hohen und stabilen pH-Wert aus. Die Verwendung von geschreddertem Strauchwerk bzw. den Ästen der Baumkronen bedeutet eine direkte Zuführung in den natürlichen Kreislauf.

Beim Abbau von organischer Masse (Ligninstoffen), die die zuletzt genannten Materialien enthalten, werden häufig **Phenole** frei, das sind Alkohole des Benzols (aromatische Kohlenwasserstoffverbindungen), die auf Pflanzen eine wachstumshemmende Wirkung besitzen. Daraus erklärt sich die herbizide Wirkung dieser Stoffe bei ihrer Verwendung als Mulchmaterial.

Zum Mulchen kann auch Mähgut verwendet werden, wenn es fein gehäckselt verwendet wird, eine Methode, Biomasse auf kürzestem Wege in den Naturkreislauf zurückzuführen.

Das Ziel, die Bodenstruktur zu verbessern, läßt sich auf schonende Weise durch das Einbringen von sogenannten **Bodenhilfsstoffen** erreichen, z. B. Alginure, Bio-algeen und andere. Diese aus pflanzlicher Substanz gewonnenen Kohlenstoffe (Polyuronide) tragen zur Bildung von **Ton-Humus-Komplexen** bei

und wirken sich langfristig vorteilhafter auf die Verbesserung des Wasser-Luft-Haushaltes aus, als das durch das Einarbeiten von Sand geschieht, einer Methode, die in der Regel bevorzugt wird. Doch sollte man dabei bedenken, daß der Sand im Boden die Fließgeschwindigkeit des Sickerwassers erhöht. Dadurch werden Feinstteilchen ausgewaschen (innere Bodenerosion), die sich in tieferen Schichten absetzen und dort zu Bodenverdichtungen führen können. Aus diesem Grunde ist den Bodenhilfsstoffen der Vorzug zu geben, auch wenn das Einarbeiten von Sand durchaus zu einem kurzfristig erkennbaren Erfolg führt.

Weitere Möglichkeiten zur Bodenverbesserung bestehen in der Verwendung von **Strohkomposten**, die zum Teil mit Mikroorganismen und Nährstoffen angereichert und denen Bodenhilfsstoffe beigemischt werden. Ferner werden Substrate aus **Klärschlamm** angeboten, die mit mineralischen Trägersubstanzen, z. B. Ölschieferschlacke, Lava oder Bims, vermischt werden. Dabei muß eine Belastung durch **Schwermetalle** oder andere Schadstoffe auszuschließen sein (vgl. auch Kap. E3.2).

Strohkompost wird heute auch in Form von „Pellets" geliefert, die streufähig sind und z. B. bei der Anspritzbegrünung verwendet werden, da sie bei Wassersättigung zerfallen.

Eine weitere Alternative zu Torf bilden kompostierte organische Abfälle, durch die im Gegensatz zu Torf auch der Nährstoffhaushalt des Bodens verbessert werden kann. Auf diese wird in folgenden Kapiteln noch ausführlicher eingegangen. In der Vergangenheit diente Torf durch das Abdecken von Pflanzflächen (Mulchen) zur Unterdrückung unerwünschten Pflanzenaufwuchses. Dazu eignen sich der Einsatz von **Rindenprodukten** in grober (unverrotteter) Form sowie die Verwendung von **Mulchplatten** oder -**matten**. Durch diese Materialien, häufig Geotextilien, entfällt der früher fast selbstverständliche Einsatz von Herbiziden.

Falls sich bei der Verwendung von **Rindenhäcksel** als Mulchmaterial Wachstumsstockungen an der Pflanzung zeigen, liegt die Ursache in aller Regel – ebenso wie bei der Verwendung von Holzfasersubstraten – an dem gestörten **C:N-Verhältnis** (80 bis 100:1). Die Bodenbakterien entziehen dem Boden beim Abbau der organischen Substanz den Stickstoff. Abhilfe kann eine Stickstoffgabe vor dem Auftrag des Mulchmaterials schaffen. Wegen seiner herbiziden Wirkung eignet sich hierfür vor allem der Kalkstickstoff.

Bei dem Einsatz von Holzhäcksel muß das Problem gesehen werden, daß das Material von Krankheitserregern **(Feuerbrand, Rotpustelkrankheit)** befallen sein kann. Pflanzenteile, die vom Feuerbrand befallen sind, müssen grundsätzlich verbrannt werden, können demnach gar nicht durch Rindenhäcksel verbreitet werden. Die Pilzsporen der Rotpustelkrankheit müssen bei der Kompostierung des Materials durch Temperaturen über 60°C abgestorben sein, die im äußeren Bereich des Komposthaufens nicht immer erreicht werden.

Die Verantwortung gegenüber der Umwelt erfordert es, alle in Frage kommenden Materialien auf ihre Verwendbarkeit hin zu überprüfen, um organische Abfallprodukte wieder dem Naturkreislauf zuzuführen, Ressourcen zu schonen und Deponieraum einzusparen. Somit sollten auch Kakaoschalen und Reststoffe der Kaffeeröstung verwendet werden, soweit sie zur Verfügung stehen. Auch die Verwendung von Reisspelzen oder Kokosnußfasern ist in Betracht zu ziehen. Ferner kann der Einsatz mineralischer Stoffe, wie Perlite, Vermiculite oder expandierter Tone angebracht sein.

3.2 Aufbereitung und Verwendung organischer Substanzen

Kompostierte organische Abfälle stellen nicht nur eine Alternative zum Torf dar, durch die Wiederverwertung können Deponien ganz entscheidend entlastet werden. Dabei ist das Verfahren der Kompostierung nicht erst eine Erfindung der Neuzeit. Das Wort Kompost kommt aus dem lateinischen (komposta = das Vermischte). Kompostwirtschaft läßt sich bei den Römern bis zum Jahre 70 n. Chr. zurückverfolgen, wurde aber bereits Jahrtausende vor dieser Zeit betrieben. Die Zahlen über die Menge kompostierungsfähigen Materials überzeugen. Faßt man darunter alle in Frage kommenden Stoffe zusammen, nämlich organische Anteile des Hausmülls (3,5 Mio. t), Klärschlämme, organische Abfälle aus Gärten und Grünanlagen, Abfälle und Mist aus den Schlachthöfen bzw. Reststoffe oder Abfälle des produzierenden Gewerbes, wie z.B. aus der Zuckerindustrie (Rübenschnitzel, Rübenerde, Kalksteinsand), aus Brauereien und Brennereien (Treber, Schlämme, Pflanzenreste), aus der Futtermittelindustrie (Restschrote von Raps, Soja, Getreide) u.a.m., so ergibt sich eine Gesamtmenge von ca. 300 Mio. t im Jahr (BECHMANN 1984).

Zur Zeit gibt es in dem Gebiet der BRD vergleichsweise wenige Großanlagen, in denen dieses gesamte Material verarbeitet werden kann. Eine um so größere Bedeutung kommt daher der Kompostierung durch Firmen des Garten- und Landschaftsbaues zu.

Auf die technischen Voraussetzungen, d. h. die Ausstattung mit geeigneten Maschinen, wie Bagger oder Radlader, Schredderanlagen, Umsetzgeräte und Siebanlagen, soll in diesem Zusammenhang nicht näher eingegangen werden. Diese werfen eher betriebswirtschaftliche Fragen auf, die sich dem Unternehmer stellen.

Vielmehr sollen die Probleme aufgezeigt werden, die im Hinblick auf die Genehmigung zur Betreibung von Kompostierungsanlagen, d. h. durch die baurechtlichen und wasserrechtlichen Auflagen, entstehen. Eine Geruchsbelästigung, die vor allem in der Anfangsphase entstehen kann, ist in jedem Fall zu vermeiden. Es darf also kein anaerober Abbau (Fäulnis) entstehen.

– Die Gewässerschutzanforderungen müssen erfüllt werden, d. h. Schutz des Grundwassers; Beseitigung des Sickerwassers in einer Abwasseranlage; Trennung von Oberflächen- und Sickerwasser. Dabei ist die Trinkwasserverordnung zu beachten.

– Es muß sichergestellt sein, daß eine Belastung des Endproduktes mit Schadstoffen, vor allem Schwermetallen, ausgeschlossen ist. Letzteres ist nur durch eine Trennung (Separierung) der Ausgangsmaterialien erreichbar, bei der ausschließlich zugelassene Stoffe zur Kompostierung gelangen.

– Der Absatz des Kompostmaterials muß gewährleistet sein. Andernfalls ist der Nachweis der Möglichkeit zur Entsorgung zu erbringen. Gegebenenfalls ist bei der zuständigen Wasserbehörde die Genehmigung zur Errichtung und zum Betrieb einer Kompostanlage einzuholen. Von der Behörde wird verlangt, daß ihr der Zutritt gestattet und daß ein Betriebstagebuch geführt wird. Um allen genannten Anforderungen zu genügen, muß das Personal für die Betreibung der Anlagen qualifiziert sein.

Bei dem Ziel, ein vergleichsweise hochwertiges Material nach möglichst kurzer Rottezeit herzustellen, das seinen Käufer findet, sind folgende Gesichtspunkte zu berücksichtigen:

1. Was darf kompostiert werden?

Alle Garten- und Grünabfälle, soweit sie nicht belastet sind, d. h. Mähgut, Laub, Astwerk, pflanzliches Material von Stauden und Wechselbepflanzungen einschließlich Bodenteilen, aber auch Klärschlamm, falls er der Klärschlammverordnung entspricht.

Abb. 118. Nach dem Zerkleinern wird das Material gehäckselt.

Abb. 119. Die Umsetzung ist ohne Maschineneinsatz nicht mehr denkbar.

Abb. 120. Nach der Verrottung wird das Material gesiebt.

Abb. 121. Abfüllung und Verpackung des Materials.

Stoffe der pflanzlichen Produktion, z.B. Stroh, der Forst- und Holzwirtschaft, z.B. Rinde, Sägemehl, Zellstoffprodukte, Stoffe aus der Tierhaltung, z.B. Fest- und Flüssigmist. Wegen möglicher Schadbelastungen nicht in Frage kommen: Böschungsschnittgut und Laub von Straßen mit starkem Verkehrsaufkommen.

Bei der Verwendung der Materialien ist das Abfallgesetz und ggf. auch das Düngemittelrecht zu beachten. Hierzu hat die Länderarbeitsgemeinschaft Abfall (LAGA) ein Merkblatt für Kompost aus Müll und Müll/Klärschlamm herausgegeben.

2. Welche Arbeitsgänge führen zu einem qualitativ wertvollen Material?

– Separierung;
– Zerkleinerung, in der Regel durch verschiedene Arten von Hackern, z.B. Scheibenradhacker;
– Umsetzen, das während des Rottevorgangs mehrmals erforderlich ist; dabei können ggf. Zuschläge beigemischt werden;
– Sieben und – je nach Lagerungsdauer – auf Mieten setzen;
– Verpacken, Vermarkten.

3. Wie läßt sich der Rottevorgang beschleunigen?

Ein Beimischen von Kompostbeschleunigern hat sich nicht bewährt. Wichtig ist eine optimale Zerkleinerung des Materials und das Vermischen aller unterschiedlichen Ausgangsstoffe. Auch die Feuchtigkeit hat Einfluß auf die Dauer des Abbaues. Diese wird sowohl durch die vorgenannten Anforderungen (optimales Zerkleinern und gründliches Vermischen) als auch durch die Belüftung durch mehrmaliges Umsetzen beeinflußt.

Im allgemeinen besitzt das Kompostmaterial ein günstiges C:N-Verhältnis (14:1). Sollte dies nicht der Fall sein, empfiehlt es sich, Stickstoff zuzugeben.

Die Zugabe von Siebrückständen mit Abbauorganismen bei der Anlage neuer Mieten trägt ebenfalls zur Beschleunigung des Rottevorgangs bei, der möglichst nach drei bis sechs Monaten abgeschlossen sein sollte.

4. Wie kann der Absatz gefördert werden?

Die Qualität des Kompostes sollte für sich sprechen: ein pH-Wert von etwa 7, ein enges C:N-Verhältnis, verhältnismäßig hohe Gehalte an Phosphor, Kalium und Kalk sowie an organischer Substanz (ca. 17 %) und geringe Belastung mit Schadstoffen. Entscheidend für den Absatz ist die Bewußtseinsänderung des Verbrauchers, zu der eine entsprechende Aufklärung

führen kann. Um dem Abnehmer die Garantie für einen einwandfreien, nicht belasteten Kompost geben zu können, sollten in regelmäßigen Abständen Analysen durchgeführt werden.

Verwendung von Komposten

Aufgrund der politischen Forderung, organische Masse in größtmöglichem Umfang in den Naturkreislauf zurückzuführen, wird das Angebot an Komposten steigen. Als Abnehmer kommen Landwirtschaft, Gartenbau und Hobbygärtner in Frage. Für den GaLaBau kommen verschiedene Einsatzmöglichkeiten in Betracht. Bei flächenmäßigen Bodenverbesserungsmaßnahmen im Rahmen von Neuanlagen und bei Rekultivierungsmaßnahmen wird eine einmalige Gabe verabreicht, bei der je nach Bodenart 20 l/m² nährstoffreicher bzw. 30 l/m² nährstoffarmer Kompost in einer Körnung von 0 bis 20 mm aufgebracht wird. Die Einarbeitungstiefe beträgt bei leichten Böden bis zu 30 cm, bei schweren Böden bis zu 20 cm Tiefe.

Neben der flächendeckenden Bodenverbesserung kann Kompost bei der Gehölzpflanzung eingesetzt werden. Dabei sollte der Nährstoffgehalt berücksichtigt werden. Direkt aufnehmbarer Stickstoff verhindert das Wurzelwachstum. Allgemein sind 20–30 %vol der erforderlichen Verfüllmenge als Kompost zuzusetzen.

Da Kompost nach dem Düngemittelgesetz zu den Wirtschaftsdüngern zählt, sind die entsprechenden gesetzlichen Vorgaben zu beachten (s. auch Kap. E 3.3). In diesem Zusammenhang wird auch auf die Richtlinien der Bundesgütegemeinschaft Kompost verwiesen.

Qualitätsbestimmungen für organische Produkte

Die geforderte Aufklärung des Verbrauchers kann sicherlich durch klare Qualitätsbestimmungen unterstützt werden. Diese liegen zur Zeit als Entwurf der FLL (Forschungsgesellschaft Landschaftsentwicklung – Landschaftsbau e.V.) vor. In diesen sind die Begriffe definiert und unterscheidende Merkmale aufgezeigt. Demnach sind Mulchstoffe und Komposte im Landschaftsbau aufbereitete Stoffe, die in den Naturkreislauf gebracht werden. Dabei dienen Mulchstoffe dem Schutz der Vegetation und des Oberbodens. Sie bestehen überwiegend aus Lignozellulose, einer schwer abbaubaren pflanzlichen Stützsubstanz, die den Ausgangsstoff für die Dauerhumusbildung darstellt. Außerdem muß das C:N-Verhältnis naturbelassen bleiben. Mulchstoffe müssen eine verwehungsstabile Schicht bilden.

Unterschieden werden folgende Mulchstoffe:
- **Mulchstoffe aus Gehölzschnitt**; Körnung 30–50 mm in frischem oder angerottetem Zustand.
- **Rindenmulch**; zerkleinerte, fraktionierte Rinde ohne Zusätze mit höchstens wenig auffälligem Holzanteil in drei Kornstufen (RM 1–RM 3 von 10–40, 10–80 und 20–80 mm); auf Pflanzflächen ist eine zusätzliche N-Versorgung erforderlich.
- **Rindenhumus**, zerkleinerte und fermentierte Rinde (d. h. durch Bakterien zersetzt) mit oder ohne Nährstoffzusätze in drei Kornstufen von 0–10, 0–20 und 0–40 mm.

Klärschlammverwertung

In den alten Ländern der Bundesrepublik fallen jährlich 50 Mio. t Klärschlamm an. An Trockenmasse entspricht das einer Menge von 2,5 Mio. t; die Tendenz ist steigend, unter anderem bedingt durch die Programme zum Schutz der Nord- und Ostsee.

Die Verwertung von Klärschlämmen ist nicht unumstritten. Klärschlamm enthält nicht nur alle für das Pflanzenwachstum notwendigen Nährstoffe, sondern auch beachtliche Mengen organischer Substanz, d. h. 25 bis 50 % i. T. (in der Trockensubstanz). Auf der anderen Seite sind Klärschlämme in der Regel nicht frei von belastenden Schwermetallen (Blei, Chrom, Kupfer, Zink u. a.) sowie von persistenten (nicht abbaubaren) organischen Schadstoffen (z. B. Dioxine, Furane, PCB).

Wie in Kap. D 3.2 beschrieben, kann die Entwässerung des Klärschlamms anstatt in Trockenteichen, deren Leistungsfähigkeit begrenzt ist, in bepflanzten Verdunstungsbeeten erfolgen, die wesentlich schneller und damit auch leistungsfähiger entwässern. Durch die Bepflanzung wird Sauerstoff in den Schlamm gebracht, wodurch die Mineralisierung gefördert wird. Dadurch lassen sich die Ergebnisse der Rückstandsuntersuchung verbessern (RAUCH 1987).

Die Verwendung von Klärschlamm ist durch die Klärschlammverordnung des Bundesministers für Umwelt, Naturschutz und Reaktorsicherheit (AbfKlärV) vom 15. April 1992 geregelt. Aufgrund dieser Verordnung scheiden folgende Flächen für die Ausbringung von Klärschlamm aus:
- forstwirtschaftlich genutzte Flächen,
- Naturschutzgebiete, Naturdenkmale, Nationalparks, geschützte Landschaftsteile und Flächen nach § 20 c des Bundesnaturschutzgesetzes,
- Wasserschutzgebiete (Zone I und II) sowie Böschungen im Bereich der Uferrandstreifen bis zu einer Breite von 10 m.

3.3 Weitere Maßnahmen

Ebenso wie die Firmen des Straßenbaues sollten auch Betriebe des Garten-, Landschafts- und Sportplatzbaues Wegebaumaterialien, (Tragschichten, alte Wegebeläge usw.) Recyclingverfahren zuführen. Dazu müssen diese getrennt gelagert werden, um sie gezielt durch Entsorgungsfirmen verarbeiten lassen zu können.

Möglichkeiten zur Vermeidung von Herbiziden sind bereits mehrfach aufgezeigt worden. In vielen Fällen, z. B. auf allen befestigten Flächen, kann darüber hinaus durch alternative Maßnahmen, wie den Einsatz von Bürstenmaschinen, Hochdruckreinigern, Infrarot- und Abflammgeräten, auf die Verwendung von Herbiziden verzichtet werden. Dabei ist jedoch zu bedenken, daß auch diese Verfahren nicht absolut umweltfreundlich sind. So verbrauchen sie Energie, große Wassermengen (Hochdruckreiniger) oder produzieren CO_2 (Abflammgeräte). Hinzu kommt, daß die Ritzenfauna und die Mikrolebewesen der obersten Bodenschicht beeinträchtigt werden. Die in ökologischer Hinsicht beste Lösung besteht in der Tolerierung eines natürlichen Bewuchses von Fugen, soweit es die Funktion der Fläche zuläßt.

Falls sich stark entwickelnde Schädlingspopulationen den Einsatz chemischer Mittel erforderlich machen, muß das vordringliche Anliegen darin bestehen, alle nur möglichen Beeinträchtigungen der biologischen Grundlagen auszuschließen. Die meisten kommunalen Verwaltungen lassen den Einsatz chemischer Mittel ohnehin in öffentlichen Grünanlagen nicht zu. Bei einem unvermeidbaren Einsatz sind die Regeln des integrierten Pflanzenschutzes zu berücksichtigen; der biologischen Schädlingsbekämpfung ist dabei der Vorrang einzuräumen. Grundsätzlich sind nur die von der Biologischen Bundesanstalt anerkannten Mittel einzusetzen.

Es sollte eine Selbstverständlichkeit sein, daß die Rechtsvorschriften im Bereich des Pflanzenschutzes im vollen Umfang beachtet werden.

Beim Ausbringen von Düngemitteln ist das Düngemittelgesetz vom Juli 1989 zu beachten. Darin heißt es, „daß Düngemittel nur nach guter fachlicher Praxis angewandt werden dürfen". Darunter ist zu verstehen, daß die Düngung nach Art, Menge und Zeitpunkt auf den Bedarf der Pflanzen und des Bodens unter Berücksichtigung der im Boden verfügbaren Nährstoffe und organischen Substanz sowie der Standort- und Anbaubedingungen ausgerichtet wird.

Besondere Aufmerksamkeit ist dabei dem Nitrat zu widmen, das auch durch Wirtschaftsdünger und andere organische Stoffe eingebracht werden kann.

So ist bei der Düngung von Rasenflächen im Garten- und Landschaftsbau möglichst nicht mit stark auswaschbaren „Kopfdüngern", sondern mit dosiertem, langsam abbauenden bzw. wirkenden Langzeitdünger, z. B. Nitrozol oder Floranid, zu arbeiten.

Auf die besonderen Verbote und Auflagen bei der Ausbringung von Klärschlamm auf landwirtschaftlich oder gärtnerisch genutzten Flächen soll in diesem Zusammenhang nicht näher eingegangen werden. Die Verbote erfolgen aus gesundheitlichen, ästhetisch-hygienischen Gründen sowie zum Schutz wichtiger ökologischer Funktionen.

In zunehmendem Maße bietet die Industrie Materialien an, die durch Recycling-Verfahren oder aus natürlichen Rohstoffen gewonnen werden. Das Angebot wächst ständig, deshalb sollen nur einige exemplarisch genannt werden:
- Kokosfasermatten als Mulchmatten bzw. als Erosionsschutz an Hängen,
- Recyclingtöpfe aus Altpapier,
- Platten, Pflaster, Bordschwellen aus Kunststoff-Recyclat,
- Lärmschutzwälle aus Recyclingkunststoff.

Auf Heideflächen, Magerrasen, an Wegrainen bzw. auf Flächen in Naturschutzgebieten, deren Vegetation durch Mahd oder Verjüngungsschnitte zu pflegen ist, sollten Schafherden den Maschinen vorgezogen werden. Die Schäfer sind entsprechend auszubilden; bei speziellem Einsatz sollte eine Absprache mit den Naturschutzbehörden erfolgen. Falls bei der Holzernte im Forst der Einsatz von Rückepferden möglich ist, können Pferde die Maschinen ersetzen. Damit werden unnötige Bodenverdichtungen und Schäden an der Krautflora vermieden. Auch die Verpackungsverordnung, die 1991 verabschiedet wurde und bis 1993 sukzessive in Kraft trat, trägt zum Erhalt von Ressourcen bei, vor allem durch die Entlastung von Deponien.

Über das bisher Aufgezeigte hinaus sollten stets alle Möglichkeiten genutzt werden, Umweltbelastungen zu vermeiden. Dazu zählt auch der Lärmschutz. Der Einsatz lärmarmer Baumaschinen und -geräte, um deren Weiterentwicklung sich die Hersteller intensiv bemühen, kann die Belästigung für Mensch und Umwelt verringern.

Dazu kann die Beachtung des allgemeinen Immissionsschutzes beitragen, zu dem das Bundesimmissionsschutzgesetz (BimSchG) eine Rechtsgrundlage bildet, die nicht nur dem Menschen, sondern auch der Natur zugute kommen soll.

Überall, wo das Eindringen von Öl und Benzin in den Boden unvermeidbar scheint, z. B. in der Werkstatt, auf Parkplätzen, an betriebseigenen Tankstellen, am Waschplatz usw., werden Öl- und Benzinabscheider installiert. Für Firmen, die sich die Erhaltung von Natur und Landschaft zur Aufgabe gemacht haben, sind diese Maßnahmen selbstverständlich.

Verzeichnis der Pflanzennamen

Liste gefährdeter Tierarten

Folgende Tierarten gelten u. a. entsprechend den Roten Listen als ausgestorben, vom Aussterben bedroht, gefährdet bzw. potentiell gefährdet (diese Auflistung ist nicht vollständig, sie gibt jedoch die in diesem Band erwähnten Vertreter der Rote-Liste-Arten wieder).

1. Säugetiere

Abendsegler
Alpenfledermaus
Baummarder
Baumschläfer
Bechsteinfledermaus
Biber
Birkenmaus
Brandmaus
Braunes Langohr
Breitflügelfledermaus
Dachs
Feldmaus
Feldspitzmaus
Fischotter
Fransenfledermaus
Graues Langohr
Große Bartfledermaus
Große Hufeisennase
Großtümmler
Hamster
Haselmaus
Hausratte
Hausspitzmaus
Hermelin
Igel
Iltis
Kleiner Abendsegler
Kleine Bartfledermaus
Kleine Hufeisennase
Kurzohr-Wühlmaus
Luchs
Mausohr
Mopsfledermaus
Nordfledermaus
Rauhhautfledermaus
Schermaus
Seehund
Sumpfmaus
Sumpfspitzmaus
Teichfledermaus
Wasserfledermaus
Wasserspitzmaus
Wiesel
Wildkatze
Wimperfledermaus
Zweifarbfledermaus

2. Vögel

Auerhuhn
Baumfalke
Bekassine
Bergfink
Beutelmeise
Birkhuhn
Blaukehlchen
Brachvogel
Brandseeschwalbe
Braunkehlchen
Bruchwasserläufer
Drosselrohrsänger
Eisvogel
Flußregenpfeifer
Flußseeschwalbe
Flußuferläufer
Gänsesäger
Gartenrotschwanz
Goldregenpfeifer
Grauammer
Graugans
Graureiher
Habicht
Kampfläufer
Kleinspecht
Knäkente
Kornweihe
Krickente
Küstenseeschwalbe
Löffelente
Mittelspecht
Moorente
Nachtreiher
Neuntöter
Ortolan
Raubwürger
Rebhuhn
Rohrdommel
Rohrweihe
Rotkopfwürger
Rotmilan
Rotschenkel
Schellente
Schilfrohrsänger
Schlagschwirl
Schleiereule
Schwarzmilan
Schwarzstirnwürger
Schwarzstorch
Seeadler
Seggenrohrsänger
Sperber
Sperbergrasmücke
Spießente
Steinadler
Steinkauz
Sumpfohreule
Tafelente
Teichwasserläufer
Trauerseeschwalbe
Turteltaube
Uferschnepfe
Wachtelkönig
Wanderfalke
Wasseramsel
Wasserralle
Weißstorch
Wendehals
Wespenbussard
Wiesenpieper
Wiesenweihe
Zippammer
Zwergdommel
Zwergsäger
Zwergseeschwalbe
Zwergtaucher

3. Reptilien

Äskulapnatter
Aspisviper
Blindschleiche
Kreuzotter
Mauereidechse
Ringelnatter
Schlingnatter
Smaragdeidechse
Sumpfschildkröte
Waldeidechse
Würfelnatter
Zauneidechse

4. Lurche

Alpensalamander
Bergmolch
Erdkröte
Fadenmolch
Feuersalamander
Geburtshelferkröte
Gelbbauchunke
Grasfrosch
Kammolch
Knoblauchkröte
Kreuzkröte
Laubfrosch
Moorfrosch
Rotbauchunke
Seefrosch
Springfrosch
Teichmolch
Wechselkröte
Zwergwasserfrosch

5. Fische

Aal
Aland

Äsche
Bachforelle
Bachneunauge
Bachschmerle
Barbe
Bitterling
Blicke
Döbel
Elritze
Flußneunauge
Groppe
Gründling
Hecht
Karausche
Karpfen (Wildform)
Kaulbarsch
Lachs
Mairenke
Meerforelle
Meerneunauge
Moderlieschen
Nase
Perlfisch
Quappe
Rapfen
Rotfeder
Saibling
Schlammpeitzger
Schleie

Schneider
Schraetzer
Seeforelle
Steinbeißer
Stichling
Stör
Streber
Ukelei
Wels
Zander
Zingel
Zope
Zwergstichling

6. Käfer
Ahlenläufer
Bockkäfer (spec.)
Hirschkäfer (spec.)

7. Schmetterlinge
Aurora-Falter
Blauäugiger Waldportier
Bläulinge (spec.)
Braungelbliche
  Schilfeule
Englischer Bär
Esparsettenbläuling
Graue Rohreule
Graue Sumpfeule

Große Schilfeule
Großer Eisvogel
Großer Feuerfalter
Großer Fuchs
Großer Heufalter
Großer Moorbläuling
Großer Schillerfalter
Hochmoorgelbling
Hochmoorheidelbeer-
  eule
Kleiner Moorbläuling
Kleiner Schillerfalter
Kolbenschenkelspanner
Moor-Wiesenvögelchen
Moosbeeren-Schecken-
  falter
Moosbeerenbläuling
Pfeifengras-Trauereule
Rötliche Binseneule
Schwalbenschwanz
Schwarzbrauner
  Bläuling
Silberscheckenfalter
Skabiosen-Schecken-
  falter
Sumpfheidelbeer-
  spanner
Trauermantel
Violetter Feuerfalter

Violetter Perlmutter-
  falter
Weißer Seidenglanz-
  spanner

8. Libellen
Azurjungfer
Heidelibelle
Kleiner Blaupfeil
Moosjungfer
Smaragdlibelle
Späte Adonislibelle
Speer-Azurjungfer
Südliche Mosaikjungfer
Sumpf-Heidelibelle

9. Muscheln
Erbsenmuschel (spec.)
Flußmuschel
Flußperlmuschel
Häubchenmuschel
Kugelmuschel (spec.)
Malermuschel
Teichmuschel (spec.)

10. Schnecken
Glattes Posthörnchen
Weinbergschnecke

Literaturverzeichnis

AID (Auswertungs- u. Informationsdienst für Ernährung, Landwirtschaft und Forsten e. V. Bonn):
- Garten als Lebensraum, (Heft 1193) 1987.
- Gehölze in der Landschaft (Heft 1039) 1990.
- Streuobstwiesen schützen (Heft 2096) 1990.
- Naturschutz und Landschaftspflege in der Bundesrepublik Deutschland, (Faltblatt 2048) 1989.

Barth, W. E.: Praktischer Umwelt- und Naturschutz. Parey, Berlin und Hamburg 1987.
Bayerisches Staatsministerium für Landesentwicklung und Umweltfragen: Streuobstbestand. 2. Aufl. 8/1989.
Bechmann, A.: Leben wollen. Kiepenheuer & Witsch, Köln 1984.
Blab, J.: Grundlagen des Biotopschutzes für Tiere. Erweiterte Neubearbeitung. In: Schriftenreihe für Landschaftspflege und Naturschutz, Heft 24. Kilda Verlag, Bonn-Bad Godesberg 1986.
Blab, J. et al.: Tierwelt in der Zivilisationslandschaft. Teil I: Raumeinbindung und Biotopnutzung bei Säugetieren und Vögeln im Drachenfelder Ländchen. Kilda Verlag, Bonn 1989.
Blab, J. u. a.: Naturschutz Nr. I, Rote Liste der gefährdeten Tiere und Pflanzen in der BRD. Kilda Verlag, Bonn 1984.

Czihak/Langer/Ziegler (Hrsg.): Biologie, 4. Auflage. Springer-Verlag, Berlin, Heidelberg, New York, London, Tokyo 1990.

Ehlers, M.: Baum und Strauch in der Gestaltung und Pflege der Landschaft. Parey, Berlin und Hamburg 1986.
Eigner, J.: Das NSG Nienwohlder Moor. In: Abdruck aus Bauernblatt/Landpost. Landesamt für Naturschutz und Landschaftspflege Schleswig-Holstein, 34. Heft, 1990.
Ellenberg, H.: Vegetation Mitteleuropas mit den Alpen. Eugen Ulmer, Stuttgart 1982.
Feßler, A.: Naturnahe Pflanzungen. Eugen Ulmer, Stuttgart 1988.
FLL (Forschungsgesellschaft Landschaftsentwicklung Landschaftsbau e. V., Bonn: Qualitäts- und Anwendungsbestimmungen für organische Mulchstoffe und Komposte, Bonn 1991.
Freiburg, Stadt: Lebensraum Garten, 3. Aufl., Freiburg 1990.

Haeseler, V.: Landschaftsökologischer Stellenwert von Zaunpfählen am Beispiel der Nistgelegenheiten für solitäre Bienen und Wespen. In: Natur und Landschaft, Nr. 54, 1979.
Heinrich, D./Hergt, M.: dtv-Atlas zur Ökologie. Deutscher Taschenbuch Verlag, München 1990.
Hofmeister, H.: Lebensraum Wald, 2. Aufl., Parey, Berlin und Hamburg 1983.
Hutter, C. et al.: Naturschutz in der Gemeinde – Praktischer Ratgeber für Jedermann. Editon Erdmann in K. Thienemanns Verlag, Stuttgart 1988.

Jedicke, E.: Biotopverbund. Eugen Ulmer, Stuttgart 1990.
Jedicke, E.: Kleinstrukturen, Amphibien und Straßenbau in einer Agrarlandschaft – Isolation durch Straßen und Grundlagen zum Biotopverbund. In: Naturschutz und Landschaftsplanung 2/91.

Kaule, G.: Arten- und Biotopschutz. 2. Aufl. Eugen Ulmer, Stuttgart 1991.
Klapp, R.: Einführung in die Pflanzensoziologie. Eugen Ulmer, Stuttgart 1971.
Klausnitzer, B.: Ökologie der Großstadtfauna. G. Fischer, Stuttgart 1987 (neueste Auflage 1993).
Klötzli, F. A.: Ökosysteme, 2. Aufl., Gustav Fischer Verlag, Stuttgart 1989.
Knauer, N.: Vegetationskunde und Landschaftsökologie. Quelle und Mayer, Heidelberg 1981.
Krupka, B. W.: Extensive Dachbegrünung. In: Deutscher Gartenbau 44/1991.
Krüssmann, G.: Die Nadelgehölze. Parey, Berlin und Hamburg 1979.

Krüssmann, G.: Die Laubgehölze. Parey, Berlin und Hamburg 1965.

Krüssmann, G.: Taschenbuch der Gehölzverwendung. Parey, Berlin und Hamburg 1958.

Land Baden-Württemberg, Innenministerium: Grün an Straßen – Ökologische Pflege der Straßenböschungen in Baden-Württemberg. In: Schriftenreihe der Straßenbauverwaltung, Heft 3, Stuttgart 1991.

Land Baden-Württemberg, Landesanstalt für Umweltschutz (LfU):
– Gebäude im Siedlungsbereich – Lebensraum für Vogel- und Fledermausarten. In: Arbeitsblätter zum Naturschutz, Heft 16, Karlsruhe 1991.
– Schützen wir unsere Greifvögel. In: Arbeitsblätter zum Naturschutz, Heft 16, Karlsruhe 1991.

Land Baden-Württemberg, Ministerium für Ernährung, Landwirtschaft, Umwelt und Forsten: Lebensraum Garten 1 – Nützlinge, Schädlinge, Krankheiten. Stuttgart 1990.

Land Baden-Württemberg, Ministerium für Ernährung, Landwirtschaft, Umwelt und Forsten: Tiere auf Wohnungssuche, Naturschutz am und um den Bau. In: Besser leben mit der Natur, 6. Folge, Stuttgart 1991.

Land Baden-Württemberg, Ministerium für Umwelt: Heckenbrüter sind bedroht. Sie brauchen Schutz. Informationsblatt UM-12-88, Stuttgart 1988.

Land Baden-Württemberg, Ministerium für Umwelt: Gesamtkonzept Naturschutz und Landschaftspflege, Stuttgart 1989.

Land Nordrhein-Westfalen, Landesamt für Wasser und Abfall:
– Pflanzenkläranlagen, Düsseldorf 1989.
– Mineralische Deponieabdichtungen, Düsseldorf 1991.
– Deponieabdichtungen aus Dichtungsbahnen, Düsseldorf 1985.

Land Nordrhein-Westfalen, Ministerium für Umwelt, Raumordnung und Landwirtschaft: Umweltschutz und Landwirtschaft:
– 1. Programme für eine umweltverträgliche und standortgerechte Landwirtschaft, 1985.
– 3. Schutzprogramm für Ackerwildkräuter, 2. Fassung, 1988.
– 4. Mittelgebirgsprogramm NRW, 1988.
– 5. Programm zum Schutz der Feuchtwiesen, 2. Aufl., 1987.
– 6. Programm zur Wiedereinführung und Erhaltung historischer Landnutzungsformen, 2. Aufl., 1989.
– 9. Programm zur Erhaltung und Wiederbegründung von Streuobstwiesen in NRW, 1990.

Land Schleswig-Holstein, Landesamt für Naturschutz und Landschaftspflege: Die Ostseeküste Schleswig-Holsteins – Schutzwürdiger Lebensraum. In: Merkblatt Nr. 3, 5. Aufl. Kiel 1986.

Larcher, W.: Ökologie der Pflanzen auf physiologischer Grundlage. Eugen Ulmer, Stuttgart 1980.

LÖLF (Landesanstalt für Ökologie, Landschaftsentwicklung und Forstplanung NW): Naturwaldzellen in NW, Teil I. Recklinghausen 1975.

Luchterhand, J.: Grünverbau. Bauverlag, Wiesbaden und Berlin 1966.

Ludwig, H.: Tiere in Bach, Tümpel, See. BLV-Verlag, München 1993.

Meyer, F. H.: Bäume in der Stadt. Eugen Ulmer, Stuttgart 1978.

Miotk, P.: Die Wüste lebt. Trockengebiete in Deutschland verdienen mehr Schutz. – Wir und die Vögel 14, in: Blab 1986.

Müller, H. H.: Ökologie. 2. Aufl., Gustav Fischer Verlag, Jena 1991.

Nachtigall, W.: Lebensräume mitteleuropäischer Landschaften und Ökosysteme. BLV Verlagsgesellschaft, München, Wien, Zürich 1986.

Oberdorfer, E.: Pflanzensoziologische Exkursionsflora. Eugen Ulmer, Stuttgart 1983.

Pfriemer in d. Bauverl.-GmbH: Pflanzenkläranlagen: Bau und Betrieb von Anlagen zur Wasser- und Abwasser-Reinigung mit Hilfe von Wasserpflanzen, Wiesbaden; Berlin 1987 (Lektor: so der CIP-Kurztitel im Buch!).

Plachter, H.: Naturschutz. UTB/G. Fischer Verlag, Stuttgart 1990.

Plachter, H.: Naturschutz. Gustav Fischer Verlag, Stuttgart 1991.

Pott, R.: Farbatlas Waldlandschaften. Eugen Ulmer, Stuttgart 1993.

Pütz, F. M., Eigner, J.: Einsatz von Moorschnucken im Rahmen der Hochmoorrenaturierung. In: Abdruck aus Bauernblatt/Landpost, Landesamt für Naturschutz und Landschaftspflege Schleswig-Holstein (Hrsg.). 49. Heft, Kiel 1990.

Röser, B.: Saum- und Kleinbiotope. Ecomed Verlag, Landsberg 1988.

Schaefer, M., Tischler, W.: Ökologie. 2. Aufl. UTB, Gustav Fischer, Stuttgart 1983.

Schrage, R.: Kompost – Nährstoffgehalt und Körnung entscheidend. In: ZVG Gartenbau Report, 7/1994.

Schulz, H. J.: Naherholungsgebiete. Parey, Berlin und Hamburg 1978.

Seifert, A.: Ein Leben für die Landschaft. Diederichs, Düsseldorf und Köln 1962.

Steiner, H.: Nützlinge im Garten. Eugen Ulmer, Stuttgart 1985.

Thiersen, H.: Totes Holz – voller Leben. In: Bauernblatt/Landpost, 34. Heft, 1989.

Tischler, W.: Einführung in die Ökologie. Gustav Fischer Verlag, Stuttgart 1984.

Tischler, W.: Biologie der Kulturlandschaft. Gustav Fischer Verlag, Stuttgart 1980.

Tschach, E.: Das Feuchtgrünland – ein wenig beachteter, bedrohter Lebensraum. In: Abdruck aus Bauernblatt/Landpost. Heft 2, Kiel 1990.

Tuexen, R.: Vegetation und Fauna. Cramer-Verlag, Vaduz 1977.

Volgmann, W.: Landschaftsbau. Verlag Eugen Ulmer, Stuttgart 1979.

Walter, H.: Allgemeine Geobotanik, Kurze Einführung. Eugen Ulmer, Stuttgart 1979.

Winkler, S.: Einführung in die Pflanzenökologie, 2. Aufl. Gustav Fischer Verlag, Stuttgart und New York 1980.

Zeltner, U.: Tiere brauchen komplexe Lebensräume. In: Abdruck aus Bauernblatt/Landpost, 45. Heft, Kiel 1989.

Ziesemer, F.: Bedrohlicher Rückgang der Wiesenvögel. In: Bauernblatt/Landpost, 26. Heft, Kiel 1983.

Bildquellen

AID 1155/1989, Seiten 129, 245; 1087/1989: Abb. Seite 49; 1214/1990: Abb. Seite 84; 1010/1992: Abb. Seiten 37, 41; 1010/1991: Abb. Seite 232; 7149: Abb. Seite 94

Arndt, I.: Abb. Seite 96 oben; Seite 88 links oben, Mitte links und rechts

Barth, W. E.: Abb. Seite 148

Baumeister, W.: Abb. Seiten 82, 85

Blab, J.: Abb. Seite 55

Drexler, A.-M.: Abb. Seite 59

Fa. Eigner und Schmalzer: Abb. Seite 158

Ellenberg, H.: Abb. Seiten 22, 26, 47 unten

Hofmeister, H.: Abb. Seiten 22, 26

Jedicke, E.: Abb. Seiten 10, 12, 30, 33, 34 oben links, 106, 107, 238, 246; Seite 34 unten

Fa. Krebs und Wildermuth: Abb. Seite 56

Landesamt für Agrarordnung NW: Abb. Seite 231

Landesamt für Naturschutz, Schlesw.-Holstein: Abb. Seiten 63, 93

Landesamt für Wasser und Abfall, NW: Abb. Seiten 142, 144

Landschaftsverband Rheinland: Abb. Seiten 162, 168, 173, 174, 175, 183, 185, 187, 188, 195, 196, 198, 200

Linderhaus, T.: Abb. Seite 159 unten; Seite 51 unten links; Seite 34 Mitte links, Seite 87

Mader, H. J.: Abb. Seite 89

Maiwald, K.-H.: Abb. Seite 69 Mitte links, unten links und rechts

Mastmann, W.: Abb. Seiten 61, 65 oben links und rechts

Ministerium für ländl. Raum, Landw. und Forsten, Ba.-Wü.: Abb. Seite 95

Möbius, K.: Abb. Seite 96 unten, Seite 51 unten rechts, Seite 34 oben links, Seite 69 Mitte rechts, Seite 88 oben links, unten links und rechts

Mueller, W. R.: Abb. Seite 211 unten; 215, 217, 219, 220, 221

Müther, H. J.: Abb. Seite 19

Naturschutz und Landschaftsplanung 2/1991: Abb. Seite 235

Neue Landschaft, Patzer-Verlag: Abb. Seiten 108, 109, 244

Pott, R.: Abb. Seite 62

re-natur: Abb. Seiten 152, 156

Rheinbraun AG, Köln: Abb. Seiten 139, 140, 153, 154

Schindler: Abb. Seite 57

Schmidt, E.: Abb. Seite 47 oben

Schwaar, J.: Abb. Seite 13

VGLR (Landesverband Garten-, Landsch.- u. Sportplatzbau Rhld. e.V.): Abb. Seite 70 oben und unten, Seiten 104, 113, 114 unten, 117, 118

Walter, H.: Abb. Seiten 18, 23

Wawra, A.: Abb. Seiten 106, 107, 123, 249, 250

Alle übrigen Fotos stammen von Herbert Rothstein

Die Zeichnungen fertigte Piotr Gusta, Stuttgart, nach Vorlagen der Autoren

Sachregister

Vertiefen Sie das Thema

Wasserreinigung mit Pflanzen. Friedrich W. Wissing. 1995. 207 Seiten, 34 Farbfotos, 140 sw-Fotos und Zeichnungen. Kt. ISBN 3-8001-3094-7.

Abwasserreinigung mit Pflanzen hat inzwischen einen hohen Standard mit vielen Einsatzmöglichkeiten erreicht. Während in der Vergangenheit kleinere Anlagen vor allem auf privater Ebene und mit dem Mut zum Experiment entstanden, findet diese Technologie heute bereits Anwendung für Rückhaltebecken, Schönungsteiche und Grundwassersanierungen im industriellen und kommunalen Bereich. Es besteht unter Fachleuten kein Zweifel mehr, daß Pflanzenbeet-Kläranlagen gegenüber den konventionellen mechanisch-biologischen Verfahren im Ergebnis gleichwertig, in den Kosten günstiger und in der Umweltverträglichkeit besser zu bewerten sind. Das Buch stellt den aktuellen Stand des Wissens über Grundlagen und Wirkungsweisen dar. Planung, Bau und Einsatz werden detailliert beschrieben, mit dem Ziel, Planer, Ausführende, Kunden und Behörden zu informierten Entscheidungen zu befähigen.

Biotopverbund. Grundlagen und Maßnahmen einer neuen Naturschutzstrategie. Dr. Eckhard Jedicke. 2., überarb. und erw. Aufl. 1994. 287 S., 20 Farbfotos auf Tafeln, 96 sw-Fotos und Zeichnungen und 32 Tabellen. (Ulmer Fachbuch Landespflege und Naturschutz). Pp. ISBN 3-8001-3324-5.

Biotopverbund als umfassende Naturschutzstrategie auf lokaler wie internationaler Ebene gewinnt zunehmende Aktualität. Das Konzept erhebt Naturschutzansprüche auf der Gesamtfläche. Flächendeckende Nutzungsextensivierung gehört genauso dazu wie der Aufbau eines Schutzgebietssystems und örtliche Verbundmaßnahmen durch Trittstein- und Korridorbiotope. Dieses Buch faßt die vielfältigen Grundlagen und Informationen aus Wissenschaft und Praxis zusammen, um das nötige Know-how zu vermitteln.

Aus dem Inhalt: Artensterben. Ursachen. Netzwerk Natur als Vorbild. Verinselung. Inseltheorie. MVP-Konzept. Metapopulation. Mosaikkonzept u.v.a.m.

Landschaftsplanung in der Stadt. Klaus Ermer, Renate Hoff, Rita Mohrmann. Etwa 250 Seiten, 100 Zeichnungen, einige Tabellen. (Praktischer Naturschutz). Pp. ISBN 3-8001-3355-5.

Umweltverträgliches Planen und Bauen in der Stadt, ökologisch orientierte Stadtentwicklung, Freiraumplanung und Naturschutz in Ballungsräumen – so werden heute die Ziele und Aufgaben der Landschaftsplanung in der Stadt umschrieben. Dieses Fachbuch vermittelt einen Überblick über die Freiraumentwicklung und die aktuellen Aufgaben und Ziele der Landschaftsplanung in der Stadt und zeigt u.a. die ökologischen, ökonomischen, politischen und rechtlichen Rahmenbedingungen auf.

Aus dem Inhalt: Entwicklungsgeschichte der Landschaftsplanung. Landschaftsplanung und ökologische Stadtentwicklung. Umweltsituation – Erfassung und Bewertung. Landschaftspflege und Naturschutz – Instrumente, Strategien. Umwelt- und landschaftsplanerische Beiträge zur Stadtentwicklung.

Praktische Landschaftspflege. Grundlagen und Maßnahmen. Hrsg. von Dr. Eckhard Jedicke. Bearbeitet von Wilhelm Frey, Dr. Martin Hundsdorfer, Eberhard Steinbach. 1993. 280 Seiten, 103 Abbildungen, 61 Tabellen. Kt. ISBN 3-8001-4091-8.

Für die Landwirtschaft eine neue Einkommensquelle, für den Naturschutz eine eminent wichtige Aufgabe. Arbeiten zur Landschaftspflege dienen der Erhaltung von Lebensräumen heimischer Pflanzen- und Tierarten. Dieses Buch vermittelt Landwirten kompakte und verständliche Informationen über Durchführung, Hintergründe und Organisation von Pflegemaßnahmen. Zugleich gibt es Planern und Gutachtern Hinweise für die Konzeption entsprechender Pflegemaßnahmen – zum Beispiel in Naturschutzgebieten und bei der Landschaftsplanung.

Aus dem Inhalt: Landbewirtschaftung und Naturschutz – ein Konflikt? Betriebsformen und Maßnahmenkatalog. Maschinen, Geräte. Kosten- und Zeitbedarf. Einsatz von Haustierrassen.